D1705381

Schreckeneder
Projektführung für Profis

Schreckeneder

PROJEKTFÜHRUNG FÜR PROFIS

HANSER

Bibliografische Information der Deutschen Nationalbibliothek
Die Deutsche Nationalbibliothek verzeichnet diese Publikation in der
Deutschen Nationalbibliografie; detaillierte bibliografische Daten
sind im Internet über http://dnb.d-nb.de abrufbar.

ISBN: 978-3-446-42579-8
E-Book-ISBN 978-3-446-42822-5

Dieses Werk ist urheberrechtlich geschützt.
Alle Rechte, auch die der Übersetzung, des Nachdruckes und der Vervielfältigung des Buches oder
von Teilen daraus, vorbehalten. Kein Teil des Werkes darf ohne schriftliche Genehmigung des Ver-
lages in irgendeiner Form (Fotokopie, Mikrofilm oder ein anderes Verfahren), auch nicht für Zwecke
der Unterrichtsgestaltung – mit Ausnahme der in den §§ 53, 54 URG genannten Sonderfälle –, re-
produziert oder unter Verwendung elektronischer Systeme verarbeitet, vervielfältigt oder verbreitet werden.

© 2011 Carl Hanser Verlag München
http://www.hanser.de
Lektorat: Lisa Hoffmann-Bäuml
Herstellung: Thomas Gerhardy
Illustrationen: Harald Binder, binder communications, Braunau
Umschlaggestaltung: keitel & knoch kommunikationsdesign, münchen
Gesamtherstellung: Kösel, Krugzell
Satz: le-tex publishing services GmbH, Leipzig

Printed in Germany

Woran du glaubst, vergeht.
Was du liebst, wächst.

Ich widme dieses Buch den Menschen,
die mir in diesem Buch
mit ihrer Zeit und mit ihrer Kritik zur Seite standen.

Inhalt

Einführung

Als Projekt- und/oder Linienführungskraft managen Sie eine Reihe von Unterschieden und Widersprüchen. Sie führen sich selbst und Ihre Mitarbeiter durch eine Vielzahl von Veränderungen und Herausforderungen, die wiederum neue Widersprüche und Unterschiede auslösen. Dabei ist die in vielen Menschen verankerte Haltung des Entweder-oder zunehmend unbrauchbar, das Sowohl-als-auch gewinnt an Bedeutung. Ausgeführt wird dies an drei zentralen Beziehungen, die für Entscheider zunehmend an Bedeutung gewinnen (Bild 1.1):

- Linien- UND Projektführung,

- Erfolg UND Gesundheit,

- Kultur UND Kompetenz.

An die hierarchische Steuerung von Unternehmen sind wir gewohnt, sie erscheint uns immer noch plausibler als Netzwerk- und Teamorganisationen. Die ausschließlich hierarchische Steuerung von Organisationen insbesondere für innovative, global tätige Unternehmen greift allerdings zu kurz, um am Markt erfolgreich zu sein. Projekt- und Linienorganisation passen von vornherein wenig zusammen, das ist richtig. Sie werden einander erst nach und nach vertrauter und gegenseitig erwünschter werden. Führungs- und organisationale Unterschiede sowie Widersprüche im Unternehmen wahrzunehmen und zu managen, ist ein zentraler Anspruch an das heutige Führungshandeln.

Wir leben in einer Zeit, in der Gesundheit und Erfolg für Menschen einen besonderen Stellenwert einnehmen. Dennoch scheinen Gesundheit und Erfolg nicht gut zusammenzupassen. Für den beruflichen Erfolg arbeitet die Mehrheit der Führungskräfte viel mehr als 40 Stunden pro Woche. Dazu erleben sie, dass immer mehr Aufgaben in immer weniger Zeit zu erledigen sind. Da bleibt kaum Zeit, um sich auszuruhen, Dinge zu tun, die einen besonders freuen, oder ein solides privates Netz zu schaffen und zu pflegen. Psychische Erkrankungen nehmen seit Jahren stark zu, genauso wie der Wunsch, das eigene Gehirn medikamentös zu Höchstleistungen zu bringen. Führungskräfte, die nach wenigen Jahren ausgepowert und überreizt zusammenbrechen, sind weder für die Wirtschaft noch für die Gesellschaft als Ganzes sinnvoll.

Will jemand Erfolg und Gesundheit, braucht er die Klarheit darüber, was Gesundheit und Erfolg für ihn bedeuten.

Viele Führungskräfte sind sich zwar des Stellenwertes von Sozial- und Selbstkompetenz im täglichen Handeln bewusst, dennoch hat Fachkompetenz einen höheren Wert als die Sozial- und Selbstkompetenz. Auch Selbstreflexion und Eigenverantwortung gehören längst zum gängigen Sprachrepertoire, beziehen sich aber meistens nicht auf einen selber, sondern darauf, dass ein anderer über sich selbst reflektieren oder eigenverantwortlich handeln sollte. Viele Menschen fühlen sich durch diese „neuen" Kompetenzthemen bedroht, weshalb ein grundlegendes Verständnis von Kulturen im Einzelnen, in Gruppen und in Organisationen zunehmend wichtiger wird.

Der Anlass zu diesem Buch ist die Idee, aus den genannten Unterschieden und Widersprüchen sowie Veränderungen und Herausforderungen Energie für sich selbst zu gewinnen und die eigene Produktivität zu steigern. Es geht darum, die eigene Kraft gezielter als bisher einzusetzen und zu nutzen.

„Führung bewegt Menschen. Alltäglich. ... Führung macht einen Unterschied – im günstigen Fall zum Wohl aller" (Weibler 2008, Seite 12). Selbstführung bewegt Sie – im besten Fall zum Wohl aller.

ZENTRALE BEZIEHUNGEN

Linienführung	&	Projektführung
Erfolg	&	Gesundheit
Kultur	&	Kompetenz

Bild 1.1 Zentrale Beziehungen

Kondratieff, ein russischer Wirtschaftswissenschaftler, beschäftigte sich mit Zyklen der Wirtschaftsentwicklung, in denen Innovationen und Paradigmenwechsel eine besondere Rolle spielen. Die einzelnen Zyklen werden durch bahnbrechende Innovationen ausgelöst und dauern zwischen 40 und 60 Jahren. Der fünfte Zyklus – das Informationszeitalter –, der in den 1950er-Jahren begann und dessen Ende auf die Periode 2000 bis 2005 datiert wird, liegt hinter uns. Im aktuellen sechsten Zyklus steht der Mensch im Mittelpunkt mit seinen seelischen, ethischen und sozialen Potenzialen. Leo Nefiodow, ein Wirtschaftswissenschaftler und Informationstechnologe, schreibt: „Ich bin der festen Überzeugung, dass der nächste Innovationsschub im Wesentlichen davon abhängt, dass wir künftig die weichen Faktoren besser nutzen. Damit meine ich Kompetenzen im Umgang mit Menschen, Kreativität, Motivation, Verantwortungsgefühl, und vor allem die Bereitschaft, sich für eine Sache einzusetzen" (Nefiodow 1999). Es geht vor allem darum, noch auszuschöpfende Produktionsreserven zu erkennen und zu nutzen. Durchbrüche werden nach Nefiodow in der Produktivität erreicht, wenn die Zusammenarbeit anders gestaltet wird. Er spricht von einer notwendigen „Umorganisation in Richtung Gruppenarbeit". Der Wissenschaftler weist auf die große Verschwendung des Ressourcenpotenzials, wenn ein großer Anteil der Arbeitnehmer in den Betrieben unzufrieden ist. Ein gesundes Betriebsklima ist Voraussetzung für eine produktive Zusammenarbeit.

Die heutige betriebswirtschaftliche Definition von Produktivität als eine simple mengenmäßige Input-Output-Relation, mit dem ökonomisch reduzierten Wunsch „je mehr, desto besser", ist an dieser Stelle genauso zu überdenken wie das herrschende Leitungsdenken, in dem die fachliche Kompetenz als zentrale Führungskompetenz gesehen wird. Das entspricht wenig der Zeit, in der wir leben und die kommen wird.

Karlheinz Geißler (2010) spricht von Zeitrevolutionen, die dem Menschen als eigentlich rhythmisches Wesen unablässig seiner Natur fernere Veränderungen abverlangt. Die Trends in der Postmoderne sind aus seiner Sicht folgende:

- von der Schnelligkeit geht es hin zur Beweglichkeit,

- von der Standardisierung hin zur Flexibilisierung,

- vom Nacheinander zur Gleichzeitigkeit,

- von der Langfristigkeit zur Kurzfristigkeit,

- von der Pünktlichkeit zum Am-Punkt-Sein,

- von der Uhr zum Mobiltelefon.

Es ist heute kein Problem mehr, wenn jemand unpünktlich zu einem Meeting kommt, einen Vorwurf erhält jener, der es versäumt, mit dem Handy über seine Verspätung zu informieren.

Viele von Ihnen erleben bereits all das in Ihrer täglichen Arbeit, und die Intensität wird weiter zunehmen. Während sich in der Moderne noch alles um die Ausrichtung des Menschen auf einen Maschinentakt und um Beschleunigung dreht, geht es in der postmodernen Zeit um die Verdichtung der Zeit, d. h. immer mehr zur gleichen Zeit zu machen (Vergleichzeitigung nach Geißler 2010). Und die Grenzen sind bei Weitem noch nicht erreicht.

Die Grenze der Beschleunigung ist die Lichtgeschwindigkeit. „Was ist die Grenze der Verdichtung?", fragte Geißler in seinem Vortrag. Der Mensch? Wie viel Verdichtung halten der Mensch und die Natur aus?

In der kommenden Zeit wird jedenfalls dem Menschen etwas abverlangt, was er eigentlich von vornherein kann – mit anderen (in Gruppen) gemeinsam zu arbeiten. Dafür muss einiges wieder verlernt und anderes wieder erlernt werden.

Wir leben in einem wirtschaftlichen und gesellschaftlichen Übergangsstadium, was die Zusammenarbeit in und zwischen den Unternehmen sowie deren Ausrichtung betrifft. Vieles an veralteter Erfahrung ist heute noch mit formeller und informeller Macht ausgestattet, welche anderen Gruppen und Inhalten fehlt. Für einen nachhaltigen wirtschaftlichen Erfolg mit dem sich fortlaufend erneuernden Wissen und den reflektierten Erfahrungen ist der Spielraum bei Weitem zu klein.

Nachhaltiges Wirtschaften braucht Bewusstheit über die herrschende Komplexität in den Unternehmen und Führungskräfte, die in diesen Anforderungen wach und bewusst führen. Selbstkompetenz, soziale und organisationale Kompetenzen sind künftig wichtige Kompetenzen von Führungskräften. Sich selbst und andere bewusst wahrzunehmen, ist dabei ein wichtiger Inhalt dieses Buches.

Projekt- und Linienarbeit, Erfolg und Gesundheit, Kultur und Kompetenz – diese Beziehungen sind aktiver zu gestalten und zu nutzen. Dieses Buch sehe ich als Beitrag zum Wandel vom Entweder-oder hin zu mehr vom Sowohl-als-auch.

Ziele dieses Buches

Das Buch ist für Projektprofis gedacht, also Projektleiter und Linienführungskräfte, die schon längere Zeit mit Projekten zu tun haben. Die grundlegenden Instrumente des Projektmanagements und ihre Anwendung sind ihnen bekannt und vielleicht sogar vertraut. Die Notwendigkeit von methodischen Zugängen im Projektmanagement wird hier keineswegs infrage gestellt, sie sind Teil einer guten Projektarbeit. Die Reduktion von Projektmanagement auf ein Methodenset zur Erstellung und Wartung von Plänen wird allerdings verworfen.

Das Management von Unterschieden, Widersprüchen und Veränderungen ist die zukünftige Aufgabe jeder Führungskraft – selbst in der hierarchischen Steuerung. Selbst wenn es hier weniger im Detail um das theoretische Warum und Wieso geht, so wird in den Kapiteln eingangs diesen Fragen kurz nachgegangen. Diese theoretisch angestellten Überlegungen und Erklärungen dienen dem Verständnis der aufbauenden Ideen für Ihre Führungsarbeit. Die Lernfelder und Praxisbeispiele stellen darin anschauliche Impulse für Ihre Führungsrolle dar.

Jeder einzelnen Projektführungskraft dient dieses Buch als konkrete Unterstützung in der täglichen Führungsarbeit. Sie erfahren durch die Arbeit mit den Praxisbeispielen und Lernfeldern mehr Klarheit in Ihrer Führungsrolle. Durch bewusste Wahrnehmung können Sie Veränderungs- und Konfliktpotenziale weitaus klarer und früher erkennen und entsprechend gezielt intervenieren. Die Ideen für Ihre Führungsarbeit bieten Ihnen eine Reihe von Möglichkeiten, Ihre Selbst- und Sozialkompetenz sowie organisationale Kompetenz zu erweitern.

Das Buch ist ebenso ein Beitrag zur Eigenentwicklung von Unternehmen. So sind Personal- und Organisationsentwickler eingeladen, den Blick auf das Management von Widersprüchen, Unterschieden und Veränderungen zu lenken.

Für viele sind Berufliches und Privates strikt getrennt. Dies ist sinnvoll, wenn es darum geht, für sich zeitlich und emotional gesunde Grenzen zwischen diesen beiden Bereichen zu ziehen. Wenn es um Reflexion und Lernen geht, greifen diese Bereiche ineinander. Vieles, was Sie in Ihrem Beruf erlernen und verändern, fruchtet privat und umgekehrt. Wenn Sie mittels einer Mediationsausbildung Ihre Konfliktkompetenz in der Wirtschaft stärken, nützt Ihnen dies ebenfalls im privaten Umfeld. Und umgekehrt stiftet das, was bspw. durch Hausarbeit, Kindererziehung und Freunde erlernt wird, im Berufsleben enormen Nutzen. Daraus wird erkennbar, dass bspw. eine starke Vernachlässigung des persönlichen Raumes (Gestaltung eines erfüllten Lebens) und des privaten Umfeldes für Unternehmen nur kurzfristig gewinnbringend ist.

Das Buch soll dazu anregen, das eigene Tätigkeitsfeld anders wahrzunehmen und zu verstehen. Es bietet eine gute Ergänzung zur gängigen Managementliteratur für Führungskräfte und ist speziell auf Projektführungskräfte und deren Bedürfnisse zugeschnitten. In diesem Buch erfolgt eine Anlehnung an Wissensgebiete wie bspw. individualpsychologische und systemische Überlegungen sowie Sichtweisen der Gehirnforschung. Die Darstellungen stellen einen bunten Strauß von Zugängen und eigenen Überlegungen dar. Dabei stehen die Verständlichkeit und Nützlichkeit für den Praktiker im Vordergrund der Ausführungen und nicht der Anspruch auf eine exakte Verwendung der Begriffe.

Wie Sie sich im Buch zurechtfinden

In diesem Buch werden drei Beziehungen – Projekt- und Linienführung, Erfolg und Gesundheit, Kultur und Kompetenz – besprochen. Jede Beziehung wird dazu in zwei Teilen behandelt und abschließend in einer Kurzversion dargestellt (Bild 1.2):

- *Auf den Spuren des jeweiligen UND* (= der jeweiligen Beziehung): Das ist eine allgemeine Einführung, um sich mit den Themen selbst vertraut zu machen.

- *Ideen für Ihre Führungsarbeit*: Dies sind die Praxisteile, hier werden für die Führungsarbeit interessante Aspekte aus der allgemeinen Einführung ausgewählt. Zu den einzelnen Aspekten finden Sie Übungen, Lernfelder und Praxisbeispiele für Ihr konkretes Führungshandeln. Damit können Sie für sich selbst und in Ihrer Organisation Veränderungen initiieren und gestalten. Die Entspannungsübungen dienen Ihnen zur notwendigen Temporeduktion.

- *Kurzversion*: Diese gibt Ihnen einen Überblick über die zentralen Aussagen im Kapitel.

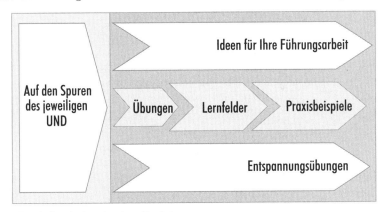

Bild 1.2 Der Aufbau in den einzelnen Kapiteln

Es ist möglich, mit dem Praxisteil alleine zu arbeiten. Dieser bietet einen leicht nachvollziehbaren Aufbau:

- Die ausgesprochene *Empfehlung* entspricht einer Leitidee zum beschriebenen Themenkomplex. Sie ist leicht zu merken und im Alltag unterstützend.

- Die *Lernfelder* dienen der konkreten Umsetzung der vorgestellten Themen. Lernfelder sind allerdings allgemeiner gehalten als Praxisbeispiele, die sich auf ihren Projektkontext beziehen.

- Vor manchen Lernfeldern gibt es *Übungen*, die Sie auf ein Lernfeld einstimmen.

- Die *Praxisbeispiele* (Projektbeispiele) illustrieren einen Themenbereich für Ihre Führungsarbeit und vertiefen die Erkenntnisse aus den Lernfeldern.
- Die *Entspannungsübungen* helfen Ihnen, im Führungsalltag Pausen zu machen, zu entspannen und gelassen zu bleiben. So können Sie Ihre (körperlichen) Bedürfnisse wahrnehmen.
- Die einzelnen Ideen für Ihre Führungsarbeit schließen jeweils mit dem Aspekt 🔲 *Erfolg*. Darin wird der Nutzen des Vorgehens und Lernens dargestellt.

Die Vielzahl von Ideen und Anregungen können sofort aufgegriffen und umgesetzt werden.

Die Zeitangaben bei den Aufgabenstellungen im Praxisteil helfen Ihnen, einen eventuell persönlich zu groß geschätzten Zeitaufwand zu korrigieren. Denn oftmals werden für einzelne Schritte wenige Minuten benötigt. Bei Entspannungsübungen können Sie sich den Handywecker stellen, wenn Sie die Zeit genau einhalten möchten.

„The little steps are the hardest to take", meint Jeffrey Hayes, ein befreundeter Englischlehrer. Ursprünglich heißt es ja: „The first step is the hardest to take." Erfahrungsgemäß ist es oft so, dass wir eine Übung gerne mal machen und sogar sehr gut finden, doch nach kurzer Zeit hören viele wieder damit auf. Von daher sind Sie eingeladen: Take the little steps – day by day! Machen Sie mit den Lernfeldern und Praxisbeispielen Ihre Referenzerfahrungen und reflektieren Sie diese.

Damit Sie das Buch gut als tägliches Handbuch verwenden können, finden Sie am Ende des Buches eine Darstellung aller Lernfelder, Entspannungsübungen und Praxisbeispiele.

Zur weiteren Unterstützung Ihrer Arbeit mit diesem Buch besorgen Sie sich ein schönes, leeres Heft oder Buch, in dem Sie Ihre Erfahrungen mit den Lernfeldern und Praxisbeispielen mit Angabe des Datums dokumentieren. Im weiteren Verlauf wird für dieses leere Buch der Begriff HBF-Buch verwendet. Die Abkürzung HBF steht dabei für das zentrale Anliegen einer höheren Bewusstheit im Führungshandeln. Diese Abkürzung erinnert Sie an Hauptbahnhof? Wunderbar, es geht genau darum. Von Ihrem persönlichen HBF aus können Sie überall hinfahren, und je besser Sie Ihren HBF und Ihre Umwelt kennen, desto erfolgreicher, einfacher und bequemer kommen Sie an Ihre Ziele bzw. erreichen das, was Sie sich für sich wünschen. In Bild 1.3 finden Sie Anregungen zur Reflexion Ihrer Erfahrungen, die Sie im HBF-Buch aufzeichnen können.

 **Mein persönliches HBF-Buch**

(Selbst-)Reflexion Ihrer Erfahrungen

- **Lernfeld Nr. .... am TT.MM.JJ**
  Was habe ich verstanden, gelernt, neu erfahren? Was habe ich gut gemacht?
  Was werde ich bewahren? Was werde ich wann verändern?

- **Praxisbeispiel Nr. .... am TT.MM.JJ**
  Was habe ich verstanden, gelernt, neu erfahren? Was habe ich gut gemacht?
  Was werde ich bewahren? Was werde ich wann verändern?

- **Entspannungsübung Nr. .... am TT.MM.JJ**
  Was hat bei dieser Übung mir besonders gut getan?
  Werde ich diese Übung beibehalten? Wenn ja, wann werde ich diese regelmäßig machen?

Bild 1.3 Mein persönliches HBF-Buch

Genauso ist das freie Schreiben wertvoll. Schreiben Sie auf, was nach einer konkreten Erfahrung in einem Lernfeld, Praxisbeispiel oder einer Übung an Gedanken und Gefühlen da ist. So können Sie anhand Ihrer Aufzeichnungen erkennen, was Ihre Aufmerksamkeit besonders beanspruchte und wo die Aufmerksamkeit unter Umständen zu kurz kam.

Verändern und Bewahren

Sie erhalten in diesem Buch wahrscheinlich neues Wissen, kommen zu Erkenntnissen durch Unterschiede und Widersprüche, die aufgezeigt werden. Sie gewinnen Veränderungsideen. Die erste Frage ist immer, ob Sie das andere bzw. das Neue überhaupt aufgreifen wollen. Sie sind mit dem Grundwiderspruch Verändern und Bewahren befasst (Bild 1.4).

Wenn Sie Neues aufgreifen und mit Ihrem bisherigen Führungshandeln verbinden wollen, stellt sich dann die Frage: Wie können Sie das in ihr bisheriges Verhalten, Handeln, Denken und Fühlen als Führungskraft aufnehmen und umsetzen?

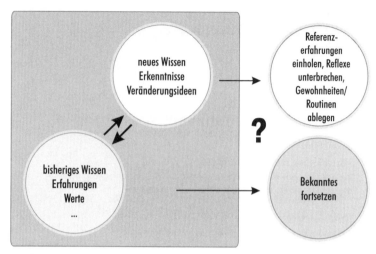

Bild 1.4 Verändern und Bewahren – ein Grundwiderspruch

Es geht darum, mit etwas anderem bzw. Neuem Referenzerfahrungen zu sammeln, dabei sind oftmals Routinen, Gewohnheiten abzulegen und Reflexe zu unterbrechen. In einer Projektführungsrolle ist es bspw. für eine klare und gestaltbare Beziehung von Projekt und Linie wichtig,

- … Routinen und Gewohnheiten im Fühlen, Denken und Handeln/Verhalten zu überprüfen und bei Bedarf abzubrechen.

- … Reflexen so weit wie möglich nicht nachzugeben: Agieren Sie wach! Bspw. Einzelspieler versus Teamplayer – welche „Automatiken" führen Sie da in sich?

- … eigene Vorstellungen zur hierarchischen und Projektführung bewusst zu machen, bspw. „fachliche Autorität vor sozialer Autorität", „Kontrolle ist besser als Vertrauen", „Konflikte sind zu vermeiden". Derartige Haltungen und Vorstellungen stehen im Wege, Neues aufzunehmen und umzusetzen. Sie verhindern Lernen.

- … eine neugierige, etwas freche Grundhaltung einzunehmen, in der Sie sich selbst überraschen können. Wenn Sie alles schon wissen, ohne etwas auszuprobieren, können Sie keine neuen Erfahrungen sammeln.

- … Ihre eigene Coaching- und mediationsorientierte Kompetenz zu erweitern.

Veränderungen von Gewohnheiten und Routinen erfordern Disziplin in diesem Sinne: „Disziplin bedeutet lernen, nicht kontrollieren, unterwerfen, nachahmen und anpassen" (Krishnamurti, www.zitate.de). Sie initiieren Lernprozesse für sich, Sie führen sich selbst. Selbstführung ist dabei weniger eine harte Arbeit, vielmehr ist sie eine bewusste und sensible Aufgabe, die Zeit und Aufmerksamkeit braucht. Und es gilt auch das altbekannte Sprichwort „Übung macht den Meister".

Auch Unternehmen sammeln Referenzerfahrungen, wenn sie etwas verändern möchten. Wenn bspw. Unternehmen im Management von Widersprüchen und Unterschieden andere Wege gehen wollen, sammeln sie Erfahrungen, indem sie unter anderem

- ihr organisationales Bewusstsein stärken,

- Vermittlungsinstanzen zwischen Projekt- und Linienorganisation einrichten bzw. vorhandene laufend überprüfen,

- Kulturveränderung in den Organisationen auch in Nichtveränderungsprojekten vorantreiben,

- unterschieds- und widerspruchsbezogene Kompetenzen (der Projektführungskräfte) entwickeln, fördern und unterstützen,

- einen Rahmen schaffen, der ein Sowohl-als-auch ermöglicht,

- Coaching und mediatives Vorgehen in der Vermittlung zwischen Linie und Projekt stärken und einsetzen.

Eine zentrale Rolle spielen darin die Führungskräfte mit ihrer Kompetenz, anderes und Neues zu versuchen. Von daher werden Sie hier eingeladen, die vorgestellten Lernfelder und Praxisbeispiele auszuprobieren und mehrmals umzusetzen.

Es kann vorkommen, dass Sie an der einen oder anderen Stelle nach anfänglich großer Motivation keine Lust mehr verspüren. Und dies, obwohl Ihnen die Umsetzung des Vorschlages wichtig erscheint. Dann geht es darum, sich den Sog zum „alten" Herangehen in Führungssituationen bewusst zu machen. Machen Sie sich in jedem Fall Ihre eigenen Vorstellungen zur Rolle einer Projektführungskraft bewusst. Vervollständigen Sie dazu den Satz „Eine gute Projektführungskraft ist (oder kann) ...!". Möglicherweise sind Sie der Ansicht, dass eine bewusste Führungskraft ALLES wahrnehmen, dass eine gute Führungskraft IMMER erfolgreich oder dass eine angenehme Führungskraft IMMER freudig und empathisch sein muss. Sie wissen selbst: All das sind Generalisierungen, die auf keine Führungskraft zutreffen können, und es sind Hindernisse auf dem Weg, anderes bzw. Neues aufzunehmen. Solche Vorstellungen führen Sie wiederholt zu Altem bzw. Bekanntem. Tauschen Sie an dieser Stelle überzogene Grundhaltungen mit einer offenen, neugierigen Haltung. Die einzelnen Kapitel unterstützen Sie dabei, in dieser offenen Haltung zu bleiben.

Hilfreich ist es, sich ebenso bewusst zu machen, was durch die Veränderung verloren und was gewonnen wird. Jede Veränderung ist mit einem Verlust verbunden (Bild 1.5). Diese Verlustangst kann dazu führen, dass begeisterte Strohfeuer schnell wieder verlöschen, das gewohnte Verhalten wieder einzieht. Wenn Sie sich gesünder ernähren, schlanker werden wollen, verlieren Sie etwas und Sie gewinnen etwas – sowohl als auch.

Bild 1.5 Gewinn und Verlust

In diesem Buch stehen Sie und Ihr Veränderungspotenzial im Mittelpunkt. Natürlich weist eine Vielzahl von Unternehmen einen hohen Veränderungsbedarf auf, wenn es um die drei Beziehungen Linie – Projekt, Erfolg – Gesundheit, Kultur – Kompetenz geht. Da Sie in der Führung dazu eine Schlüsselrolle im Unternehmen einnehmen, widmen sich die Beiträge hier Ihrer täglichen Führungsarbeit. Verändern heißt dabei nicht, sich als Person zu verbiegen und zu verdrehen, um sich dem organisationalen Kontext anzupassen und dabei sich selbst zu verlieren. Dieses Buch möchte Sie zwar bestärken, auch in schwierigen Organisationen Ihren persönlichen Weg zu finden und entsprechende Entscheidungen zu treffen, aber natürlich passt nicht jede Organisation zu Ihnen.

Als Führungskraft sind Sie mehr als andere aufgefordert, Grenzen zu zeigen und sich unter Umständen sogar vom Unternehmen zu trennen – gerade dann, wenn die Organisation absehbar so bleiben wird, wie sie nun mal ist. Für die nächste berufliche Herausforderung ist es in jedem Fall wertvoll, die im Unternehmen gemachten Erfahrungen für sich zu reflektieren.

Mein besonderer Dank

Jedes Buch entsteht mit Unterstützung von Freunden und Familienmitgliedern. Ich möchte mich hier bei allen bedanken und die vielfältige Zusammenarbeit anerkennen.

Die Zusammenarbeit mit meiner langjährigen Freundin Frau Mag. Margot Wieser freute mich deswegen sehr, weil ich endlich eine Gelegenheit hatte, ihr Fachwissen und ihre Kompetenz als Therapeutin mit meiner zu verbinden. Ich möchte mich für die fachliche Überprüfung meiner Entspannungsübungen bedanken, genauso wie für die kritischen Rückmeldungen zu meinen Texten. Besonders schön und wertvoll waren die wertschätzenden Gespräche, wenn ich meinte, im Schreiben kaum voranzukommen.

Mein Dank geht an Dr. Renate Zillich, die mir ihren interessanten Vortrag vollständig zur Verfügung stellte und mir erlaubte, zentrale Aussagen daraus zu verwenden.

Meinen herzlichsten Dank spreche ich meinem lieben Freund Dr. Ernst Zeiner aus. Seine kritischen Bemerkungen forderten mich mehrmals auf, etwas auf den Punkt zu bringen und genauer in Aussagen zu werden. Vor allem bedanke ich mich für die Art und Weise, Kritik zu üben, die unverwechselbar lustig ist. Diese Art, Kritik zu üben, darf Schule machen.

Mein Dank gilt meinem Mann, Frank Buchheister, der mich motivierte, dranzubleiben, und den nötigen zeitlichen Freiraum schuf, um dieses Buch zu schreiben. Mein kleiner Sohn Raphael regte mich hauptsächlich dazu an, Widersprüche und Unterschiede anzuerkennen, A ist nie gleich A und Z nie nur das Ende des Alphabets.

Besonderen Dank spreche ich meiner Freundin Anne Holler-Kuthe aus, die mir auch in diesem Buch eine wertvolle Hilfe war, vor allem wenn es darum ging, allzu offensichtliche österreichische Spracheigenheiten zu vermeiden. Sie war es auch, die mit dem Finger auf sachliche Unklarheiten wies und mir damit oftmals zu mehr Klarheit verhalf.

Ich danke meinem Coach, Heike Gehlert-Stuckert, die mich in meinen Reflexionen unterstützte und mir Mut machte, meine Ideen niederzuschreiben.

Bedanken möchte ich mich bei Frau Lisa Hoffmann-Bäuml, Hanser Verlag, für die angenehme Zusammenarbeit während dieses Buchprojektes.

Herzlichen Dank auch an Harald Binder, der meinen Grafiken ein durchgängiges „Outfit" gegeben hat.

Aus Gründen der Lesbarkeit verwende ich die männliche Form und meine damit definitiv auch Frauen.

Ich wünsche allen Lesern viel Freude und Erfolg mit diesem Buch!

München, Sommer 2011   *Berta Schreckeneder*

1

Projekt- und Linienführung in einem Unternehmen?

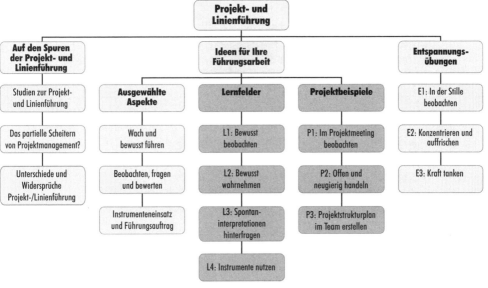

Bild 1.1 Kapitelüberblick Projekt- und Linienführung

In diesem Kapitel stehen die Linien- und Projektführung und die Frage, wie diese heute in den Unternehmen zusammentreffen, im Mittelpunkt der Betrachtungen. Das Management von Unterschieden und Widersprüchen spielt dabei eine zentrale Rolle.

In der Praxis werden Projekte oftmals hierarchisch geführt, Widersprüche und Unterschiede unter den Tisch gekehrt – und sehr viele Projekte scheitern, wie verschiedene Studien zeigen. Die Gegenüberstellung von Linien- und Projektführung sowie die Darstellung der unterschiedlichen Projekt(management)arten dienen einem neuen Verständnis über die Führungszugänge im Projekt- und Linienmanagement. Zudem wird deutlich, warum der Erfolg von Projekten eines größeren Organisationsbewusstseins und einer stärkeren Bewusstheit bei den einzelnen Führungskräften bedarf.

Zusammenfassend werden Rahmenbedingungen für eine erfolgreiche Projektarbeit aus den einleitenden Ausführungen vorgeschlagen. Darin zeigt sich, dass der bewusste Umgang mit Unterschieden und Widersprüchen ein erfolgreiches Zusammenwirken von Projekt- und Linienmanagement ermöglicht, dass das Sowohl-als-auch in Unternehmen gelebt werden kann.

Die Ideen für Ihre Führungsarbeit zeigen Ihnen aufbauend Möglichkeiten auf, sich dem Management von Unterschieden, Widersprüchen und Veränderungen erfolgreich zu stellen. Es geht darum, Führung bewusst zu gestalten. Das Besondere in diesem Kapitel ist die anschaulich dargestellte Verbindung von bewusster Beobachtung und Wahrnehmung mit dem wichtigsten Projektmanagementtool – dem Projektstrukturplan.

Viele klettern so schnell, dass sie gar nicht merken,

dass sie auf den falschen Berg gestiegen sind.

Buddhistische Weisheit (www.planetsenior.de)

■ 1.1 Auf den Spuren der Projekt- und Linienführung

Die Managementtechniken, die Sie gleich lesen, sind amüsant und werden selbst in Zeiten einer Wirtschaftskrise „erfolgreich" umgesetzt (Tabelle 1.1).

Tabelle 1.1 Management by Techniken

Management by	
… Helikopter	Schnell eintreffen, viel Staub aufwirbeln, und sofort wieder verschwinden.
… Känguru	Mit leerem Beutel große Sprünge machen.
… Dübel	Lücke erkennen, schnell reinquetschen und sich sofort breitmachen.
… Jeans	An allen entscheidenden Stellen eine Niete.
… DIN A4	Flipcharts, Time-Planers etc. everywhere.
… Champignon	Die Mitarbeiter im Dunkeln lassen, mit Mist bestreuen; wenn sich helle Köpfe zeigen, sofort abschneiden.
… Titanic	Perfekt geplant und abgesoffen.
… Robinson	Warten auf F r e i t a g!
… Herodes	Intensiv nach dem geeignetsten Nachfolger suchen – und dann: feuern.
… Nena	Irgendwo, irgendwann …
… Null-Interesse *	Ziele setzen, Mittel verweigern!
… Nilpferd	Maul aufreißen und danach untertauchen.
… Astronaut	Weitschweifig und gewichtslos.
… Surprise	Erst handeln, dann von den Folgen überraschen lassen.
… Partisan	Selbst die engsten Mitarbeiter falsch informieren … damit die eigenen Ziele nicht erkennbar werden.

http://www.connexin.de/humor-management-bingo.html, Abruf am 23.12.2010
* Begriff verändert

In vielen Unternehmen herrscht eine inflationäre Verwendung des Projektbegriffes. Neben Zwei-Wochen-Projektchen stehen komplexe Zwei-Jahres-Projekte. Unter Umständen verdienen die Projektleiter dieser ungleichen Vorhaben das Gleiche oder ähnlich viel.

Betrachtet man Projektmanagement selbst, so zeigt sich seit den 1960er-/70er-Jahren ein immenser Bedeutungswandel. Von der Methode der Netzplantechnik über den Methodenkoffer steht in der neueren Projektmanagementsicht die Führung und Steuerung von Projekten und Projektlandschaften im Mittelpunkt.

Projektmanagement wird hier als ein Führungs- und Steuerungsansatz gesehen, welcher sich vom Linienmanagement deutlich unterscheidet. Projektmanagement hat in dieser Sichtweise neben der Linienführung seinen eigenen Platz in der Steuerung des Unternehmens. Das ist natürlich ein gewaltiger Sprung für eine anfänglich bescheidene Methode, auch wenn dieser unumgänglich ist. Allein auf diese Weise wird der sozialen und sachlichen Komplexität, der Neuartigkeit, dem Risiko und der Dynamik von Projekten Rechnung getragen. In Projekten arbeitet heute eine Vielzahl von unterschiedlichsten Experten zusammen, darüber hinaus sind eine große Anzahl weiterer Stakeholder in irgendeiner Form involviert. Führung ist gefragt!

Grundlegend ist in den Unternehmen auf oberster Ebene zu entscheiden,

- ob es einen zweiten Führungsansatz im Unternehmen (mit allen Konsequenzen) überhaupt geben soll,
- wie das Zusammenwirken von Linie und Projekt gestaltet werden kann und
- was ein Projekt konkret ausmacht (Abgrenzung zu anderen Vorhaben).

Dies wird in der Praxis oft anders umgesetzt, was vermutlich viele von Ihnen bereits erfahren haben.

1.1.1 Studien zur Linien- und Projektführung

Führungsstudien sowie spezifische Studien zu Projektmanagement zeigen die alten und neuen Schwächen in der Projekt- und Linienführung in den Unternehmen auf. So weist die jährliche Mitarbeiterzufriedenheitsstudie in Deutschland kein oder ein geringes Engagement bei der Mehrheit der Arbeitnehmer aus. 13 % der Arbeitnehmer arbeiteten 2010 produktiv und motiviert. 21 % weisen keine emotionale Bindung auf, sie verhalten sich am Arbeitsplatz destruktiv. 66 % weisen eine geringe emotionale Bindung auf und leisten einen Dienst nach Vorschrift. (Pressemitteilung Gallup Consulting am 09.02.2011, http://eu.gallup.com/Berlin/146027/Pressemitteilung-zum-Gallup-EEI-2010.aspx, Abruf am 21.02.2011). „Durch die daraus resultierenden Produktivitätseinbußen entsteht ein volkswirtschaftlicher Schaden zwischen 121,8 und 125,7 Milliarden Euro", wie es in der Mitteilung heißt. Der Blick fällt recht klar auf die Führungskräfte und ihre Verantwortung darin.

In Projekten stellen mangelndes Engagement und fehlende Motivation ein besonders hohes Risiko dar. Sie können zu einer existenziellen Bedrohung für das Unternehmen werden, abhängig von der Branche und deren Ausmaß an Projektarbeit.

Führung ist eine bedeutende, freilich nicht die alleinige Ursache von unzufriedenen Menschen in der Arbeitswelt. Die GLOBE-Studie (House 2004) bescheidet den deutschen Führungskräften wenig Humanorientierung, worunter die Förderung und Belohnung von fairem, altruistischem, großzügigem und fürsorglichem Verhalten zu verstehen ist. Aufgrund des mangelnden Teamgeistes sowie mangelnder sozialer Kompetenz und Kultursensibilität deutscher Manager wird ihnen eher ungern die Leitung eines internationalen Projektes übertragen, so die Studienergebnisse. Die hierarchische Steuerung und das reine Leistungsdenken sind stark in deutschen Führungskräften verankert und setzen sich selbst in Zeiten einer wachsenden Teamorientierung oftmals in der Besetzung von Führungspositionen durch. Viele Projektleiter sind heute noch der Ansicht, dass sie es sind, die sagen müssen, wo es langgeht, dass Teammitglieder froh sind, wenn ihnen jemand den Weg in der Komplexität zeigt. Diese Einstellung weist auf eine hierarchische Teamführung hin, das Verständnis von Führung im Projektmanagement ist ein anderes. In Projekten arbeiten Experten in Teams zusammen, sie gestalten gemeinsam Komplexität und legen gemeinsam ihre Ziele bzw. Wege fest. Jeder Einzelne sieht sich als Teil des Ganzen und ist damit eng mit dem Projekt verbunden.

Respekt und daraus resultierende Anerkennung sind ein zentrales Thema der zitierten Humanorientierung in Führungskreisen. Respekt und Anerkennung finden sich in den Werten eines jeden Unternehmensleitbildes wieder. Die Autoren Tilmann Eckloff und Niels van Quaquebeke (2008) bestätigen in einer Studie der organisationalen Werteforschung Respekt als einen zentralen Arbeitswert in Unternehmen. Dieser nimmt einen der obersten Plätze ein, noch vor einem sicheren Job oder einem höheren Einkommen. „Wie viele Stück brauchen wir in unserem Vorhaben?" Gemeint sind in diesem Unternehmen die Mitarbeiter für ein Projekt. Das drückt eine respektlose Haltung aus und verstellt den Blick auf den Menschen. Respekt als „eine Wertschätzung des Gegenübers, welche über das eigene Verhalten kommuniziert wird", erfordert eine gute Sicht auf die fachlichen und sozialen Leistungen, die einzelne Mitarbeiter erbringen. „Respekt kann ... als ein Erkenntnisprozess gesehen werden, der zum Ziel hat, den Wert und die Bedeutung eines Anderen zu erkennen, anzuerkennen und zu kommunizieren" (Eckloff/Quaquebeke 2008, Seite 247 f.). Viele Arbeitnehmer erleben in ihren Unternehmen eher: „Nichts gesagt ist genug gelobt." Das bestätigt die Studie: „In der Praxis des zwischenmenschlichen Umgangs zwischen Führungskräften und ihren Mitarbeitern zeigte sich jedoch, dass sich die Mitarbeiter meistens nicht in entsprechender Weise von ihren Führungskräften respektiert fühlen. Zusätzlich konnte gezeigt werden, dass respektierte Mitarbeiter auch zufriedener mit ihrer Arbeit sind" (Eckloff/Quaquebeke 2008, Seite 245). Es läuft vieles gut in Unternehmen, herausragende Bedeutung bekommt dennoch meist das Negative, das, was nicht funktioniert. Das ist einer der Gründe, warum so sparsam anerkennend geführt wird.

Studien zur Frage „Wie gesund sind Personen- und Gruppensysteme in einer Organisation?" zeigen auf, wie Freude und Freiheit in der Projektarbeit mit einer hohen Belastung (Leistungsverdichtung, Zeitdruck, Teamkonflikte, Probleme in der alltäglichen Lebensführung etc.) einhergehen (Hochschule Fulda 2000). Projektleiter und Projektmitarbeiter, die bspw. aufgrund ihrer guten Arbeit zu viele Projekte erhalten, erbringen dann mangelhafte Leistung und/oder werden ernstlich krank. Das gilt ebenso, wenn Projektleiter eine Vielzahl von Projekten leiten müssen, die wenig ihren Talenten und ihrem Potenzial entsprechen. Der uneingeschränkte Zeiteinsatz gilt als normales Zeichen für das Engagement von Projektführungskräften. Insbesondere interne Projekte werden oftmals als Add-on zum Tagesgeschäft gesehen.

Wenn Veränderungen anstehen, werden gerne Zahlen, Daten und Fakten (ZDF) gefordert. Dabei bringen selbst alarmierende Zahlen keineswegs die gewünschte Energie, um Veränderungen anzustoßen und umzusetzen. Vor einigen Jahren sorgte die Studie „Projektmanagement: Abenteuer Wertvernichtung" von Professor Manfred Gröger (2004) für Aufsehen. Deutschlands Projekte vernichten, so der Autor, jährlich 150 Milliarden Euro, und nur 13 % der Projektarbeit sind wertstiftend. Im Gesamtdurchschnitt der deutschen Wirtschaft fließen 29 % der Gesamtkosten bzw. 550 Milliarden Euro in die Abwicklung von Projekten. Mit dieser Studie ging ein lauteres Raunen durch die Führungsetagen, doch es wurde ebenso schnell wieder ruhig. Die Zahlen, Daten und Fakten bewegten wenig. Insgesamt lösen die Studien und Erkenntnisse in wissenschaftlichen Kreisen interessante Diskussionen aus, in der Praxis ist die Wirkung vergleichsweise gering.

Das Schulungsfeld Projektmanagement

Viele Unternehmensführer setzen bei Projektmanagement auf Weiterbildung und schicken ihre Mitarbeiter in entsprechende Schulungen. Projektmanagement ist seit einigen Jahren das Schulungsfeld schlechthin. Zertifizierungsanbieter mit ihren Produkten wachsen wie Pilze aus dem Boden und mit ihnen weitere Trainer und Berater auf diesem Gebiet. Der Beigeschmack eines gewissen Weiterbildungstourismus mit wenig Nachwirkung ist vorhanden. Bestätigt wird dies durch allgemeine und kurzfristig aufsehenerregende Studien, in denen aufgezeigt wird, wie weit Weiterbildungsveranstaltungen, Trainings und Seminare davon entfernt sind, etwas zu bringen. Das ist so sicherlich zu weit gegriffen. Grundlagentrainings zu Projektmanagement ermöglichen die Anwendung von Projektmanagementinstrumenten in den Unternehmen. Der Nutzen für das Unternehmen hängt allerdings stark vom jeweiligen Teilnehmer ab. In der Umsetzung der Methoden wird nach Gutdünken in Projekten agiert, wenn die interne Klarheit zu Projektmanagement fehlt.

Anders sieht es in der Anwendung von Führungswissen aus. Was in Projektleitertrainings explizit zur Führung von Projekten vermittelt wird, kann oftmals im eigenen Unternehmenskontext minimal umgesetzt werden. Es fehlen die unternehmensinternen Voraussetzungen für eine gute Projektführung. Wem nützt das Wissen von Gruppendynamik und Teamführung, wenn es im Unternehmen keine Teams gibt und Projektführung nicht anerkannt wird? Ein Unternehmen, das lediglich Methoden des Projektmanagements anwendet, führt nicht mit Projektmanagement. Das Wissen aus den Trainings verpufft.

Damit sich die zum Teil hohen Schulungsausgaben langfristig bezahlt zu machen, sind unternehmensinterne Voraussetzungen für Projektmanagement zu schaffen. Eine Auseinandersetzung mit Projektmanagement auf oberster Führungsebene ist unumgänglich.

1.1.2 Das partielle Scheitern von Projektmanagement?

Die meisten Unternehmensführer betrachten Projektarbeit als wünschenswert und verlangen sie von ihren Mitarbeitern. Projektmanagementmethoden sind in den Unternehmen daher weitverbreitet, Projektmanagement als Führungsansatz eher weniger.

Da teilt Projektmanagement das Schicksal der zahlreichen Interventionen, die die Gesundheit des Menschen betreffen. Die Unternehmen wollen und brauchen gesunde Mitarbeiter, doch im Falle von Erkrankungen (bspw. Burn-out) werden Behandlungen ausschließlich bei Einzelnen außerhalb der Organisation vorgenommen. Diese kehren nach Abschluss ihrer Therapie wieder in die gleichen Verhältnisse zurück. Die Nachhaltigkeit solcher Interventionen ist begrenzt. Mit dem Projektmanagement ist es nicht anders. Viele lernen außerhalb, was gut und richtig im Management von Projekten ist, stoßen in ihren Organisationen dann aber wieder auf die Linienstruktur und ihre alten Macht- und Kontrollinstanzen.

In den einzelnen Unternehmen wird Projektmanagement selten projektförmig, mit einem eigenen Projekt, eingeführt, und wenn, dann mit einer Konzentration auf die Abbildung eines Methodensets in einem Projektmanagement-Handbuch. Hier steht das Wissen am Anfang der Einführung von Projektmanagement. Dabei ist der Prozess viel wichtiger und wertvoller, an dessen Ende das Wissen über das Was und Wie, Warum und Wozu zu Projektmanagement und Linienmanagement im eigenen Kontext steht. Die Organisation und ihre Kultur bewegen sich nachhaltig.

Die Gründe, warum Projektmanagement so schwierig in Unternehmen einzuführen ist, sind vielschichtig und wurden durch die aufgezeigten Führungsstudien angedeutet. Sie liegen

- in unserer Kultur (bspw. hohe Leistungsorientierung; männliche Führungskultur, was auf der geringen Anzahl von Frauen in obersten Führungsetagen beruht),

- in unserer gelebten Form des Wirtschaftens und Zusammenlebens,

- im Wirken der Projektmanagementverbände,

- in den Organisationen selbst,

- bei jeder einzelnen Führungskraft und

- bei jedem Mitarbeiter, der in Projekten mitwirkt.

Es gibt eine beachtlich lange Erfahrung mit Linienverantwortung bzw. hierarchischer Steuerung in Organisationen. Die Arbeitsteilung führte die Menschen auseinander (Heintel/Krainz 2001), und jetzt sollen sie aufgabenbezogen in Projekten wieder zusammenarbeiten. Die reflektierte Erfahrung und das Wissen in der Führung von Teams sind in der Praxis noch relativ gering. So sind für viele Projektführungskräfte gruppendynamische Prozesse (diese zu verstehen, zu reflektieren und für den Projekterfolg zu nutzen) ein fremdes Terrain.

Offensichtlich wird das Führungsdefizit in kulturübergreifenden Teams. Der Begriff „kulturübergreifend" bezieht sich dabei auf verschiedene Länder, das Zusammenwirken verschiedener Branchen und Disziplinen in einem Land usw. Auch wenn Profitunternehmen mit einer öffentlichen Verwaltung zusammenarbeiten, sind Interaktionsstrukturen und -prozesse zu schaffen, die diese Kulturen verbinden. Selbst wenn zwei verschiedene Ministerien zur Zusammenarbeit beauftragt sind, ergeben sich eine Reihe von sprachlichen und kommunikativen Herausforderungen.

Die bewusste Gestaltung von Komplexität, von Unsicherheit, von Veränderung ist wenigen Führungskräften vertraut: Sie agieren mit hierarchisch Erlerntem, was bei anspruchsvollen Aufgabenstellungen zunehmend weniger ausreicht. In den letzten 40 Jahren waren die Veränderungen in Bezug auf Projektmanagement gravierend, was durch das internationale, globale Wirtschaften noch vorangetrieben wurde. Dennoch ist die notwendige Anpassung der besonderen Führungsleistung in der Projektpraxis diesem wirtschaftlichen Tempo kaum gefolgt. Projektmanagement bietet nach wie vor viele Antworten aus dem „Instrumentenkoffer", jedoch wenige dazu, wie Unterschiede, Widersprüche und Veränderungen genutzt und geführt werden können.

Projektmanagement einführen und leben

Für die projektförmige Einführung von Projektmanagement ist von den Topmanagern ein Projektauftrag zu erteilen, ein Budget freizugeben und es sind laufende Gespräche – insbesondere auf oberster Ebene – zu führen, in denen die notwendige Kulturveränderung starten muss. Der Eingriff in die Organisation durch Projektmanagement darf nicht unterschätzt werden. Die Einführung von Projektmanagement ist mit einer kulturellen Revolution zu vergleichen. Führungskräfte haben nicht mehr gewohnte Karrierewege, Macht aufgrund von Funktionen, es gibt keine einzeln zugeschriebenen Erfolge und entsprechend verliehene Lorbeeren mehr. Führungskräfte erleben unter anderem, wie

- Hierarchieebenen abgebaut werden,
- die Arbeit hierarchieübergreifend erfolgt,
- Autoritäten auf jeder Hierarchieebene zu finden sind,
- Gruppenerfolge wichtiger werden.

Das löst Unsicherheit aus. Experten wissen heute, wie sehr Organisationen schon auf kleinste Veränderungen mit einer Systemabwehr reagieren, welche Peter Heintel und Ewald Krainz (2001) als eine „instinktive" Reaktion der Organisation bezeichnen. „Die Einrichtung von Projektmanagement ist keine kleine Veränderung, sie ist eine neue, alternative, konkurrierende Sozialstruktur in der hierarchischen Organisation, ein schwerer Eingriff ins Organisationsleben; Individuen werden neu ‚verkabelt', die Energieströme umgelenkt" (Heintel/Krainz 2001, Seite 4). Es dauert einige Zeit, bis die Organisation mit den Unterschieden und Widersprüchen von Projekt und Linie gut lebt und diese nutzt.

 Im Prozess der Einführung sind sogenannte „Vermittlungsinstanzen" (Heintel/Krainz 2001) zwischen Projekt und Hierarchie dauerhaft einzurichten, in denen unter anderem folgende Fragen geklärt werden:

- Wie ist das Verhältnis von Projekt und formaler hierarchisch aufgebauter Organisationsstruktur (Projektmanagementarten) zu gestalten?
- Welche (un)ausgesprochenen Vereinbarungen zwischen Linien- und Projektführungskräften gibt es und sollte es geben?
- Welche Entscheidungsbefugnisse gibt es in Projekten? Welche in der Linie? Wie sollte dies zukünftig gestaltet werden?
- Wie ist derzeit die Projektpräsenz im Gesamtbetrieb? Welche Projekte sind zu steuern (Projektarten) und inwieweit tragen diese zum Unternehmenserfolg bei? (Anders gesagt: Wie überlebenswichtig ist heute die Projektarbeit?)
- Welche zukünftige Ausrichtung (Visionen) hat das Unternehmen und welche Rolle spielen dabei Projekte?
- Wie können Projektmanagement, Personal- und Organisationsentwicklung erfolgreich zusammenwirken?
- Wie wird heute im Unternehmen auf allen Ebenen gelernt? Welche Erfahrung gibt es bereits in der Steuerung von Komplexität, Unsicherheit, Unterschieden und Widersprüchen?

Je nachdem, wo im Unternehmen der gegenwärtige und zukünftige Bedarf liegt, braucht es „Dienste", die vom Projektmanagement bzw. von Ihren Projektführungskräften zu erfüllen sind. Sie als Führungskraft sind selbst Teil Ihres Unternehmens und eng damit dem verbunden, was Ihr Unternehmen ausmacht. Sie können sich fragen, was und wie Projektmanagement in Ihrem Unternehmen „sein", was es ausmachen, was es leisten kann und muss.

Und wenn das Einführungsprojekt von Projektmanagement eines Tages endet, das Management von Widersprüchen und Unterschieden, das Lernen des Einzelnen und der Organisation endet keinesfalls mehr in den Unternehmen von heute. Projektmanagement ist dauerhaft organisationswirksam. Die Unternehmen und ihre Führungskräfte verändern sich fortlaufend.

Diese Fragen werden durch ein vernünftiges Multiprojektmanagement aufgegriffen. Wenn mehrere Projekte in einem Unternehmen parallel durchgeführt werden, ist ein unternehmensübergreifendes Management von Projekten und konkret gestaltetes Zusammenwirken mit der Linie (Vermittlungsinstanzen als flexible Dauereinrichtung) erforderlich, das als Multiprojektmanagement bezeichnet werden kann. Die zentralen Aufgaben von Multiprojektmanagern bzw. Multiprojektgremien sind (Schreckeneder 2010, Seite 37):

- „Beratungs- und Unterstützungsleistungen im einzelnen Projekt,
- Planung und Steuerung der Projektlandschaft im gesamten Unternehmen,
- personal- und organisationsentwicklerische Aufgabenstellungen in der Projektarbeit."

Hinter all den Möglichkeiten und Aufgaben eines Multiprojektmanagements stecken die Anforderung und Notwendigkeit eines größeren Organisationsbewusstseins und ein entsprechendes Bewusstsein bei den einzelnen Organisationsteilnehmern, insbesondere den Führungskräften. Denn zweifelsohne sind es Führungskräfte, die unter anderem emotionsgeladen so manches bremsen, etwa aus Unsicherheit und Angst, etwas falsch zu machen, zu versagen und gar verstoßen zu werden. Neben der Angst stehen oftmals Bequemlichkeit und Überheblichkeit von (Projekt-)Führungskräften, sich mit etwas Neuem zu beschäftigen und auf ihrem Weg Neues zu lernen. Führung ist ein Thema, mit dem sich Führungskräfte der Linie und in Projekten wenig beschäftigen. Kaum ein anderer Experte würde sich so wenig mit seinem Auftrag auseinandersetzen. Führungsexperten sind heute die Berater, die Coachs – warum nicht die Führungskraft selbst?

Organisationsbewusstsein

Unter dem Organisationsbewusstsein wird eine offene Sicht auf das, was eine Organisation (aus)macht, wie und warum eine Organisation in ihrem Umfeld handelt bzw. nicht handelt, verstanden. Diese Beobachtung der Organisation und der Organisationsbeziehungen fehlt größtenteils. So stört es selten, wenn es Leitbilder gibt, welche wenig mit der Organisation im Einklang stehen. Sie sind unhinterfragt da, wenige glauben daran oder fühlen sich damit verbunden. Wenn ein Unternehmen in eine Krise gerät bzw. sich selbst dahin manövriert, tauchen Organisationsfragen zwar auf, doch ist es oft so, dass Unternehmen ihre Krisen mit relativ wenigen Fragen und knappen Antworten überstehen. Das wird zukünftig zu wenig sein.

Für Unternehmen, die an einem längeren Bestand interessiert sind, ist ein gutes Organisationsbewusstsein ein wesentlicher Zukunftsfaktor. Auf diese Weise lassen sich Grenzen zum Wettbewerb ziehen. Dem Kunden kann deutlich gemacht werden, warum die eigene Organisation der richtige Partner ist und eben nicht die Konkurrenz.

Mit Sicht auf ein gutes Zusammenwirken von Projekt- und Linienführung bedeutet Organisationsbewusstsein:

- *Die Klarheit in der Abgrenzung der Vorhaben und das Respektieren der unterschiedlichen Systeme und deren eigenen „Sozialgesetze".*

Dazu sind die zu unterscheidende Projekt- und Organisationskultur relevant (siehe Kapitel 3) sowie die Unterschiede und Widersprüche der Linien- und Projektführung/-organisation. Auch benötigen die unterschiedlichen Arten von Projektmanagement sowie die verschiedenen Projektarten die notwendige Aufmerksamkeit in der Praxis.

- *Der gestaltete und reflektierte Umgang mit Widersprüchen, Unterschieden und Veränderungen in Organisationen und Projekten.*

Es geht darum, Linien- und Projektführung in einem Unternehmen gut zu vernetzen (Vermittlungsinstanzen), Veränderungen bewusst zu managen und auch in einzelnen Vorhaben ein gutes Stakeholdermanagement zu etablieren.

- *In Projekten Teams und sich selbst in einem Klima von Vertrauen gut zu führen, Selbstorganisation und Eigenverantwortung gezielt zu fördern.*

- *Reflexions- und Lernprozesse zu gestalten und umzusetzen.*

Das braucht Zeit und die Bereitschaft nachzudenken und Gefühle dabei wahrzunehmen. Selbstreflexion der Führungskräfte, der Teams und der Organisation als Ganzes ist Teil einer zukunftsorientierten Unternehmenskultur.

Bewusstsein einzelner Führungskräfte

Was bedeutet bewusst wahrnehmen bzw. beobachten? Primär geht es um eine offene und reflexionsbereite Haltung zu dem, wer und was jemand ist, was ihn ausmacht und wie er handelt bzw. nicht handelt. Dazu gehört, sich bewusst zu beobachten und reflektieren zu lernen. So ist es auch möglich, eigene Grenzen klarer zu erkennen, Grenzüberschreitungen wahrzunehmen und Grenzen zu verschieben (siehe dazu Kapitel 3).

Manche von Ihnen kennen unter Umständen den Begriff der wachen Präsenz von Meditationslehrern oder Menschen, die einen spirituellen Weg eingeschlagen haben. Tibetanische Mönche beschreiben die wache Präsenz als transparenten, offenen und freien Geist. In diesem Buch geht es nicht um spirituelle Praktiken. Allerdings können die Entspannungsübungen dazu dienen, sich zu öffnen, einen Raum zu schaffen für eine wache Präsenz, einen offenen und freien Geist. Im Alltagsgeschehen kann dieser anfangs kaum entstehen, weshalb die Schaffung und Einhaltung von Ruhe- und Entspannungszeiten ein wesentlicher Führungsauftrag, insbesondere an die Führungskraft selbst, ist. Dabei unterstützen die Selbstführung vor allem Zeiten der Stille und die Stille in einem selbst. Mit mehr Offenheit gelingt es, Neues im Bekannten wahrzunehmen, mit Fragen in vertrauten Situationen Unterschiede und Widersprüche zu erkennen und damit für sich oder das Projekt Veränderungsimpulse zu erhalten.

Ein weiterer Aspekt des Begriffes „Bewusstsein" im vorliegenden Kontext ist die Idee der Gestaltungsfreiheit von Einzelnen. Die Führungskraft ist davon überzeugt, ihr Leben selbst in die Hand nehmen zu können. Wer erfolgreich und gesund sein will, übernimmt dafür die Verantwortung. Führungskräfte werden für sich klären, was bspw. Erfolg und Gesundheit für sie bedeutet. Sie werden keinen fremden Erfolgsdefinitionen folgen, sondern sie schaffen sich ein Bewusstsein, wer sie sein und werden wollen, was sie können und dürfen.

 Bewusst agieren basiert auf den Vorstellungen

- eines freien Geistes, einer offenen Haltung,
- der Überzeugung von Gestaltungsfreiheit (von Erfolg und Gesundheit) des Einzelnen,
- das eigene Wollen, Können und Dürfen (agiles Erfolgsbild), die Unterschiede und Widersprüche in sich und hin zu anderen zu reflektieren, sich in seiner Umgebung infrage zu stellen und von sich selbst zu lernen.

Wer bewusster in der Führung mit sich und anderen agieren will, braucht Zeit. Die Ruhezeiten, in denen Sie gar nichts machen, sind dafür genauso bedeutend wie die Lern- und Reflexionsprozesse, in denen Sie sich selbst (mit anderen) betrachten. Tragen Sie solche Reflexions- und Ruhezeiten in Ihrem Kalender ein.

Bewusstes Beobachten oder bewusstes Wahrnehmen bedeutet die absichtliche Betrachtung von etwas – mit einer offenen Haltung und der gleichzeitigen Bereitschaft des Infragestellens der Beobachtung.

Der bewusste Umgang mit Unterschieden und Widersprüchen spricht das Aufgreifen und Managen an (also kein Wegdrücken oder Ignorieren) – so kann Veränderungspotenzial aufgebaut und genutzt werden. Die Führungskraft wird hier als Manager und Steuerer von Unterschieden, Widersprüchen und Veränderungen vorgestellt. Warum das so ist, wird mit allgemeinen Überlegungen zu Führung verdeutlicht.

Führung in Linie und Projekt

Schon seit Jahren zeichnet sich eine neue und durchaus herausfordernde Sicht auf Führung ab. Führung ist insgesamt eine relativ junge Forschungsdisziplin, und wenn Führung thematisiert wird, dann geht das nach Ruth Seliger (2002) nicht, ohne die gesellschaftliche Umgebung, die Menschenbilder und die Ideen der Steuerung mitzubetrachten. Die wirtschaftliche Situation sowie der unternehmensspezifische Kontext und die organisationale Handlungskompetenz in der Organisation wirken unmittelbar auf das Führungsgeschehen. „Organisationen sind … komplexe nicht triviale Systeme, die prinzipiell nicht steuerbar sind. Führungskräfte sollen aber nun genau das tun: steuern" (Seliger 2002, Seite 6). Dies gilt genauso für ein Projektsystem, wenn auch völlig neue

Aspekte im „Steuerungsversuch" dazukommen, wie jener der Teamarbeit und zeitlichen Begrenztheit.

Führungskräfte sind Kontextsteuerer

Wirtschafter, Psychologen, Theologen usw. sehen den Begriff der Führung aus unterschiedlichen Perspektiven. Grundsätzlich nimmt die Führungskraft mit unterschiedlichem Erfolg Einfluss auf die Einstellungen und das Verhalten der Mitarbeiter (= die Geführten). Mitarbeiter lassen sich allerdings wenig motivieren, wenn die eigene Motivation zur Arbeit fehlt. Motivation kann mittelbar erfolgen, zum Beispiel über einen ansprechenden Kontext. Rudolf Wimmer sieht Personalführung unter dem Aspekt der Schaffung von entsprechenden Bedingungen für die Mitarbeiter, um „sich selbst zu führen": „Löst man sich von der personenorientierten Vorstellung, dass Führung in erster Linie etwas mit Befehlen, Anordnen, Ausführen und Gehorchen zu tun hat, sondern begreift man sie als eine Funktion, die darauf konzentriert ist, geeignete Bedingungen zu schaffen, damit die Leute ihre Arbeit erfolgreich erledigen können, also in der Lage sind, sich selbst zu führen, dann kann man sich leichter mit der Frage konfrontieren, wie sich diese Funktion am besten organisieren lässt" (Wimmer 2002, Seite 176). Führungskräfte sind demnach zentral Kontextsteuerer.

Projektauftraggeber und Projektleiter haben den Auftrag, den Rahmen für ein selbstorganisiertes und eigenverantwortliches Arbeiten in ihrem Team zu schaffen, entsprechende Entscheidungsfreiräume herzustellen.

Hierarchie und Projektarbeit

Projekt- und Linienführung unterscheiden sich wesentlich. Hierarchie und Gruppe stehen sich seit jeher gegenüber – sie sind Gegner. Durch Projekt- und Linienarbeit stehen sich diese Gegner in einem Unternehmen gegenüber. Wird von Linienführung gesprochen, geht es um die Steuerung von hierarchischen Strukturen. Und was ist unter Hierarchie zu verstehen? Gerhard Schwarz meint: „... die Ordnung, als Über- und Unterordnung, die Einteilung in Ober- und Untertanen ist in allen Hochkulturen in irgendeiner Form als ‚heilige Ordnung', im Griechischen als ‚Hierarchie', beschrieben worden" (Schwarz 2000, Seite 179). Die Kommunikationsstruktur der Hierarchie beschreibt Gerhard Schwarz (Seite 178 ff.) mit den vier Axiomen der Herrschaft, die in der Projektarbeit auf den Kopf gestellt werden:

Entscheidungsaxiom

Die Entscheidungen werden von zentraler Stelle getroffen, in der projektorientierten Führung müssen Entscheidungen unter Experten aufbereitet und gemeinsam abgestimmt werden (im Team, mit der relevanten Umwelt ...).

Wahrheitsaxiom

Da obere Stellen in der Hierarchie über mehr und wichtigere Informationen früher verfügen, besteht oben ein sogenanntes Informationsmonopol. Von daher haben sie immer recht! Dagegen sind „Wahrheit" und Rechthaben in Projekten ein Ergebnis des Zusammenspiels von Experten, von guten Mitarbeitern – „ein Gruppenprozess unter prinzipiell Gleichberechtigten" (Heintel/Krainz 2001, Seite 98).

Weisheitsaxiom

Konflikte werden in hierarchischen Strukturen nach oben delegiert, wobei die zentrale Autorität anzuerkennen ist; über sie werden Verbindungen hergestellt. Autorität und Konfliktvermeidung sind hier untrennbar verbunden. In Projekten sind Konflikte Teil der täglichen Arbeit, mit denen konkret gearbeitet und anhand derer gelernt wird.

Dependenzaxiom

Wenn Untergebene tun, was Obere sagen, bedarf es der Herstellung einer Abhängigkeit. Zwang kann dann ausgeübt werden, wenn der Obere über die Mittel verfügt, die ein Unterer für seine Bedürfnisbefriedigung braucht. In Projekten herrscht ein gegenseitiges Abhängigkeitsverhältnis – die Autoritäten sind auf allen Ebenen (Heintel/Krainz 2001).

Die Strukturen sind heute in den Unternehmen längst nicht mehr so starr, und Organisationsentwicklung ist eine Daueraufgabe des Managements geworden. Organisationen erneuern laufend ihre Strukturen, um den heutigen Anforderungen in der Wirtschaft gerecht zu werden. Sie müssen

- verstärkt kooperieren (statt konkurrieren),
- in Funktionen denken und fühlen (nicht in Positionen),
- sich breit vernetzen (Macht verteilen) und
- ihre Fähigkeiten unter Beweis stellen.

Doch die Hierarchie wird sich nach Peter Heintel und Ewald E. Krainz immerzu bemühen, die Teams, als selbst gesteuerte Einheiten, zu kontrollieren, was wahrscheinlich jede Projektführungskraft aus eigener Erfahrung kennt. Oftmals ist es schwierig, dies in der Unternehmensführung überhaupt zu thematisieren. Die Ängste fußen oft auf alten Sichtweisen von Gruppe und Hierarchie. Rudolf Wimmer (2002) meint: „Wir müssen aufhören, Führung und Selbstorganisation als Gegensätze zu sehen. Diese Entgegensetzung stammt aus der Zeit, als Hierarchie für Fremdbestimmung stand und die Gruppe als Ort der Emanzipation von diesem Fremdbestimmtsein gegolten hat. Für die heutigen Organisationsverhältnisse sind diese Denkmuster vielfach zu einfach gestrickt" (Wimmer 2002, Seite 177). Es muss gelingen, die „Vorteile der Gruppe mit der Notwendigkeit der Hierarchie zu vereinigen und zugleich mit den durch diese Vereinigung auftretenden Widersprüchen fertig zu werden" (Heintel/Krainz 2001, Seite 70).

Macht thematisieren

Hierarchie ist untrennbar mit Macht verbunden und doch ist heute Macht noch oftmals ein Tabuthema in den Organisationen. Die Reflexion des Umgangs mit Macht, Machtquellen bzw. Machtgrundlagen, in der Organisation und der Führungsperson selbst, bekommt in den nächsten Jahren mit dem „Einbruch der selbstverständlichen Hierarchie" durch die zunehmende Projektarbeit mehr Bedeutung. Machtträger sind aufgefordert, sich selbst und die Machtverhältnisse in der Organisation thematisieren zu lernen.

Führungskräfte müssen aus Sicht der Autoren David Burnham und David McClelland zwar ein Bedürfnis nach Macht haben, d. h. im Sinne von „ein Interesse daran, Menschen zu beeinflussen. Dieses Bedürfnis müssen sie im Griff behalten, damit es sich auf das Wohl der Institution als Ganzes richtet und nicht allein der persönlichen Entwicklung des Managers dient" (Burnham/McClelland 2003, Seite 2). Dies braucht einen hohen Grad an „emotionaler Reife kombiniert mit demokratischem Führungsverhalten und einer möglichst niedrigen Dosis Egoismus" (ebenda, Seite 11). Wer in hierarchischen Führungspositionen tätig ist, weiß, wie schwierig das sein kann. Die Reflexion der eigenen Bedürfnisse dahinter und dazu ist von daher hilfreich.

Streng hierarchische Organisationen mit einer Kultur der Fremdbestimmung und wenig Lernbereitschaft müssen „sich wirklich zu einem beabsichtigten Kulturwandel entschließen" (Petersen/Witschi 2002, Seite 31), falls sie projektorientiert führen bzw. Projektmanagement einführen und als Partner ihrer Kunden auf internationalen Märkten agieren wollen.

Personalentwicklung, Organisationsentwicklung und Projektmanagement

Wesentlich im Umgang mit Unterschieden, Widersprüchen und Veränderungen in Unternehmen sind Projektmanagement, Personal- und Organisationsentwicklung (Bild 1.2). Zum „Wollen der Mitarbeiter" braucht es ebenso das „Wollen der Organisation". Personelle und organisationale Ebenen müssen gut zusammenspielen, meinen Experten der Organisationsentwicklung.

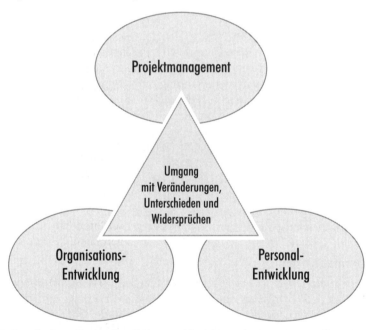

Bild 1.2 Organisations-/Personalentwicklung und Projektmanagement

In den meisten Organisationen baut der Kontrakt zwischen Führungskräften und Unternehmen auf den bisherigen Kenntnissen des Linienmanagements auf. Es besteht wenig Rollenklarheit für Führungskräfte in Projekten. Und oftmals gilt: Aktivität beeindruckt in allen Abteilungen, egal ob diese zielführend ist oder nicht, es wird agiert um der

Aktivität willen. Die Rolle einzelner Führungskräfte wird oftmals unterschätzt. Führende Organisationsentwickler schreiben, wie die „... höchstpersönliche Kompetenz und Verantwortungsübernahme jedes Einzelnen ... in der Zwischenzeit zur unverzichtbaren organisationalen Ressource geworden (ist). Organisationen haben ein Niveau an Binnenkomplexität entwickelt, das sie unentrinnbar von der dauerhaften Mobilisierung dieser Kompetenz abhängig gemacht hat" (Wimmer 2004, Seite 37). Der Autor meint weiter: „Mit dem Bemühen von Organisationen, durch einen Wandel ihrer Strukturen ihre Antwortfähigkeit gegenüber veränderten Umweltherausforderungen immer wieder zu erneuern, ist Organisationsentwicklung zur Daueraufgabe des Managements geworden ... Veränderungsmanagement bedeutet daher für die betroffenen Entscheidungsträger immer zuallererst Selbstveränderung, eine Einsicht, die in der Praxis nicht allzu weit verbreitet ist" (Wimmer 2004, Seite 26).

Unterstützung durch eine professionelle Personalentwicklung gibt es in der Praxis zumeist wenig. Dabei wären „projektbezogene Karrierepfade und Personalentwicklungs-Maßnahmen jenseits der ‚Linien-Logik' an Stelle des heute gängigen Sprung ins kalte Wasser und ein integriertes Angebot zur Fach- und Prozessberatung für Projektleiter, Projektentscheider und Projektteams" (Kötter/Longmuß 2004, Seite 50) wesentlich in den Unternehmen.

Bei manchen Entscheidern und Personalabteilungen hält sich zäh die Vorstellung von der Projektleiterrolle als Sprungbrett für die Leitung einer Abteilung oder eines Bereiches im Unternehmen. Eine qualifizierte Linienführungskraft ist nicht unbedingt eine gute Projektführungskraft, und umgekehrt gilt das genauso. Über welche Kompetenzen eine gute Projektführungskraft verfügt, wird im Kapitel 3 thematisiert.

Personalentwicklung für Projektführungskräfte, also Projektauftraggeber und Projektleiter, ruht im Wesentlichen auf drei Standbeinen:

- *Auftrag in der Organisation:*
  Personalentwickler und Organisationsentwickler entwickeln und adaptieren fortlaufend in enger Kooperation mit Projektführungskräften (mit dem dahinter stehenden Management wie Geschäftsführer, Vorstände und Gesamtvorstand) eigene Kompetenz- und Karrieremodelle für die Projektarbeit.

- *Selbstauftrag der Projektführungskraft:*
  Die Projektführungskräfte führen reflexiv und lernend ihren Führungsauftrag aus, gewinnen mit jedem Projekt Kompetenz und führen notwendige Verhaltensänderungen durch. Dazu bietet die Personalentwicklung eine entsprechende Unterstützung an, bspw. durch Coachingangebote.

- *Auftrag der Projektführungskraft:*
  Projektführungskräfte sind sich im konkreten Projekt der personalentwicklerischen Aufgabe für ihre Projektmitarbeiter bewusst, bspw. Stärkung der Selbstorganisation Einzelner oder kompetent in Gruppen arbeiten. Sie sehen sich ebenso dazu beauftragt, zum Lernen der Organisation beizutragen. Das tun sie bspw., indem sie wesentliche Ergebnisse der Reflexionsprozesse von Gruppen offenlegen. Selbst das, was sie selbst in Projekten lernen, das Lernen auf individueller Ebene, bringen sie in die Organisation ein und teilen Ihr Wissen mit anderen Führungskräften (bspw. in Meetings von

Projektführungskräften). Auch hier wirken Personal- und Organisationsentwickler unterstützend.

Jene Unternehmen, die Personalentwicklung für Projektführungskräfte und Projektmitarbeiter heute explizit aufgreifen, haben Projektmanagement projektförmig eingeführt und einen entsprechenden Rahmen für ein organisationswirksames Projektmanagement geschaffen.

1.1.3 Unterschiede und Widersprüche der Linien- und Projektführung

Der Kern der mangelnden Anerkennung von Projektmanagement als Führungsansatz liegt in der geringen Aufmerksamkeit für Unterschiede und Widersprüche. Ada Pellert spricht von einer „Organisationsbewusstlosigkeit", es fehlt die „systematische Auseinandersetzung mit dem Phänomen Organisation ..." (Pellert 1990, Seite 62). Erst wenn eine intensive Beschäftigung mit den Unterschieden und Widersprüchen stattfindet, ist aus ihrer Sicht die Basis für eine neue Steuerung in Organisationen gegeben. Projektmanagement fordert ein größeres Organisationsbewusstsein.

Aus Ihrer eigenen Führungspraxis kennen Sie vermutlich

- ... die absichtliche und unbeabsichtigte Vermeidung von Unterschieden und Widersprüchen, bspw. alles und jedes wird zum Projekt; Projekte werden wie Linienvorhaben geplant; Projektführungskräfte werden in der Personalentwicklung inhaltlich wie Linienführungskräfte beraten, oder Projektleiter sind überhaupt fern davon, als Führungskräfte anerkannt zu werden. Selbst große Beraterfirmen im Bereich Human Resources beschäftigen sich kaum mit diesen Unterschieden.

- ... wie in Vorhaben hierarchisch gesteuert wird, selbst wenn dies nicht sinnvoll ist, bspw. fehlen den Projektleitern die notwendigen (Entscheidungs-)Kompetenzen in innovativen Vorhaben.

- ... wie Konflikte zur nächsthöheren Ebene delegiert bzw. nach oben eskaliert werden, ohne sich des Potenzials darin klar zu werden bzw. ohne sich mit den Interessen und Bedürfnissen hinter den Positionen auseinanderzusetzen.

Generell haftet Unterschieden und Widersprüchen etwas Schwieriges und Unbequemes an, was jemand am liebsten vermeiden möchte und wo jemand eher weniger genau hinsehen möchte. Menschen tun sich generell schwer mit dem „Stehenlassen" von Unterschieden und Widersprüchen, was sicherlich ebenso mit der Sozialisierung zum „Entweder-oder" zu tun hat.

Dabei sind Unterschiede und Widersprüche Teil unseres Zusammenlebens. Ohne Unterschiede würden Sie überhaupt nichts wahrnehmen. Die meisten Unterschiede bleiben als Teil des Lebens völlig unreflektiert. Die fehlende bewusste Wahrnehmung und das wenige Sprechen über Unterschiede weisen nicht auf eine Unterschiedslosigkeit. Zu diesem geringen Bewusstsein über Unterschiede und Widersprüche kommt die Vermeidung von neuen Unterschieden, bspw. indem ähnliche Mitarbeiter im Sinne von „Gleich und Gleich gesellt sich gerne" ins Projektteam aufgenommen werden.

Demgegenüber betonen systemische Berater in ihrer Arbeit die Notwendigkeit, dem Kunden durch ihre Interventionen weitere Unterschiede aufzuzeigen, mit dem Kunden Unterschiede herauszuarbeiten, um die eigene Lösungskraft bei Problemen anzuregen, denn Unterschiede sind Informationen. Und Informationen ermöglichen Veränderungen bzw. können diese zu Veränderungen anregen.

Führungskräfte in Projekten können insbesondere mit offenen Fragen sich selbst, im Team, im Umgang mit der relevanten Umwelt Unterschiede und Widersprüche zugänglich machen. Die Antworten auf diese Fragen führen zu unterschiedlichen Sichtweisen, zu neuen Informationen und damit zu anderen Wegen, die zumeist zieldienlicher sind als das gewohnte Vorgehen.

Grundwiderspruch Verändern und Bewahren

Im Führungskontext sind Grundwidersprüche (Heintel 2004), wie jener des Veränderns und Bewahrens, von Bedeutung. Es sind jene Widersprüche, die nicht ausschaltbar sind und in denen Führungskräfte permanent aufgefordert sind, zu handeln und zu entscheiden. Was wollen Sie verändern? Was wollen Sie bewahren?

In der Einleitung zu diesem Buch wurde der Umgang mit neuem Wissen, die Umsetzung von Erkenntnissen und Veränderungsideen angesprochen. Das ist ein Balanceakt von Verändern und Bewahren. Sie entscheiden, was Sie verändern und was Sie bewahren wollen. Zumeist passiert das automatisch, weshalb Sie hier eingeladen sind, diese Entscheidung bewusst, im Sinne von überlegt und reflektiert, zu treffen und entsprechende Referenzerfahrungen zu machen.

Durch den unreflektierten Umgang mit dem Grundwiderspruch – Verändern und Bewahren – kommt es in Organisationen und größeren Systemen dazu, dass

- … „Veränderungen ins Vergangene etwas Neues sind" (Heintel 2004, Seite 49). Der Autor erinnert an viele „Reformen", die nachweislich konservative bis rückschrittliche Züge aufweisen, oder an die Gewinner eines Krieges, die nichts von den Unterlegenen lernen. So ist die hierarchische Führung von Teams zu sehen. In solchen Teams werden mehr Menschen beschäftigt, als tatsächlich Meinungen und Ansichten zugelassen werden. Das verbraucht Ressourcen, die anderweitig optimaler eingesetzt werden können, und demotiviert die Mitarbeiter dieses vermeintlichen Teams. Unmut entsteht auf allen Seiten.
- … die Linie häufig zum „Bewahrer" und Projekte zu „Veränderer" (Heintel 2004, Seite 48) mutieren. Linien- und Projektverantwortliche neigen dann dazu, sich gegenseitig kleinzumachen und sich wechselseitig nachzuweisen, wer die Besseren sind. Ziel- und sinnlose Organisationsänderungen sind das beste Beispiel für diesen unreflektierten Umgang mit Projekt- und Linienmanagement.

Diese Art der Konfliktlösung, wie Peter Heintel den unbewussten und oftmals gewalttätigen Umgang mit dem Grundwiderspruch von Verändern und Bewahren nennt, nützt das Potenzial der Konflikte in keiner Form.

Ähnlich gilt das für die Systemgrenzen zwischen hierarchischer Organisation und Projektorganisation. Zumeist werden diese unscharf gezogen, Systemwidersprüche also „unter den Teppich gekehrt", die „Identität" von Projektteams (Heintel 2004) kann sich minimal entfalten und entsprechender Nutzen, den die Gruppe stiftet, kaum ausgeschöpft werden. Jene Widersprüche, die sich ergeben aufgrund von

- Individualität,
- unterschiedlichen Identitäten von Systemen (Personen, Gruppen, Organisationen) und
- deren Grenzziehung zum anderen,
- verlangen Aufmerksamkeit von Führungskräften. Systeme gibt es per se nicht, sie werden konstruiert – je klarer, desto besser gelingt die Führung, das Management an den Schnittstellen.

In großen und offenen Projekten spielt diese Klarheit der Systemgrenzen eine herausragende Rolle. Das Projektdesign, welches mit den Beteiligten zu erarbeiten ist, beantwortet unter anderem die Fragen,

- was genau ein konkretes System ist,
- was es ausmacht,
- wer in diesem System wirkt,
- wie die Systemumwelt das System wahrnimmt, was sie erwartet und fordert.

 Unterschiede und Widersprüche in einem Unternehmen, den Teams und bei den einzelnen Mitarbeitern und Führungskräften stellen ein großes Potenzial dar, sie stellen einen Reichtum für Organisationen dar:

- Sie stellen eine Ressource für neue Herausforderungen dar,
- liefern Informationen,
- bringen neue Erkenntnisse,
- sind Teil eines jeden Konfliktfeldes,
- lösen Veränderungen aus und Veränderungen bringen neue Unterschiede und Widersprüche.

Prägnanter gesagt: Unterschiedslosigkeit, Homogenität bedeutet Stillstand, Vielfalt bedeutet Leben.

Widersprüche unter dem Gesichtspunkt der Ausschließlichkeit zu betrachten, ist ein mentales Konstrukt, das der Welt innerhalb und außerhalb von Ihnen keinesfalls entspricht. Sie können Widersprüche und Unterschiede erfolgreich nutzen, je mehr Sie fragend, offen und neugierig mit dem, was Sie umgibt, umgehen. Dabei ist das Sowohl-als-auch der wesentliche Leitimpuls in Ihrer Führungsrolle. Werden Sie sensibel für das Sowohl-als-auch in Ihrer Wahrnehmung.

Die Gegenüberstellung von Projekt- und Linienorganisation sowie jene der Projekt- und Linienführung dienen der Idee des Sowohl-als-auch (Tabelle 1.2).

Tabelle 1.2 Unterschiede und Widersprüche Projekt-/Linienorganisation (Schreckeneder 2009c, in Anlehnung an Mayrshofer/Kröger 1999, Seite 14)

Kriterien	Projektarbeit Projektorganisation	Routinearbeit/Linienarbeit Linienorganisation
1. zeitlich begrenzt	Ja, es gibt ein vereinbartes Projektende (temporäre, vorübergehende Organisation).	Nein, endet nur, wenn ein Produkt oder eine Dienstleistung nicht mehr erstellt wird oder das Unternehmen schließt.
2. zielorientiert	Ja, Zieldefinition wird zu Beginn vorgenommen und kontinuierlich weiter vertieft bzw. verworfen, wenn sich bspw. Anforderungen ändern (abhängig von Projektart).	Ja, Jahresziele werden heruntergebrochen und dienen als Vorgabe für die einzelnen Abteilungen.
3. innovativ	Ja, jedes Projekt erzeugt eine einzigartige Leistung bzw. Produkt.	Nein, Standardprodukte und -dienstleistungen werden wiederholt gleich erbracht.
4. riskant	Ja, wobei der Grad unterschiedlich ausfallen kann und für die Durchführungsentscheidung einen besonderen Stellenwert hat.	Gering, Abläufe sind relativ bekannt und wenig risikoreich.
5. finanziell begrenzt	Ja, entsprechendes Projektbudget.	Ja, Budget, das einer bestimmten Abteilung oder einem Bereich bezogen auf den Planungszeitraum, bspw. ein Jahr, zur Verfügung steht.
6. komplex	Ja, aber unterschiedlicher Komplexitätsgrad (Inhalt, Arbeitsprozess, sachliches und soziales Umfeld betreffend).	Wenn komplex, dann wird versucht, entsprechend rasch zu standardisieren und zu vereinfachen.
7. Mitarbeiterressourcen je nach Aufgabe auswählbar	Ja, wenn es im Unternehmen so vorgesehen ist, kann sich die Projektleitung die Mitarbeiter selbst wählen bzw. in Absprache mit dem Projektauftraggeber (auch abhängig von der Art des Projektmanagements). Das Projektteam ist wesentliches Merkmal der temporären Projektorganisation.	Nein, die Mitarbeiter stehen in der Abteilung für die entsprechenden Aufgaben zur Verfügung. Die Trennung von Mitarbeitern würde eine Kündigung und eventuelle Neueinstellung bedeuten.
8. formal ins Unternehmen eingebettet	Je Projekt wird eine eigene Projektorganisation festgelegt, die nach Projektende wieder aufgelöst wird (temporäre, vorübergehende Organisation).	Dauerhafte Organisationsform.

Die Gegenüberstellung von Tabelle 1.2 ist selbsterklärend, die Konsequenzen werden aber erst auf den zweiten Blick offensichtlich. Aus der Darstellung werden daher drei Aspekte exemplarisch erläutert – die zeitliche Begrenztheit, die Zielorientierung und die Innovation.

Wie aus der unterschiedlichen zeitlichen Begrenztheit (Tabelle 1.2, Punkt 1) hervorgeht, ist ein Projekt eine temporäre Organisation mit einem klaren Anfang und einem klaren Ende. Selbst wenn in der Praxis während der Definitionsphase die Festlegung von Start und Ende des Projektes ungenau ist, so ist allen klar, dass es sich um eine temporäre und keine dauerhafte Organisationsform handelt. In der Linie endet eine Aufgabe, wenn ein Produkt oder eine Dienstleistung aus dem Angebot genommen wird oder das Unternehmen zumacht. Dies hat eine Reihe von Konsequenzen für Projektführungskräfte, so sind etwa zeitlich begrenzt festgelegte Leistungen (Punkt 1) zu erbringen und geschaffene Erfolge bzw. Nichterfolge wieder loszulassen. Wie in der Praxis die Erfolgs-/Zielbildung in Projekten erfolgt, hängt von der gelebten Projektführung in den Unternehmen ab. Projekte, in denen im Team und mit relevanten Stakeholdern gemeinsam Ziel- und Vorgehensüberlegungen angestellt werden, sind in der Regel erfolgreicher.

Der Zielvereinbarungsprozess in Projekten ist unvergleichbar mit den Zielvorgaben, die ein Abteilungsleiter für seine Abteilung erhält und erfüllen muss. Die Erarbeitung von Zielen, die Willensabstimmung im Team mit internen und/oder externen Projektauftraggebern und anderen relevanten Stakeholdern braucht motivierte, qualifizierte Menschen, kommunikative und reflexive Kompetenz bei den Projektbeteiligten. Gute Erfolgs- bzw. Zielbildungsprozesse machen Unterschiede und Widersprüche bewusst und öffnen Wege zur Gestaltung und zum Management der Unterschiede im konkreten Projekt.

Ein weiteres Beispiel zur Illustration der Unterschiede und Widersprüche ist jenes der Innovation (Punkt 3). Der Innovationsbedarf ist heute in allen Unternehmen enorm gestiegen. Innovation spielt sich in den meisten Fällen projektförmig und weniger in der Routineorganisation ab. Projektaufträge fordern laufend neue Lösungen, Wege in unbekannten Gebieten, wozu Experten aus oft unterschiedlichsten Disziplinen zusammenwirken. Und neue Lösungen schaffen neue Probleme, die erneut eine Antwort suchen. Produktverbesserungen, Prozessoptimierungen, neuere Fertigungstechniken, neue Produkte usw. werden in Projekten von Teams geschaffen. Planung UND Improvisation spielen in alldem eine große Rolle. Die Erhaltung der unternehmensinternen Innovationsfähigkeit und konkrete Innovationen, die durch Projektteams geschaffen werden, haben in Unternehmen eine große Bedeutung. Das liegt in einer globalen Wirtschaft auf der Hand.

Aus den aufgezeigten Unterschieden der Projekt- und Linienarbeit ergeben sich unterschiedliche Qualitätsanforderungen in der Führung von Projekten, Abteilungen bzw. Unternehmen (Tabelle 1.3).

Tabelle 1.3 Unterschiede und Widersprüche Projekt- und Linienführung (Schreckeneder 2009c – aktualisiert)

Projektorientierte Führungsdimension	Routineorientierte Führungsdimension
einmalig situativ (projektspezifisch) loslassend	standardisiert konstant künstlich festhaltend
aufgaben- und problemorientiert	funktions- oder fachorientiert
Komplexität bewältigend Innovation fördernd kreativitätsorientiert	eingeschränkt Komplexität bewältigend gewohnheitsorientiert routineorientiert
coaching- und beratungsorientiert Macht verteilend	machtgetragen Macht erhaltend
flexibel (wechselnde Personen und Aufgaben) veränderungsgeladen/veränderungssuchend	starre Zuständigkeiten relativ starre Aufgabenstellung veränderungsvermeidend
interdisziplinär diagonal	funktional hierarchisch
disziplinierend durch Selbstorganisation Eigenverantwortung fördernd	disziplinierend durch Hierarchie Führung durch persönliche Weisung
Konfliktkompetenz aufbauend	Durchsetzungsvermögen stärkend
risikoorientiert	risikoavers bzw. risikovermeidend
Transparenz suchend	Transparenz vermeidend/ablehnend
reflektierend	kontrollierend
integrierend vernetzend und respektierend widerspruchsgeladen	abspaltend trennend Widerspruch unterdrückend/verlagernd
vertrauend Mitarbeiter fördernd ressourcenorientiert	prüfend, kontrollierend Mitarbeiter nutzend schwachstellenorientiert
Verantwortung annehmend Ursachen klärend	Verantwortung vermeidend Verantwortung delegierend Schuld zuweisend
emotional kompetent Seite 203 (Punkt 3.1.3.)	Emotionen verdrängend, wegdrängend

Das eine ist gut und modern, das andere ist schlecht und alt – verbirgt sich das hinter dieser Gegenüberstellung in Tabelle 1.3? Das ist eine berechtigte Frage, ist aber vor dem Hintergrund der bisherigen Ausführungen nicht sinnvoll. Es wurde von Organisationsbewusstsein, Vermittlungsinstanzen zwischen Linie und Projekt und generell dem Sowohl-als-auch gesprochen.

Was flexibel, vertrauend usw. ist, wird gerne positiv bewertet, alles andere als negativ und rückständig. Darin zeigt sich eine gewisse Starrheit. Das mag ein Grund sein, warum es so schwierig ist, die Qualitäten von Projekt- und Linienmanagement wechselseitig wertzuschätzen. Kontrolle ist in manchen Arbeitsabläufen angebrachter als Vertrauen, genauso wie die Delegation von Verantwortung sinnvoller für bestimmte Linienaufgaben sein kann, als die Verantwortung anzunehmen. Sie werden auch keineswegs immer und überall unmittelbar Ihre Emotionen zeigen – weder beruflich noch privat. Es geht wie in vielen Dingen um das Sowohl-als-auch und das Nachdenken darüber, in welcher Aufgabenstellung welche Steuerung und welche Führungsqualität sinnvoll sind. Dazu muss

- die Linie Projektaufgaben tatsächlich loslassen (also Entscheidungsbefugnisse ins Projekt, keine Kontrollschleifen durch die Linie usw.), und umgekehrt werden
- Linienaufgaben nicht projektförmig geführt (Ende der Projektitis).

Strukturelle Klärungen sind ein wesentlicher Teil der guten Zusammenarbeit von Linie und Projekt. Ein weiterer Teil ist jener, die notwendigen Qualitäten in der Projektführung überhaupt leben zu lernen. Das ist aber einfacher geschrieben als getan.

Führungskräfte der Linie haben meist langjährige Erfahrungen mit Routinen, sich ständig wiederholenden Aufgabenstellungen und entsprechenden Regeln dazu. Das ist die Basis ihrer täglichen Führungsarbeit, eingebettet in ihre Abteilungs- bzw. Bereichskultur. Sie halten an den Strukturen, Inhalten und am Vorgehen fest. In einer begrenzten Projektlaufzeit benötigen Projektführungskräfte dagegen hohe Flexibilität, Veränderungsbereitschaft und emotionale Kompetenz zur Erreichung der Projektziele. Ein Projektleiter formt verantwortlich mit seinem Team ein Werk oder eine Dienstleistung in begrenzter Zeit, stellt dazu eine funktionierende Zusammenarbeit her, um dann, wenn das Projekt erfolgreich abgeschlossen ist, alles wieder loszulassen. Das fällt gerade engagierten Projektleitern, bspw. mit langjähriger Führungserfahrung in der Linie, schwer. Sie sprechen von IHREM Projekt, von IHREM Vorhaben und sind mit Haut und Haar darin engagiert. Sie vergessen dabei oftmals das Team oder tun sich am Ende schwer, das Projekt zu beenden bzw. loszulassen. Manchmal entsteht sogar der Eindruck, solche Projektleiter nehmen lieber ein schwaches Projektende in Kauf, als sich von einem gelungenen Projekt zu verabschieden. Das will gelernt sein. Nehmen und Loslassen stellen besondere Anforderungen in der Führung von sich selbst. Das erfordert Sensibilität und Bewusstheit. Selbstführung ist keine hohe Kunst, es bedeutet konkrete und konsequente Arbeit mit sich selbst.

Projekte weisen oft eine enorme inhaltliche und/oder soziale Komplexität auf, mit der die Mitarbeiter und Führungskräfte anders als gewohnt umgehen lernen. In der Praxis wird Komplexität oft schon zu Beginn ausgeblendet, die Führungskräfte starten mit dem, was gewichtig, normal oder gewohnt erscheint. Es werden alte Muster weitergeführt. „Dann laufen wir auf einen Baum, und wenn wir oben erkennen, dass er nicht der richtige war, gehen wir eben wieder nach unten", so ein IT-Projektleiter eines Konzerns. Das ist kostenintensiv. Im Umgang mit Komplexität spielen Ihr Denken, Ihre Intuition und Ihre Emotionen eine große Rolle, genauso wie eine gute Vernetzung im Unternehmen und ein wachsendes (Organisations-)Bewusstsein in der Führungsrolle.

Ein weiteres Beispiel der Projektführung ist der notwendige Aufbau einer Konfliktkompetenz im Unternehmen. Sich als Führungskraft in Konflikten durchzusetzen und festzulegen, was richtig und falsch ist, ist Teil einer hierarchischen Führungshaltung, selbst wenn es Linienführungskräfte gibt, die einen mitarbeiterorientierten Führungsstil bevorzugen. Für Projektführungskräfte und ihren Teams ist es von Bedeutung, die Ressourcen im Konflikt zu erkennen und im Projektverlauf zu nutzen. Projektmediatoren oder Projektcoachs, die Konfliktsituationen professionell begleiten können, sind wertvolle Dienstleister an dieser Stelle. Projektauftraggeber, die sich in Konflikten entsprechend dem Vorgehen in der Linie auf Biegen und Brechen durchsetzen – gegenüber ihrem Projektleiter und dem Projektteam –, schaden dem Projekt und letztendlich dem unternehmerischen Erfolg. Es geht im Umgang mit Konflikten also wieder um die aufgezeigte bewusste Gestaltung von Unterschieden und Widersprüchen.

„Interne" Widersprüche und Unterschiede

Projektmanagement selbst birgt in sich eine Reihe von bemerkenswerten Unterschieden und Widersprüchen. Für die Projektführungskräfte besonders relevant sind jene, die sich aus

- der Verantwortung, die ein Projektleiter im Projekt hat (Projektmanagementarten, Bild 1.3), und

- dem Projektinhalt (Projektarten, Bild 1.5)

ergeben.

Projektmanagementarten

Je nach Ausgestaltung der Projektorganisation wird zwischen der Einflussprojektorganisation (Projektkoordination), der reinen Projektorganisation und der Matrixprojektorganisation unterschieden.

Bei einer *Einflussprojektorganisation*, auch Stabprojektorganisation oder Projektkoordination genannt, führen Projektleiter eine Stabsfunktion ohne Weisungsbefugnis aus. Sie haben im Wesentlichen eine beratende und koordinierende Aufgabe gegenüber dem Projektauftraggeber bzw. Linienvorgesetzten. Alle Entscheidungs- und Weisungsbefugnisse und daher die Gesamtverantwortung für das Projekt liegen in der Linienorganisation. In der Praxis ist trotz des kleinen Kompetenz-„Raumes" des Projektleiters bzw. Projektkoordinators die Verantwortung für den Erfolg hoch. Heintel und Krainz (2001) bezeichnen es als „untergeordnetes Projektmanagement", im Verhältnis zur Organisation wird die „Identität verschluckt".

In einem „untergeordneten" Projektmanagement werden Unterschiede und Widersprüche hierarchisch „verschluckt", Veränderungen sind im jeweiligen Projekt zu meistern, darüber hinaus sind in der Organisation jedoch keine Kommunikationsstrukturen zu verändern. Das Unternehmen vermeidet die Einführung „neuer Organisationselemente" (Heintel/Krainz 2001).

Die Projektteammitglieder werden bei der *reinen Projektorganisation* dem Projektleiter unterstellt und alle Kompetenzen formell dem Projektleiter übertragen. Dazu werden in vielen Fällen die Projektteammitglieder aus den verschiedenen funktionalen Abteilungen ausgegliedert und räumlich zusammengezogen. Gelegentlich wird diese Art der Organisation nach Heintel und Krainz (2001) als „autonomes" oder „abgespaltenes" Projektmanagement bezeichnet. Die Projektorganisation wird analog zur bestehenden Hierarchie eingerichtet, eine Parallelhierarchie auf Zeit. Im „abgespaltenen" Projektmanagement werden Widersprüche, Unterschiede und Veränderungen an der Schnittstelle zur Linie entweder

- ähnlich autoritär wie in der Linie gelöst – große Macht der Projektleiter –, oder

- die Projektorganisation ist so weit weg von der Organisation, weshalb viele Widersprüche und Unterschiede erst gar nicht auftreten bzw. erst am Projektende spürbar werden.

In der *Matrixprojektorganisation* erfolgt eine Teilung der Weisungsbefugnis zwischen Projektleiter/Projektorganisation und Linienvorgesetzten der Projektteammitglieder/ Linienorganisation. Wie die Kompetenzen aufgeteilt werden, kann unterschiedlich ausgestaltet sein. Die „Matrixorganisation ist der etablierte Organisationswiderspruch" (Heintel/Krainz 2001), das vertikale Prinzip der Hierarchie und das horizontale Prinzip der Projekte gelten gleichzeitig. Es wird nach Heintel und Krainz als das „integrierte" Projektmanagement bezeichnet. Sie ist die in der Praxis am häufigsten verwendete Organisationsform. Die anspruchsvolle Form des „integrierten" Projektmanagements (Matrixprojektorganisation) braucht eine hohe Projektkompetenz in den Organisationen (Bild 1.3), insbesondere eine hohe Kompetenz im Umgang mit Widersprüchen, Unterschieden und Veränderungen am Matrixknoten.

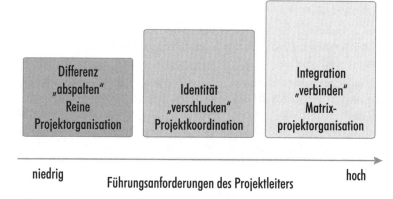

Bild 1.3 Führungsanforderungen je Projektmanagementart

Das Bild ändert sich, wenn es um die beschriebenen Entscheidungs- und Weisungsbefugnisse (formelle Kompetenzen bzw. Rechte) des Projektleiters (Bild 1.4) geht. Der Status der Autonomie vermittelt einen positiven Eindruck, bringt dennoch eine Reihe von Gefahren für Unternehmen, die viel mit Projekten arbeiten, etwa wenn Linienvorgesetzte kaum mehr wissen, wo und wann ihre Mitarbeiter überhaupt noch da sind oder ihnen ihre fähigsten Mitarbeiter einfach abgezogen werden. In der Einflussprojektorganisation brauchen die Projektleiter viel „Persönlichkeit" und ein gutes Netzwerk, um ihr Projekt ohne entsprechende formelle Kompetenzen erfolgreich steuern zu können. Viele Unternehmen haben heute die Matrixprojektorganisation mit geteilten Weisungs- und Entscheidungsbefugnissen in ihrem Unternehmen verankert. Zumeist bleibt in der Praxis die personelle und disziplinarische Verantwortung in der Linie. Der Abstimmungsbedarf zwischen Linie und Projekt ist hoch.

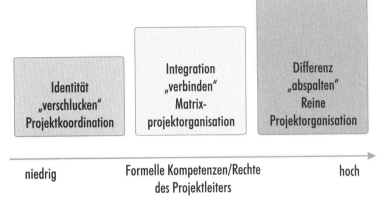

Bild 1.4 Formelle Kompetenzen je Projektmanagementart

Die Wahl der richtigen Projektorganisation bzw. Art des Projektmanagements hängt von folgenden Kriterien ab:

- von Inhalt, Größe bzw. Komplexität des Projektes,
- dem Grad der Überbereichlichkeit eines Projektes,
- von der gewünschten Einbettung des Projektes in den organisatorischen Rahmen,
- von der strategischen Bedeutung des Projektes für das Unternehmen,
- von der angestrebten Kompetenzverteilung zwischen Projektleiter und Linienvorgesetzten.

Die Projektauftraggeber spielen eine zentrale Rolle bei der Wahl der Projektmanagementart.

Projektarten

Weitere Unterschiede innerhalb des Projektmanagements werden anhand der dargestellten Projektarten (nach Obeng, 1994) offensichtlich (Bild 1.5). Die unterschiedlichen Projektarten werden in diesem Buch wiederholt aufgegriffen, weil damit eine differenzierte Sicht auf Planung, Steuerung und Abschluss eines Projektes ermöglicht wird. Viele generell getroffenen Aussagen zu Projektmanagement beziehen sich meist auf eine bestimmte Projektart.

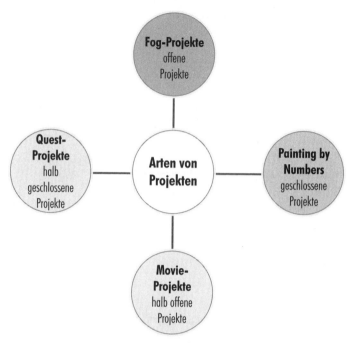

Bild 1.5 Arten von Projekten

Painting by Numbers (das Was und Wie sind bekannt)

Dieser Projekttyp wird an anderen Stellen als geschlossenes Projekt bezeichnet. Den Stakeholdern und Mitarbeitern ist bekannt, was und wie es zu tun ist. Es handelt sich um Projekte, mit denen das Unternehmen schon eine ganze Reihe von Erfahrungen hat, bspw. die Errichtung eines Bürogebäudes durch einen Bauträger, der darin erfahren ist. In diesen Projekten stimmen Ziele und Ergebnisse annähernd überein bzw. bei genauer Zielplanung gibt es eine geringe Ergebnisoffenheit. Geschlossene Projekte sind dennoch herausfordernd, da diese Projekte die Tendenz zeigen, recht groß und komplex zu sein. Es besteht der Anspruch, das Projekt mit jedem Mal schneller, qualitativ besser und mit weniger Ressourcen durchzuführen. Der Blick auf Details und ein großes Durchhaltevermögen sind hier in der Führung relevant.

Movie-Projekte (das Wie ist bekannt, das Was ist nicht bekannt)

Bei diesem, auch als halb offenes Projekt bezeichneten Projekttyp ist dem Projektleiter und den Stakeholdern das Wie zum größten Teil bekannt, das Was jedoch minimal. „There must be something we can do with our spare factory capacity" (Obeng 1994, Seite 56). Das Unternehmen bzw. die Organisation hat Erfahrungen mit bestimmten Methoden gesammelt und möchte damit jetzt bspw. die Entwicklung neuer Produkte angehen. Die Gefahr bei diesen Projekttypen ist, dem Wie zu viel Aufmerksamkeit zu schenken. Hier ist vor allem eine Balance zwischen Bekanntem und Unbekanntem, zwischen Altem und Neuem zu schaffen.

Quest-Projekte (das Was ist bekannt, das Wie ist nicht bekannt)

Dieser Projekttyp wird halb geschlossenes Projekt genannt. Ein Beispiel ist das computergesteuerte Managementinformationssystem, das entwickelt werden sollte, um alle notwendigen Informationen im Management per Knopfdruck zu erhalten. „If only we could have a paperless office ... it would solve all our problems" (Obeng 1994, Seite 57). Hier besteht eine große Unsicherheit darüber, wie das Ziel zu erreichen ist – das Wie ist wenig bekannt. Heute, nach flächendeckender Einführung solcher Managementinformationssysteme, ist gerade an diesem Beispiel zu sehen, welche Grenzen es in der Planung und der Realisierung gibt. Es geht wieder um die Balance zwischen Bekanntem und Unbekanntem.

Fog-Projekte (das Was und Wie sind nicht bekannt)

Bei diesem, ebenso offenes Projekt genannten Projekttyp sind für Stakeholder sowie Mitarbeiter sowohl das Was als auch das Wie unsicher. „If you are running one you really feel as if you are caught in the fog. You can't stay where you are, so you've got to move" (Obeng 1994, Seite 57). Wenn bspw. in einem Unternehmen das erste Mal ein Qualitätsmanagementprogramm – über gesetzliche Vorgaben hinaus – eingeführt wird, sieht die Planung anders als bei einem geschlossenen Projekt aus. Bei Projektstart ist der Blick auf das offene Projekt umso abstrakter, je weiter in Richtung Projektende geschaut wird. Erst im Verlauf des Projektes zeichnet sich ein klareres Bild des Vorhabens ab. Selbst das Topmanagement ist bei einem Fog-Projekt unsicher, denn die Manager geben einen Auftrag für etwas, was ihnen selbst im Detail noch unklar ist. So werden bspw. die Beziehung zu manchen Stakeholdern sowie deren Rolle erst im Projektverlauf offensichtlich. Das Design solcher Projekte, beginnend mit einer kleinen Gruppe und nach und nach der Einbeziehung aller Stakeholder, ist von besonderer Bedeutung. In diesen Projekten gibt es eine besonders hohe Ergebnisoffenheit. Projektleiter sind besonders gefordert, neugierig und offen zu bleiben, selbst in Phasen großer Unsicherheit und in Chaossituationen.

Die Unterscheidung der Projektarten zeigt nach Eddie Obeng (1994, Seite 55 ff.) auf, dass

- Projekte unterschiedlich „tief" bzw. detailliert geplant werden,
- Projekte ungleich unsicher sind,
- Projektleiter ihren Fähigkeiten entsprechend unterschiedlich erfolgreich Projekte leiten können.

Je passender in einem Projekt die Vorlieben und Fähigkeiten einer Projektführungskraft eingesetzt sind, desto erfolgreicher wird sie führen können. Nehmen Sie bspw. an, ein Projektleiter bekommt ein drittes Mal den Auftrag, das gleiche Einkaufszentrum in einer Stadt zu bauen. Er braucht sicherlich andere persönliche Fähigkeiten als der Projektleiter, der den Auftrag erhält, ein Einkaufszentrum der Superlative in einer Stadt ganz neu zu bauen. Stellen Sie sich im letzten Fall einen Perfektionisten als Leiter vor.

Die Folgekosten der fehlenden Klarheit von Projektarten und entsprechenden Projektführungskräften sind für Unternehmen und Projektführungskräfte (bspw. durch krankheitsbedingte Ausfälle) hoch.

Die Frage ist: Wie kann ich selbst – unabhängig von Analysen der Personalentwickler – schnell herausfinden, welches Projekt zu mir als Projektführungskraft passt? Ein einfacher Indikator ist die Freude. Sind Sie eher der Typ, der wunderbar damit arbeiten kann, wenn das WAS und WIE unklar ist, wenn das Ende ganz anders aussehen wird, als Sie es sich am Anfang vorstellen mögen? Oder mögen Sie eher die Projekte, die eine gewisse Sicherheit von Beginn an bieten und deren Ergebnis den Zielen des Vorhabens bestmöglich entspricht?

Einem leidenschaftlichen und ideenreichen Menschen macht es sicherlich keine Freude, sich wiederholt in geschlossenen Projekten zu finden. Stellen Sie sich einen offenen, neugierigen und kreativen Menschen in offenen Projekten vor, in denen das Was und Wie noch weiträumig unbekannt ist. Das ist der Ort, an dem die Kreativität und Neugier dieses Menschen allen Nutzen bringt.

Umgekehrt stellen Sie sich jemanden vor, der mit Liebe auf das Detail schaut und konsequent nach Optimierungsmöglichkeiten im Detail Ausschau hält und dann aufgefordert ist, offene Projekte zu führen.

Rahmenbedingung für eine erfolgreiche Projektführung

Sie wissen nun von einer Vielzahl von Einflussfaktoren, die auf die Einführung von Projektmanagement in Unternehmen, auf die Gestaltung einer guten Verbindung zwischen Linie und Projekt sowie auf die konkrete Projektarbeit und ihre Führungskräfte selbst wirken. Zusammenfassend lassen sich acht Rahmenbedingungen für eine erfolgreiche Projektführung darstellen (Bild 1.6). Damit werden Unterschiede und Widersprüche der Linien- und Projektführung in Organisationen thematisiert und für die Projektarbeit genutzt.

Integrieren: Projektmanagement auf oberster Führungsebene

Um Projektmanagement als Führungsansatz neben dem Linienmanagement anzuerkennen, braucht dies eine klare Entscheidung auf oberster Führungsebene. Auf dieser Basis kann die Integration von Linien- und Projektführung vorangetrieben werden. Nach der positiven Entscheidung des Managements ist Projektmanagement projektförmig einzuführen und laufend zu reflektieren. Das Bewusstsein zu Projektmanagement als eine andere Form der Führung und die Klarheit, Projekte nicht hierarchisch steuern zu können, muss unternehmensintern gewonnen und erfahrbar gemacht werden – im und nach dem Einführungsprojekt. Es geht nicht um die Implementierung eines neuen „Instrumentenkoffers"! Wertvoll ist die Etablierung eines Raumes (Multiprojektmanagement), in dem projektübergreifend gedacht werden kann.

Da Projektmanagement sowohl strukturelle als auch personelle Veränderungen anstößt, ist die enge Verknüpfung der Personal- und Organisationsentwicklung mit Projektmanagement im Unternehmen wesentlich.

Abgrenzen: Ende des Projektbooms

Da die Bezeichnung „Projekt" vielfach zum Einsatz kommt, selbst für Alibivorhaben, braucht es in den Unternehmen die Klarheit, was ein Projekt ist und was kein Projekt ist. Die explosionsartige Vermehrung von „Projekten" braucht eine Rückbesinnung und Eingrenzung auf Projekte, die mit Projektmanagement zu führen sind. Multiprojektgremien haben hier den Auftrag, die Komplexität, den Innovationsgrad der Vorhaben, den Beitrag zur Unternehmensstrategie usw. zu beurteilen.

Erkennen: Grad des Organisationsbewusstseins und bewusste Führungskräfte

In der Projektarbeit ist ein größeres Organisationsbewusstsein als in der Linie notwendig. Lern- und Reflexionsprozesse sind entsprechend zu etablieren – über die Phase der Einführung von Projektmanagement hinaus. Besonders Führungskräfte sind aufgefordert, sich mehr und öfter infrage zu stellen, als sie dies vielleicht gewohnt sind.

Auswählen/entscheiden: Projektmanagementart

Ein Teil der Projektkompetenz in Unternehmen ist vor allem die Klarheit, wie die Organisationswidersprüche Projekt und Linie in der jeweiligen Aufgabenstellung am besten für das Unternehmen und den Projekterfolg gelöst werden – damit erfolgt eine Auswahl der geeigneten Art des Projektmanagements.

Anerkennen: Projektauftraggeber UND Projektleiter sind Führungskräfte

Projektleiter sind – unabhängig von einer Linienführungsfunktion – in jedem Fall mit einer Führungsaufgabe in der Organisation betraut und daher Führungskräfte. Projektauftraggeber sind organisatorisch so einzubinden, dass sie den Rahmen für eine erfolgreiche Projektarbeit schaffen können.

Projektführungskräfte sind Vorreiter, wenn es um die Schaffung von neuen Strukturen und Prozessen zur Abwicklung von komplexen und innovativen Vorhaben geht, sie meistern die Widerstände und Konflikte an der Nahtstelle zur Linie. Sie schaffen für ihre Experten einen Kontext, in dem effektives Arbeiten ermöglicht wird. Das ist in Organisationen verstärkt anzuerkennen.

Respektieren: Projektführung unterscheidet sich von einer Linienführung

Für die Projektführungskräfte ist die Gegenüberstellung von unterschiedlichen Führungskonzepten wesentlich. Sie ermöglicht, unterschiedliche Haltungen zu reflektieren, Erfordernisse in der Führung zu definieren und einen leichteren Rollenwechsel zwischen Linie und Projekt als bisher. Anders als in der Linie sind die Aufgaben, Kompetenzen und Verantwortung in den Führungsrollen – Projektleiter und Projektauftraggeber – in jedem Projekt neu zu definieren. Eine Festschreibung von Rollen in Projektmanagement-Handbüchern bzw. -Standards ist wenig sinnvoll.

Fördern: Organisationsspezifische Projektkompetenz

Ein Unternehmen braucht für Projektmanagement eine Projektkompetenz auf organisationaler und personeller Ebene. Viele Unternehmen, die heute Erfahrung mit Projektmanagement und unterschiedlichen Projektarten haben, konnten eine umfangreiche Kompetenz in der Gestaltung von Projekten und Projektlandschaften entwickeln. Um dieses erlangte Wissen zu reflektieren und gezielt zu nutzen, sind entsprechende Lernprozesse in den unterschiedlichen Systemen zu installieren.

Verändern: Kompetenzentwicklung für Projektführungskräfte und -mitarbeiter

In den Unternehmen braucht es eine Personalentwicklung für Projektführungskräfte und deren Mitarbeiter. In Zusammenarbeit mit Organisationsentwicklern werden Führungskompetenzen gezielt entwickelt. Der interne Diskurs zu Projektmanagement stellt eine wesentliche Grundlage für die Personal- und Organisationsentwickler dar.

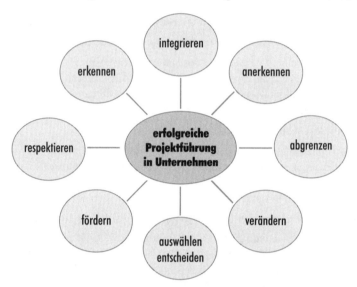

Bild 1.6 Rahmen einer erfolgreichen Projektarbeit

Nach diesen Erläuterungen zu Projektmanagement und Linienmanagement, zu Unterschieden, Widersprüchen und Veränderungen, wendet sich die Ausführung den Fragen zu, was jede einzelne Projektführungskraft, was Sie selbst tun können, um bewusst wahrzunehmen und in der Folge mehr Bewusstheit in Ihrem Verhalten, im Denken, im Fühlen und Handeln zu erreichen.

1.2 Ideen für Ihre Führungsarbeit

> **Empfehlung**
>
> „Weniger ist mehr." Tun Sie weniger! Beobachten Sie mehr! Hören und Sehen Sie mehr! Führen Sie bewusst!
>
> ∎

Viele Projektleiter sind engagiert, reißen förmlich die Arbeit an sich und wundern sich, warum dennoch das Projekt spärlich funktioniert. Die Mitarbeiter engagieren sich kaum im gleichen Maße oder ziehen sich sogar zurück, wenn der Projektleiter einen solchen Aktionismus an den Tag legt.

Andere Projektleiter planen alles ganz wunderbar und gehen dann auf ein Team zu, um die Arbeit zu verteilen. Das führt ebenso vorbei am gewünschten Erfolg. Die Pläne werden keineswegs angenommen, die Projektverantwortung wird ausschließlich beim Projektleiter gesehen, Auftraggeber und Projektmitarbeiter fühlen sich wenig verantwortlich im Projekt. Linienorientiert wäre dieser Projektleiter zu nennen, Projektleiter mit karitativen Ambitionen und wenig Vertrauen in die Projektbeteiligten, jene im ersten Beispiel.

Dann gibt es geschulte und lernwillige Projektleiter, die mit dem Team zusammen planen, gemeinsam im Projektverlauf entscheiden, und dennoch könnte es besser funktionieren, obwohl die Chancen hier gut stehen.

Das Verhalten der aufgezeigten Projektleiter ist meist unreflektiert. So kann das Verhalten des geschulten Projektleiters an Bedingungen geknüpft sein wie bspw.: Jeder hat sich genauso wie ich als Projektleiter zu engagieren. Alles geht nur gemeinsam.

Bewusst wahrnehmen und beobachten

Grundlegend geht es nun um Ihre Wahrnehmung, um Ihre Beobachtungen. Sie arbeiten in Lernfeldern, um Ihre Wahrnehmung konkret zu schulen, um sich selbst, Ihre räumliche und soziale Umwelt in den Projekten und Ihre Interaktionen mit Ihrer Umwelt, Ihre Beziehungen bewusst zu erfahren und damit gestalten zu können.

Die größere Bewusstheit der eigenen Beobachtungen und Wahrnehmungen der Führungskräfte zieht für ein Unternehmen und für jeden Einzelnen einen größeren Gestaltungsspielraum nach sich, ja sie ist sogar Voraussetzung für eine gelungene Projektarbeit. Das kann mit unterschiedlichen wissenschaftlichen Zugängen betrachtet werden. Sie finden dazu individualpsychologische, systemische Überlegungen und Sichtweisen der Gehirnforschung. Die unterschiedlichen Disziplinen haben Schwerpunkte in Ihren Betrachtungen. Die Systemiker richten ihren Blick primär auf die Kommunikationsbeziehungen zwischen Personen, Gruppen und Organisationen, wobei sie darin auf den Innen- und Außenbereich blicken. Beispielsweise beobachtet eine Führungskraft nicht nur den eigenen Ausdruck eines Gefühls, sie fragt sich auch, warum sie sich so verhält (warum sie so beobachtet, wie sie es tut) und was das in den Mitarbeitern (und ihren Beobachtungen) auslöst. In der individualpsychologischen Betrachtung stehen der Einzelne und sein Innenleben – seine Wahrnehmungen – im Mittelpunkt der Überlegungen. Für Gehirnforscher stehen die Möglichkeiten, die zugrunde liegenden Prozesse und Funktionsweisen des menschlichen Gehirns im Mittelpunkt ihrer Forschungen. Der Einzelne kann nicht ohne die anderen und Beziehungen können nicht ohne den Einzelnen betrachtet werden. Diese verschiedenen theoretischen Überlegungen können dazu dienlich sein.

Überlegungen der Gehirnforschung

Wie ist das nun mit Ihrer Bewusstheit – agieren Sie bewusst? Vor den konkreten Aufgabenstellungen der Lernfelder und Praxisbeispiele ist zu fragen, was die Gehirnforscher meinen, wenn es darum geht, eine größere Bewusstheit zu erzielen. Geht das überhaupt, können wir das mit diesem Organ Gehirn leisten?

Die Studien zu unserem Gehirn nehmen in den letzten Jahren fast explosionsartig zu, das Thema Gehirn scheint es tatsächlich in die Charts geschafft zu haben. Die Frage, wie wir unser Gehirn betrachten können, beantwortet Manfred Spitzer so: „Das Gehirn ist ein Informationsverarbeitungssystem, das so gebaut ist, dass es sich selbst strukturiert, gemäß seinen Interaktionen mit der Umwelt" (Spitzer 2008, Seite 69). Es wird eine „Datenbasis" aufgebaut, die hilft, in dieser Welt gut zurechtzukommen. Die persönlichen Anlagen und die Umwelt spielen zusammen, wenn es um die Entwicklung eines Menschen geht. Es ist kein Entweder-oder-Thema, worin sich eine Reihe von Wissenschaftler namhaft machten (Anlage oder Umwelt), sondern ein Sowohl-als-auch-Prinzip, wie man heute weiß.

Und der Autor meint, je größer die Bewusstheit darüber ist, desto einfacher wird es im Leben, desto mehr Selbstbestimmung ist möglich. Genau das, was in Unternehmen hinsichtlich der Projekt- und Linienführung (im Umgang mit Unterschieden und Widersprüchen) tagtäglich zutrifft. Führung in und von komplexen Systemen braucht Bewusstheit über sich und seine Umwelt. Manfred Spitzer führt weiter aus: „Unser Selbstbestimmen findet in diesem Horizont (von Anlage und Umwelt) statt, weswegen wir ihn immer wieder in Blick nehmen ..." (Spitzer 2008, Seite 125) müssen. Die Kenntnis der eigenen Anlagen und die willentliche Wahrnehmung von sich und der Umwelt(interaktionen) ist grundlegend, um kreativ und gestaltend für sich und in seiner Umwelt tätig zu werden.

Reagiert bspw. eine Führungskraft in einer bestimmten Situation völlig überzogen, so kann dies der Führungskraft in der Reflexion bzw. Nachbetrachtung, vielleicht auch zufällig nach Wochen, selber auffallen. In der Reflexion kann sich dann vielleicht herausstellen, dass es nicht die direkte Situation war, die die heftige Reaktion hervorgerufen hat, sondern Erfahrungen aus der Kindheit. Wird bspw. ein Kind oft überfordert, speichert es diese Erfahrung im Gehirn ab, und als Erwachsener kann dieses kindliche Gefühl der Überforderung eventuell bei jeder Anforderung des Umfeldes auftreten, obwohl der Erwachsene diese Anforderung leicht lösen könnte. Die größere Bewusstheit im Erwachsenenalter, in diesem Fall über persönlich prägende Erfahrungen, über gespeicherte Verhaltensregeln und Muster, ist ein wesentlicher Zugang zu einem (eigen) verantwortlichen und selbstbestimmten Leben. Inwieweit sich diese abgespeicherten hinderlichen Verhaltensmuster, Regeln und Werte ganz aus dem Gehirn löschen lassen, sei dahingestellt, dazu gibt es unterschiedliche Ansichten. Sicherlich kommt es darauf an, neue Verhaltensmuster zu trainieren. So können alte Inschriften im Gehirn verblassen wie in einem alten Buch.

Werte vor Fakten im Gehirn

Die Frage, wie denn das menschliche Gehirn arbeitet, fand spannende Antworten und hebt manche frühere Idee auf. Das Gehirn arbeitet in jedem Augenblick mit Hypothesen auf Basis von Erfahrungen (wie im Beispiel die Kindheitserfahrung) und dessen, was sich kurz vor dem aktuellen Moment abgespielt hat. Unser Hirn sagt sozusagen unsere Zukunft voraus. Das ist begrenzt gut und brauchbar, weil damit der Mensch dem Aberglauben anheimfallen kann. Manfred Spitzer nennt dies eine „Hypothesenbildung ohne Grund". So unterstützen Menschen irgendeine Sichtweise und tragen sie weiter, selbst wenn es ganz offensichtlich Unfug ist. Das Gehirn produziert Regeln dort, wo keine sind, und findet dazu noch Geschichten, die diese erfundenen Regeln bestätigen. Ein Grund für solche Handlungen auf Basis von Unfug ist, dass im Gehirn vorher die Bewertung kommt und erst danach die Fakten betrachtet werden. So können bspw. negativ bewertete Aspekte sofort Emotionen wie Angst und Furcht bewirken, was wiederum sofort in Verhaltensstrategien übersetzt wird: Muskeln spannen sich an usw. „Dies geschieht, noch bevor das visuelle System genau wahrgenommen hat, welchen Fakten im Einzelnen vorliegen" (Spitzer 2008, Seite 191). Für unser Erleben gehören Fakten und Werte zusammen, das Gehirn produziert Erfahrungen, die beileibe nicht wertfrei sind. Und es kann ebenso wenig vom reflexhaften Reagieren die Rede sein, denn „Reflex und Geistestätigkeit sind ... nicht völlig voneinander geschieden" (Spitzer 2008, Seite 193). Viele Probleme werden heute durch die Trennung und Verleugnung der engen Verbindung von Werten und Fakten verursacht, meint Manfred Spitzer.

 Der Stellenwert des rationalen Denkens als wesentliche Handlungsdeterminante ist nicht haltbar. Fakten folgen im Gehirn den weitaus schnelleren Bewertungen.

Die gute Nachricht der Gehirnforschung lässt sich mit einem Zitat von Manfred Spitzer darstellen: „Das menschliche Gehirn ... und dessen Komplexität erlauben ... uns ein praktisch unbegrenztes Repertoire an Erlebens- und Verhaltensweisen" (Spitzer 2008, Seite 222). Jeder Einzelne kann entsprechend dieser wissenschaftlichen Betrachtung selbstbestimmt handeln.

Eine erfolgreiche und gesunde Führungsarbeit, mit dem Auftrag der Gestaltung von Unterschieden und Widersprüchen, kann unser Gehirn wunderbar leisten. Sie sind also kein Opfer Ihrer Umstände. Vielmehr gilt: Je bewusster der Einzelne über sich und seine Umwelt ist und darin agiert, desto mehr kann dieses unbegrenzte Repertoire an Erlebens- und Verhaltensweisen dienen, die eigenen Ziele und die eines Unternehmens zu klären und zu erreichen. Dazu ist die Einsicht über uns selbst aus Sicht von Manfred Spitzer zentral für ein gesundes menschliches Handeln und Zusammenleben.

Sie sind jetzt eingeladen, mehr zu beobachten und offener wahrzunehmen. Ziel ist es,

- die Verantwortung für Ihr Leben und in Ihrem Führungsauftrag zu überdenken und vielleicht sogar neu aufzugreifen,
- mehr als bisher Ihre Emotionen in Ihrem Führungsauftrag wahrzunehmen und zu steuern (siehe Kapitel 3),
- im Führungsalltag gesund und erfolgreich zu führen, d. h.,
- die eigenen (Kraft-)Grenzen sowie jene der Mitarbeiter kennenzulernen und so sich selbst (Selbstführung) und die Mitarbeiter nutzstiftend zu führen,
- Ihre Entscheidungen und Handlungen transparent und zielbezogen zu gestalten.

1.2.1 Wach und bewusst führen

Sie kennen aus eigener Erfahrung, wie Menschen in einem gleichen Raum bzw. Rahmen ihre Umgebung unterschiedlich wahrnehmen. Nach Einschätzung der Gehirnforscher hat dies mit den gebrauchsabhängigen Spuren und Bewertungen im Gehirn eines Einzelnen zu tun. Der Selektionsprozess in der Beobachtung bzw. Wahrnehmung von Unterschieden hängt von der Lebensgeschichte, den Einstellungen, Vorerfahrungen (in einem Projekt) usw. ab. Oder anders ausgedrückt: Wer beobachtet, beobachtet bedingt das, was draußen ist, sondern in erster Linie das, was er beobachten „kann".

Systemische Überlegungen

Unsere Wahrnehmung wird von der Gesellschaft, der Kultur, dem Unternehmen geprägt. Aber diese kollektiven Kriterien erklären nicht die individuellen Unterschiede in der Wahrnehmung. Ein Beobachter konstruiert durch seine Beobachtungen seine eigene Realität, seine Wirklichkeit und drückt dies verbal und nonverbal aus – bewusst und unbewusst.

Wenn Sie Ihr ganzes Leben keine Kinderwagen wahrnehmen und plötzlich fast alle Kinderwagen der Stadt wahrnehmen, dann hat das meistens keinen anderen Grund als: Sie werden Vater oder Mutter. Die Kinderwagen stellen jetzt einen wahrnehmbaren Unterschied dar. Wenn Führungskräfte bei Mitarbeitern ausschließlich beobachten, was diese schlecht machen, dann hat das mögliche Gründe wie: Diese Führungskraft wird selbst kaum anerkannt, es ist überhaupt nicht in ihrem Bewusstsein, Wertschätzung in der Zusammenarbeit auszudrücken. Oder denken Sie an Konfliktsituationen. Wer in Konfliktsituationen schon einmal den Perspektivenwechsel gewagt hat und in die Rolle des anderen Konfliktbeteiligten kurzzeitig geschlüpft ist, kann unter Umständen die unterschiedlichen Beobachtungsgrenzen wahrnehmen. Plötzlich merkt die Person, wie schwierig und/oder schmerzhaft die Beobachtung des anderen ist.

Beobachten und konstruieren

Bleiben Sie weiter in der Überlegung, Sie sind der Schöpfer Ihrer Realität, Sie beobachten und konstruieren. Das ist eine anspruchsvolle Sicht, doch für jene, die ihr Leben selbst in die Hand nehmen wollen, durchaus zieldienlich. Diese subjektiven Realitäten bedeuten ja auch Folgendes: Nicht mehr die anderen sind an allem schuld, was einem im Leben so widerfährt – das Motto ist: Selbst ist die Frau bzw. der Mann. Wenn Sie glücklich sind, ist das Ihre Beobachtung bzw. Ihre Konstruktion. Wenn Sie Schwierigkeiten im Führungsalltag erleben, ist das gleichfalls Ihre Konstruktion.

Der Nutzen der zum großen Teil oft unbewussten Wirklichkeitskonstruktionen lässt sich an den selbst gesteckten Zielen messen. Im nächsten Kapitel wird auf Ihre Ziele und Wünsche besonders eingegangen. Es gibt im Leben viele Möglichkeiten und Anforderungen an eine Person, die bei Weitem nicht alle aufzugreifen bzw. zu erfüllen sind. Wer zunehmend klarer und bewusster (sich) beobachtet, kann eigene Konstruktionen beurteilen und gut erkennen, was zu einem passt und sinnvoll ist.

Die Frage ist: Wie kann ich als Führungskraft bewusst beobachten? Sie wissen bereits, dass in einer Situation unterschiedliche Personen Unterschiedliches wahrnehmen und die Mehrzahl der Unterschiede gar nicht wahrgenommen werden, insbesondere weil viele davon selbstverständlich sind (soziale Realität). Sie beobachten Vertrautes und Gewohntes, Erlerntes und Erfahrenes sowie Geplantes.

Wenn Sie bspw. mit Ihren Beobachtungen von Deutschland aus in Indien ankommen und durch das Land reisen, werden Sie eine ganze Weile brauchen, um das Land zu erfassen und nicht ausschließlich die Armut zu sehen. Sie erfahren nach und nach die Schönheit des Landes und der Menschen, wenn Sie die Offenheit dafür haben wollen. Eine interessante Frage ist überdies, was Sie als Person bei den Indern in einem Dorf oder in einem Slum auslösen.

Handlungsleitende Unterschiede

Unterschiede sind Informationen, und diese ermöglichen Veränderung. Der Stellenwert der Unterschiede in der Führung von Projekt und Linie wurde aufgezeigt. Die Realität, in der (eine Führungskraft) lebt und agiert, und das, was sie beobachtet, sind aus systemischer Sicht die Unterscheidungen, die jeder für sich getroffen hat und wiederholt trifft. Denken Sie an einen praktischen Arzt, der den Patienten dauernd mit der Brille von gesund und krank betrachtet. Das ist seine grundlegende Unterscheidung, die in unterschiedlichen Gesellschaften und Kulturen unterschiedlich ausfällt. Oder schauen Sie auf eine Führungskraft, die viel persönliche Entwertung in der Kindheit erfahren hat, bspw. wurde der Bruder oder die Schwester mehr geliebt oder als intelligenter von den Eltern gesehen. Mit einem selbstreflexiven Zugang kann es der Führungskraft gelingen, gelegte Spuren im Gehirn zu erfassen und davon loszulassen, anstatt wie ein Automat alleinig Entwertungen zu beobachten bzw. zu konstruieren.

Ein weiteres Beispiel sind die vielen Führungskräfte der Linie, die gleichzeitig ein Projekt führen. Prinzipiell hat die Führungskraft die Brillen situativ zu wechseln, doch gerade das machen recht wenige. Es kann am fehlenden Wissen über die Unterschiede der Führungsansätze liegen, an der Bereitschaft, ein Team in seiner Kompetenz anzuerkennen, an Ängsten usw. Die gewohnten Linienbeobachtungen geben Sicherheit, was allerdings in einem Projekt kaum nützlich ist.

Die Fragen, wie und warum Sie etwas (nicht) beobachten und wie und warum Ihre Mitarbeiter etwas (nicht) beobachten, gehen über die Beobachtung dessen hinaus, was Sie oder ein Mitarbeiter machen bzw. tun.

Folgen Sie wieder einem Beispiel: Sie beobachten grundsätzlich das Verhalten und Handeln eines Mitarbeiters: „Herr X verhält sich in der Situation so", d. h. dennoch nicht: „Herr X ist so!" In einem anderen Kontext kann sich Ihr Mitarbeiter völlig anders verhalten. Nehmen Sie jetzt an, Sie sind sauer, weil Herr X einem Konflikt aus dem Weg geht. Inwieweit er generell konfliktscheu ist, wissen Sie keineswegs. Die Frage ist, wie er konkret agiert und warum er so handelt. Er hat sicher einen guten Grund, sein Verhalten ist für ihn in diesem Kontext sinnvoll. Die andere Frage ist, warum Sie so sauer sind? Zwingt Sie Ihr Mitarbeiter zu derartigen Reaktionen als Führungskraft? Wenn ja, dann sind es also die anderen, die Ihr Verhalten und Handeln steuern können. Dabei können Sie doch konkret selbst entscheiden, was Sie tun. Es ist Ihre Entscheidung, sauer zu sein. Haben Sie sich auch gefragt, was Ihr Zorn, Ihr Ärger beim Mitarbeiter auslösen kann? Möglicherweise lösen Sie eine große Unsicherheit beim Mitarbeiter aus. Aller Druck und Zwang ist an dieser Stelle dann sinnlos.

 Zusammengefasst sind die zentralen Aspekte der Beobachtung in Führungsrollen folgende:

- Beobachtung konstruiert die Wirklichkeit, Sie konstruieren Ihre Realität.
- Menschen beobachten Unterschiede, und neue bzw. andere Unterschiede sind Informationen, die Veränderungen ermöglichen.
- Führungskräfte beobachten in verschiedenen Rollen und mit unterschiedlichen Brillen, womit eine Festlegung vorgenommen wird, was gesehen wird und was nicht.
- Beobachtung ist ein Kerngeschäft von Führungskräften.
- Als Führungskraft beobachten Sie Ihre eigenen Beobachtungen und die Beobachtungen Ihrer Mitarbeiter.

Wer sein Bewusstsein dahin lenkt, was, wie und warum er als Führungskraft, als Mensch so beobachtet, wie er es eben tut, stärkt seine Fähigkeit, die eigene Realität zu gestalten. Möglicherweise ist Ihnen der Hinweis hilfreich: Sie können nicht „nicht beobachten" – egal wie Sie es anstellen. Dann doch lieber bewusst.

„Was wir überall und immer um uns sehen, das schauen und genießen wir wohl, aber wir beobachten es kaum, wir denken nicht darüber" (Lautenbach 2004, Seite 885). Und genau darum geht es: Sie beobachten sich selbst und Ihre Beobachtungen der Umgebung und anderer Menschen, sowie die Beobachtungen Ihrer sozialen Umwelt.

Lernfeld L1: Bewusst beobachten

(Zwei bis drei Minuten und so oft es Ihnen Freude macht.)

Das Buch liegt geöffnet vor Ihnen, und Sie haben bis zu dieser Stelle gelesen. Wie wäre es mit einem Ausflug in ein Café mitsamt Ihrem HBF-Buch?

Sie finden eine Reihe von hilfreichen Fragenstellungen, um entspannt in angenehmer Umgebung zu beobachten:

- Wie fühlen Sie sich?
- Woran würde Ihr bester Freund merken, wie Sie sich gerade so fühlen?
- Woran denken Sie gerade?
- Was fühlen Sie gerade?
- Was haben Ihre Gedanken und Ihre Emotionen mit der Auswahl des Cafés zu tun?
- Welche Menschen sind gerade Ihrer Nähe?
- Was fällt Ihnen an den Menschen auf? Warum fallen Ihnen (nicht) die Kleidung, die Haare, die Zähne, die Schuhe, die Getränke, die Hände, die Geräusche, das Verhalten der Menschen, die Körperhaltung usw. auf?
- Worüber unterhalten sich die Menschen an den Nachbartischen – was hören Sie und was hat das mit Ihnen zu tun?
- Gibt es Menschen, die Ihnen vertraut sind? Warum sind Ihnen diese vertrauter als andere?
- Wie nehmen Sie das räumliche Umfeld, Ihr Café, wahr?

Beobachten Sie! Lassen Sie sich Zeit und folgen Sie Ihren Sinnen und lassen Sie sich vielleicht sogar von sich selbst überraschen, wie Sie beobachten. Verfolgen Sie im Kopf mögliche Verallgemeinerungen und Bewertungen von gut und schlecht, passend und unpassend, usw. Versuchen Sie, diese bewertenden Gedanken wahrzunehmen, ohne sozusagen mitzu*reden*. Selbst Ihre Gedanken können Sie einfach nur beobachten.

Das kann hilfreich sein: Sie können nie alles sehen. Jede Beobachtung erzwingt eine Einschränkung, eine Entscheidung für eine Unterscheidung.

Der individualpsychologische Zugang

Ergänzend zu den bisherigen Betrachtungen sind die individualpsychologischen Ausführungen von John O. Stevens (1996) zur Selbstbeobachtung hilfreich. Mit diesen Überlegungen können Sie bspw. bei privatem oder beruflichem Ärger wahrnehmen, warum Sie sich gerade ärgern, wie Sie sich in den Ärger hineinsteigern, wie Sie den Ärger aus- oder unterdrücken. Sie können sich vom Ärger treiben lassen, Sie können ebenso zur Seite treten und sich im Ärger beobachten.

Die eigene Wahrnehmung zu beobachten, sich selbst zuzuschauen, sie zu lenken und daraus zu lernen, sind wesentliche Trainingsbausteine für Führungskräfte. Machen Sie jetzt Ihre Augen, Ohren, ja alle Sinne auf. Unsere Wahrnehmungen können nach Stevens in drei verschiedene Ebenen eingeteilt werden (Bild 1.7):

- die äußere Wahrnehmung,

- die innere Wahrnehmung,

- die Fantasie.

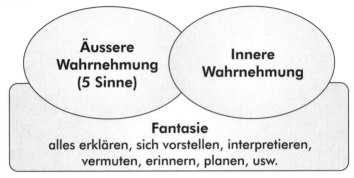

Bild 1.7 Die Ebenen der Wahrnehmung

Die äußere Wahrnehmung bezieht sich auf die Wahrnehmung durch die fünf Sinne des Menschen – sehen, hören, riechen, schmecken und tasten. Ich rieche das Parfüm meines Arbeitskollegen und sehe das Licht der Schreibtischlampe. Ich höre das Summen des Handys und schmecke den Geschmack meines Kaffees im Mund. Mit meinem nackten Unterarm und meinen Händen kann ich die Temperatur und Beschaffenheit des Schreibtisches fühlen.

Mit der inneren Wahrnehmung „... ist der aktuelle sensorische Kontakt mit gegenwärtigen inneren Vorgängen gemeint: das, was ich im Augenblick fühle: Stechen, Muskelspannungen und Bewegungen, körperliche Manifestationen von Gefühlen und Emotionen, Unbehagen, Wohlgefühl usw." (Stevens 1996, Seite 15). In diesem Moment fühle ich, wie mein Magen knurrt (= körperliche Manifestation), und ich versuche, es mir durch das fehlende Frühstück zu erklären. Dieser Versuch einer Erklärung ist Teil der dritten Ebene der Wahrnehmung, der Fantasie. Die Fantasie betrifft die Wahrnehmung der Bilder von Dingen und Ereignissen, die NICHT, wie bei den beiden anderen Wahrnehmungsebenen, in der gegenwärtigen, subjektiven Realität existieren, doch sie lenken meine Beobachtungen. Jede mentale Aktivität jenseits der Wahrnehmung augenblicklicher Erlebnisse, wie etwa alles erklären, sich vorstellen, vergleichen, interpretieren, vermuten, erinnern, planen usw., gehört zur dritten Ebene der Wahrnehmung. So kann die Vorstellung von der Vergangenheit etwas Nützliches sein, doch es ist eben eine Idee, eine jetzt gegenwärtige Vorstellung über eine vergangene Zeit. Unsere Vorstellung von der Zukunft ist gleichfalls eine irreale, doch oftmals eine nützliche Fiktion. Vorstellungen über die Vergangenheit und Zukunft sind Vermutungen über diese Fenster dieser Zeit. „Sie sind eine Idee, eine mir jetzt gegenwärtige Vorstellung" (Stevens 1996, Seite 16), die mein Verhalten und Handeln entsprechend beeinflusst. Viele dieser Gedanken können sich im konkreten Führungshandeln als hinderlich oder förderlich erweisen. Die Konzentration auf das, was im Augenblick gerade ist, in der Realität des momentanen Erlebens zu sein, ist offenbar schwierig für den Menschen.

Lernfeld L2: Bewusst wahrnehmen

(15 Minuten und so oft es Ihnen Freude macht.)

Nehmen Sie Ihr HBF-Buch zur Hand und machen Sie sich Notizen zu Ihren Wahrnehmungen.

Stevens (1996, Seite 18 ff.) stellt in seinem Buch eine Vielzahl von ausgezeichneten und empfehlenswerten Übungen zur Schulung der Wahrnehmung dar. Einige davon werden an dieser Stelle abgebildet:

Vervollständigen Sie den Satz: „Ich nehme jetzt wahr …"

Schreiben Sie alles in Ihr Buch, was Sie wahrnehmen, und unterscheiden Sie die besprochenen Ebenen der Wahrnehmung darin. Vielleicht merken Sie, wie die innere und die äußere Wahrnehmung geringer werden, je mehr Sie sich auf Ebene der Fantasie, also mit Ihren Gedanken und Bildern beschäftigen.

Fragen Sie sich: Fließt die Wahrnehmung frei oder führt meine Konzentration auf die aktuelle Übung dazu, Dinge zu übersehen?

Richten Sie jetzt Ihre Aufmerksamkeit auf etwas Bestimmtes und nehmen Sie diesen Ausschnitt aus Ihrer Realität mit den vorgestellten Ebenen wahr. Unterscheiden Sie, was Ihnen sozusagen ins Auge springt und was Sie erst nach und nach wahrnehmen. Öffnen Sie alle Sinne!

Probieren Sie jetzt, zwischen der inneren und äußeren Wahrnehmung zu pendeln. Nehmen Sie den Fluss der Wahrnehmung von innen nach außen wahr.

Spannend ist es, wenn Sie aufmerksam die Sprache wahrnehmen. „Unsere Sprache neigt dazu, die Welt als ein Sammelsurium von Dingen und Zuständen zu begreifen, die sich gelegentlich verändern, zueinander in Beziehung treten usw. Dagegen die Welt als einen Zusammenhang von sich ständig wandelnden Vorgängen und überraschenden Ereignissen zu sehen, ist schwieriger, jedoch viel wertvoller und nützlicher" (Stevens 1996, Seite 23). Beispielsweise wird sehr viel mit Substantiven kommuniziert: „Da habe ich eine Verspannung" versus „Ich fühle mich da verspannt."

Eine lebendige und bewegte Sprache ist für Projektführungskräfte mit langer Erfahrung oft selbstverständlicher als für Linienführungskräfte. In offenen Projekten verändern Sie sich ständig. Das drückt sich in der Sprache aus.

Die Fantasie ist von den anderen beiden Ebenen der Wahrnehmung zu unterscheiden, was für eine größere Bewusstheit im Führungshandeln wesentlich ist.

Wer sich und andere bewusst beobachtet bzw. wahrnimmt, wird langsamer, wie immer, wenn etwas neu und kaum routiniert gemacht wird und weil dieser Selbstauftrag anfangs wie ein Zusatzauftrag in der Führungsrolle wahrgenommen wird, um nach und nach erfolgssicherer zu handeln.

Die Wahrnehmung der eigenen Gedanken und des Körpers lässt sich wunderbar mit einer Entspannungsübung verbinden.

 Entspannungsübung E1: In der Stille beobachten

(Für Einsteiger fünf Minuten pro Tag und 15 bis 30 Minuten einmal pro Woche.)

- Setzen Sie sich aufrecht auf einen Stuhl, wenn möglich, ohne sich anzulehnen, und entspannen Sie Ihre Schultern.
- Stellen Sie Ihre Füße vollständig auf den Boden. Die geschulten Yogis unter Ihnen können natürlich im Lotussitz auf dem Boden diese stille Zeit verbringen.
- Legen Sie die Hände locker in den Schoß.
- Bewegen Sie sich so wenig wie möglich und bleiben Sie mit Ihrer Aufmerksamkeit bei einer ruhigen gleichmäßigen Atmung – ein und aus. Beim Einatmen hebt sich der Bauch, beim Ausatmen senkt sich der Bauch.
- Beobachten Sie, was in Ihnen vorgeht: Welche Körperteile nehmen Sie gut wahr, welche weniger? Welche Gedanken ziehen durch Ihren Kopf, welche kreisen? Wenn Sie mit Ihren Gedanken „weggehen", schauen Sie, wohin Ihre Gedanken Sie führen.
- Wenn Sie bemerken, dass Sie sich verspannen, atmen Sie lange aus und entspannen sich wieder.

Musikliebhaber können sich eine ruhige und schöne Musik einschalten. Eine bekannte Musik zum Mitsummen ist weniger zu empfehlen.

Nun geht es im nächsten Schritt darum, das, was Sie im Lernfeld gelesen und allgemein geübt haben, auf Ihre Projektrealität zu beziehen: Was kann denn überhaupt alles beobachtet und wahrgenommen werden, was bekommt Ihre Aufmerksamkeit, was nicht?

In Projekten beobachten

In erster Linie beobachten Sie sich selbst als Mensch, in Ihrer Rolle als Führungskraft in einem Unternehmen und die Menschen (in Ihrem Team), die Sie führen. Im Projektmanagement selbst gibt es eine Vielzahl von Betrachtungsobjekten, die für Sie relevant sind und Ihnen je nach unternehmensinterner Verankerung von Projektmanagement vertraut sind. Überprüfen Sie, was Sie aus den abgebildeten Objekten kennen, was davon haben Sie regelmäßig im Blick.

In der DIN-Norm (N. N. 2009, Seite 46) werden im Projektmanagement Führungsprozesse, Projektmanagementprozesse, Unterstützungsprozesse und Wertschöpfungsprozesse unterschieden, womit der Bezug zu allen Prozessen einer Organisation hergestellt wird. Die Betrachtungsobjekte der Projektmanagementprozesse werden in der DIN-Norm Prozessuntergruppen genannt:

- Ablauf und Termine,
- Änderungen,
- Information, Dokumentation, Kommunikation,
- Kosten und Finanzen,
- Qualität,
- Organisation,
- Ressourcen,
- Risiko,
- Projektstruktur,
- Verträge und Nachforderungen,
- Ziele.

Abhängig vom Projekt ist zu entscheiden, welcher Prozess relevant ist und in welcher Art und Weise der Prozess zur Anwendung kommt. Auch die Phasenbetrachtung von Projektmanagementaufgaben ist zentral in der Projektarbeit.

- Initialisierung (Vorprojektphase),
- Definition,
- Planung,
- Steuerung,
- Abschluss,
- Nachprojektphase.

Die Phasenübergänge sind konkret zu gestalten und müssen für alle Beteiligten erfahrbar sein.

Sicherlich ist Ihnen aus Ihrer Arbeit das „magische Dreieck" des Projektmanagements bekannt (Bild 1.8): Leistung/Qualität, Kosten und Termine. Das sind die Erfolgskriterien und Steuerungsparameter in einem Projekt. Mittlerweile ist auch allgemein die wesentliche Rolle der sozialen Umwelt für den Projekterfolg klar. Die Stakeholder – ihre Zufriedenheit – ist wichtig.

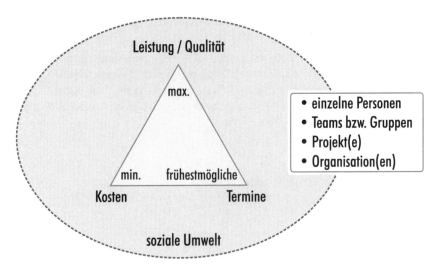

Bild 1.8 Das Projektmanagement-Dreieck im sozialen Kontext

Die Projektumwelt stellt eine Verwobenheit von verschiedenen Systemen dar, auf die sich das Projekt bezieht:

- Personen (bspw. Projektleiter, ein einzelner Projektauftraggeber, ein Ansprechpartner beim Kunden oder Lieferanten, ein betroffener Mitarbeiter im eigenen Unternehmen),
- Teams (bspw. Projektteam, Lieferantenteam, Kundenteam),
- Projekte (bspw. parallel laufende, ähnliche Projekte),
- gesamte Organisationen (bspw. eigenes Unternehmen, Firma des Lieferanten und Kunden, Ministerium).

Das Verhalten und Handeln einzelner Stakeholder ist in Projekten zu beobachten, wobei auf die unterschiedliche Bedeutung der Stakeholder abzustellen ist – was im Umkehrschluss keineswegs heißt, dass Erfolgskriterien ausschließlich Shareholderinteressen abbilden.

In der Organisation, in den Kommunikationsbeziehungen der relevanten Umwelt ist bspw. zu beobachten:

- wie Unterschiede und Widersprüche der Linien- und Projektorganisation bzw. der Linien- und Projektführung aufgegriffen werden,
- wie Projekt(management)arten bewusst gehandelt werden,
- wie Projektführungskräfte in ihrer Führungsrolle gesehen und unterstützt werden,
- welche kulturellen Elemente Projekt und Linie unterscheiden.

Sie können beobachten, inwieweit die Strategie, die Struktur, die Prozesse und die Kultur im Unternehmen eine gelungene Verknüpfung von Projekt- und Linienmanagement abbildet.

Betrachtungs-objekte im Projekt-management	Verhalten/ Handeln der Führungs-kraft Einstellungen Annahmen Erfahrungen ...	Verhalten/ Handeln im Projektteam Strukturen Prozesse Strategie Kultur ...	Ausdruck der Organisation Strukturen Prozesse Strategie Kultur ...	Verhalten/ Handeln einzelner Stakeholder Einstellungen, Annahmen, Erfahrungen ...

eingebettet in Gesellschaft, Wirtschaftskontext, politischen Kontext ...

Bild 1.9 Eine (Projekt-)Führungskraft beobachtet: Was, wer, wie und warum?

Es sind eine Vielzahl von Betrachtungsobjekten, auf die sich Ihre Beobachtung in Projekten richten kann (Bild 1.9). Gerade wenn es darum geht, Ihre Projektarbeit zu optimieren, sind folgende Fragen hilfreich:

- Warum ist Ihnen eine gute Projektführung ein persönliches Anliegen (eigene Ziele/ Wünsche)?
- Welche Betrachtungsobjekte haben Sie auf Ihrem „Schirm"? Sind Ihnen bspw. die Unterschiede und Widersprüche der Linien- und Projektführung bewusst?
- Wie beobachten Sie dazu Ihr Umfeld? Beobachten Sie bspw. ausschließlich das, was nicht funktioniert? Die Aufmerksamkeit ist gleichfalls auf das zu lenken, was schon funktioniert.
- Wie bewerten Sie den Stand Ihres aktuellen Projektes, die Qualität der Erfolgs-/Zielbildung?
- Wie sehen Sie die Menschen in Ihrem Projekt?

Beobachten Sie jetzt im nächsten Praxisbeispiel bewusst und lenken Sie gezielt Ihre Aufmerksamkeit.

Projektbeispiel P1: Im Projektmeeting beobachten

(15 bis 30 Minuten und so oft wie möglich.)

Nehmen Sie Ihren Kalender zur Hand und suchen Sie sich ein Projektmeeting, in dem ein anderer als Sie selbst die Hauptrolle als Projektauftraggeber oder -leiter spielt – für Übungszwecke ist dies anfangs geeigneter. Sie können so leichter einen Teil Ihrer Aufmerksamkeit für die bewusste Beobachtung im Meeting abziehen.

Ihre Aufmerksamkeit ist ebenso beim üblichen oder normalen Arbeitsauftrag im Meeting. Unter Umständen sprechen Sie weniger oft wie sonst üblich zu einzelnen Tagesordnungspunkten. Bleiben Sie bei einer ausgewogenen Selbstpräsentation, selbst wenn Sie Ihr Tempo reduzieren, d. h., Sie bleiben mitten im Geschehen. Sie stellen sich für den Beobachtungsauftrag in keine Ecke des Raumes.

Im Vorfeld des Meetings notieren Sie sich in Ihrem HBF-Buch Ihre Annahmen zum Projekt, zu den darin agierenden Personen, insbesondere zum Team, zur Organisation als Ganzes, zum Projektstand und zu Ihnen selbst in diesem Projekt.

In der konkreten Sitzung beobachten Sie:

- sich selbst (Ihr Verhalten, Ihr Handeln, Ihr Denken, Ihre Emotionen, Ihren Körper),
- die Menschen im Meeting (deren Verhalten und Handeln, deren verbalen und nonverbalen Ausdruck wie die Körpersprache, Gesprächsinhalte, Kleidung ...),
- die Art und Weise, wie kommuniziert wird (Wer führt, dominiert, „verlässt" Gespräche – in welcher Form? Wie werden Entscheidungen getroffen? ...),
- das räumliche Umfeld (Sitzordnung, Ausstattung Sitzungszimmer ...),
- die Gerüche im Raum.

Fragen Sie sich in spannenden Situationen, warum jemand so handelt, wie er handelt.

Auf allen Ebenen ist es interessant, Veränderungen (nach Interventionen) wahrzunehmen. So ändern sich bspw. die Gerüche während eines „normalen" Statusmeetings anders als bei einem Meeting in einer Projektkrise.

Mitarbeiter verändern ihr Verhalten, wenn ein Machtwort gesprochen wird, interessant ist wieder, wie sie das tun.

Sofern es Ihnen während des Meetings möglich ist, machen Sie sich Notizen in Ihrem HBF-Buch oder auf ein leeres Blatt.

Wenn das unmöglich ist, schreiben Sie unmittelbar nach dem Meeting Ihre zentralen Beobachtungen auf.

Dazu können Sie den Satz „Ich habe heute erstmals beobachten können ..." vollenden.

Wenn Sie sich etwas mehr Zeit nehmen möchten, schreiben Sie alles auf, was Ihnen aufgefallen ist, was Ihnen dazu einfällt, was das Ganze in Ihnen bewegt und warum es Sie bewegt.

Für alle, in denen langsam ein Stress mit all diesen Beobachtungsaufgaben auftaucht, sei an dieser Stelle gesagt. Die Lenkung der Aufmerksamkeit, das absichtliche Beobachten meint keineswegs, jede Sekunde alles parallel zu 100 % bewusst wahrzunehmen: Es geht gar nicht. Und Sie wissen ja bereits: Jede Beobachtung ist eine Einschränkung, Sie können nie alles beobachten.

Wenn es Ihnen gelingt, jeden Tag eine Situation auszuwählen, in der Sie beobachtend arbeiten, erzielen Sie sehr schnell Erfolge. Sie können darauf vertrauen, viel von dem

Aktionismus, in den man leicht als Projektführungskraft gerät, hört auf, wenn Sie bewusst beobachten und führen.

 Erfolg

Durch Ihre bewusste Beobachtung und Wahrnehmung trainieren Sie Ihre Sinne und eine offene Haltung als Führungskraft. Sie schaffen sich die Basis für ein professionelles Führungshandeln. Sie verhalten sich bereits nach einigen Übungssequenzen viel angeregter und zielgerichteter in Ihrer Führungsarbeit.

Meistens gilt auch: Wer mehr wahrnimmt, sieht das Positive, das in Unternehmen und Projekten geleistet wird. Unter Umständen gehören Sie dann zu jener Gruppe von Führungskräften, die good news verbreiten, anstatt alleinig aufzeigen, was weniger gut funktioniert. Sie steigern Ihre Produktivität, wenn es Ihnen gut geht und wenn Sie mehr sehen und hören als üblich.

1.2.2 Beobachten, fragen und bewerten

Die bewusste Wahrnehmung und Beobachtung liefert jede Menge an Informationen, Sie nehmen andere und für Sie neue Unterschiede wahr. Je offener und neugieriger Sie beobachten, desto differenzierter und größer ist das Informationsfeld für konkrete Führungsentscheidungen. Mit Ihrer veränderten Beobachtung können und werden Sie als Führungskraft Veränderungen auslösen.

Sie wurden in den Lernfeldern bereits eingeladen,

- sich selbst – Ihre Bewertungen in und von Systemen (Personen, Gruppen und Organisationen),
- Ihre Kollegen und Mitarbeiter, deren Kommunikationsbeziehungen in einem Meeting und
- das sachliche Umfeld

zu beobachten. Ihre Aufmerksamkeit wurde mit Fragen gelenkt, in denen Ihre persönlichen Bewertungen von sich selbst, von Systemen eine Rolle spielten. Diesen Bewertungen wenden sich die Ausführungen zu.

Prinzipiell können Sie folgende Aspekte in der Beobachtung unterscheiden (Pfeffer 2004, Seite 74): Erklärungen, Beschreibungen und Bewertungen. In Gesprächen finden Sie diese meist vermengt. Die Trennung ist allerdings für Ihren Führungskontext wertvoll und kann von den (Projekt-)Mitarbeitern auch nach und nach unterschieden werden.

Wenn Sie einen Mitarbeiter bitten, etwas zu beschreiben, wollen Sie Antworten auf das Was, Wer, Wann und Wie erhalten. Sie können daraus erkennen, welche Ereignisse und Verhaltensweisen er unterscheidet und bezeichnet, was er ausgrenzt und in seinen Beschreibungen weglässt. Fragen Sie einen Mitarbeiter nach Erklärungen in einer konkreten Projektsituation, wollen Sie Zusammenhänge und Begründungen für Ereignisse hören. Sie hören dann, wie es zu dem kam, was Sie jetzt vorfinden, wie es so bleiben kann bzw. verändert werden kann.

Bewertungen dagegen werden aufgrund von Wertesystemen (siehe Kapitel 3) und Qualitätsstandards vorgenommen. Sie leiten wesentlich das Verhalten und Handeln eines Mitarbeiters bzw. einer Führungskraft. Bewertungen finden vor der Sicht auf Fakten statt – dies ist von der Gehirnforschung bereits belegt. Wer bspw. Kinder hat und zwangsläufig Notsituationen erfährt, weiß, wie wichtig diese Fähigkeit des Gehirns ist. Bewertungen können (über)lebenswichtig sein, doch eine Vielzahl von Bewertungen machen das Leben schwerer, als es ist, wie sich in den Ausführungen noch zeigen wird.

Unter Bewertung werden hier die Beurteilung des sachlichen und sozialen Kontextes sowie die Beurteilung von sich selbst verstanden. Alltägliche Bewertungen bzw. zentrale Unterscheidungen sind bspw.:

- gut/schlecht,
- fühlt sich gut an/fühlt sich schlecht an,
- ausreichend/nicht ausreichend,
- schön/unschön,
- brauchbar/nicht brauchbar,
- relevant/irrelevant,
- erfüllt/nicht erfüllt,
- passend/unpassend,
- annehmbar/abzulehnen,
- besser/schlechter,
- schöner/hässlicher,
- interessanter/weniger interessant,
- zu nah/zu distanziert,
- zu frei/zu sicherheitsorientiert.

Wie Führungskräfte zu ihren Bewertungen kommen, ist eine interessante Frage, denn selten stehen hinter den täglichen Bewertungen konkrete Zahlen, Daten oder Fakten. Wenn eine Führungskraft bspw. im Unternehmen einen allgemein anerkannten, fachlich guten Mitarbeiter mit einem negativen Etikett – bspw. nicht ausreichend – versieht, fehlt oftmals der kritische Blick auf die eigenen Hintergründe dieser Sichtweise. So eine Bewertung kann bspw. entstehen, wenn der Mitarbeiter die narzisstische Seite der Führungskraft gekränkt hat. All das „Gedöns um den tollen Kerl", der die großen Projekte meistert, interessiert diesen Mitarbeiter eben nicht. Er hat seine Arbeit im Kopf, weniger die Bewunderung seiner Führungskraft.

Vorsicht – Etiketten!

Sie verteilen laufend Etiketten für sich selbst, an andere Personen, Gruppen und Organisationen sowie in konkreten Situationen. Machen Sie dazu eine kleine Übung.

 Übung Ü1: Zur bewussten Beobachtung Ihrer Gedanken

(Einmalig fünf Minuten.)

Lesen Sie die folgenden Sätze (Beschreibungen) langsam durch und schreiben Sie in Ihrem HBF-Buch auf, was Ihnen unmittelbar dazu einfällt:

- Der Projektleiter sitzt im Besprechungsraum, sein Hemd ist am Rücken nass.
- Eine Frau lehnt sich bei all Ihren Wortmeldungen weit nach vorne.
- Ein Mann trägt eine Anzughose in der Länge, die, während er steht, den Blick auf seine Socken zulässt.
- Ein Mann hebt mehrfach recht offensichtlich seinen Arm und schaut auf die Uhr.
- Ich habe gestern einige Dokumente im Büro liegen lassen.

Sie können kurz prüfen, wie viele positive und negative Etiketten Sie vergeben haben. Beispiele, die einem zu den angeführten Sätzen möglicherweise einfallen, sind:

- Der verschwitzte Projektleiter hat das Projekt nicht im Griff.
- Die Frau braucht Aufmerksamkeit.
- Der Mann hat keinen Geschmack oder keine Frau im Haus.
- Der Mann langweilt sich und schaut deswegen auf die Uhr.
- Ich bin supervergesslich.

Die Beobachtungen, die eigene Wahrnehmung haken in vertraute Erfahrungs-, Denkmuster und (Wert-)Haltungen ein. Die Personen in den Beispielen werden etikettiert, die Situationen entsprechend interpretiert und bewertet. Alle diese Bewertungen sind personen-, kultur- und zeitbedingt. Jeder vergibt andere Etiketten, sie werden allerdings umso ähnlicher, je mehr jemand mit anderen in einem System, in einer Gruppe eingebunden ist. So würde bei einer unpassend angezogenen Frau kaum jemand in unserer Gesellschaft auf die Idee kommen, dass der Mann im Haushalt fehlt. Umgekehrt ist das durchaus denkbar.

Ist jemand besonders ängstlich, erlebt er schnell Menschen, eine Situation als bedrohlich – es ist seine Beobachtung. So wird der Mann im Beispiel, der permanent auf die Uhr schaut, schnell als störend empfunden (Bedrohung des eigenen Friedens; Angst, etwas nicht zu schaffen), ohne Verständnis für dessen Situation gewinnen zu wollen. Dabei ist zu hinterfragen, warum er bei anderen genau das auslöst. Das hat nur teilweise mit dem Mann mit der Uhr zu tun. Dieser kann bspw. krank sein und auf die zeitlich exakte Einnahme seiner Medikamente achten.

Auf diese Weise kommen Menschen zu Sichtweisen, die bei konkreter Betrachtung Unfug sind. Um bei dem Beispiel zu bleiben: Das Etikett „Störenfried" wird in den wenigsten Fällen ausdrücklich vergeben, es ist zumeist ein automatischer und unbewusster Vorgang. Die eigene Beobachtung bleibt unhinterfragt.

Es gibt Menschen, die sich selbst laufend mit schönen und ihre Mitmenschen mit weniger prächtigen Etiketten versehen. Demgegenüber bekleben sich Menschen, die ihren Wert noch wenig erkennen, selbst eher mit unschönen und andere mit übertrieben wertvollen Etiketten. In beiden Fällen ist es ein Ungleichgewicht, die Selbst- und Fremdwahrnehmung dahinter zumeist verzerrt. Entsprechend fallen die Bewertungen in solchen Fällen aus. Im Beispiel der liegen gelassenen Dokumente kann mir sofort die eigene Vergesslichkeit oder der Nutzen für den Kollegen X einfallen im Sinne von: Ich bin sogar unbewusst genial.

Oder schauen Sie auf ein Büro, in dem häufig geklagt und hinter dem Rücken anderer gesprochen wird. Die zentrale Beobachtung der Mitarbeiter und der Bürogemeinschaft ist „Klagen". Und wer neu hinzukommt, wird schnell mitklagen oder wieder kündigen. Die Mehrzahl der Beteiligten beobachtet selektiv, wie die anderen klagen. Da fliegen und schwirren sozusagen die Etiketten im Raum, in dem konzentriert zu arbeiten ist. Sie erinnern sich an die Überlegung, wonach ein Beobachter sich seine eigene Realität erschafft, seine Wirklichkeit konstruiert. Was bedeutet das für die Führungskraft, die sich wiederholt in solchen Unternehmen bzw. Gruppen findet? Sind solche Menschen Opfer der Situation, oder warum und wozu erschafft sich jemand diese Konstruktionen? Das sind interessante Fragen. Es hat einen Sinn, warum es genau so ist, wie es ist in einem Büro. Das schlechte Klima ist für die Menschen bspw. vertrauenswürdiger als eine gute Zusammenarbeit. Wie viele Beziehungen leben davon, über andere zu klagen? Die Art der Kommunikation ist dann sogar systemerhaltend und sinnstiftend.

Oder wer zum Beispiel mit permanenter Überforderung beobachtet, bewertet schon Kleinigkeiten als zu viel und wird in ständiger Überforderung leben. Diese Person hat den Eindruck, sich aufteilen zu müssen, um den Anforderungen gerecht zu werden. Man kann sich fragen:

- Wieso fühlt sie sich permanent überfordert?
- Was hat das mit der Person selbst zu tun, wenn permanent das Programm Überforderung läuft? Jeder reagiert auf eine Vielzahl von anspruchsvollen Aufgaben anders.
- Wie wirkt das auf dessen Familie und auf dessen Kollegen und Mitarbeiter?
- Wie würden Mitarbeiter und Kollegen diese Führungskraft beschreiben?
- Wer blickt auf die konkrete Situation? Der junge Mann, der in seiner Kindheit in vielen Dingen tatsächlich überfordert war und diese Überforderung nach wie vor in sich trägt, oder der junge Mann, der meint, den Anforderungen in der Familie nicht mehr gerecht zu werden, weil bspw. sein Vater dem nicht gerecht werden konnte.

Überforderung kann für den Einzelnen ebenso heißen:

- Bestätigung der eigenen Wichtigkeit.
- Antreiber zu befriedigen wie „Beeil dich" und „Streng dich an".
- In einem vertrauten Zustand zu agieren.

Im Alltagsstress sich selbst zu beobachten ist ein Führungsauftrag (Bild 1.10). So erfahren Sie von sich selbst, welche Etiketten Sie vergeben, was Sie bewegt bzw. nicht bewegt und warum das so und nicht anders bei Ihnen ist. Diese Informationen sind Basis für Ihre Veränderungen.

Bild 1.10 Beobachten und Führen

Das Wort „etikettieren" ist in diesem Zusammenhang so treffend, weil es daran erinnert, dass ein erwachsener Mensch ebenso „de-etikettieren" kann. Das Problem ist nicht, Etiketten zu vergeben, sondern vielmehr, sich über diesen Vorgang des Etikettierens und der eigenen Geschichte hinter der gewählten Etikette kaum klar zu sein. Spontane Bewertungen zu hinterfragen, bewusst zu beobachten und wahrzunehmen, sind wesentliche Aufgaben insbesondere in Führungsrollen.

 Lernfeld L3: Spontaninterpretationen hinterfragen

(15 bis 30 Minuten und so oft wie möglich.)

Dieses Lernfeld teilt sich in vier Schritte, nehmen Sie sich dazu ausreichend Zeit und Ihr HBF-Buch.

Im *ersten Schritt* verbinden Sie sich innerlich mit einem Menschen, dem Sie weniger wohlgesonnen sind, mit dem Sie jedoch arbeiten und leben – aus Ihrer Sicht „müssen".

Vervollständigen Sie im ersten Schritt dazu diesen Satz:

Herr oder Frau X nervt mich, weil ...

Schreiben Sie den Satz und das, was der Satz in Ihnen spontan auslöst, in Ihr Buch.

Sind Sie erstaunt über das, was Sie da geschrieben haben? Wenn ja, was erstaunt Sie jetzt?

Sind es eher Gedanken, körperliche Empfindungen oder Emotionen, die Sie da bewegen?

Bleiben Sie dabei in einer Haltung von „AHA – so denke und fühle ich also jetzt dazu".

Im *zweiten Schritt* stellen Sie sich jetzt vor, Sie wären inmitten eines konkreten Geschehens mit dieser Person und beobachten sich selbst und diese Person.

Was passiert jetzt in Ihren Gedanken, in Ihrem Körper und emotional in Ihnen?

Bleiben Sie wiederum in der Haltung von „AHA – so denke und fühle ich also jetzt dazu".

Im *dritten Schritt* wollen Sie Ihre Spontaninterpretationen und Bewertungen hinterfragen. Überlegen Sie sich dazu selbst nun konkrete Fragen – das ist herausfordernd, doch versuchen Sie es. Welche Fragen können Sie stellen, um neue Einsichten zu erhalten – Ihre Person, die andere Person und ihre Beziehung betreffend? Arbeiten Sie mit offenen Fragen, also Fragen, bei denen Sie über ja oder nein hinausgehend antworten können.

Schreiben Sie die Fragen in Ihr Buch. Ziel ist es, sich durch Fragen der Situation zu öffnen und Ihre bisherigen Spontanbewertungen aufzuweichen. Nun beantworten Sie Ihre selbst gestellten Fragen.

Im *vierten Schritt* betrachten Sie Ihre spontanen Aufzeichnungen aus dem ersten Schritt mit den Antworten zu Ihren Fragestellungen.

Beantworten Sie nun die Frage:

- Was haben Sie jetzt gelernt bzw. verstehen können?

Erscheint Ihnen Ihr Lernergebnis noch unbefriedigend, gehen Sie nochmals zum dritten Schritt und beantworten dazu die angeführten beispielhaften Fragen.

Potenzielle Fragestellungen

... zur eigenen Person:

- Was löst diese Person in meinen Gedanken, im Fühlen und im Körper aus, wenn ich etwas genauer hinspüre?
- Welche Gefühle nehme ich in mir besonders stark wahr?
- Was ist meine größte Angst bzw. meine stärkste Emotion, wenn ich an diese Person denke oder ihr gegenüberstehe?
- Wie verändert sich mein eigener Gesichtsausdruck in der Wahrnehmung dieser Person?
- Wie verändert sich meine Tonlage, wenn ich mit diesem Menschen spreche?

- Gibt es einen körperlichen Ausdruck (Stimme, Gestik, Geruch, Aussehen allgemein ...) der Person, der mich so bewerten lässt, wie ich es gerade tue?
- Welchen Unterschied würde es für mich machen, wenn die Person ein anderes Geschlecht hätte, älter oder jünger wäre, schöner oder weniger schön wäre usw.?
- Wieweit ist mir „ein solcher Menschentyp" im Berufsleben bekannt – durch eigene Erfahrungen in der Zusammenarbeit, durch Gerüchte von anderen ...? Welche anderen Typenbilder habe ich noch in mir?

... in Bezug auf die andere Person:

- Was könnte meine stärkste Emotion in der anderen Person auslösen?
- Was könnte die Person veranlassen, so zu sein, wie sie ist?
- Wozu dient der Person deren Verhalten?

... zu Ihrer Beziehung, zur Situation:

- Wie beschreibe, erkläre und bewerte ich meine Beziehung zu dieser Person?
- Wozu dienen mir aktuell diese Bewertungen der Person und dieser Beziehung?
- Wie würde die andere Person unsere Beziehung beschreiben, erklären und bewerten?
- Wie würde eine ganz andere Person, die uns beide kennt, diese Beziehung beschreiben, erklären und bewerten?
- Was brauche ich von dieser Person, welche Interessen und Bedürfnisse habe ich in dieser Beziehung?
- Wozu treffe ich mit dieser Person zusammen? Was kann ich lernen und verstehen?
- Was könnte diese Person von mir brauchen, um sich mir gegenüber anders verhalten zu können?
- Wenn ich die eigenen Kompetenzen (fachlich und sozial) und die Kompetenzen der ausgewählten Person kurz darstelle, was fällt mir auf?

Mit Fragen zu den eigenen Wahrnehmungen und Beobachtungen gelingt es, sich der Etiketten, die im Umgang mit anderen in konkreten Situationen vergeben werden, bewusst zu werden und entsprechend neue Betrachtungen anzustellen.

Bevor Sie weiterlesen, machen Sie eine Entspannungsübung. Die eigenen Bewertungen und Spontaninterpretationen wahrzunehmen, erfordert Konzentration und Aufmerksamkeit, entspannen tut dann richtig gut.

Entspannungsübung E2: Konzentrieren und auffrischen

(Drei bis fünf Minuten pro Sequenz und so oft Sie fühlen, mehr Konzentration und Frische tun Ihnen gut.)

- Setzen Sie sich aufrecht hin.
- Atmen Sie dreimal langsam ein und aus.
- Nun setzen Sie sich auf Ihre Handflächen oder Ihre Handrücken, wie es Ihnen bequem ist. Unterhalb des Sitzbeinknochens ist ein Energiepunkt, der als „Fitnesscenter" (Schlieske 2004, Seite 116) des Körpers bezeichnet wird.
- Schließen Sie jetzt die Augen und atmen Sie langsam ein und aus. Folgen Sie mit Ihrer Aufmerksamkeit Ihrem Atem.
- Öffnen Sie langsam wieder Ihre Augen und legen Sie Ihre Hände in den Schoß. Bleiben Sie zum Ausklingen noch etwas sitzen.

Die Zeit, die aufgrund von automatischen Spontaninterpretationen und davon ausgelösten Handlungen verloren geht, ist meist länger als jene, die es beansprucht, um die eigenen Beobachtungen zu beobachten und eigene Verhaltensweisen zu hinterfragen.

Die Sorge, sich durch diese ständigen Beobachtungsaufgaben selbst lahmzulegen, ist unbegründet. Mit etwas Übung können Sie gut arbeiten und sich gleichzeitig selbst und andere beobachten. Die eigenen Handlungen werden bewusst und damit klarer. Viele Führungskräfte stellen fest, wie sie insgesamt offener an Situationen herantreten, enge und negative Bewertungen zurücknehmen und mehr sich und andere erkennen und anerkennen. Das tut den Führungskräften selbst genauso gut wie den Mitarbeitern, die für sie tätig sind. Natürlich sind Sie wechselnd offen, positiv und konzentriert. Bewusster (sich selbst) zu führen heißt, klarer UND lebendiger zu sein. Dazu gehören alle Emotionen, das Auf und Ab des körperlichen Befindens genauso wie die sich laufend verändernde Konzentration. Und Sie machen Fehler wie jeder andere auch. Auch das ist Ihnen bewusst.

Projekte sind neuartige und komplexe Vorhaben, insbesondere offene Projekte erfordern eine größere Wachheit bzw. Bewusstheit in der Führung als die Führungsarbeit in hierarchischen Strukturen. Wenn gewohnheitsmäßige Sondierungs- und Bewertungsmuster, die aus dem Linienmanagement vertraut sind, primär steuern, fehlt der Blick auf Unterschiede, Widersprüche und notwendige Veränderungen, ausgelöst durch die Projektarbeit.

Denken Sie an ein Gespräch, in dem Ihnen, als bekanntermaßen gutem Projektleiter, eine konkrete Projektidee von einem Bereichsleiter geschildert wird. Sie wissen längst, das Zuhören im Gehirn ist kein „reines" Zuhören. Ihre Filter sind aktiviert, Sie verknüpfen und verdrahten diese Mitteilungen mit Ihrem Wissen und Ihren Erfahrungen – zum allergrößten Teil, ohne die Vorgänge nachvollziehen zu können. Was passiert in Ihnen während der Schilderung des Projektes? Vielleicht spielt schon der Film, wie Sie das alles lösen werden oder warum dies anders anzupacken ist. Inwiefern diese ersten Überlegungen aus dem Gespräch dann handlungsleitend werden, wird sich erst später herausstellen können. Darüber zu diskutieren braucht geeignete Ansprechpartner, d. h. primär die Experten (Projektteam) aus dem eigenen oder weiteren Unternehmen. Der Bereichsleiter und potenzielle Auftraggeber ist oftmals nicht derjenige, mit dem sofort im Detail über eine Aufgabenstellung gesprochen werden kann bzw. Lösungswege überlegt werden können. Beobachten Sie – neben den fachlichen Inhalten – sich vielmehr selbst in solchen Gesprächen, was und wie Sie hören, wie Sie mit dem Bereichsleiter und miteinander sprechen, welche Körperhaltung Sie und Ihr Gegenüber einnehmen, wie Ihre offene und zuhörende Art und Weise beim Auftraggeber ankommt usw. Das hat an dieser Stelle Priorität.

Oder schauen Sie auf die Zusammenarbeit in Teams, die völlig anders herausfordert als die Führungsarbeit in der Linie. Sie, als Projektführungskraft, arbeiten sicher ab und zu mit Menschen in Ihrem Projekt, die Sie keineswegs sofort sympathisch finden. Agiert ein Teammitglied weit ab von dem, was Führungskräften vertraut ist, als verständlich oder „normal" eingestuft wird, tendieren sie schnell zu negativen Bewertungen. Das passiert selbst dann oder manchen Führungskräften gerade dann, wenn ein Teammitglied weitaus sozial und/oder fachlich kompetenter ist als die Führungskraft selbst.

Sie sind im Praxisbeispiel wieder eingeladen, Ihre Spontaninterpretationen erneut durch Fragen aufzuweichen. Generell ist es empfehlenswert, Personen, von denen Sie etwas wissen möchte, direkt zu fragen, sofern dies eben möglich ist. Ansonsten führen Sie in Ihrer Führungsrolle einen inneren Dialog.

 Projektbeispiel P2: Offen und neugierig handeln

(15 Minuten und so oft wie möglich.)

Nehmen Sie wieder Ihr vertrautes HBF-Buch zur Hand und stellen Sie sich folgende Situation vor.

Sie sind aufgefordert, Ihr Projekt vor dem Auftraggeber (bspw. dem Steuerkreis) zu präsentieren. Es ist für Sie von Bedeutung, dass in dieser Runde verstanden wird, wie dringend weitere Ressourcen benötigt werden, die Entscheidung muss positiv für eine Erweiterung ausfallen. Sie präsentieren Vorschläge, wie das Problem zu lösen ist.

Während Ihrer Darstellung schaut ein Mitglied des Steuerkreises wiederholt auf die Uhr. Er hebt recht offensichtlich seinen Arm und betrachtet seine Uhr – es fällt jedem im Raum auf.

Schritt 1: Was fällt Ihnen ganz spontan ein? Schreiben Sie Ihre Spontanbemerkungen in Ihr Buch. Sind Sie erstaunt über das, was Sie da geschrieben haben? Wenn ja, was erstaunt Sie konkret?

Etiketten, die jemand bspw. in diesem Kontext vergeben kann, sind:

- So ein Ignorant.
- Der ist ja schrecklich, dieser Wichtigtuer.

- Der hat ja überhaupt keine Vorstellung davon, wie wir uns im Projekt abhetzen.

- Der boykottiert mich.

- Der möchte meine Position als Projektleiter angreifen.

- Der will mich bloß testen.

- Der passt auf, wie ich meine angekündigte Zeit einhalte.

- Ich langweile ihn.

- Der mag mich nicht.

Machen Sie sich Ihre Gedanken bzw. Ihre voreingestellte Beobachtung bewusst.

Schritt 2: Stellen Sie sich selbst Fragen zu Ihren Bewertungen dieser Situation. Schreiben Sie sich Ihre Fragen, die Ihnen einfallen, in Ihr Buch.

Übergeordnetes Ziel ist es, rasch eine adäquate Handlung in der konkreten Situation zu finden. Sie können ja schlecht sagen: „Hören Sie damit auf!" Oder die innere Haltung „Der Ignorant nervt tierisch" bringt Sie in der Regel kaum weiter.

Beispielhafte Fragestellungen (siehe auch die potenziellen Fragestellungen aus dem vorangegangenen Lernfeld)

... zur eigenen Person:

- Welche Emotionen nehme ich in mir wahr? Werde ich aggressiv? Werde ich unsicher? Fühle ich mich stark irritiert?

- Wie nehme ich mich körperlich wahr? Wo verspanne ich mich?

- Inwieweit stört er meine Konzentration?

- Wie nehme ich die anderen Mitglieder des Steuerkreises wahr? Kann ich überhaupt noch jemand außer diesen einen wahrnehmen?

- Woran erinnert mich dieser Mensch (das passiert mir öfters, wenn ...)?

- Was kann ich für mich tun, damit er mich damit weniger verunsichert, aggressiv macht ...?

... zur anderen Person:

- Welche Rolle spielt diese Person in meinem Projekt (Bedeutung für mein Projekt?)

- Wozu dient der Person ihr Verhalten?

... zur Beziehung/zur Situation:

- Was könnte ihn veranlassen, während meiner Präsentation so zu agieren?

- Was glaube ich, was dieses Mitglied des Steuerkreises braucht?
- Was kann ich tun, damit die Person unter Umständen ihr Verhalten ändern kann?
- Wie würde ein weiterer Teilnehmer die aktuelle Situation im Steuerkreis beschreiben?
- Wozu dient mir bzw. den anwesenden Personen diese Situation?

... allgemein zu den potenziellen Fragestellungen:

- Welche dieser Fragen sind für mich besonders relevant? Es ist gut zu wissen, was Sie besonders bewegt, ebenso wie das, was Sie eben nicht bzw. wenig bewegt.
- Welche Fragen habe ich mir überhaupt nicht gestellt? Welche Fragen sind mir noch eingefallen?

Eine offene Haltung in der Beantwortung Ihren Fragen ist dienlich. Stellen Sie daher die Fragen in Ihren eigenen Worten und lassen Sie sich von Ihren Antworten selbst überraschen.

Schritt 3:

Was werden Sie in der Sitzung tun?

Möglicherweise wählen Sie in der konkreten Situation diese Schritte – Beispiele:

- Sie unterbrechen Ihre Ausführungen und schauen das Mitglied des Steuerkreises an.
- Sie nutzen genau dieses Argument, „ausgedrückt in der Handlung, auf die Uhr zu sehen", als Grundlage für Ihr Ressourcenproblem.
- Sie sagen der Person, dass Sie den Blick auf die Uhr sehen und gerne wissen möchten, ob dies in Zusammenhang mit Ihren Ausführungen steht. Wenn ja, was Sie für ihn tun können.

Unabhängig davon, was Sie zu hören bekommen, mit der Antwort der Person wird die Störung zu einer Information und das ist das Zentrale in diesem Vorgehen.

Jetzt werden Sie unter Umständen sagen: Was mache ich dann im Echtfall. Ich habe doch keine Zeit, diese Fragen zu stellen, geschweige denn zu beantworten.

Ja, so ist es. Wenn Sie allerdings oftmals Übungssituationen, wie bspw. Praxisbeispiel P1, Übung Ü1, Lernfeld L3, dazu nutzen, Ihre Beobachtungen zu hinterfragen, zu reflektieren, werden Sie in Situationen, wie in diesem Beispiel, in eine volle Tasche von Unterschieden greifen können – einfach weil Sie in Summe differenzierter beobachten gelernt haben.

Mitarbeiter verfügen über feine Antennen, was das Führungsverhalten Ihres Projektleiters betrifft. Entsprechend diesem oft unbewussten Verhalten der (Projekt-)Führungskräfte steuern die Mitarbeiter ihr Vertrauen zur Führungskraft, das eigene Engagement und ihre Leistung im Projekt.

Verändern Sie Ihr Verhalten und Handeln bzw. verändern Sie Ihre Beobachtung, wird dies von Ihren Mitarbeitern gesehen. Agiert eine Führungskraft bewusst mit sich selbst, kann diese gleichfalls die Zusammenarbeit mit den Mitarbeitern zielführend gestalten – mehr Leistung ist zu erwarten.

 Erfolg

Um nach und nach sich sowie das soziale und sachliche Umfeld wesentlich differenzierter beobachten und wahrnehmen zu können, braucht es also mehr Aufmerksamkeit in den eigenen Beobachtungen und Wahrnehmungen.

Die darin getroffenen Bewertungen durch Fragen transparent zu machen, verschafft Ihnen

- Zugang zu mehr Informationen in konkreten Situationen,
- einen größeren Handlungsspielraum und ermöglicht Ihnen
- ein gezieltes Entscheiden und Handeln im Führungskontext. ■

Augen auf, Ohren auf! Im nächsten Schritt lernen Sie kontextbezogen, die Informationen aus Ihren Beobachtungen und Wahrnehmungen in Bezug auf das Projektziel zu nutzen.

1.2.3 Instrumenteneinsatz und Führungsauftrag

In jedem Führungsauftrag ist die Anwendung von Instrumenten bzw. Tools Teil des Alltags, sowohl in der Linie als auch in Projekten. Je weniger methodische Vorgaben, desto mehr Freiheit hat eine Führungskraft, für sich selbst Instrumente zu entwickeln und zu erproben.

Sie können die hier vorgestellten Instrumente und Tools direkt Ihren Bedürfnissen anpassen. Die Tools dienen der Projektplanung und Ihrem Führungsauftrag. Im Fokus stehen

- das Instrument selbst und
- der Prozess (Auswahl, Anwendung, Dokumentation) im Einsatz des Instrumentes, insbesondere
- die Frage, wie dieses Instrument in einem Team angewendet wird oder für einen selbst zum Einsatz kommt.

Es geht nicht darum, der Pläne willen zu planen.

Lernfeld L4: Instrumente nutzen

(30 bis 60 Minuten und bei Bedarf.)

Stellen Sie sich vor, Sie gehen zu einem Coach, der Ihnen ein methodisches Vorgehen empfiehlt, um eines Ihrer Ziele zu erreichen. Der Coach stellt Ihnen das Instrument vor und fordert Sie auf, bis zum nächsten Mal damit täglich zu arbeiten.

Beim nächsten Treffen werden Sie Ihrem Coach sagen, dass Sie das Instrument einmal eingesetzt haben und dann nicht mehr. Bevor Sie nun zu diesem Treffen gehen, beantworten Sie die nachstehenden Fragen.

Für den Übungszweck ziehen Sie sich ein konkretes Lernfeld, ein Praxisbeispiel oder eine Entspannungsübung aus diesem Buch heran, die Sie umsetzen bzw. anwenden wollten, sie dann aber beiseitegelegt haben.

- Inwieweit ist das Instrument für Ihr Vorhaben, Ihr Ziel aus Ihrer Sicht geeignet?
- Inwieweit ist das Instrument für Ihr Vorhaben ungeeignet?
- Was hielt Sie davon ab, das Instrument anzuwenden?
- Sie haben versucht, das Instrument anzuwenden (Beginn des Umsetzungsprozesses) – wann und warum haben Sie den Prozess unterbrochen?
- Welche Widerstände können Sie erkennen, weswegen das Instrument nicht eingesetzt wurde, der Prozess ins Stocken geraten ist oder gar liegen blieb?
- Was hätten Sie vom Coach bzw. von der Autorin gebraucht, damit Sie dieses Instrument hätten anwenden können?
- Was hätten Sie selbst machen können, um das Instrument wiederholt auszuprobieren und länger anzuwenden?
- Welche Schlüsse, Konsequenzen ziehen Sie daraus für das weitere Vorgehen?

Schreiben Sie Ihre Erkenntnisse in Ihr HBF-Buch.

Was werden Sie jetzt Ihrem Coach oder der Autorin mitteilen können? Was konnten Sie bei sich selbst entdecken, was Ihnen erst durch diese Arbeit klar geworden ist?

Eine Methode ist dazu da, das Umsetzen eines Auftrages und Menschen in Veränderungen zu unterstützen. Wenn allerdings Instrumente eingesetzt werden, nur weil sie vorgeschrieben sind, findet eine Zielverschiebung statt. Bei Mitarbeitergesprächen ist dies bspw. häufig der Fall. Der Führungskraft geht es dann weniger um die Entwicklung von sich selbst und eines Mitarbeiters, sondern eher um den Beleg, einen Auftrag ausgeführt zu haben. An den eigentlichen Zielen von Mitarbeitergesprächen geht das vorbei.

Ein standardisiertes methodisches Vorgehen, das sich anderorts bereits bewährt hat, kann hilfreich sein, muss es aber nicht. Der Einsatz muss individuell abgeklärt und verstanden werden.

Im Umgang mit Instrumenten/Methoden ist unter anderem von Bedeutung:

- Freunden Sie sich selbst mit neuen Instrumenten und deren WIE (Vorgehen) an. Holen Sie sich bei Bedarf Unterstützung von anderen, wenn das Instrument im Unternehmen vorgeschrieben ist und Sie dennoch keinen Zugang finden.
- Reflektieren Sie den Einsatz eines Instrumentes – im Verlauf und danach (Wirkungen).
- Verfolgen Sie die Wirkungen, wenn Sie Veränderungen am Instrument und/oder im Prozess vornehmen.
- Erschaffen Sie sich selbst Instrumente, die Ihnen brauchbar erscheinen. Legen Sie sich einen „Instrumentenkoffer" an. Führungskräfte verwenden neben den betrieblichen Vorgaben täglich selbst gestrickte, ausgezeichnete Methoden.

Die nun vorgestellte Entspannungsübung ist dazu da, Sie mit Energie für neue Vorhaben aufzuladen.

 Entspannungsübung E3: Kraft tanken

(Fünf Minuten pro Sequenz und so oft Sie fühlen, mehr Kraft tut Ihnen gut.)
- Stehen Sie auf und stellen Sie sich hin, halten Sie Ihre Knie locker.
- Ihre Schultern fallen entspannt nach unten.
- Nehmen Sie Kontakt zu Ihren Fußsohlen auf und bleiben Sie während der ganzen Übung dort mit Ihrer Aufmerksamkeit.
- Breiten Sie Ihre Arme aus (auf Schulterhöhe) – sorgen Sie für ausreichend Platz nach allen Seiten.
- Nun schlenkern Sie mit Ihren Armen abwechselnd nach links und dann nach rechts (Schultern bleiben locker!).
- Der Kopf geht mit, wenn die Arme nach links bzw. rechts gehen.
- Nach ca. zwei Minuten lassen Sie Ihre Arme fallen – bleiben Sie stehen und schließen Sie jetzt die Augen.
- Bleiben Sie drei Minuten still stehen.

Bei Schwindelgefühlen lassen Sie in jedem Fall die Augen während der Übung offen.

Machen Sie die Übung anfangs täglich maximal eine Minute, bis Ihr Körper mit dieser Bewegung vertraut ist, und erhöhen Sie dann langsam die Übungszeit.

Im Projektmanagement spielt der Einsatz von Instrumenten eine große Rolle, das geht so weit, dass angenommen wird, Projektmanagement ist ein Methodenkoffer. Darin liegt unter anderem das Problem für Projektmanager. Die starke Konzentration auf die Tools lenkt oftmals davon ab, um was es im Projekt tatsächlich geht.

Sie lernen jetzt, im und mit dem Einsatz von Projektmanagementinstrumenten zu beobachten! Instrumente sind dazu da, um unterstützend im Führungsalltag genutzt zu werden. Nicht die Instrumente führen das Projekt, sondern Sie als Projektleiter. Wer bewusst führt, lässt das unterstützende Instrument im Hintergrund. Das beste Instrument bringt kaum etwas, wenn

- es stur angewendet wird, weil es vorgeschrieben ist, ohne sich damit selbst angefreundet bzw. verbunden zu haben,

- Teammitglieder in Projekten dabei Befehlsempfänger bleiben oder werden,

- daraus keine Informationen für die Führung des Teams gewonnen werden.

Im nächsten Praxisbeispiel wird gezeigt, wie ein Instrument und das methodische Vorgehen geeignet sind, eine klare Sicht auf das Projekt und die Beteiligten zu schaffen. Gewählt wurde an dieser Stelle das zentrale Instrument in jedem Projekt – der Projektstrukturplan.

Der abgebildete Arbeitsaufwand für die Erstellung dieses Projektstrukturplans ist aufgrund seines hohen Stellenwertes im Projekt in jedem Fall gerechtfertigt. Dieser Plan ist das zentrale Kommunikationsinstrument und die Basis für die weiteren, je nach erforderlicher Planungstiefe zu erstellenden Pläne. Der Projektstrukturplan entspricht der Vorgangsliste in den verschiedenen softwareunterstützten Programmen zu Projektmanagement. Der Projektstrukturplan bzw. die Vorgangsliste ist gemeinsam im Team zu erarbeiten. Für den Projektleiter geht es auf der sozialen Ebene darum,

- sich selbst, die Teammitglieder und deren Zusammenwirken bei den einzelnen Aufgabenstellungen zu beobachten,

- Informationen und entsprechende

- Entscheidungs- und Handlungsoptionen in der Führung von Projekt und Mitarbeiter zu gewinnen.

Projektbeispiel P3: Projektstrukturplan im Team erstellen

Erstellen eines Projektstrukturplans

Der Projektstrukturplan beantwortet die Frage: *„Was ist zu tun, um die Projektziele zu erreichen?"*

Wenn der Projektstrukturplan vorliegt, fragen Sie: *„Ist dieser Projektstrukturplan geeignet, die Projektziele zu erreichen?"*

Mit dem vorgeschlagenen, methodischen Vorgehen schaffen Sie sich

- Ihren Projektstrukturplan zur Erreichung Ihrer Ziele/Ihrer Vision,
- die Basis für Ihre weiteren Pläne (insbesondere Termine, Kosten, Ressourcen),
- die Möglichkeit, die zeitlich und fachlich adäquate Besetzung im Team nochmals zu überprüfen,
- wertvolle Informationen über Ihre Teammitglieder und deren Zusammenarbeit sowie
- erste, kulturstiftende Aspekte der Zusammenarbeit im Team.

Methode: Schritt für Schritt Ihr Team und das Projekt kennenlernen

Sie haben in Ihrem Team die Projektdefinition mit den entsprechenden vereinbarten Projektzielen geschaffen. Auf dieser Basis erstellen Sie jetzt den Projektstrukturplan mit der „sticky step method" (Quelle: Pentacle School, London). Diese Methode eignet sich besonders für offene und halb offene Projekte.

Zeiteinsatz/Mitwirkende

- Abhängig von der Komplexität des Projektes drei bis vier Stunden im Team.
- Projektteam und eventuell zentrale Stakeholder, maximal acht Mitwirkende.

Die ideale Größe von Teams, dies sind vier bis acht Personen, ist für den Umgang mit dieser Methode relevant und von daher einzuhalten.

Moderationsmaterial

- Zwei Pinnwände mit Papier beidseitig bespannt,
- einen Flipchart-Stift (Keil ein bis fünf Millimeter) je Teammitglied bzw. Mitwirkenden,
- zehn Blöcke Haftnotizen der Größe ca. 76 mal 127 Millimeter,
- 100 rechteckige Moderationskarten, mindestens zwei verschiedene Farben, wobei von einer Farbe mindestens 80 % sind, bspw. 80 Stück gelb und 20 Stück blau,
- Kreppklebeband.

Ihr persönliches HBF-Buch

Tragen Sie nach dem Prozess Ihre wesentlichen Erkenntnisse in Ihr HBF-Buch ein.

Während des Prozesses wird dies nicht empfohlen, da Sie sich auf die Menschen und den Auftrag konzentrieren und dies Ihre Aufmerksamkeit vollständig braucht. Für Ihre Aufzeichnungen dienen Ihnen die Fragen, welche

- zu den konkreten Aufgaben unter dem Punkt „Beobachten und zuhören in Aufgabe ...“ und
- unter „Informationen aus dem methodischen Vorgehen nutzen“, welche am Ende der Darstellung des Projektbeispiels abgebildet werden.

Anleitung zur Erstellung eines Projektstrukturplans im Team

Sie stellen im Team nacheinander vier Aufgaben vor und werden diese dann gemeinsam umsetzen.

Aufgabe 1: Sammlung von Aufgaben im Projekt

Dazu erhält jeder Beteiligte einen Haftnotizblock und einen Flipchart-Stift. Der Projektleiter bittet – in Einzelarbeit und ohne Gespräche (Stille!) –, die folgende Frage zu beantworten: „Was haben wir zu tun bzw. was habe ich zu tun, um unsere Projektziele zu erreichen?“ Die gemeinsamen Projektziele sind für alle sichtbar im Raum aufgehängt.

Die Beteiligten notieren jede Aufgabe, die Ihnen einfällt, auf je eine Haftnotiz – ob groß oder klein, das spielt keine Rolle. Sie wissen, dass alle Handlungen im Projekt Zeit brauchen und Kosten verursachen.

Die einzelne Aufgabe ist leserlich mit dicken Flipchart-Stiften zu schreiben. Da es sich um Aufgaben handelt, werden Verben verwendet, bspw. „Marktforschung Software planen“.

Hinweise für Projektleiter in der Umsetzung: Lassen Sie die Teammitglieder in Ruhe schreiben, der Fluss hört von selbst auf. Es ist still im Raum. Selbstverständlich schreiben Sie als Projektleiter mit, Sie haben sicherlich eine Vorstellung von dem, was alles zu tun ist.

Beobachten und zuhören in Aufgabe 1

Was können Sie beobachten? Beispiele:

- In welchem Tempo schreibt jeder Einzelne?
- Welches Tempo haben Sie selbst?
- Arbeitet das einzelne Teammitglied mit der Aufmerksamkeit bei sich selbst (Augen auf den Block) oder schaut es sich während seiner Arbeit im Umfeld häufiger um?
- Tut es sich beim Einstieg in diese Aufgabenstellung leicht, d. h., legt es ohne Zögern los oder vergeht einige Zeit, bis es ins Schreiben kommt? Wie ist das bei Ihnen selbst?

- Beobachten Sie Ihre eigenen Bewertungen dazu – was geht in Ihnen vor, wenn Sie den Menschen und Ihnen selbst bei diesem Schritt zusehen?

Vom Tempo des Einzelnen oder von der Anzahl der Zettel des Einzelnen auf die Qualität seiner Arbeit und den Leistungseinsatz zu schließen, ist unklug. Auch wenn ein Teammitglied in dieser Aufgabenstellung nur auf seine Notizen schaut, sagt das kaum etwas über die Konzentration und Kommunikationsfähigkeit des Menschen insgesamt.

Interessant ist an dieser Stelle, wie Sie selbst zu diesen Bewertungen kommen? Was hat das mit Ihnen zu tun?

Aufgabe 2: Vorstellen der Projektaufgaben (der Haftnotizen)

Die Haftnotizen werden anschließend auf eine weiße Wand oder an Pinnwände geklebt. Jeder Einzelne hat dabei die Aufgabe, seine Zettel selbst an die Wand zu bringen.

Hinweise für Projektleiter in der Umsetzung: Leiten Sie diesen Schritt ein und treten Sie dann wieder ein Stück zurück. Wenn alle sitzen, dann setzen Sie sich ebenso auf Ihren Stuhl. Es steht jenes Teammitglied, das aktuell seine Aufgaben präsentiert.

Beobachten und zuhören in Aufgabe 2

Was können Sie beobachten? Beispiele:

- Kleben die Teammitglieder ihre Haftnotizen an die Wand mit oder ohne Bezug zu anderen Beiträgen? Wie machen Sie es selbst?

- Kleben die Teammitglieder die Zettel anderer um – mit oder ohne die anderen zu fragen? Was machen Sie selbst?

- Wie sicher trägt das Teammitglied seine Aufgaben vor (Verwendung von Konjunktiven, vielleicht, möglicherweise ...)? Wie sicher nehmen Sie sich selbst wahr?

- Wer geht mit wem wiederholt in Beziehung und wozu?

- Wie oft fordert der Einzelne Bestätigung von den anderen Teammitgliedern, bevor er die Aufgabe zu den anderen dazuhängt? Wie ist das bei Ihnen?

- Wie viel Kontakt nimmt der Klebende mit den anderen Teammitgliedern, mit dem Projektleiter auf? Konzentriert er den Kontakt auf jemand Bestimmten? Wie viel Kontakt nehmen Sie auf?

- Was hat der Einzelne konkret geschrieben – sind es eher kleine Schritte oder große Aufgabenstellungen? Wie sehen Ihre Handlungen aus?

- Was geht in Ihnen als Projektleiter vor, was fühlen Sie, wenn Sie die Menschen in ihrem Tun beobachten?

Nehmen Sie bewusst Ihre Bewertungen wahr. So ist bspw. die Bestätigung von anderen zu fordern nichts per se Negatives. Schließen Sie keinesfalls automatisch auf Unsicherheit. Es sind Informationen für Sie, die Sie nach und nach im Kontext der Zusammenarbeit weiter beobachten können. Zur Erinnerung: Zwischen Bewerten und Verwerten liegt ein Unterschied.

Wenn Sie dazu tendieren, sehr schnell Schlüsse zu ziehen, fragen Sie sich ebenso, wie Sie dazu kommen und warum Sie dies tun? Was würde ein anderer in der gleichen Situation beobachten?

Aufgabe 3: Analyse der Beziehungen – was ist Teil wovon?

Sie beginnen gemeinsam die Haftnotizen zu ordnen. Notizen werden dann rausgeworfen oder zerrissen, wenn es sich um exakt identische Darstellungen handelt.

Sie können auf einer Extra-Pinnwand jene Zettel sammeln, die erst später klar zuzuordnen sind.

Ist eine Aufgabenstellung mehrfach zuzuordnen, ist eine weitere Haftnotiz mit der gleichen Aufgabenstellung zu erstellen.

In der Praxis sind Aufgabe 2 und 3 eng verknüpft, bei der Aufgabe 2 ist vor allem darauf zu achten, dass alle Haftnotizen an die Wand kommen, bevor größere Diskussionen über Zuordnungen beginnen.

Hinweise für Projektleiter in der Umsetzung: Alle stehen bei dieser dritten Aufgabenstellung an der Wand, auf der die Haftnotizen kleben. Die Stühle werden zurückgerückt. Als Projektleiter stehen Sie zumeist ein Stück weiter hinten – so können Sie Ihr Team wahrnehmen. In dieser Aufgabenstellung ist Ihre Führung bedeutsam, damit alle gleichermaßen mitwirken können. An manchen Stellen werden Sie ein Teammitglied, das „abgedrängt" wurde oder sich im Prozess zurückzieht, unterstützen, im Prozess aktiv zu bleiben. Können Sie jemand nicht gewinnen, ist das eine Information, die Ihnen unter Umständen schon jetzt verständlich ist oder erst später klar wird.

Beobachten und zuhören in Aufgabe 3

Was können Sie beobachten? Beispiele:

- Wer ist ganz vorne an der Pinnwand – wie lange?
- Wer ist vorne und ordnet?
- Wer ist vorne und lässt ordnen? Woran mache ich das fest?
- Wer lässt wem wie viel Platz?
- Wer hört anderen gut zu? Woran mache ich das fest?
- Wer verhält sich wie in Diskussionen, wenn es unterschiedliche Ansichten in der Schaffung von Ordnung gibt?
- Wer fängt wie an, das Team zu führen?

- Wie geht es Ihnen persönlich in der Beobachtung? Können Sie ruhig bleiben oder fühlen Sie einen Drang in sich, ganz nach vorne zu „müssen"?
- Wie fühlen Sie sich?

Versuchen Sie regelmäßig, wenn es Sie nach vorne zieht, den Schritt nach hinten zu gehen und zu beobachten. Sie sind aufgefordert in Ihre inhaltliche Arbeit zu gehen UND zu führen. Und keine Angst, das Projekt läuft kaum aus dem Ruder, wenn Sie mehr beobachten als ständig das zu tun, was eigentlich andere erledigen können.

Beobachten Sie wieder sich selbst!

Aufgabe 4: Projektstruktur schaffen

Diese Aufgabe enthält zwei wesentliche Aspekte, die zur Nachvollziehbarkeit der Methode einzeln dargestellt werden, in der Umsetzung gemeinsam erledigt werden.

Aufgabe 4 a: Aufbau und Zusammensetzung einer Projektstruktur

Sie schaffen jetzt eine Projektstruktur in Form einer Baumstruktur. Es werden die zweite Ebene und die darunter liegende dritte Ebene der Arbeitspakete, d. h. plan- und kontrollierbare Teilaufgaben, aufgestellt.

Durch die Analyse der Beziehungen (Aufgabe 3) werden erste Überschriften geschaffen, die entweder die zweite oder dritte Ebene des Projektstrukturplans darstellen (Bild 1.11). Das wird jetzt geklärt und die Überschriften (= Bezeichnungen auf der zweiten Ebene und der Arbeitspakete) werden konkretisiert.

Nutzen Sie dazu die Moderationskarten, die noch bereitliegen. Sie können bspw. mit blauen Karten die zweite Ebene darstellen und mit gelben Karten die dritte Ebene, jene der Arbeitspakete.

Die erarbeiteten Haftnotizen werden im Verlauf hinter den gelben Moderationskarten sozusagen verschwinden und dürfen keinesfalls weggeworfen werden. Die Haftnotizen bilden Details (Teilaufgaben) innerhalb eines Arbeitspaketes ab, von denen ausgehend der spätere Arbeitspaketverantwortliche Inhalte und Ziele seines Paketes weiterentwickelt.

Aufgabe 4 b: Ergänzung von fehlenden Projektteilen und Streichung von Doppelformulierungen (Vorsicht, streichen Sie ausschließlich identische Handlungen!)

An dieser Stelle werden noch die Haftnotizen, die Sie etwas abseits gesammelt haben, in die Struktur eingefügt oder in gemeinsamer Entscheidung fallen gelassen. Eventuell kann sich durch die ein oder andere Haftnotiz noch ein Ziel verändern und/oder ein Nichtziel ergeben!

Hinweis für Projektleiter in der Umsetzung: Es gilt das Gleiche, was die Rolle des Projektleiters betrifft, wie in der Aufgabenstellung 3.

Beobachten und zuhören in Aufgabe 4

Die Fragen unter Aufgabe 3 sind ebenso hier dienlich.

Mit diesem Vorgehen haben Sie nun einen Erstansatz des Projektstrukturplans geschaffen, auf den das Team weiterführend aufbauen kann. Fotografieren Sie in jedem Fall das an der Wand erstellte Ergebnis und pflegen Sie dann Ihre Projektstruktur bzw. Vorgangsliste in eine entsprechende (Projektmanagement-)Software ein.

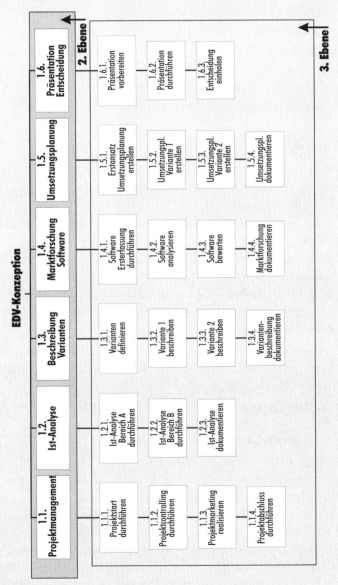

Bild 1.11 Projektstrukturplan (PSP)

Wie können Sie nun die hier gemachten Beobachtungen und Wahrnehmungen am besten nutzen? Für die zukünftige Zusammenarbeit werten Sie die Informationen aus Ihren Beobachtungen Einzelner sowie über ihr Zusammenwirken im Team aus.

Informationen aus dem methodischen Vorgehen nutzen

Potenzielle Fragestellungen:

- Welche Informationen sind von besonderer Bedeutung für mich (Prioritätenreihung)?
- Wie habe ich mich in meiner Rolle gefühlt?
- Wie konnte ich meinen Körper wahrnehmen?
- Wie gut konnte ich mich in meinem doppelten Auftrag (Führung und Inhalt) konzentrieren?
- Welche Emotionen habe ich im Team wahrgenommen?
- Wie konzentriert arbeitet das Team?
- Welche potenziellen Konfliktherde sehe ich im Team und mit Einzelnen?
- Welche Widersprüche werden deutlich?
- Mit wem werde ich mich eher leichter tun, mit wem werde ich mich eher schwerer tun? Was heißt das für mich?
- Was habe ich als besonders gut erlebt?
- Ist das, was ich positiv erlebt habe, weiter ausbaufähig? Wenn ja, wie? In meiner Rolle und im Team?
- Worin sehe ich konkreten Veränderungsbedarf? Was kann ich tun, was werde ich tun? In meiner Rolle und im Team?
- Was möchte ich dem Team von meinen Beobachtungen rückmelden?

Entscheiden und handeln

Aufgrund Ihrer Beobachtungen und Bewertungen treffen Sie bewusst Entscheidungen – mit Sicht auf die Projektziele bzw. die Vision im Projekt. Entscheidungen und Handlungen können an dieser Stelle für einen Projektleiter bspw. sein:

- Ich werde wesentliche Aspekte für die Führung dieses Teams für mich selbst formulieren.
- Ich werde Einzelgespräche mit ... führen.
- Ich berufe ein Teammeeting zum Thema Projektkultur ein.
- Ich werde Fragestellungen zur Zusammenarbeit für das nächste Meeting vorbereiten.

Das war nun der letzte Schritt in diesem Vorgehen, mit dem Sie einerseits den Projektstrukturplan gemeinsam im Team schaffen und andererseits Projektführung ernst nehmen und leben sowie die Grundlage einer guten Teamkultur legen.

Blicken Sie jetzt in aller Ruhe nochmals auf diesen Vorschlag zur Erstellung eines Projektstrukturplans. Fragen Sie sich, inwiefern Sie bereit wären, einen Teil Ihrer Aufmerksamkeit im Projekt in eine bewusste Führungsarbeit zu stecken? Sie können sich dann weiter fragen, was Sie dazu noch benötigen und wie Sie sich das beschaffen können. Wenn Sie einen externen Coach wünschen, schauen Sie, wie gut dieser in seinen Präsentationsunterlagen oder im Erstgespräch die angeführten Führungsaspekte von Projektmanagement, neben dem Instrumenten-Know-how, vorstellt.

Das überlegte Vorgehen in der Anwendung von Methoden in Projekten, wie Sie es jetzt anhand eines Beispiels kennenlernen konnten, ist auf der sozialen Ebene dazu da, dass

■ jeder seine Verantwortung im Projekt erkennen und annehmen kann,

■ das wechselseitige Verständnis und der Respekt füreinander erhöht werden und

■ so eine gute Zusammenarbeit im Team ermöglicht wird.

 Erfolg

Methoden selbst sind im Projektmanagement von geringem Wert, wenn Sie daraus keinen Gewinn für die Führung von Ihrem Team erhalten.

Mit dem aufgezeigten Vorgehen zur Erstellung des Projektstrukturplans erhalten Sie mit bewusster Beobachtung eine Vielzahl von führungsrelevanten Informationen über Ihr Projektteam und von sich selbst. Sie machen sich insbesondere Ihre Generalisierungen und vorschnellen Bewertungen über beteiligte Personen bewusst, und Sie bleiben offen für die nächsten Begegnungen im Team.

Durch die Mitarbeit aller haben Sie den Erstansatz des Projektstrukturplans gewonnen. Die Methode bringt für alle Sinn und Inhalt des Projektes konkret auf den Tisch. Durch das gemeinsame Vorgehen wird sich jeder Einzelne verantwortlich fühlen.

Die Kurzversion bietet Ihnen einen kurzen Überblick zu diesem Kapitel.

Kurzversion: Die eigene Kraft bewusst nutzen

Linien- und Projektmanagement treffen heute in einer Vielzahl der Unternehmen permanent aufeinander. Daraus ergibt sich ein Bedarf an Vermittlungsinstanzen, an einem Management von Unterschieden und Widersprüchen, um die Möglichkeiten des Projektmanagements auszuschöpfen und es gut mit der Linie zu verknüpfen.

Führungskräfte sind in diesem Zusammentreffen von zwei unterschiedlichen Steuerungsformen besonders aufgefordert, bewusster als bisher ihrer Führungstätigkeit nachzugehen. Um professionell im Alltag zu führen, wird empfohlen, sich weniger in Aktivitäten zu stürzen, sondern einen Teil der eigenen Aufmerksamkeit auf das bewusste Wahrnehmen und Beobachten von sich selbst, dem räumlichen und sozialen Umfeld zu lenken.

Der Prozess des Führens von sich selbst und anderen wird durch dieses Vorgehen

- verlangsamt,
- nachvollziehbar und
- zielorientiert gestalt- und reflektierbar.

Die Ausführungen in diesem Kapitel stellen eine Basis für mehr Erfolg und Gesundheit in der Projektarbeit dar. Sie erhöhen Ihre Führungskompetenz in temporären Organisationen. Selbstverständlich sind all diese Ausführungen gleichfalls für Linienführungskräfte relevant, da Gleiches gilt: Je bewusster eine Führungskraft in und über seine eigenen Beobachtungen und die der Mitarbeiter ist, desto besser gelingt Führungsarbeit.

2

Erfolgreich und gesund

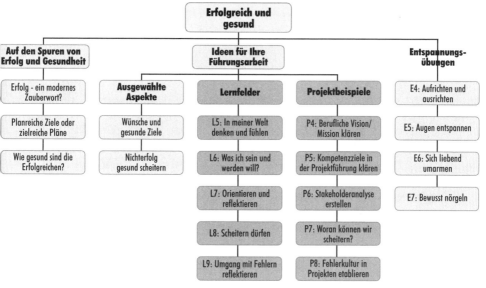

Bild 2.1 Kapitelüberblick – Erfolgreich und gesund

Wer erfolgreich und gesund sein will, ist dafür selbst verantwortlich. Doch heute ist es für den Einzelnen mehr denn je eine Herausforderung, sowohl erfolgreich als auch gesund zu sein.

Entweder Erfolg oder Gesundheit – für Projektführungskräfte gehört immer öfter uneingeschränkter Zeiteinsatz zur Normalität, und von ihren Mitarbeitern fordern sie selbst dann Leistung ein, wenn die Ressourcen der Einzelnen erschöpft sind.

Doch Projektführungskräfte haben mittel- und langfristig betrachtet einen doppelten Auftrag – Sie führen das Projekt zum Erfolg und achten im Sinne der Gesundheit auf die eigenen Grenzen und die der Mitarbeiter. Ein gesundes und erfolgreiches Projektteam braucht einen gesunden und erfolgreichen Projektführer.

Im Zentrum des Kapitels stehen Ideen und Anregungen, Erfolg und Gesundheit für sich selbst zu verbinden. Das Sowohl-als-auch von Erfolg und Gesundheit wird mit der Zielprüfungsformel VERTRAUE, agilen Erfolgsbildern und einem konstruktiven Umgang von Scheitern und Fehlern geschaffen. Erfolg UND Gesundheit gehören zusammen, gerade für den, der erfolgreich sein will.

Sie werden eingeladen, sich selbst mit agilen Erfolgsbildern zu führen, was eine sensible und bewusste, weniger eine harte Arbeit ist. Dabei können Sie Fehler machen und vielleicht sogar an der ein oder anderen Stelle scheitern.

Das Entweder-Erfolg-oder-Nichterfolg übergeht die Realität, in der Erfolg oft auf einer Reihe von Nichterfolgen beruht, in denen gelernt und ständig verbessert wurde. Selbst wenn die Wertschätzung gegenüber dem eigenen Scheitern anfangs schwerfällt, so lädt das Kapitel ein, sich dem Thema des Scheiterns zu nähern und den Erfolg im Nichterfolg zu sehen.

Was vor uns liegt und was hinter uns liegt,
sind Kleinigkeiten im Vergleich zu dem, was in uns liegt.
Und wenn wir das, was in uns liegt,
nach außen in die Welt tragen, geschehen Wunder.

Henry David Thoreau (1817–1862), US-amerikanischer Philosoph, Schriftsteller und Mystiker (www.aphorismen.de)

■ 2.1 Auf den Spuren von Erfolg und Gesundheit

Der Stellenwert von Erfolg ist enorm, ebenso scheint dies im Bereich der Gesundheit so zu sein. Für die Verbindungen von „erfolgreich gesund" und „gesund erfolgreich" trifft das weniger zu. Im Interesse der Unternehmen und der Einzelnen ist dieser Beziehung eine besondere Aufmerksamkeit zu schenken, es ist eine größere Bewusstheit vonseiten der Führungskräfte erforderlich. Erfolg und Gesundheit von Führungskräften dienen dem Einzelnen, den Mitarbeitern und dem Unternehmen als Ganzes.

Da Erfolg und Gesundheit sich eher gegenüberstehen als neben- und miteinander, stellt sich die Frage nach Unterschieden und Gemeinsamkeiten. Einige Beispiele werden dazu in Tabelle 2.1 vorgestellt.

Tabelle 2.1 Unterschiede und Gemeinsamkeiten von Erfolg und Gesundheit

UNTERSCHIEDE	Erfolg	Gesundheit
Zeitbezug	Kurzfristig: Es geht darum, schnell erfolgreich zu sein.	Langfristig: Die Langfristorientierung im Bereich Gesundheit ist gesünder, als kurzfristig (mit Medikamenten) arbeitsfähig zu bleiben.
Tempo	Schnell: Erfolgreich ist, wer schnell ist, ausschließlich schnelle Erfolge sind wertvoll und werden anerkannt.	Langsam: Das Tempo einer Gesundung ist abhängig von der körperlichen Konstitution, vom Umfeld des Betroffenen und von der spezifischen Erkrankung. In der Regel braucht Gesundheit Zeit, ebenso wie der Erhalt der Gesundheit.
Bezogen auf Lebenszeit	Ausschnitt: Erfolg sieht in jeder Lebensphase anders aus. Ein bestimmter Erfolg bezieht sich auf einen bestimmten Lebensabschnitt.	Ganzheit: Gesundheit spielt immer und überall im Leben und auf allen Ebenen (Körper, Geist, Psyche und Seele) eine Rolle.
Ausdruck	Vorwiegend äußerlich: Erkennbarer Reichtum, Statussymbole wie Häuser, Autos, Position auf Karriereleiter, Umgang mit wichtigen Menschen usw. sind wesentlicher Ausdruck von Erfolg.	Äußerlich (körperliches Aussehen) und innerlich (Wohlfühlen – zeigt sich auch im Außen).
Gegenseitige Abhängigkeit	Abhängig von der Gesundheit.	Nicht zwangsläufig abhängig vom Lebensabschnittserfolg.

GEMEINSAM-KEITEN	Erfolg	Gesundheit
Zeitbezug	Vergänglich/verändernd: In jedem Lebensabschnitt gibt es andere Erfolgsvorstellungen.	Vergänglich/verändernd: Die Gesundheit ist nichts Festes oder Stabiles.
Ausdruck	Persönlich-individuell (eigene Erfolgsziele) gesellschaftlich beeinflusst (bspw. Erfolg muss im Außen sichtbar sein).	Persönlich-individuell (persönliches Gefühl von sich gesund fühlen) gesellschaftlich beeinflusst (bspw. gesund ist der, der bestimmten Vorstellungen entspricht).
Beeinflussbarkeit, Abhängigkeit in der Eigendefinition und Umsetzung	Persönlich, von allgemeiner Sicht beeinflusst: Es ist schwer, seinen Erfolg völlig außerhalb gängiger Erfolgsvorstellungen zu definieren. Innere Erfolge werden in unserer Gesellschaft kaum anerkannt.	Persönlich, von allgemeiner Sicht beeinflusst – zwei Beispiele: Gesundheit ist weniger das, was jemand selbst empfindet, sondern das, was uns rank und schlank von Plakatwänden herunter anlacht. Das macht eine Eigendefinition für viele schwer. Heutzutage ist eine Therapie oftmals Ausdruck einer zu behandelnden psychischen Erkrankung, selbst wenn jemand dies persönlich als Entwicklungsbegleitung sehen möchte.
Sicherheit (bspw. durch Planung und Vorsorge)	Bedingt: Durch unvorhergesehene Ereignisse können Erfolge trotz allen Planens und Zielesetzens vereitelt werden.	Bedingt: Erbanlagen und Stress können unter anderem den Körper trotz guter Vorsorge schwächen.
Zuwendung	Von zunehmender Bedeutung: Wer sich damit kaum beschäftigt, hat zufällig Erfolg oder eben nicht.	Von zunehmender Bedeutung: Zu wenig Ruhezeiten, mangelnde Pflege und schlechte Versorgung sind für den Körper folgenschwer.

Eine erste Frage, die sich an dieser Stelle stellt, ist: „Was ist denn Erfolg und was ist Gesundheit (wert)?" Folgen Sie dazu den Begriffsklärungen bis hin zu Ihrer eigenen Definition von Erfolg und Gesundheit.

2.1.1 Erfolg – ein modernes Zauberwort?

Immer und überall scheint es um Erfolg zu gehen – irgendwie ein geflügeltes Wort ohne Flügel, da sich Erfolg in der Regel kaum von selbst einstellt. Zudem ist Erfolg relativ – sowohl aus zeitlicher Sicht als auch auf Ebene der inhaltlichen Betrachtung. Interessant ist bspw., dass in unserer Zeit eine erfolgreiche Führungskraft keineswegs jemand IST, sondern jemand als erfolgreich gesehen wird, der Kriterien erfüllt, wie etwa „15.000 Überstunden pro Jahr, pausenlose Arbeit, 16-Stunden-Arbeitstage, Verantwortung für

1.000 Mitarbeiter, Vielzahl von Langstreckenflügen, gehorchte 34 Auftraggebern" (Schulze 2010, Aussage im Vortrag).

Der fragliche Erfolg

Für grundlegende Überlegungen zum Begriff „Erfolg" werden Fragen beantwortet wie:

- Was heißt Erfolg?
- Wer kann erfolgreich sein?
- Worin kann jemand erfolgreich sein?
- Was und wer wirkt auf Ihren Erfolg?
- Worin kann jemand erfolgreich sein und als erfolgreich wahrgenommen werden?
- Wie verantworten Sie Ihren Erfolg bzw. den Projekterfolg?

Manche dieser Fragen werden ergänzend mit der Sicht auf Ihre Projektarbeit beantwortet.

Was heißt Erfolg?

Der Begriff „Erfolg" ist seit dem 17. Jahrhundert bekannt und steht für „erreichen" bzw. „erlangen". Im Wort selbst steckt das Verb „erfolgen". Es muss etwas getan oder gedacht werden, eine bestimmte Haltung eingenommen werden, bevor etwas erlangt oder erreicht wird. Erfolg hat mit Veränderung zu tun. Jemand möchte einen Ausgangszustand verändern, und von daher ist festzulegen, was erreicht, erzielt, erlangt werden oder erfolgen soll. Eine allgemeingültige Aussage „DAS ist Erfolg" gibt es nicht. Jeder definiert und bewertet Erfolg für sich selbst und ist dabei in nutzstiftenden und einschränkenden Abhängigkeiten von der Umgebung.

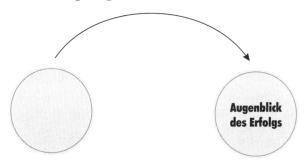

etwas erreichen, etwas erlangen ... etwas wird erfolgen
im Augenblick, kurz-, mittel- und langfrisitig

Bild 2.2 Erfolg und Zeit

Das Erfolgserlebnis selbst ist ein konkreter Augenblick, etwas ist dann im konkreten Augenblick „erfolgt", „erlangt" und „erreicht" (Bild 2.2). Um etwas zu erlangen bzw. zu erreichen, nimmt sich jemand die Zeit zum (Nach-)Denken, Fühlen und Handeln und/oder die Zeit, in einer bestimmten Haltung zu verweilen. Interessen, Bedürfnisse, Motive spielen wie die Gefühle, die mit einem Ergebnis verbunden werden, eine große Rolle.

Erfolge sind relativ und vergänglich. In verschiedenen Lebensabschnitten stehen verschiedene Ziele im Vordergrund, in jungen Jahren ist es etwa ein guter Studien- oder Lehrabschluss, die Entdeckung anderer Kontinente, im Berufsleben die Führungsrolle mit einem entsprechenden Verdienst usw.

Die Zeithorizonte fallen unterschiedlich aus – kurz-, mittel- und langfristig. In unserem heutigen Zusammenleben geht es meist um schnelle Erfolge:

- Schnelle Erfolge haben ihren Nutzen, bspw. medizinische Errungenschaften, von denen Menschen profitieren, die ansonsten gestorben wären.

- Schnelle Erfolge haben ihren Preis, wie bspw. zunehmende psychische Erkrankungen bei Arbeitnehmern oder Umweltkatastrophen, für die keiner so recht verantwortlich sein möchte.

Was in unserer Zeit neu hinzukommt, ist die Schnelllebigkeit der Erfolge. Schon nach kurzer Zeit ist erblasst, was sich jemand vielleicht mühsam errungen hat. Das, was heute erreicht wird, ist oftmals morgen schon wieder ohne Wert. Damit finden sich viele Menschen erst nach und nach zurecht. Das Aufbauen auf frühere Erfolge wird damit immer schwieriger.

Wer kann erfolgreich sein?

Erfolgreich sein kann eine Person, eine Gruppe, eine Organisation, ebenso kann ein größeres System wie ein Staat, ein Staatenverbund erfolgreich sein (Bild 2.3). Sie können einzeln oder gemeinsam in Gruppen etwas erreichen bzw. erlangen. Das ist zumindest in unserer Gesellschaft derzeit so. Lange Zeit war dies bestimmten Bevölkerungsschichten vorbehalten, für die breite Masse war das Leben schicksalsbestimmt. Weshalb diese Bestimmung von außen bzw. von anderen wieder ins Blickfeld geraten ist, hat mit einer steigenden Verarmung der Menschen in unseren reichen Ländern zu tun. Die Kinderarmut in reichen Städten wie München ist beschämend und keineswegs unter schicksalsbestimmt abzutun. Finanzielle Mittel sind mehr und mehr eine Voraussetzung für ein selbstbestimmtes und „freies" Leben.

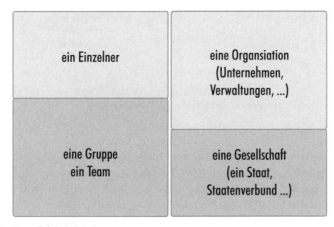

Bild 2.3 Wer kann Erfolg haben?

Worin kann jemand erfolgreich sein?

Erfolgreich kann ein Einzelner in Beruf, Gesellschaft, Familie, Freizeit sein sowie im Rahmen einer ehrenamtlichen Tätigkeit (Bild 2.4).

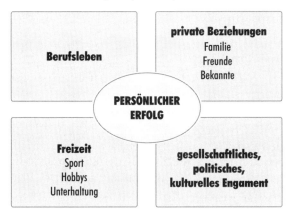

Bild 2.4 Worin kann jemand Erfolg haben/erfolgreich sein?

Für einen Industriemanager ist das Erreichen guter Zahlen ein Erfolg, für den Tischler ein gelungenes Produkt, für einen Vater und eine Mutter ein glückliches Kind. Ein Unternehmen kann wirtschaftlich, sozial und gesellschaftlich erfolgreich agieren. Wer sich ehrenamtlich engagiert, kann inhaltlich und/oder funktional erfolgreich sein, bspw. in einer Vorstandsrolle eines größeren Vereins oder Verbandes.

Was und wer wirkt auf Ihren Erfolg?

Die eigene Erfolgsdefinition ist eingebettet in eine allgemeine kultur-, gesellschafts- und zeitbedingte Sichtweise von Erfolg (Bild 2.5; angeregt von Rainhart Lang, o. J. Seite 16: Modell des (Personal)Führungsprozesses). Da jeder von Ihnen in einem konkreten Kontext eingebunden ist, stellen sich die Fragen,

- wer und was auf Ihren Erfolg, bspw. als Führungskraft, wirkt und
- wen und was Sie für Ihren Erfolg nutzen können.

Bild 2.5 Variablen des (Führungs-)Erfolgs

Eine wichtige Rolle spielt der Erfolgsträger, also Sie als Führungskraft selbst,

- Ihre persönlichen Eigenschaften, Fähigkeiten, Werte, Einstellungen,
- Ihre Vorstellungen von Erfolg,
- Ihre Motive zum Erfolg (positive wie negative),
- Ihre Interessen und
- Ihr (Führungs-)Verhalten.

Die konkrete (Führungs-)Situation, die Organisation, in der Sie tätig sind mit ihren Anschauungen und ihrer Präsentation nach außen, sowie das gesellschaftliche, politische und kulturelle Umfeld sind weitere wichtige Parameter Ihres Erfolgs. Wenn Sie in einer Familie mit Kindern leben, spielt für Sie auch das familiäre Umfeld eine große Rolle.

In unserem Kulturkreis können viele ihre persönliche Erfolgsdefinition relativ unabhängig von anderen vornehmen – wenn sie das wollen. Denken Sie an Menschen, die etwas anstreben, selbst wenn alles um sie herum dagegen spricht. Vielleicht kennen Sie das von sich selbst, wenn Sie sich etwas vornehmen, woran kein anderer als Sie selbst glaubt.

Die Fragen, die Sie sich hier stellen können, sind:

- Wer definiert meinen Erfolg? Bin ich das oder werde ich als erfolgreich „definiert" und lasse davon mein Leben, meine Erfolgsdefinition leiten? Wer sagt, ob ich erfolgreich bin? Bin ich das selbst, und wenn ja, reicht mir das?
- Auf welchen Ausdruck von Erfolg richtet sich meine persönliche Aufmerksamkeit, was meinen eigenen Erfolg und den Erfolg anderer betrifft – auf Äußerlichkeiten oder innere Veränderungen? Bin ich aus meiner Sicht erfolgreich, wenn ich mehr Geld verdiene oder wenn ich mich wohl und gesund fühle? Oder brauche ich beides?

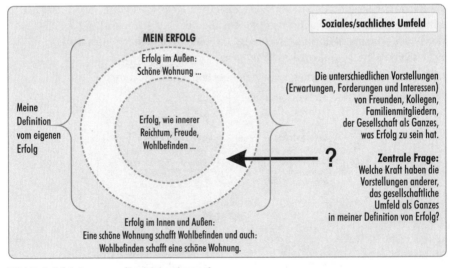

Bild 2.6 Erfolg kann man für sich bestimmen?

In Bild 2.6 wird die Frage nach dem Einfluss von anderen auf die eigene Erfolgssicht deutlich, der sich oftmals darin unterscheidet, wie sich jemand in einer Gruppe eingebettet fühlt oder wie nahe ein Einzelner ist. Von der Nähe Einzelner kann dennoch nicht automatisch auf eine größere Beeinflussung der persönlichen Erfolgsdefinition geschlossen werden, bei manchen Menschen sind bspw. Vorbilder aus der Wirtschaft oder aus der Politik einflussreicher als Freunde oder die Familie.

Worin kann jemand erfolgreich sein und als erfolgreich wahrgenommen werden?

In Bild 2.6 wurde zwischen inneren und äußeren Erfolgen unterschieden. Erfolg im Inneren kann sich bei einem Menschen mit dem Gefühl von innerem Reichtum ausdrücken. Der innere Erfolg kann sich für den Einzelnen auch in

■ wohltuenden Vorstellungen von sich und andern,

■ positiv veränderten Überzeugungen und (Wert-)Haltungen,

■ Emotionen wie Wohlbefinden oder Freude

zeigen. Dies wird von außen jedoch begrenzt wahrgenommen. Der Gestaltungsspielraum für den Erfolg im Inneren bei Einzelnen, einer Gruppe oder Organisation wird kaum ausgeschöpft, was sich in der eher zurückhaltenden Reflexions- und Lernbereitschaft von Einzelnen, Gruppen und Organisationen spiegelt.

Es zählt, was sichtbar ist

In unserer Gesellschaft ist jemand erfolgreich, der größer, besser, schneller ist und dies materiell gewichtig ausdrückt. Manchmal entsteht der Eindruck, die Erfolgskonzentration ist darauf gerichtet, sich materiell erfolgreich zu überbieten. Der Ausdruck nach außen, also für andere nachvollziehbare Belege von Erfolg sind bspw. hierarchische Positionen, ein großes Auto oder eine schöne Wohnung. Dabei gibt es Schwankungen in der Reihung von sichtbaren Erfolgsvariablen. Im Jahr 2010 hatten Urlaubsreisen einen höheren Status als große Autos (*SZ*, August 2010).

Denken Sie an dieser Stelle an einen Straßenfeger und seine äußeren, sichtbaren Erfolge. Er kehrt täglich den Müll anderer Menschen weg. In reicheren Staaten wird so jemand niemals als erfolgreich wahrgenommen. Ob der Straßenfeger sich erfolgreich fühlt und konkrete (selbst) definierte Ergebnisse erreicht, ist dabei belanglos. Für einen Straßenfeger ist es bspw. ein Erfolg, wenn die Straßen seines Stadtviertels am Abend sauber sind – selbst wenn er den Begriff „Erfolg" kaum verwenden wird. Oder ein Unternehmer, der lieber klein bleiben möchte und keine weiteren Investitionen vornimmt, obwohl alle Anzeichen auf Vergrößerung des Unternehmens stehen. Entscheidungen, die beabsichtigen, etwas zu verkleinern, deuten in unserer Gesellschaft eher auf Schwäche und Erfolglosigkeit hin. Der Ausdruck von Erfolg ist materieller Wohlstand. Aus dieser Perspektive wird auf Einzelne, auf Organisationen, auf Länder geblickt. In einer Wohlstandsgesellschaft ist jemand „nicht viel", der nicht viel hat oder auch nicht viel sein Eigen nennen will.

Wird im Einzelnen die Aufmerksamkeit zentral auf das Außen gelenkt, fehlt sie dem Inneren. Dabei ist keineswegs alles, was auf den ersten Blick wertvoll aussieht, tatsächlich wertvoll. Ein Mensch kann im Außen für andere erfolgreich wirken, bspw. durch ein großes Haus, ein auffälliges Auto, gleichzeitig kann er sich innerlich erfolglos fühlen. Letzten Endes kann bei einem solchen Menschen von einem Glücksfall gesprochen werden, da er seine innere „Welt" noch wahrnimmt und von daher damit arbeiten kann. Mit einem Coaching oder einer Therapie kann die Person darauf wirken, sich neben dem äußeren Reichtum ebenso innerlich wohlzufühlen. In solchen Settings wird der innere Raum betreten, in anfänglicher Begleitung bewusst wahrgenommen und „erfolgreicher" als bisher gestaltet. Der Erfolgsgedanke richtet sich auf Inneres, die Aufmerksamkeit wird geteilt.

Die Eigensicht, d. h. die persönliche Definition von Erfolg, ist genauso zeit-, kultur- und gesellschaftsgeprägt wie die Sicht jener, die darüber urteilen, inwiefern jemand oder etwas, bspw. ein Projekt, erfolgreich ist. Eine persönlichkeitserhellende Frage ist daher: „Wann bewerten Sie selbst andere Menschen oder Vorhaben als erfolgreich?" Ihre Antwort gibt Aufschluss über die Anforderungen an Sie selbst bzw. die Vorstellung von Ihnen selbst, wann Sie sich selbst als erfolgreich wahrnehmen werden. Sind Sie erfolgreich, wenn Sie ein eigenes Haus besitzen?

Was bedeutet Erfolg in einem Projekt? Das Projektteam reiht selten eine gute Zusammenarbeit oder das Wohlfühlen der Teammitglieder und weiterer Stakeholder unter den Projekterfolg ein, selbst dann nicht, wenn das Vorhaben daran zu messen wäre, wie bspw. bei Organisationsänderungsprojekten. Der Blick zentraler Stakeholder wie der Eigentümer oder der Manager auf den Erfolg des Projektes beeinflusst die Erfolgsdefinition weit über konkrete Rahmenbedingungen hinaus, wie etwa Ressourcen, Zeit usw.

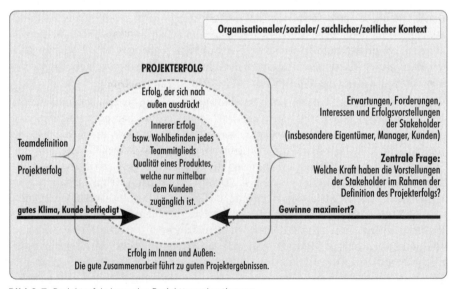

Bild 2.7 Projekterfolg kann das Projektteam bestimmen

Bild 2.7 hinterfragt am rechten Rand den Einfluss der Stakeholder, die alle eine individuelle Sicht auf den Erfolg des Projektes einnehmen und deren Einfluss unterschiedlich ausfällt. Auf der linken Seite des Bildes wird gefragt, wie das Team, welches selbst ein Stakeholder ist, Erfolg definiert. Inwieweit kann sich ein Team überhaupt Erfolgsgedanken zu inneren Projekterfolgen machen? Erwartet wird von Shareholdern maximale Leistung, so schnell als möglich und minimale Kosten, wie das im „magischen" Dreieck des Projektmanagements vermittelt wird.

Der äußere Erfolg kann von allen Stakeholdern im Projekt wahrgenommen werden. Inwiefern der gezeigte Erfolg bzw. ein Erfolgsausschnitt des Projektes den Vorstellungen der Stakeholder entspricht, hängt von deren Bedeutung für das Projekt, deren Interessen und deren Abhängigkeit vom Ergebnis ab. Bei IT-Projekten erwies sich die Nähe zum Kunden in der laufend vorzunehmenden Erfolgsklärung von besonderer Bedeutung. Generell werden in Projekten ausgewählte Interessen der Stakeholder befriedigt. Professionelle Projektteams erstellen eine Stakeholderanalyse (siehe Seite 145 ff.), worin der Einfluss (die Bedeutung) einzelner Stakeholder und die darauf aufzubauenden Kommunikationsbeziehungen mit den Stakeholdern abgebildet werden. Selbst wenn das Team die Analyse unter den Tisch fallen lässt, passiert genau das. Es werden die Erwartungen und Bedürfnisse jener Stakeholder befriedigt, deren Einfluss im Projekt besonders hoch ist. Da (Macht-)Einfluss und Stellenwert für das Projekt nicht unbedingt gleich sind, ist eine Stakeholderanalyse unverzichtbar.

Der Blick auf das Außen und Innen eines Erfolges ist bei Einzelnen, in Projekten (Projektteams) und in Organisationen als Ganzes wertvoll. Wesentlich für erfolgreiche Kommunikationsbeziehungen und damit den Projekterfolg ist die Sicht

- auf die Erfolgsvorstellungen relevanter Stakeholder sowie deren Einfluss auf das Projekt,
- auf die Vorstellungen von inneren und äußeren Erfolgen vonseiten des Teams (bzw. der gesamten Projektorganisation).

Wie verantworten Sie Ihren Erfolg bzw. den Projekterfolg?

Erfolg wird heute primär positiv gesehen, doch (angestrebter) Erfolg hat seinen Preis bzw. Nebenwirkungen – positive und/oder negative. Erfolg hat einerseits mit Selbstverantwortung und andererseits mit Verantwortung gegenüber anderen zu tun (Bild 2.8). Verantwortung bedeutet, sich einen „Beipackzettel" anzufertigen, indem die Wirkungen des Erfolgsstrebens auf sich selbst, auf die ökologische und soziale Umwelt aufgezeichnet und bewusst gemacht werden. Denn dafür ist jeder Mensch, die einzelne Führungskraft, eine Gruppe und jede Organisation verantwortlich.

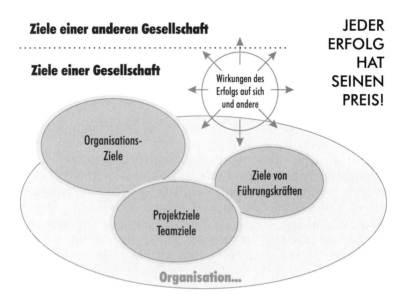

Bild 2.8 Erfolg und die Wirkungen des Erfolgs

Erfolg ist hausgemacht und von der Umwelt beeinflusst, öffnet einerseits und schränkt andererseits ein, weil begrenzt verfügbare Ressourcen auf etwas Bestimmtes ausgerichtet werden. Hinter vielen Erfolgen von Führungskräften und Unternehmensführern stecken oftmals enorm viel Arbeit, Bewusstheit über sich und andere und die glücklichen Zufälle des Lebens.

Allgemein ist zu sagen, dass Sie nicht nicht erfolgreich sein können. Sie, jeder Mensch, Teams und Organisationen verändern sich, erreichen Ziele und schaffen Belege ihrer Veränderungen. Die Konzentration erfolgt heute mehr auf die Darstellung des Erfolges im Außen – innere Erfolgserlebnisse mehr wertzuschätzen, ist wünschenswert. Dazu gehört die Klarheit, potenziell mit Vorhaben scheitern zu können und konstruktiv mit Niederlagen umzugehen. Das ist mehr denn je Teil einer vernünftigen Erfolgsvorstellung, denn was heute noch als Erfolg gilt, kann sich morgen als Flop zeigen.

In der Wirtschaft ist Erfolg untrennbar mit dem Begriff der Ziele verbunden. Die Beziehung von Erfolg und Ziele bekommt von daher besondere Aufmerksamkeit.

2.1.2 Planreiche Ziele oder zielreiche Pläne

Egal welchen Teil der Überschrift Sie lesen, keiner ist richtig sinnvoll. Und eine gewisse Sinnlosigkeit schwingt in vielen Unternehmen mit, was Ziele und Planung betrifft. Der Nutzen von Zielen und Plänen wird in der Wirtschaftswelt wenig infrage gestellt, dabei wäre es an der Zeit, dies zu tun. Das heißt nicht, gleich den Nutzen von Zielen insgesamt infrage zu stellen.

Nach der Darstellung des Status quo in der Zieldiskussion werden einige Aspekte zur kritischen Diskussion vorgestellt. In den weiteren Ausführungen werden bestehende Überlegungen zu Zielen und Plänen mit anderen Ideen verknüpft.

Was wird unter Zielen allgemein verstanden?

Ziele beschreiben die Vorstellung von bestimmten, messbar nachvollziehbaren Ergebnissen in der definierten Zukunft, die durch zu vereinbarendes Handeln erreicht werden sollen. Ziele repräsentieren eine übereinstimmende Willenserklärung zwischen Auftraggeber und Auftragnehmer. Bekannt ist vielen die Formel SMART, anhand derer Ziele zu überprüfen sind:

- S = Spezifisch
- M = Messbar
- A = Attraktiv, akzeptiert, aktiv beeinflussbar = lösungsneutral
  (d. h. keine Vorgabe des Weges, wie Sie das Ziel erreichen)
- R = Realistisch
- T = Terminiert

In Zielsystemen können Gesamt- und Teilziele, strategische und operative Ziele unterschieden werden. In Projekten sind Rahmenbedingungen wie Zeit- und andere Ressourcengrenzen Teil des Zielsystems (Bild 2.9).

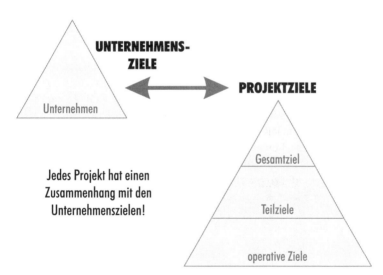

Bild 2.9 Projekt- und Unternehmensziele

Jedes angestrebte und erreichte Ziel steht in Beziehung zu anderen Zielen. Ziele können

- konflikthaft sein bzw. miteinander in Konkurrenz stehen,
- komplementär sein,

- sich gegenseitig ausschließen,
- indifferent (unabhängig voneinander) sein,
- identisch sein.

Zwei Beispiele:

Wenn sich ein Unternehmen auf die Maximierung der Gewinne ausrichtet und dabei die Umwelt zerstört, wird es damit den Zielsetzungen von Umweltschutzorganisationen widersprechen und langfristig den eigenen Bestand gefährden.

Wenn sich ein Familienvater entscheidet, jeden Abend bis spät zu arbeiten, und gleichzeitig seiner Familie mehr Zeit schenken möchte, schafft er sich einen inneren Zielkonflikt, der gelöst werden will. Derartige innere Zielkonflikte sind oftmals ausschlaggebend für psychische und physische Erkrankungen.

Mit Zielen und den darauf aufbauenden Plänen werden primär diese Absichten verfolgt:

- Bilder über zukünftige Ergebnisse des Unternehmens, des Projektes zu schaffen,
- eine Nachvollziehbarkeit zu erzielen, d. h. mit Zahlen, Daten und Fakten prüfen zu können, inwiefern das, was der Einzelne oder eine Gruppe sich vorgenommen hat, auch realisiert wurde,
- das Bedürfnis nach Kontrolle und Sicherheit zu befriedigen,
- eine gute Zusammenarbeit zu erreichen, den Teamgeist bzw. das Gemeinschaftsgefühl in einer Organisation zu stärken.

Diese Darstellung wurde wesentlich angeregt vom Artikel des Autors Mathias Irle (2010).

Betrachten Sie diese Ideen, wozu Ziele und Pläne da sind, mit Ihren Praxisaugen detaillierter, so stellen Sie unter Umständen wie Mathias Irle fest, dass viele davon eher theoretische als praktische Überlegungen sind.

Bilder über zukünftige Ergebnisse des Unternehmens, des Projektes schaffen

In vielen Fällen sind Ziele eher Aufgabenstellungen, die von einzelnen Personen aufgeschrieben werden – das kennen Sie aus Ihrer Praxis. Es gibt weniger häufig ein (grobes) Bild über das, was in der Zukunft sein wird, eher handelt es sich bei Zielen um eine Listung von Aufgaben, die zu bestimmten Zeitpunkten erledigt sein müssen. Eine über Termine hinausgehende Messbarkeit (SMART) findet meist selten Eingang in die Betrachtungen. Unter Umständen ist dem Projektleiter auch der Zusammenhang seiner Projektziele mit den Zielen des Unternehmens unbekannt. Die Verknüpfung mit der Vision des Unternehmens fehlt.

Eine Frage ist auch, wie auf das zukünftige Ziel geschaut wird: Machen sich die Handelnden von ihrer augenblicklichen Situation bzw. vom augenblicklichen Kontext frei? Blicken sie auf das, was sie erreichen wollen und können, sehr offen? Oder legen sie ihre Ziele ausgehend von ihrer jetzigen bzw. in einem engen Bezug zu ihrer aktuellen Situation fest? Dies wird selten bewusst unterschieden.

Auch die Idee, Ziele ebenso wie Pläne in einem Projekt wiederholt zu überarbeiten, gefällt manchem Projektleiter wenig. Die Vorstellung von bis zum Ende gültigen Zielen und Plänen, die es zu erstellen und zu erfüllen gilt, ist in der Praxis verbreitet. Auf diesem Weg werden bspw. veränderte Wünsche eines Kunden ausgeschlossen oder organisationale Veränderungen blockiert. Dabei sind Ziele und Pläne Betrachtungsobjekte im Projektcontrolling.

Nachvollziehbarkeit erzielen

Leistungen durch Zahlen, Daten und Fakten zu überprüfen, kommt aus dem Verständnis der Massenproduktion, indem anhand von imposanten Kurvendarstellungen mit Input-Output-Relationen wirtschaftliche Entscheidungen getroffen werden. Mit dem steigenden Anteil des Dienstleistungssektors in der Wirtschaft ist eine vergangenheitsbezogene Darstellung von unternehmerischen Ergebnissen mittels Zahlen und Daten möglich, qualitativ gute Aussagen, was die konkrete Zukunft betrifft, lassen sich allerdings kaum machen.

Auch viele Aufgabenstellungen sind derart (technisch) komplex, was den wenigsten Unternehmenslenkern einen Blick ins Detail ermöglicht. Sie sind darauf angewiesen bzw. müssen darauf vertrauen, dass ihre Experten bestmöglich handeln und ihnen brauchbare Informationen zur Verfügung stellen.

Wer bspw. in einem großen IT-Projekt mit einem Zahlenwust und/oder Fehlerlisten von einer Phase in die nächste vertröstet wird, kann den Stand des Projektes schwerlich erkennen. Um die Darstellungen der Controller zu verstehen und die Qualität der Informationen beurteilen zu können, braucht es ein betriebswirtschaftliches Grundverständnis, worüber keineswegs jeder verfügt. Manche Projektleiter, die aus ganz anderen wissenschaftlichen Bereichen kommen, bringen dies nicht mit.

Die Einseitigkeit zeigt sich auch in der Art und Weise, wie Informationen über Betriebsergebnisse verwendet werden. Es gibt eine Reihe von kleinen und mittelständischen Unternehmern, die ihren (führenden) Angestellten den jährlichen Gewinn verheimlichen bzw. keinen Einblick in die Unternehmenssituation gewähren.

In Projekten zeigt sich diese einseitige Nachvollziehbarkeit insbesondere darin, dass wenige Arbeitspaketverantwortliche wissen, welches Budget für die Erledigung ihrer Aufgaben zur Verfügung steht. Leistung und Kosten werden getrennt betrachtet. Dem Arbeitspaketverantwortlichen, also dem Leistungsverantwortlichen, fehlen die Informationen über Budgetgrenzen seines konkreten Arbeitspaketes. Das ist Alltag in den Projekten.

Bedürfnis nach Kontrolle und Sicherheit befriedigen

Ziele und Pläne sollten dazu da sein, in der verantwortlichen Position sich gegenüber dem Unternehmen und den Mitwirkenden abzusichern. Das Bedürfnis nach Kontrolle korreliert also eng mit jenem nach Sicherheit.

Das menschliche Grundbedürfnis nach Sicherheit fällt bei einzelnen Menschen unterschiedlich aus. Für den einen ist das Sicherheitsbedürfnis größer und für die anderen ist es weniger wichtig. Anzunehmen ist:

- Je unsicherer sich jemand fühlt, desto mehr braucht er Pläne und Ziele.
- Je sicherer sich ein Mensch in seinem Sein fühlt – Stichwort Selbstbewusstsein, Selbstwert –, desto mehr spielen Freiheit und Flexibilität eine Rolle.

Gute Ziele und eine „saubere" Planung reichen nicht aus, um im Unternehmen auf Führungsebene gut bestehen zu können. Die erbrachte Leistung rückt oftmals in den Hintergrund. Die Notwendigkeit, sich im Netzwerk von formeller und informeller Macht gut zu bewegen und darin gut verankert zu sein, bringt meist mehr Sicherheit als die beste Planung.

Das Sicherheitsbedürfnis ist unter anderem abhängig von der hierarchischen Position einer Führungskraft. Bekanntermaßen gilt: Je größer die Macht in Organisationen, desto größer wird damit die Ohnmacht (bspw. durch die Abhängigkeit von Expertenmeinungen und vom Machtnetzwerk). Wer die Karriereleiter hinaufsteigen möchte, für den ist es gut zu wissen, wie er mit der eigenen Ohnmacht umgeht. Es kann das Bedürfnis, andere zu kontrollieren, steigen, was wieder zu mehr Plänen und Zielen aufruft. Die perfekte Kontrolle bzw. der Versuch, danach zu greifen, führt zu einem ungesunden Zustand – für sich und andere.

Auch Organisationen stellen ein unterschiedliches Sicherheitsbedürfnis zur Schau, das ist oftmals auch für Außenstehende, die zum ersten Mal das Unternehmen betreten, erfahrbar. Die Vielzahl der Überwachungskameras, die Sperren nach der Eingangstür, die ausschließlich von ausgewählten Personen bedient werden können, die Pförtner, die zentral ihre Notruftaste bedienen können, usw. Das ist auch Sicherheit nach Plan. Doch wer mehr kontrolliert, hat mit mehr Misstrauen zu rechnen.

Zudem steht ein durch detaillierte Ziele und Pläne ausgelebtes Sicherheits- und Kontrollbedürfnis oft dem im Wege, was Menschen keineswegs beeinflussen können – dem Glück. Erfolg fällt nicht vom Himmel – die meisten Menschen wissen das, doch spielt Glück für den Erfolg eine wichtige Rolle. Es geht bekanntermaßen darum, zur richtigen Zeit am richtigen Ort zu sein. Zu enge Vorstellungen schränken den Beobachtungshorizont enorm ein, so können sogar eine Reihe von Glücksfällen unerkannt bleiben. Das Zurücklehnen, darin nachzudenken und zu fühlen, die Ruhe neben all den Aktivitäten spielt eine große Rolle. Glückliche Zufälle brauchen ihren Raum, sodass sie überhaupt gesehen werden können.

Gute Zusammenarbeit erreichen

Die letzte angeführte Idee, mittels Zielen und Plänen den Teamgeist und den Zusammenhalt der Menschen in Unternehmen zu stärken, erweist sich in Projektteams dann als unsinnig, wenn enge Vorgaben von Zielen und Plänen jeden Freiraum in der Planung und Umsetzung nehmen.

Teams, die Ziele gemeinsam definieren und eine gemeinsame Vorstellung der Problemlösung entwickeln, bzw. Organisationen, in denen sich viele Menschen mit den unternehmerischen Zielen verbunden fühlen, sind eher die Ausnahme als die Regel. Das zeigen derzeit die Studien zur Arbeitnehmerzufriedenheit (Seite 16).

Wenn Sie die Absichten von Plänen, Zielen und die eben aufgezeigte Praxis in den Unternehmen etwas abstrakter betrachten, zeigt sich folgendes kritische Bild:

- Planung als Vorgehensanweisung, als Lösungsweg zur Erreichung der Ziele in der Zukunft, die sich in vielen Fällen als recht unsicher erweist, führt zu einer Einschränkung von Freiheit, Flexibilität und Vertrauen.

- Planung ist weniger ein Nachdenken über die Zukunft, es ist eher eine Einschränkung, was morgen und übermorgen passieren darf. Pläne werden festgezurrt, und eine rollende Zielplanung findet kaum Anwendung.

- Ziele werden SMART formuliert und Pläne erstellt, um für die Organisation notwendige Veränderungen im Außen oder innerhalb der Organisation zu vermeiden.

In den Unternehmen entsteht der Eindruck, dass eine detaillierte Zielplanung und ausgefeilte Pläne oftmals nicht das bringen, was beabsichtigt wurde.

Praktiker und Wissenschaftler gefragt

Erfolg, der über detaillierte, festgezurrte Ziele sowie Pläne definiert und kontrolliert wird, ist an seine Grenzen gekommen – ähnlich wie die hierarchische Steuerung selbst. Der Glaube an Ziele und Pläne darf ein Stück weit abfallen. Die Fragen sind dann: Wie auf die Zukunft, auf das Morgen blicken? Was können Ziele und Planungen leisten? Kann und soll überhaupt noch geplant werden? Einige verneinen das, andere verweigern sich mit Planungsüberzeugtheit der Diskussion. Beides führt zu wenig, die Frage stellt sich wieder nach dem UND, dem Sowohl-als-auch. Wie kann es gelingen,

- eine gemeinsame Ausrichtung herzustellen,

- diese zu koordinieren und dabei

- gemeinsam und vertrauensvoll,

- flexibel und offen in die Zukunft zu gehen?

Dazu erfordert das Management von Unterschieden, Widersprüchen und Veränderungen zukünftig weitaus mehr Aufmerksamkeit. Das Bild einer beweglichen Organisation und einer entsprechenden Organisationskultur rückt weiter nach vorne. Ziele und Pläne müssen im Blickfeld bleiben. Eine Abkehr von Zielen und Plänen ist genauso wenig sinnvoll wie der Anspruch von detaillierten Zielen in jedem Vorhaben.

Der Stellenwert von Erfolg ist heute für viele Führungskräfte auffallend hoch, auch wenn die Definition von Erfolg erst manche bewusst vornehmen werden. Anders ist das mit der Gesundheit. Einerseits ist der Stellenwert als Wirtschaftszweig extrem hoch, andererseits wird die Bedeutung der eigenen Gesundheit auf dem Erfolgsweg oftmals recht spät erkannt. Und dabei endet das Wort Erfolg mit dem gleichen Buchstaben, mit dem das Wort Gesundheit beginnt.

Erfolg und Gesundheit gehören zusammen – das gilt sowohl für den großen Wirtschaftszweig als auch für jede einzelne Führungskraft. Übrigens steckt im Wort Gesundheit das Wörtchen UND: Ein gesunder Körper, ein gesunder Geist und eine gesunde Psyche gehören zum Erfolg – deswegen: Erfolg UND Gesundheit!

2.1.3 Wie gesund sind die Erfolgreichen?

Die Frage, wie gesund die Erfolgreichen sind, kann eigentlich nur mit „so, wie sie sich fühlen", beantwortet werden, aber eben nur eigentlich. Und genau das führt zu einem komplexen Gebilde von Gesundheit und Erfolg in der heutigen Zeit. Wer definiert die

Gesundheit von mir als Führungskraft? Wer beeinflusst denn, wie ich mich fühle? Nehme ich überhaupt noch wahr, was ich fühle? Worauf bezieht sich überhaupt unsere Gesundheit – die körperliche, die geistige, die psychische, oder gibt es gar eine seelische Gesundheit?

Steigen Sie kurz mit ein in einige Aspekte dieser Komplexität. Worauf sich unsere Gesundheit bezieht, lässt sich mit Bild 2.10 rasch beantworten. Die Gesundheit des Menschen bezieht sich auf eine Verwobenheit der genannten Ebenen.

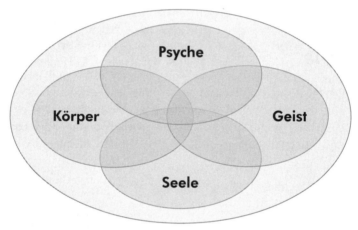

Bild 2.10 Psyche, Körper, Geist und Seele

Der Körper ist biologisch betrachtet unser Leib, dessen Äußeres für die anderen und uns selbst sichtbar ist. Mit dem Körper können wir „in die Welt hineingehen", „be-greifen" und Handlungen setzen.

Die Psyche wird von Autoren (Fakih 2003) als immaterielles Organ bezeichnet, in dem sich die mental-kognitiven Fähigkeiten und das Gefühlsleben verbinden. Die Psychologie beschäftigt sich grob ausgedrückt mit dem menschlichen Verhalten, was ein Zusammenwirken von Geist, Körper und Psyche darstellt. Der Geist wird hier als alles verstanden, was die mental-kognitiven Fähigkeiten eines Menschen abbildet, dazu gehört das Wahrnehmen, das Lernen und (Nach-)Denken in all seinen Formen.

Körper, Geist und Psyche im Menschen sind in ständiger Interaktion. Was ist nun die Seele? Wenn Psyche und Seele begrifflich gleich verwendet werden, dann ist die Psychologie die Seelenkunde, die Wissenschaft von der Seele. Es gibt Sichtweisen, in denen die Seele eine eigene über die Zeit hin beständige, körperlich unabhängige und unsterbliche „Identität" ist (angelehnt an die Definition von Seele unter Wikipedia, Abruf am 04.11.2010). Manche erleben ihre Seele: „Wenn meine Gedanken und Handlungen mit meiner Seele auf einer Wellenlänge sind, fühle ich absolute Gewissheit, dass das, was ich denke, tue oder entscheide, richtig ist, begleitet von Klarheit und innerer Ruhe", so Margot Wieser, die in diesem Buch die Qualität der Entspannungsübungen überprüfte. Aber ob es nun eine Seele im Sinne einer eigenen Identität gibt, kann hier nicht geklärt werden und ist für die weiteren Ausführungen auch nicht von Belang.

Wer sagt, was Gesundheit ist?

Für viele ist Gesundheit die Abwesenheit von Krankheit, doch die Begriffsklärung von Gesundheit über den Ausschluss von etwas Unspezifischem, wie der Krankheit, ist nicht sinnvoll. Damit werden die Besonderheiten und die Vielfalt eines Lebens in keiner Weise gewürdigt.

Die am besten bekannte Definition ist jene der Weltgesundheitsorganisation WHO, die den Gesundheitsbegriff folgendermaßen erklärt: „Gesundheit ist ein Zustand vollkommenen körperlichen, geistigen und sozialen Wohlbefindens und nicht allein das Fehlen von Krankheit und Gebrechen." Gesundheit ist zwar mehr als die Abwesenheit von Krankheit, doch ist zu hinterfragen, wie sinnvoll es ist, von Vollkommenheit und von einem Zustand zu sprechen. Die Sicht von Entwicklungsphasen voller Veränderungen im Leben wäre dem entgegenzuhalten.

In der ICF (International Classification of Functioning, Disability and Health) wird von einer funktionalen Gesundheit gesprochen, die auf die personenbezogenen und umweltbezogenen Faktoren einer Person abstellt. Eine Person ist dann funktional gesund, wenn

- „ihre körperlichen Funktionen (einschließlich des mentalen Bereiches) und Körperstrukturen allgemein anerkannten (statistischen) Normen entsprechen (Konzept der Körperfunktionen und -strukturen),

- sie all das tut oder tun kann, was von einem Menschen ohne Gesundheitsprobleme erwartet wird (Konzept der Aktivitäten),

- sie ihr Dasein in allen Lebensbereichen, die wichtig sind, in der Weise und dem Umfang entfalten kann, wie es von einem Menschen ohne Beeinträchtigung der Körperfunktionen und -strukturen oder der Aktivitäten erwartet wird (Konzept der Teilhabe in allen Lebensbereichen)" (Bungart 2007, Seite 5).

Diese funktionalen Überlegungen werden vermehrt herangezogen, wenn es um die Klärung von psychischen Erkrankungen am Arbeitsplatz geht. Es geht meist in der Anwendung dieser Definition um die Teilhabe am Arbeitsplatz, die durch psychische Erkrankungen eingeschränkt wird. Die Idee des bewegten Körpers, des lernenden Körpers bzw. Geistes und einer lernenden Psyche aufgrund von Einschränkungen in dessen Funktionalität fehlt in dieser Begriffsdarstellung.

Für Sigmund Freud drückt Gesundheit die Liebes- und Arbeitsfähigkeit eines Menschen aus. Vielleicht war das primär eine Aussage über Freud selbst. Sie kennen unter Umständen selbst Manager, die sich für arbeitsfähig halten, es aber längst nicht mehr sind, selbst vom Urlaub kommen sie unausgeruht zurück. Auch werden zukünftig mehr Langzeiterkrankte öfter und länger im Job bleiben. Manche davon gehen zur Arbeit, weil sie Angst um ihren Job haben, manche, weil der Job ihnen Spaß macht. Und die Liebesfähigkeit des Menschen ist etwas, was sich auf Menschen, Tiere, auf den Arbeitsplatz, auf den Garten usw. beziehen kann. Egal was geliebt wird, es wird in jedem Fall die Liebe in einem selbst bewegt. In der Arbeitswelt kann aufgrund der Studien zur Arbeitszufriedenheit (Gallup) gefragt werden, inwieweit dort geliebt wird, im Sinne der Liebe zum Tätigsein einzelner Organisationsmitglieder.

Meine Gesundheit, meine Entwicklung

Das, was der Einzelne subjektiv als gesund empfindet, fällt unterschiedlich aus. Diese persönliche Sicht ist eingebettet in die allgemeine Sicht einer Gesellschaft auf die Gesundheit. Und darin gibt es zwei Seiten, die zum Denken anregen. Auf der einen Seite wird vieles für krank befunden, was Teil der Entwicklung eines Menschen ist und seine Zeit braucht, auf der anderen Seite ist es zunehmend schwieriger, dem Arbeitsleben fernzubleiben, selbst wenn jemand (körperlich und/oder psychisch) schwer krank ist. Erkrankung wird nicht anerkannt – von einem selbst und der Umwelt.

Wenn plötzlich eine Normalität zur Krankheit wird, dann fühlt sich der Einzelne damit ebenso unwohl, obwohl er vorher kein Problem damit hatte. Dabei wechseln sich in den verschiedenen Phasen der menschlichen Entwicklung körperliches Wohlbefinden und Unwohlsein ab. Wachstumsschübe führen bei Kindern bspw. zu Schwindel, Schmerzen, Freudlosigkeit oder zu einer für Eltern anstrengenden Aufgedrehtheit. Das Kind fühlt sich unwohl, es ist deswegen nicht krank. Auch bei Erwachsenen finden Entwicklungen und Veränderungen statt, bei denen ein Unwohlsein auf einer oder mehreren Ebenen – geistig, körperlich, psychisch und seelisch – auftritt.

Ärzte diagnostizieren Krankheiten, wenige sprechen über Entwicklungsprozesse von Erwachsenen, so als gäbe es im Erwachsenen keine Entwicklung mehr. Medikamente werden verschrieben, damit es wie gewohnt für Einzelne weitergehen kann. Zeit für persönliche Entwicklung gibt es kaum, sie hat nebenbei stattzufinden.

 Mit dem Schwarz-Weiß-Bild von gesund und krank werden körperliche Erschütterungen und psychische Beschwerden als krank diagnostiziert, als lästig, störend und ungut empfunden. Sie beeinträchtigen das Leistungsvermögen oder verhindern den Urlaubsgenuss. Selten wird ein körperliches Unwohlsein, eine „Erkrankung" im Erwachsenenalter als Teil der Veränderung bzw. Entwicklung eines Menschen positiv wahrgenommen und angenommen.

Die andere Seite der Medaille ist, dass psychisch kranke Menschen oftmals in ihrem Arbeitsleben kaum ernst genommen werden und unter Umständen über keine Möglichkeiten verfügen, dem Arbeitsleben ganz fernzubleiben. Wie Führungskräfte Angststörungen und Depressionen bei sich und ihren Mitarbeitern erkennen können, wird in größeren Unternehmen bereits vermittelt. Problem ist: Auch die eingeleiteten Interventionen im Falle einer Erkrankung finden weitgehend unabhängig vom Unternehmen statt. Der Patient ist ausschließlich der Arbeitnehmer.

Verantwortlich gesund

Die Verantwortung zur Gesundheit liegt auf allen Seiten. Der Einzelne ist dazu angehalten, seiner körperlichen, psychischen und mentalen Gesundheit Zeit zu schenken, die Grenzen zu respektieren und mit der eigenen Kraft sorgsam umzugehen. Jedem Menschen steht ein gewisser Energiehaushalt zur Verfügung, der im Falle eines Ausbrennens nur langsam wieder aufgebaut werden kann – sofern dies überhaupt noch möglich ist. Die Organisationen, in denen die Menschen tätig sind, verlieren auf Dauer, wenn die Menschen bis zum Anschlag verbraucht werden. Organisationen sind heute verstärkt aufgefordert, das Thema Gesundheit bewusst aufzugreifen. Und jene Organisationen und Einrichtungen, die mit Menschen, die krank sind und/oder sich so fühlen, ihre Gewinne erzielen, hängen wie jedes andere Unternehmen von gesunden Mitarbeitern ab. Auch sie haben ein fundiertes Interesse an der Erhaltung und am Schutz von Mensch und Ökologie. Die Gesellschaft als Ganzes, deren Kosten für das Gesundheitssystem explodieren und deren wirtschaftliche Kraft von gesunden Menschen abhängt, ist für die Gesundheit verantwortlich.

Das ist keineswegs neu und doch bedürfen das Engagement und das Verständnis von Gesundheit der Veränderung. Vielleicht nehmen Sie sich bereits selbst mit den eigenen Kraftressourcen ernst? Das wäre ein guter Anfang. Und in Anbetracht Ihrer Funktion als Führungskraft sind Sie als Vorbild im Umgang mit sich selbst eine zentrale Ressource im Unternehmen, um dem Thema Gesundheit mehr Raum zu geben. Das soziale Klima, die Art der Problemlösung, die Gestaltung der Arbeit in Ihrem Bereich sind bedeutsam für eine gesunde Zusammenarbeit, die Sie als Führungskraft zentral mitentscheiden.

Auftraggeber und Auftragnehmer in Sachen Gesundheit

Das Gesundheitssystem ist ein wichtiger Wirtschaftszweig, in dem es, wie in jedem anderen Unternehmen, um Umsätze und Gewinne geht: Im Gesundheitssystem sind auf der Angebotsseite bspw. die Ärzte, das Pflegepersonal, also die Auftragnehmer, und auf der Nachfrageseite sind die Patienten Kunden und Auftraggeber. Doch das Verständnis von Auftraggeber und Auftragnehmer ist im Gesundheitssystem an der Schnittstelle zum Kunden, dem Patienten, kaum mit anderen Wirtschaftszweigen zu vergleichen. Das hat mit der Besonderheit der Arzt-Patient-Beziehung sowie mit der Entwicklung des Gesundheitssystems als Ganzes zu tun. Auf der Angebotsseite zeigen heute vermehrt Ärzte auf, wie schwer sich viele in ihrer Selbständigkeit, in Praxisgemeinschaften oder in Krankenhäusern tun. Neben den hohen Anschaffungskosten im Falle einer Selbständigkeit fühlen sich viele durch eine Unzahl von Vorschriften in ihrer Arbeit enorm eingeschränkt. Junge Ärzte, insbesondere in Krankenhäusern, werden unterdurchschnittlich bezahlt, zudem haben sie Arbeitszeiten, die an den Ressourcen einzelner enorm zerren. Doch trotz dieser Veränderungen auf der Angebotsseite bewegt sich die Sicht, dass Ärzte Auftragnehmer und Dienstleister eines Patienten sind, kaum in diese Richtung.

Wie ist es nun für Sie als Auftraggeber, auf der Nachfragerseite zu stehen? Die meisten Menschen haben die Möglichkeit, entsprechend den eigenen Entscheidungen zu handeln (ausgenommen Menschen, deren Hilfsbedürftigkeit dies nicht mehr zulässt). Wer sagt, ob Sie krank oder gesund sind?

Der ärztliche Blick auf den Kunden ist: Gesund oder krank, dazwischen gibt es wenig. Was für den einen Arzt krank ist, ist für einen anderen Arzt eine Spinnerei, so wird bspw. eine depressive Erkrankung unterschiedlich ernst genommen. Bei einem Arzt sind Sie noch gesund, beim anderen bereits an Depression erkrankt. Doch beide blicken durch die Brille „gesund oder krank". Die Pilgerei von einem Arzt zum anderen bringt also wenig.

In diesem Kontext von unklaren Auftraggeber- und Auftragnehmerbeziehungen ist der Patient im „Unternehmen Krankheit" eine Nummer im Wartezimmer (für den pro Quartal zu wenig verdient wird, wenn es sich um Kassenpatienten handelt) und stößt dieses System an die Grenzen der Finanzierbarkeit.

Wer kann das weiter finanzieren? Die gesunden Menschen! Bereiche, in denen bemerkenswert viel Geld verdient werden kann, sind jene der Schönheit und der Gehirnmanipulation, worüber noch gesprochen wird. Wenn die Schönheiten von den lebensgroßen Plakaten, männlich wie weiblich, lächeln, kratzt das mitunter am Selbstwert, und davon profitiert der Wirtschaftszweig der ästhetischen Chirurgie. Studien dazu belegen, wonach zwei Drittel der Deutschen sich für die Schönheit unters Messer legen würden. Vielen geht es dabei um ein größeres Selbstwertgefühl. Das ist kaum verwunderlich, wenn einem die makellosen Gestalten schon am Frühstückstisch in der Zeitung entgegenlächeln.

Das Objekt Körper

Der Körper ist ein Produkt geworden, das beliebig zu stylen ist, um immer mehr dem zu entsprechen, was angesagt ist. Der Körper ist also eine Sache, dessen Teile zu verändern, auszutauschen und zu ersetzen sind – selbst dann, wenn er gesund ist. Das Gesundheitsmanagement ist ein Produktmanagement. Ein individueller Körper wird wenig anerkannt. Vereinfacht kann gesagt werden: „Was oder wer nicht in die Körperindustrie passt, findet dann Aufmerksamkeit in der Krankheitsindustrie – alles, was nicht konform ist, ist krank." Interessant dazu ist bspw. das Geschäft mit dem Schlaf, indem Menschen aufgezeigt wird, wie, wann und wo Sie schlafen sollen (Weber 2010, Seite 24). Mediziner definieren dem Autor zufolge 90 unterschiedliche schlafbezogene Störungen. Damit lässt sich gut Geld verdienen, eine Menge von Wirtschaftszweigen profitieren von diesen „Störungen" – vom Matratzenhersteller bis zum Ausstatter von Schlaflabors.

Viele entscheidungsfähige Menschen betrachten ihren Körper als eine Art Maschine, die erstklassig zu funktionieren und schön zu sein hat. Der Schönheit und dem Gehirn wird da und dort auch bereitwillig nachgeholfen. Manche Führungskräfte schalten ihren Körper auf Dauerbetrieb, und so mancher zeigt sich uneinsichtig, wenn die Maschine stottert oder den Betrieb verweigert. Der Arzt hat dann die Aufgabe, dieses „Ding" zeitnah zu reparieren, die Verantwortung dazu wird delegiert, wie aus dem Unternehmensalltag gewohnt.

Führungskräfte mit ihren beruflichen und privaten (Freizeitstress) hochgeschraubten Plänen haben einen enormen Leistungsdruck, was zu einem derartigen Handeln wider ihren Körper führt. Anspannung und Entspannung stehen in einem bemerkenswerten Ungleichgewicht, was weder für den Einzelnen noch für die Organisation oder für die Gesellschaft Sinn macht und in der Gemeinschaft vielschichtige Kosten produziert (Bild 2.11). Es geht gar nicht darum, im ständigen Gleichgewicht zu sein, es geht darum,

Anspannung UND Entspannung zu erleben. Wird die Waagschale über längere Zeit nur auf der Seite der Anspannung gefüllt, erkranken Körper und Psyche. Auch die geistigen Fähigkeiten werden beeinträchtigt.

Bild 2.11 Aus dem Gleichgewicht

Im Wort Patient steckt der englische Begriff „patient" bzw. das Verb „to be patient", was so viel heißt wie geduldig sein bzw. sich gedulden. Veränderungen und Entwicklungen verlangen Geduld und Offenheit, das, was das heutige „Gesundheits"-System kaum anbietet und geringfügig nachgefragt wird. Der Einzelne, der Patient spielt in diesem System eine erhebliche Rolle.

Die Geduld für Veränderungen und Entwicklungen im Erwachsenenalter erfordert eine Bereitschaft, seinen Körper bewusst wahrzunehmen. Der Körper ist mit dem Geist und der Psyche ein Verbundsystem von enormer Anpassungsfähigkeit und mit einer Vielzahl von Möglichkeiten, sich als Mensch in der Welt zu bewegen. Wieweit jemand seine Möglichkeiten ausschöpft, hängt von jedem Einzelnen und seinem Kontext ab. Wie gesund sich jemand erlebt, hängt von der eigenen Wahrnehmung dieser Komplexität von Körper, Geist und Psyche ab. Es gibt Menschen mit Krebsdiagnosen, die lebensfroher sind als jene, die „gesund" sind. Manche Menschen empfinden ein leichtes körperliches Unwohlsein bereits als schlimme Einschränkung in ihrem Auftreten und Befinden.

 Die Bewusstheit eigener Entwicklungen, von Veränderungen und die Sorge für den eigenen Körper sind für Führungskräfte eine wichtige Aufgabe. Führungskräfte sind es auch, die auf die Gesundheit der Mitarbeiter (als Vorbild) wirken können und es auch de facto tun.

Wie gesund Führungskräfte sind, zeigen verschiedene Artikel und Studien. Die Themen Süchte und Drogen waren noch nie so eng mit der Arbeitswelt verbunden wie heute, und die Statistiken der Krankenversicherer waren noch nie so mit dem Thema psychischer Erkrankungen gefüllt. „Auffällig ist, dass in den letzten Jahren die Anzahl der Krankheitstage infolge von psychischen Erkrankungen wie Depressionen und Angststörungen stetig angestiegen ist", schreibt die DAK (www.dak.de http://www.dak.de/content/

dakkrankheit/psychohilfe.html, Abruf am 14.02.2011). Im Internet finden Sie im Gesundheitsreport 2005 der DAK eine empfehlenswerte Darstellung der Begriffe von Angststörung und Depression.

Die psychischen Erkrankungen gehören mittlerweile zu den vier zentralen Krankheitsgruppen. 1976 lag dieser Anteil noch bei 2 %. Ob von einer realen Zunahme psychischer Erkrankungen gesprochen werden kann, kann derzeit aber noch nicht wissenschaftlich belegt werden.

Das Gehirn manipulieren

Das Thema Doping sorgt im Sport für helle Aufregung in den Medien, Sportler scheiden aus den Wettkämpfen aus, wenn Spuren von entsprechenden Substanzen nachgewiesen werden. Das ist anders an Universitäten und in den Führungsetagen der Wirtschaft, und das wird wohl so bleiben. Der Medikamentenkonsum in der Arbeitswelt, insbesondere bei gesunden Menschen, explodiert förmlich. Die verordneten Tagesdosen sind bspw. im Bereich von Bankfachleuten seit 2004 um 123 % angestiegen (www.Henning-Gerlach.de: Aktuelle Informationen aus der Versicherungswelt, Krankmeldungen und psychische Störungen nehmen zu, Abruf am 28.05.2010). In Deutschland sind 1,5 Millionen Menschen suchtabhängig nach Benzodiazepinderivaten, geschätzt sind es eher 1,9 Millionen. Medikamentengruppen, die süchtig machende Stoffe enthalten, sind bspw. (www.stuttgarter-nachrichten.de: Stille Sucht, Abruf am 06.10.2009)

- Schmerzmittel,
- Hustenmittel,
- Schlafmittel,
- Beruhigungsmittel,
- Aufputschmittel.

Eine Studie mit detaillierten Angaben dazu finden Sie im DAK-Report von 2009 (im Internet abrufbar).

Hinter diesen Zahlen stehen hitzige Diskussionen und eine hintergründig fördernde Pharmaindustrie zum Thema Doping. Um unser Gehirn auf Vordermann zu bringen, investieren mittlerweile Unternehmen viel Geld, und die enormen Gewinne für die Unternehmen daraus sind greifbar. Die Forschungen zum Thema Alzheimer oder anderen Erkrankungen des Gehirns nehmen keineswegs bloß die daran Erkrankten ins Blickfeld. Gehirndoping kommt in Mode, ähnlich wie Schönheitsoperationen weiter steigen werden. Wer „in" ist, ist geliftet und gedopt.

Gehirndoping bzw. Neuroenhancement, die durch die Einnahme von Medikamenten gezielte Verbesserung der Hirnleistung, ist kein Zukunftsstern mehr, sondern an vielen Universitäten unter Studenten und Forschern, in der Wirtschaft bei Managern durchaus verbreitet. Zielgruppe von all diesen Mitteln sind besonders Ehrgeizige und Überforderte. Bereits heute „versuchen Hunderttausende, heimlich ihr Hirn hochzujagen" (Blech et al. 2009, Seite 1).

Fragliche Chancengleichheit

Die Befürworter sprechen von Chancengleichheit durch Gehirndoping – der, der mit weniger Intelligenz geboren ist, darf sich aufputschen. „Bemühungen, die eigene geistige Leistungsfähigkeit oder das seelische Befinden (Anmerkung der Autorin: durch Medikamente) zu verbessern, werden mit guten Gründen positiv beurteilt … Wer versucht, durch Denksport, Coaching oder Meditation sein psychisches Potenzial auszuschöpfen oder zu erweitern, genießt dafür in der Regel sogar besondere Anerkennung", schreibt eine Gruppe von Wissenschaftlern, deren Projekt vom Bundesministerium für Bildung und Forschung gefördert wird (Smith 2009). Der Vergleich ist gerade angesichts der noch unerforschten Nebenwirkungen der Dopingstoffe lächerlich. Seit einigen Jahren bemühen sich die Befürworter, diese Medikamente allgemein zugänglich zu machen. Gegner sind der Ansicht, dass jeder verliert, der sich den Gehirncocktails verweigert. Michael Soyka von der LMU München ist einer der Gegner: „Schneller, besser, mehr, mehr, mehr … Es geht nur noch um Durchhalten und mehr Power. Warum verschreiben Ärzte keine Arbeitspausen?" (siehe Blech et al. 2009). Michael Soyka spricht einen wesentlichen Aspekt der organisationalen Veränderung an. Menschen werden „mit allen Mitteln" an die Organisation bzw. das Unternehmen angepasst. Die Leistung wird hochgejagt – weit über körperliche Grenzen hinaus. In vielen größeren Unternehmen gibt es rege Bemühungen, das Verhalten des Menschen zu beeinflussen, ein Gesundheitsbewusstsein zu stärken. Wenn die Organisation als solche dabei unangetastet bleibt, kann kaum ein nachhaltiger Erfolg erzielt werden.

Gerade im wissenschaftlichen Bereich finden diese Medikamente rege Befürworter, was allzu verständlich für jeden ist, der an einer Universität gearbeitet hat. Wie andere Expertenorganisationen sorgen sie sich nicht in dem Ausmaß wie Wirtschaftsunternehmen für ihr eigenes Überleben. Diesen Organisationen obliegt ein weitaus geringerer Anpassungsdruck, sie weisen eine Vielzahl von Verknöcherungen in der Zusammenarbeit auf. Der Entscheidungsspielraum ist minimal, und Qualität der Leistung oder gar die soziale Kompetenz wird ab einer gewissen Position kaum mehr hinterfragt. Der Einzelne, den es nach Wissen und Erfahrung drängt, versucht in solchen Strukturen die Quadratur des Kreises, was zu vielen enttäuschenden Erlebnissen führt.

Der Wunsch nach Chancengleichheit bedeutet auch einen Verlust von Vielfalt, was ungern angesprochen wird in derartigen Argumentationsketten. Wenn Menschen die gleichen Chancen für einen Bildungszugang haben sollen, klingt das gut und gerecht, die Frage ist jedoch: Der Zugang zu was? Zu dem, was allgemein als Bildung anerkannt wird und deren Systemvorgaben sich das menschliche Gehirn und das Sosein anzupassen haben? Zugang zum Mehr vom Gleichen, ist keineswegs das, was die Vielfalt und Komplexität in Wirtschaft und Gesellschaft dringend braucht.

Nebenwirkungen unklar, Langzeitstudien fehlen

Momentan sind die Nebenwirkungen dieser Medikamente noch recht unklar, es gibt eine Reihe von Vermutungen, doch keine Belege. Die Frage ist, wer solche Belege bringen kann? Vor allem können erst in Langzeitstudien konkrete Belege geschaffen werden und die Frage ist, wer diese finanzieren wird. Die Pharmaindustrie wird hier wenig Interesse aufbringen wollen, vor allem sind Ergebnisse von Studien eine Frage der Untersuchung eines Feldes.

In Entzugskliniken findet sich eine steigende Anzahl von Abhängigen der Gehirndopingmedikamente ein. Nebenwirkungen wie Kontrollverlust, Angst- und Aggressionszustände, Schlaflosigkeit, Konzentrationsschwäche, Selbstmordabsichten usw. führen in diese Kliniken.

Dopinggefährdete Manager

Besonders das mittlere Management und Projektführungskräfte können als „dopinggefährdet" bezeichnet werden. Führungskräfte in Sandwichpositionen arbeiten in einem Feld von enormem Druck von allen Seiten, was Folgen hat. Das Projektgeschäft wiederum verleitet immens, sich selbst und die eigenen Kraftgrenzen zu ignorieren. Es macht gerade in Projekten Spaß, an einer Sache dranzubleiben und das Vorhaben zu steuern. Nach der Studie der Hochschule Fulda (2000), Kapitel 1, Seite 17, erleben Projektführungskräfte oft eine enorme Belastung durch ihre Aufgabenstellungen und sind dem Zeit- und Leistungsdruck kaum gewachsen.

Wer sich und seine Ressourcen schlecht einschätzen kann oder mehr sein möchte, als er ist, tut sich gerade in mittleren Führungspositionen und Projektführungsrollen besonders schwer. Die blinde Jagd nach Erfolg bzw. Durchhalten für den Erfolg ist begleitet von körperlichen Alarmzeichen. Ohne Pause und Entspannung sieben Tage die Woche zu arbeiten, jedem Druck von außen standhalten zu können, ist begrenzt möglich bzw. über längere Zeit unmöglich. Ängste können sich aufbauen und der Kontrolle entziehen. Der Körper bleibt auf Dauer angespannt, viele sprechen davon, wie es ihnen immer weniger gelingt, abzuschalten.

Ein 50-Jähriger hat eine andere körperliche Belastungsgrenze wie ein 30- oder 40-Jähriger – selbst dann, wenn er dies zu ignorieren meint. Steigen die Anforderungen im Außen, ist es umso bedeutender, sich selbst zu kennen und einschätzen zu können. Der Körper braucht bei allem Erfolgsdrang Pausen zur Regeneration.

Fehlt der bewusste Blick auf sich selbst und die konkrete Aufgabenstellung, wird einem kaum klar, wenn das Projekt eine soziale oder inhaltliche Komplexität hat, die einen tatsächlich überfordert.

Wenn nichts mehr geht

Für viele steigt der Stellenwert von Gesundheit allerdings erst dann, wenn eine ernsthafte und längere gesundheitliche Störung durchlebt wird. Wer einmal ein Burn-out durchlebt hat oder an den Nebenwirkungen der Dopingeinnahme schwer erkrankt ist, weiß, wie wenig dies eine Episode von wenigen Wochen ist, es kann sich über Monate und Jahre hinziehen. Wer zu schnell wieder einsteigt, ohne etwas zu verändern, ist meist nach kurzer Zeit wieder draußen. Viele erlernen erst langsam wieder, mit sich selbst wohlwollend umzugehen und auf die eigenen Grenzen zu achten. Genau das, was dem stresserkrankten Menschen meist kaum vertraut ist. Er erfährt, dass sich Gesundheit keineswegs per Knopfdruck wiederherstellen lässt, vor allem keinesfalls mit den

Mitteln oder dem Verhalten, mit denen die Person erkrankt ist. Wer im Muster der Selbstausbeutung Gesundheit herstellen will, scheitert.

Das eigene Lebenspuzzle wird nach und nach mit neu erlernten Verhaltensweisen wieder zusammengestellt werden – das braucht Geduld und Zeit.

Durch solche Erfahrungen wird offensichtlich, was aller berufliche Erfolg eigentlich wert ist, wenn jemand durch Stress und Druck nachhaltig erkrankt, die eigenen Entwicklungen zu lange ignoriert hat.

Wellnessurlaube und Dienstleistungen boomen in unserer Wirtschaft, viele wollen vollkommen gesund und erfolgreich sein. Der Freizeitstress beginnt. All die Dienstleistungen helfen demjenigen kaum, der übergangslos von der Arbeit in die Fitnessstudios, Wellnesshotels und Ähnliches zeitlich gedrängt von einer Übung oder Wohlfühlpackung zur nächsten hetzt. Der Drang zur vollkommenen Gesundheit kann genauso krankhaft sein wie das pausenlose Arbeiten in einem Projekt.

Wer Entspannungspausen für sich einlegt und sich bewusst darüber ist, was er für seinen Erfolg und seine Gesundheit braucht, wird sich in der Auswahl von solchen Angeboten leichter tun und mehr davon genießen.

Was es bei diesen wunderbaren und angenehmen Wellnessangeboten braucht, ist also, die Sensibilität für sich selbst zu entwickeln, um persönliche Muster im Umgang mit eigenen Grenzen und Ressourcen zu stören und wertvoll zu verändern. Erfolg und Gesundheit erfordern einen verantwortlichen Umgang. Gesundheit ist ein Veränderungs- und Entwicklungszustand, nichts Statisches, das jemand erreichen kann, und dann bleibt es dabei.

Mit diesen Überlegungen zu Erfolg und Gesundheit geht es nun darum, mit Lernfeldern, Praxisbeispielen und Entspannungsübungen das Wissen über sich selbst zu vertiefen, eigene Erfolgsbetrachtungen, Betrachtungen von Projekterfolg und zum möglichen Scheitern anzustellen.

2.2 Ideen für Ihre Führungsarbeit

> **Empfehlung**
>
> *Man mache alles so einfach wie möglich, jedoch nicht einfacher.*
> Albert Einstein
>
> Denken Sie nach, wer Sie sein und werden wollen. Und anerkennen Sie
> sich selbst für das, was Sie bereits geleistet haben und noch erreichen
> werden.

In diesem Kapitel stehen Sie in Ihrer Rolle als Führungskraft im Fokus. Bevor Sie in diese Ausführungen einsteigen,

- lesen Sie die nächsten zwei Absätze,

- lehnen Sie sich zurück (Bild 2.12) und

- nehmen Sie Ihre Emotionen zu der Vorstellung wahr, dass Sie sich verändern werden (zum Grundwiderspruch verändern und bewahren – siehe Seite 7 ff.).

Bild 2.12 Pause machen – fühlen, nachdenken

Wenn Sie in sich die Bereitschaft zur Veränderung und zu mehr Bewusstheit fühlen, fragen Sie sich, was Sie jetzt noch benötigen bzw. Ihnen nützen würde, um die Arbeit an Ihrer persönlichen Ausrichtung und die Sicht auf sich selbst aufnehmen und voranbringen zu können.

Diese Klarstellung und Offenlegung, was Ihnen für die nächsten Schritte nützen kann, ist insbesondere für jene von Bedeutung, die bereits eine Vielzahl von „Selbsterkenntnisbüchern" gelesen haben, unter Umständen bereits einige Führungstrainings besuchten und/oder die das Gefühl beschleicht, sie nehmen sich dafür viel zu wenig Zeit, um vielleicht das, was sie ja schon längst wissen und hier wieder lesen, umzusetzen. Grundsätzlich haben Sie Zeit, die Frage ist, was Sie mit Ihrer Zeit machen. „Vielleicht kennzeichnet nichts die effektive Führungskraft so sehr wie die zärtliche Behutsamkeit, mit der sie ihre Zeit pflegt" (Peter F. Drucker, www.zitate.de).

Es kann hilfreich sein, in Begleitung eines Coachs einige dieser Lernfelder in diesem Kapitel durchzuarbeiten. Begleitung hat dabei keineswegs etwas mit Schwäche zu tun, sondern mit der Intelligenz, für sich persönlich eine effektive Entscheidung zu treffen. Mit einer kompetenten Begleitung kann die Arbeit nachhaltiger sein, der Erfolg sicherer sein. Werden bspw. die eigenen Muster oder Emotionen erkannt und wahrgenommen, ist es umso leichter, vom Wunsch in die konkrete Umsetzung zu gehen. Jene Führungskraft, die bspw. bei Offenlegung eines Fehlers in Arbeitsvorgängen dazu neigt, auf andere zu zeigen und/oder Schuldige zu suchen, braucht einerseits die Kenntnis über das eigene Verhalten und andererseits die Möglichkeit, das eigene Verhalten zu verändern. Darin kann ein Coach unterstützend wirken. Im Kern geht es darum, sich selbst gut zu führen, das braucht Bewusstheit über sich persönlich und den organisationalen Kontext.

Selbst jeder gute Berater bzw. Coach wird für sich ein Coaching wiederholt in Anspruch nehmen, um eigene Muster zu erkennen, eigene Schmerzen anzuerkennen und Projektionen wahrzunehmen. Ein Coach kennt entsprechend der Intensität seiner Selbstreflexion eigene Stärken und Schwächen, macht Fehler in seiner Arbeit und lernt aus der Arbeit mit Kunden – tagtäglich.

Bewusstes Beobachten und Bewerten ist auch hier die Grundlage für die folgende Arbeit an der persönlichen Ausrichtung. Getreu dem Satz von Johann Wolfgang von Goethe „Sobald der Geist auf ein Ziel gerichtet ist, kommt ihm vieles entgegen" (www.zitate.de) sind Sie jetzt eingeladen, den eigenen Wünschen und Zielen nachzugehen und dabei die kritischen Überlegungen zu Zielen und Plänen auf den vorigen Seiten einzubeziehen.

2.2.1 Wünsche und gesunde Ziele

Wer möchte nicht gerne erfolgreich UND gesund sein. An manchen Stellen entsteht allerdings der Eindruck, dieser Wunsch ist davon beseelt, er möge doch ohne Aufwand erfüllt werden. Generell wäre es doch ganz praktisch, wenn einem alle Wünsche erfüllt werden. Zudem wäre es wünschenswert, wenn alles ohne persönlichen Zeiteinsatz läuft. Ganz toll wäre es dann noch – vor allem für Schnäppchenjäger –, wenn die Wünsche sofort, günstig oder gar kostenfrei erfüllt werden. Doch eine zentrale Stelle zur umfänglichen Wunscherfüllung gibt es nicht auf diesem Planeten.

Auch eine einseitige Ablehnung der Aussage „Jeder ist seines Glückes Schmied!" ist ebenso wenig dienlich. Jeder Mensch verfügt über unterschiedliche körperliche, geistige und psychische Kräfte, hat ungleiche Startbedingungen und eine unterschiedlich gute Unterstützung im Heranwachsen erlebt. Doch jeder hat einen Gestaltungsspielraum in seinem Leben, den er ausnützen kann. Es gibt große und kleine Apfelbäume. Wenn ein kleiner Apfelbaum sich dabei vorwiegend mit dem großen Apfelbaum vergleicht – oh, der hat 200 Äpfel und ich keine 50 –, dann wird er irgendwann eingehen. Wenn der kleine Apfelbaum sich auf das besinnt, was er ist, will und kann, dann wird er viele Äpfel tragen. Auch wenn er vielleicht niemals 200 Äpfel haben wird. Sich auf das zu besinnen, wer man ist und was man will, lässt den Einzelnen und seine Umwelt, die Systeme, in denen eine Person handelt, gewinnen.

Manche Menschen möchten gar nicht im Sinne einer großen Karriere erfolgreich sein, das Mehr, Besser, Schneller bewegt sie wenig. Sie möchten einfach leben und dabei einigermaßen glücklich sein. Aber auch das ist ein Erfolg, der Nachdenken, Fühlen, Reflektieren und oftmals eine Reihe von Veränderungen braucht. Niemand anderer außer dieser Mensch kann selbst wissen, was ihn einigermaßen glücklich leben lässt.

 Auf dem Weg zu Erfolg und Gesundheit sind nachstehende Betrachtungsobjekte besonders wirkungsgeladen:

- die eigenen Wünsche, Ziele,
- die eigenen Ressourcen und persönlichen Grenzen,
- die persönliche Haltung zu eigenen Zielen und Plänen,
- die persönlichen Werte und Wertesysteme als Teil der eigenen kulturellen Vielfalt,
- die Verantwortung für sich und andere,
- das konkrete Tun, d. h., konkrete Umsetzungsschritte zu setzen, Verhalten zu verändern.

All Ihre Überlegungen sind beeinflusst von Ihrer aktuellen Lebenssituation und eingebettet in der Kultur und dem Umfeld, in dem Sie leben. So zählt in unserer Gesellschaft weniger ein innerer Erfolg (bspw. Wohlfühlen, Zufriedenheit), es geht eher um sichtbare Demonstrationen des Erfolges im Außen.

Individuell erfolgreich?

Wenn es um die Definition Ihres persönlichen Erfolges geht, ist dazu der Blick auf die Individualität in unserer Gesellschaft interessant (Sprenger 2009a). Inwieweit Individualität in unserer Zeit tatsächlich möglich ist, erfährt jeder, der sich daranmacht, herauszuarbeiten, was er konkret im Leben will. Das Phänomen der großen Individualisierung bei gleichzeitigem Rückgang der Individualität ist mehr denn je in allen Lebensbereichen spürbar. Diese Einschränkung des Einzelnen verliert sich in einer Quasi-Vielfalt, also einer Vielfalt, die keine ist. Prinzipiell kann jeder entscheiden, was er machen möchte, aber: Wird dies allgemein gewürdigt, anerkannt? Da jeder Mensch Anerkennung braucht – es ist ein Grundbedürfnis im Zusammenleben mit anderen –, wird er in Teilen das machen, was anerkannt wird und Aufmerksamkeit finden kann (Sprenger 2009a). Aufmerksamkeit findet das, was grell leuchtet, dort, wo es laut ist. Jener, der mit stiller Verzückung Schmetterlinge beobachtet, hat darin keinen nennenswerten Platz, er wird irgendwann nicht mehr gesehen und wird regelrecht verkümmern.

Das ist mit ein Grund, warum Frauen oder Männer, die bei und mit Kindern daheim im Haushalt arbeiten, Einbrüche in Ihrem Selbstverständnis und Selbstwert erleben bzw. einen enorm großen Selbstwert brauchen, um solche Phasen unbeschadet zu überstehen. Heute erfolgt die Definition des Lebens für viele über die berufliche Leistung. Die Kennenlernfrage in Gesprächen ist häufig: „Wie heißen Sie?", gefolgt von: „Was machen Sie beruflich?" Und abhängig davon, wie die Antwort ausfällt – insbesondere in spezifischen (beruflichen) Netzwerken, ist das Gespräch erledigt oder es geht weiter. Hausfrauen und -männer gehören weniger in diese üblichen Gesprächsszenen. Selbst der „individuelle" Körper unserer Gesellschaft ist schlank, groß, fit und schön und schläft, wie er nach Meinung anderer zu schlafen hat.

Vorgezeichnete Bilder, wie jemand zu sein und auszusehen hat, die unmöglich dem Einzelnen entsprechen können, bei gleichzeitigem Fehlen eines Gruppenrahmens, der Halt und Würdigung geben kann, sind eine besondere Herausforderung in der eigenen Arbeit mit Visionen, Zielen und eigenen Wünschen. Die Individualität hat dem zu entsprechen, was allgemein als erstrebenswert und erwähnenswert erachtet wird, der Einzelne hat allem Anschein nach keinen Wert. Sie wissen bereits und machten unter Umständen bereits selbst die Erfahrung, wie herausfordernd es heute ist, Aufmerksamkeit zu finden und für sein Sosein anerkannt zu werden.

 Die eigene Individualität in sich zu finden und dafür etwas zu tun, ist ein wesentlicher Prozess im Leben, der Zuwendung braucht.

Diese Sichtweise der Individualitätsfindung als Lebensaufgabe fügt sich in das Bild von Zielen und Plänen, deren Bestand ebenso begrenzt ist. Ziele und Pläne sind in Bewegung, sie erfordern Reflexion und bedachte Veränderungen.

2.2.1.1 Agiles Erfolgsbild

Der Geist der meisten Menschen sucht nach einem bestimmten Ziel, mit diesem bestimmten Wunsch, etwas zu finden, und wenn dieser Wunsch sich einmal festgesetzt hat, dann werden sie auch etwas finden. Doch es wird nichts Lebendiges sein.
Krishnamurti, „Vollkommene Freiheit" (www.zitate-aphorismen.de)

Eine Haltung von Offenheit, Gelassenheit (innerer Ruhe) und Lebensfreude, die Überraschungen im Leben zulässt, wurde den wenigsten in diesem Kulturkreis in die Wiege gelegt. Dazu ist Bescheidenheit etwas, was dem Menschen fremd geworden ist. Keiner kann von heute auf morgen alles erreichen, es geht darum, seinen Weg zu gehen, zu erkunden, sich von Größerem motivieren zu lassen (und nicht im Vergleich dem Größeren zu erliegen). Es geht keineswegs darum, morgen die Welt neu zu erbauen, die Welt gibt es schon. Und es kann auch nicht darum gehen, ALLES (steile Karriere, eine tolle Familie, Selbstverwirklichung, ein Netz von guten Freunden, immerzu glücklich zu sein usw.) gleichermaßen erreichen zu wollen.

In den weiteren Ausführungen wird für Ihre Ausrichtung, Ihre persönlichen Ziele und deren Umsetzung von einem agilen Erfolgsbild gesprochen (Bild 2.13). Das Erfolgsbild ist mehrdimensional, da es nicht nur auf die Frage, was jemand sein oder werden will, was erreicht werden soll, abstellt. Entscheidungen, was Sie tun, ruhen auch auf den Kriterien des Könnens, Dürfens/Sollens sowie der Haltung und Emotionen.

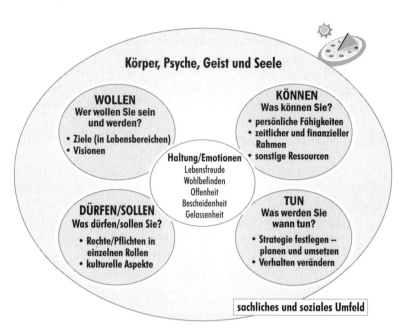

Bild 2.13 Mein agiles Erfolgsbild – gesund und erfolgreich

Die Aspekte – Wollen, Können, Dürfen/Sollen, Tun, Haltung/Emotionen – sind Ihnen bekannt und vertraut, es kommt zentral darauf an,

- eine Gesamtsicht auf alle in enger Verbindung stehenden Elemente einzunehmen,
- beweglich darin zu sein,
- die eigene Vielfalt und die Vielfalt des Kontextes zu sehen,
- (von anderen) getretene Pfade zu verlassen,
- Verantwortung für sich und andere anzunehmen und zu übernehmen.

Alle Elemente des Bildes nutzen die Ressourcen Ihres Körpers, Ihrer Psyche, Ihres Geistes und Ihrer Seele. Dabei spielt Anspannung und Entspannung eine zentrale Rolle. Eine besondere Bedeutung kommt in Ihrem Erfolgsbild der Frage „Wer und was wollen Sie in Ihrem Leben sein und werden?" zu. Die Uhr dient als Erinnerung, sich Zeit zu nehmen:

- Zeit, um zu denken, nachzudenken und zu fühlen,
- Zeit, aufzuschreiben und umzusetzen,
- Zeiten, sich zu entspannen und wieder in Spannung zu gehen.

Das Erfolgsbild ist „lebendig", Sie werden es fortlaufend ändern. Das Wort agil hat in diesem Kontext daher folgende Bedeutungen:

- Veränderungen von Erfolgsbildern sind Teil der Arbeit und des Geschehens, das ausgelöst wird, wenn Sie sich damit beschäftigen. Sie stellen fortlaufend die Linse scharf, wenn es um Ihr agiles Erfolgsbild geht. Durch Nachdenken, das Wahrnehmen von Emotionen sowie körperlichen Empfindungen und durch die konkrete Arbeit im Erfolgsbild erfahren Sie Neues und anderes (Unterschiede und Widersprüche). Sie erhalten Veränderungsoptionen.

- Sie können das Erfolgsbild bezogen auf Ihr ganzes Leben, für unterschiedliche Lebensbereiche, für einzelne Lebensabschnitte und für einzelne Vorhaben erstellen. Sie verwenden es dort, wo es Ihnen am besten dient.

- Ihr Körper, Ihre Psyche und Ihr Geist sind wichtige Resonanzfelder/-körper, um ungeeignete Wege zu erkennen. Wenn Sie Ihre Kraftgrenzen ernst nehmen, können Sie Ihre Ressourcen optimal einsetzen. Sie sind schnell und auch langsam, Sie steuern Ihr Tempo.

- Sie können offen an das Erfolgsbild herangehen. Wenn sich bspw. die Antworten für das, was Sie WOLLEN, schwer finden lassen, dann können Sie mit dem beginnen, was Sie KÖNNEN und was Sie sich selbst erlauben (DÜRFEN). Sie können auch mit der Reflexion Ihres aktuellen TUNS beginnen. Schreiben Sie auf, was Sie derzeit tun, und gehen über diesen Weg langsam auf ein neues Erfolgsbild zu. Bleiben Sie selbst beweglich, arbeiten Sie sich nicht an einzelnen Fragen und Aufgabenstellungen ab, das führt am Erfolg vorbei. Lassen Sie sich von Ihrer Freude lenken, verbinden Sie Planung mit Improvisation und Kreativität.

- Alles, was Sie tun und nicht tun, ist in ein organisationales, soziales und sachliches Umfeld eingebettet, wie die Organisation, in der Sie arbeiten, das Haus, in dem Sie wohnen, die Menschen, die Ihnen nahestehen usw. Dieser Kontext wirkt auf Sie, genauso wie Sie auf diesen wirken. Sie sind vernetzt, selbst wenn Sie in keinem Netzwerk aktiv sind. Sie leben in der Einfachheit und in der Komplexität.

Ihr WOLLEN, KÖNNEN, DÜRFEN/SOLLEN sowie Ihre Haltung/Emotionen aus dem Erfolgsbild, wozu Fragen bereits im Bild 2.13 enthalten sind, werden weiterführend an verschiedenen Stellen detaillierter aufgegriffen. Ihr WOLLEN wird in diesem Kapitel im Punkt 2.2.1.4, Seite 126 ff. aufgegriffen. Dem KÖNNEN, DÜRFEN/SOLLEN widmet sich das nächste Kapitel. Was in diesem Buch bereits im Kapitel 1 besprochen wurde, ist der Aspekt des TUNS. Der Projektstrukturplan (= Abbildung des Handlungssystems) ist eine Möglichkeit, seine Vorhaben zu planen. Er lässt eine unterschiedliche Planungstiefe zu, von detailliert bis ganz grob. Sie entscheiden, wie Sie das Instrument einsetzen. Freudig im Vorhaben dranzubleiben und die Vielfalt aufzunehmen, wird durch das methodische Vorgehen in der Entwicklung des Projektstrukturplans unterstützt.

Wer regelmäßig an seinem WOLLEN, KÖNNEN und DÜRFEN/SOLLEN arbeitet, wird durch eine enorme Eigenmotivation im TUN unterstützt. Wenn es in der Umsetzung von einzelnen Vorhaben hakt, kann das unterschiedliche Gründe haben. Das zu reflektieren, wird Ihnen in diesem Kapitel im Punkt „Wenn es besser laufen darf" (Seite 141 ff.) gezeigt.

Haltung und Emotionen

Im Zentrum des agilen Erfolgsbildes stehen Haltung und Emotionen. Ihre innere und äußere Haltung (Körperhaltung) beeinflussen Ihr Verhalten und Handeln, genauso wie innere und äußere Haltung sich wechselseitig beeinflussen. Die innere Haltung, das, wie Sie auf die Menschen, auf sich und die Welt blicken, welche Werte Sie bewegen, zeigt sich in Ihrem Auftreten. In diesem Erfolgsbild finden Sie die Haltung von Offenheit, Gelassenheit und Bescheidenheit. Eng damit verknüpft sind Ihre Emotionen (siehe Kapitel 3, Seite 203 ff.), bspw. Ihre Lebensfreude und Ihr Wohlbefinden – sie zeigen sich in Ihrer äußeren Haltung. Wenn Sie eine andere Haltung oder andere Emotionen für wertvoll erachten, dann setzen Sie diese in die Mitte Ihres Erfolgsbildes. Betrachten Sie die abgebildeten Haltungen bzw. Emotionen als Anregungen.

Erinnern Sie sich auch daran, dass Emotionen wechseln, genauso wie das körperliche Befinden. Nicht immer fühlen Sie sich wohl, nicht immer sind Sie gleich offen. Es geht um keinen zu schaffenden Dauerzustand, der mit dem Erfolgsbild verknüpft werden soll. Vielmehr ist die Bewusstheit über Ihre Haltung, Ihre Emotionen von großem Wert.

Die Frage der Haltung und der Emotionen ist schließlich auch eine erste Antwort auf die Fragen: Wer und wie wollen Sie sein? Wollen Sie gelassen sein, bescheiden sein usw.? Prüfen Sie daher diese Darstellung für sich selbst. Emotionen können für Sie ein Barometer sein und der Orientierung auf Ihrem Weg dienen, insbesondere dann, wenn Sie an manchen Stellen in Ihren Vorhaben verunsichert werden.

(Lebens-)Freude auf dem Weg ist gesund UND informativ: Bin ich noch auf dem richtigen Weg? Wenn Sie ungern in ein Projekt gehen, wenn Sie körperlich negative Veränderungen beobachten, wenn Sie sich abgeschlagen fühlen, dann sind das wertvolle Informationen. Sie sind in der Lage, Ihre körperlichen und psychischen Vorgänge zu reflektieren. Daraus werden sich neue Sichtweisen ergeben. Wenn Sie innerlich wahrnehmen, wie sich die Lebendigkeit aus Ihren Wünschen und Zielen zurückzieht, dann nehmen Sie sich Zeit und reflektieren Sie an dieser Stelle. Es können bspw. alte Muster sein, die Sie daran hindern wollen, Ihr Ziel zu erreichen. Es können auch wichtige Hinweise sein, Ihr Glück woanders zu finden.

Eine *offene Haltung* ist besonders zu empfehlen. Wer sich Ziele setzt, Visionen klärt, bucht damit Veränderung im Leben. Können Sie sich vorstellen, dass die Klarheit über das, was Sie im Leben sein, erleben und aktiv machen wollen, immer vorübergehend ist? Ganz bestimmt kennen Sie das aus Ihrem Leben. Den Gestaltungsspielraum in der Veränderung nutzen jene, die sich über das klar sind, was sie wollen, und dabei eine offene Haltung einnehmen.

Bescheidenheit klingt unter Umständen schon altbacken und eigenartig in einer Zeit, in der der Mensch meint, alles zu vermögen. Die Klarheit über eigene Grenzen und Möglichkeiten ist und bleibt dennoch ein wesentlicher Aspekt für denjenigen, der erfolgreich sein möchte. Wenn Sie meinen, morgen müsste alles anders sein, dann blicken Sie bewusst auf Ihre Kraft und auf Ihre Möglichkeiten. Sie haben wie alle anderen Grenzen – körperlich, geistig und psychisch. Wem eine herausfordernde Führungsaufgabe angeboten wird, erhält zum einen eine Auszeichnung, die sicherlich ihren guten Grund hat, es bringt zum anderen die Fragestellung mit sich: Kann ich das leisten? Bin ich so weit, diese verantwortungsvolle Rolle ausfüllen zu können?

Bescheidenheit tut insbesondere gut für jene, die Mitarbeiter oder andere Führungskollegen abwerten. Sie wissen bereits: Bewertungen der (sozialen) Umwelt sind personen-, kultur- und zeitbedingt. So wie eine Führungskraft andere wahrnimmt und bewertet, sieht sie sich meist selbst im innersten Kern. Jede Abwertung anderer ist ein Ausdruck der eigenen, sich selbst betreffenden Bewertung. Ihre persönliche Realität, in der Sie leben, ist Ihre Konstruktion, die Sie sich selbst schaffen und geschaffen haben – in aller Bescheidenheit und Würdigung dessen.

Ihre *Gelassenheit,* Ihre *innere Ruhe* im Umgang mit anderen und mit sich selbst hilft Ihnen, in schwierigen Situationen den eigenen Lebensweg zu gehen. Wenn Sie an Ihren Zielen arbeiten, dann sind Sie täglich eingeladen, in ruhigen Minuten Ihrer Haltung und Ihren Emotionen nachzuspüren.

 Ergänzen Sie Ihren gefüllten Kalender mit gefühlten Stunden.

Lesen Sie zwei Beispiele zu den bisherigen Ausführungen:

Wenn sich ein geübter Bergsteiger das Ziel setzt, den Mount Everest zu besteigen, zeitlich zu knapp, um seinen Körper intensiv vorzubereiten und aufzubauen, wird er in diesem Vorhaben scheitern. Möglicherweise erkennt er dies, obwohl er Profibergsteiger ist, nicht am ersten Tag seiner Planung, sondern erst wesentlich später. Eine offene und wache Selbstwahrnehmung und -einschätzung, eine darauf aufbauende und möglicherweise zu verändernde Terminplanung liegen in diesem Beispiel auf der Hand. Auch können sich für den Bergsteiger Möglichkeiten in anderen Ländern auftun, die ihm weitaus mehr Befriedigung in seinem Leben bringen. Diese Offenheit und das Nachspüren, wie freudig Sie sich mit etwas fühlen, ist ein wesentlicher Blickwinkel auf dem Weg zu Zielen.

Wer am Jahresende ein Jahr in der persönlichen Lebensgeschichte bewusst verabschiedet und ein neues Jahr mit neuen Zielen beginnt, wird sich für sein agiles Erfolgsbild ausreichend Zeit nehmen. Wer sich regelmäßig am Jahresende, am 31. Dezember um Mitternacht, persönliche Ziele setzt, die nach wenigen Monaten in den eigenen Schubladen des Gehirns verschwinden, kann Folgendes versuchen: Erklären Sie am 31. Dezember nachmittags Ihre Ziele dem eigenen Spiegelbild. Wer in diesem Selbstgespräch zögert, ist eingeladen, am 31. Dezember abends zu feiern und sich auf das neue Jahr zu freuen. Wer sich gerne viel vornimmt und dann wenig umsetzt, beginnt das neue Jahr ohne Vorsätze offener und vielleicht sogar glücklicher. Die Arbeit mit dem agilen Erfolgsbild beginnt dann eben Anfang des neuen Jahres.

Das Erfolgsbild in der Projektarbeit

Sicherlich sind Ihnen in der Arbeit mit Ihren persönlichen Zielen Ihre bisherigen Erfahrungen als Führungskraft nützlich. Gleichzeitig werden diese Ausführungen hier im Buch zur Erfolgsbildung im Führungskontext wertvoll sein. Dazu stellt sich die Frage nach dem agilen Erfolgsbild für die Projektarbeit. Die bereits gemachten Aussagen zur Agilität des Bildes gelten auch hier (Bild 2.14).

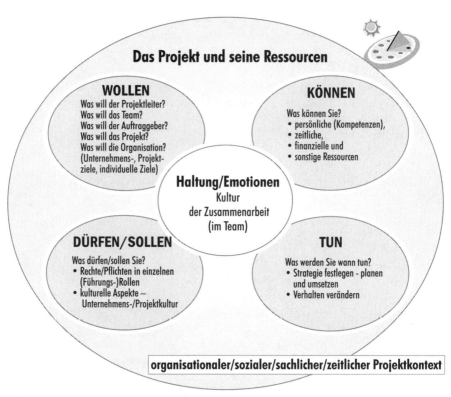

Bild 2.14 Das agile Erfolgsbild im Projektkontext – gesunder Erfolg

Im Mittelpunkt steht die Kultur der Zusammenarbeit im Team, mit der Linie, mit den Stakeholdern. Sie ist ein zentrales Element des Erfolges in Projekten. Überlegungen zum Thema Projektkultur werden im Kapitel 3 angestellt.

Die Uhr am Rande des Bildes weist wieder darauf hin, dass alle Elemente des Bildes Ihre Aufmerksamkeit als Projektführungskraft fordern und Zeit benötigen. Der Sinn des Projektes wird für alle klar bzw. entwickelt sich, wenn gemeinsam wiederholt darüber nachgedacht wird und die Gefühle dazu angesprochen werden.

Das Projekt mit seinen Ressourcen ist ein System, dessen detaillierte Grenzen vom Projektteam und seinen Führungskräften erst gezogen werden.

Projektdefinition

Der Stellenwert der Projektdefinition in Projekten ist Ihnen sicherlich bestens bekannt, weshalb hier eine Brücke zum Erfolgsbild gezeigt wird. Um die Komplexität im Projekt gut betrachten zu können, wird in der Projektdefinition eine Projektabgrenzung und Projektkontextanalyse (Gareis 1997) vorgenommen. Sowohl in der Abgrenzung als auch in der Kontextanalyse wird zwischen sachlichen, sozialen und zeitlichen Aspekten unterschieden. Diese Überlegungen einer guten Projektdefinition sind im Erfolgsbild enthalten, auch wenn das Erfolgsbild über alle Projektphasen hinweg wesentlich ist (Bild 2.15.).

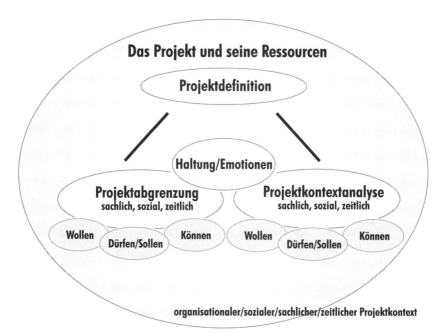

Bild 2.15 Projektdefinition im Erfolgsbild

Die *sachliche Abgrenzung* ist eine Darstellung von

- Anlass und Problemstellung des Projektes,
- Zielen und Nichtzielen,
- Hauptaufgaben,
- Leistungsumfang,
- Projektbudget und
- kritischen Erfolgsfaktoren/Projektrisiken.

Darin spiegeln sich die Aspekte des WOLLENS und des KÖNNENS aus dem Erfolgsbild wider. Besonders hervorgehoben wurde im Bild die Sicht auf die Ziele.

Im Rahmen der *sozialen Abgrenzung* geht es um die Definition

- zentraler Projektrollen (Projektauftraggeber – extern (Kunde) und intern – Projektleiter, Projektteam, Projektmitarbeiter) und
- einer eigenen Projektkultur.

Hier kommt das KÖNNEN, DÜRFEN/SOLLEN des agilen Erfolgsbildes zum Tragen, genauso wie der Mittelpunkt des Bildes – Haltung/Emotionen.

Die *zeitliche Abgrenzung* beinhaltet

- die Festlegung des Projektbeginns (Anfangsereignis),
- des Projektendes (= Endereignis) und
- die Frage nach bereits festgelegten Meilensteinen.

Auch das sind Klärungen, die anhand der Fragen des WOLLENS und KÖNNENS stattfinden werden. Der Kontext wirkt (un)mittelbar auf das Projekt, er wirkt auf Ihr Wollen, Dürfen/Sollen, Können und selbstverständlich auf Ihr Tun.

Der *sachliche Projektkontext* weist auf

- den Zusammenhang zwischen Unternehmensstrategie und dem betrachteten Projekt,
- den Zusammenhang mit anderen Projekten im Unternehmen sowie
- die sachlichen Einflussfaktoren auf das Projekt, die sich aus dem ökonomischen, technischen und politischen Umfeld ergeben.

Sozialer Projektkontext

- Die Analyse erfolgt anhand der Projektumweltanalyse (Stakeholderanalyse) und beantwortet die Frage: Wer (soziale Umwelten) wirkt auf Ihr Projekt, auf wen wirken Sie mit Ihrem Projekt und wie wollen Sie mit den relevanten Stakeholdern kommunizieren?
- Die Kultur Ihrer internen und/oder externen Kunden sowie weiterer relevanter Stakeholder sind Inhalte Ihres Projektkontextes bzw. Ihrer Projektabgrenzung (siehe Projektkultur).

Der *zeitliche Projektkontext* weist auf

- die Handlungen und Entscheidungen in der Vorprojektphase und
- die zu erwartenden Konsequenzen in der Nachprojektphase.

Der im Bild 2.15 dargestellte organisationale Kontext fragt spezifisch nach der Organisation, dem Unternehmen, in dem Sie tätig sind. Darin finden sich soziale (bspw. Machtstrukturen, Zusammenwirken Linie/Projekt) und sachliche (bspw. aktuelles Produkt-/Leistungsangebot) Einflussfaktoren auf Ihr Projekt. Wegen seiner besonderen Bedeutung wird dieser extra ausgewiesen.

Mit einer guten Projektdefinition schaffen Sie sich das „big-project-picture" – einen weitreichenden Blick auf das Projekt. Das TUN im Erfolgsbild erfordert nun den Weg von der Projektdefinition hin zu einem Projektstrukturplan (Kapitel 1). Erst jetzt sind Ressourcen-, Termin- und Kostenpläne sinnvoll.

Diese Darstellung einer guten Projektabgrenzung und -kontextanalyse (= Projektdefinition) darf nicht darüber hinwegtäuschen, dass Sie manche Fragen zu Projektbeginn nicht im Detail und unter Umständen gar nicht beantworten können. Wo Sie in die Definition einsteigen, fällt in jedem Projekt unterschiedlich aus. Es geht darum, beweglich in diesen Betrachtungen zu bleiben, zu schauen, über was relativ einfach und klar gesprochen werden kann, wo der Bezug eventuell vollständig fehlt, über was immer wieder gesprochen werden muss. Das sind relevante Informationen am Projektbeginn. Jede Vereinfachung im Vorgehen und in der Betrachtung von unterschiedlichen Themen führt zu einer mageren Definition und in der Folge zu entsprechend wenig brauchbaren Plänen. Die bereits getroffenen Aussagen zum Begriff „agil" gelten daher auch im Projekt-Erfolgsbild.

2.2.1.2 Projektziele

Visionen und Ziele sind in der Projektarbeit zentral. Allerdings hat in manchen Projekten das Hinterherlaufen von Zielen, die Einhaltung von Terminen solche Ausmaße angenommen, dass dies kaum noch etwas mit Effizienz zu tun hat. Es kommt einem eher das Bild vom Hampelmännchen in den Kopf, an dem das Ziel zieht. Da in so einer Arbeitsweise die Entspannung zu kurz kommt, fehlen Anregungen für Neues, für Optimierungen im Vorgehen und der Blick auf das große Bild in Projekten – das kostet Geld.

In unternehmensinternen Zielworkshops zeigt sich erfahrungsgemäß ein Bedarf an Unterstützung in Erfolgsbildungsprozessen. In entsprechenden unternehmensinternen Workshops bzw. in solchen Zielprozessen werden aus individuellen Wünschen, Ideen und Vorstellungen Einzelner gemeinsame (Projekt-)Ziele erarbeitet, wird eine klare und gemeinsame Sicht auf das, was erreicht werden will, kann und soll, gewonnen. Dabei ist auch zu unterscheiden, ob der Blick auf die Zukunft aus der Gegenwart hergeleitet wird oder ob sich das Team bewusst von der aktuellen Situation löst und über die Zukunft kreativ nachdenkt. Jedenfalls wird eine gemeinsame Sicht der Gegenwart und auf die Zukunft gewonnen.

Ärger mit dem Projektauftraggeber

Dann und wann begegnet einem als Projektberaterin an dieser Stelle eine Verärgerung von Projektleitern und deren Teams, wenn Ziele und Rahmenbedingungen ganz grob vom Auftraggeber vorgegeben sind. Diese Verärgerung kann bei offenen und halb offenen Projekten (siehe Kapitel 1) nicht geteilt werden. Doch stecken hinter jeder Verärgerung konkrete Bedürfnisse. Die Frage ist, welche.

- *Bedarf an Wissen* (bspw. Unterschiede Projekt/Linie, Projektarten).
- *Zeitbedarf* bspw. für ein gewinnbringendes Vorgehen in der Projektdefinition. Auch sind manche Projektauftraggeber der Ansicht, dass sie Projektaufträge vergeben können, ohne dafür entsprechende Ressourcen zur Verfügung zu stellen (Add-on zu Tagesgeschäft).
- *Bedarf an inhaltlichen Freiräumen und Entscheidungsfreiräumen:* Gibt der Auftraggeber in offenen Projekten die Ziele und unter Umständen sogar die Lösungswege detailliert vor, schränkt er die Freiheit, die Flexibilität und das Vertrauen (in) einer Gruppe ein und verursacht damit höhere Projektkosten. Das Team und wesentliche Stakeholder als die potenziell nachdenkende Gruppe in der Projektdefinition und Projektplanung auszuschalten, ist inhaltlich und wirtschaftlich unsinnig. Gibt der Auftraggeber vor, was morgen und übermorgen passieren darf, verhindert er Bewegung (= Veränderung) in der Organisation. Anders in geschlossenen Projekten, dort gibt es zumeist explizite Anforderungen aufseiten der Projektauftraggeber, die auch entsprechend zu kommunizieren sind. Hier das Team auf Definitionswege zu schicken, einen Quasi-Freiraum einzuräumen, ist für die Gruppe und die Organisation unnötig kräftezehrend.
- *Bedarf an Anerkennung:* Teams mit ihren Leitern arbeiten engagiert, wenn ihre Leistung auch eine Würdigung erfährt, die über die Entlohnung ihrer Tätigkeit hinausgeht. Teams möchten zudem ernst genommen werden. Wenn Auftraggeber sehr genaue Vorstellungen von dem besitzen, was im Projekt erreicht werden soll, dies aber nicht kommunizieren wollen oder können, scheitern die Teammitglieder mit all ihren Bemühungen und Vorschlägen.

- *Kommunikationsbedarf:* Auftraggeber, die ihre Ziele grob vorgeben und mit Definitions- und Planungsaspekten keinesfalls befasst werden wollen, bieten keinen Raum, sich mit dem Team über Ideen auszutauschen.

Unerfüllte Bedürfnisse von Einzelnen und dem Team führen zu Unmut und Demotivation unter den Projektbeteiligten. Generell sind Auftraggeber aufgefordert, ihre Wünsche und Zielvorstellungen zu formulieren und bereits bekannte Grenzen einem Projektleiter bzw. dem Team bekannt zu geben – abhängig vom konkreten Vorhaben. Die Experten im Team denken dann in ihren Strukturen über die Ziele und den Rahmen nach. Teammitglieder sind in Projekten keine Adressaten für zuzuweisende Aufgabenstellungen. Der Auftrag des Teams ist es, sich der Komplexität, des Risikos, der Dynamik usw. des Vorhabens bewusst zu werden und entsprechend agile Erfolgsbilder zu formulieren.

Sinn und Absicht von Erfolgsbildungs- und Planungsprozessen in Projekten ist,

- einen gemeinsamen Zielhorizont zu schaffen,

- die entsprechenden Rahmenbedingungen (Können, Dürfen/Sollen, Haltung/Emotionen) wahrzunehmen bzw. zu klären,

- sich der Komplexität in einem Vorhaben bewusst zu werden,

- die Systemgrenzen des Projektes zu klären,

- flexibles Handeln zu fördern,

- Veränderungschancen/-notwendigkeiten wahrzunehmen,

- Widersprüche und Unterschiede anzuerkennen und zu managen,

- sich in der Zusammenarbeit wohlzufühlen, Spaß zu erleben,

- das Potenzial von Personen und Gruppen auszuschöpfen,

- Vertrauen in die Zusammenarbeit zu schaffen und

- Unterstützung/Hilfestellung im Verlauf zu bieten.

Von daher ist es an der Zeit für eine neue Formel, die die lange dienliche, jedoch ins Alter gekommene SMART-Formel ablöst. Mithilfe dieser neuen Formel können Sie Ihre (Projekt-)Ziele, Ihr (Projekt-)Erfolgsbild überprüfen.

2.2.1.3 VERTRAUE: Ziele und Erfolgsbild überprüfen

Betrachten bzw. überprüfen Sie Ihre Ziele und Ihr Erfolgsbild, welches im Team erarbeitet wurde, bzw. Ihr persönliches Erfolgsbild mit der Formel VERTRAUE (Bild 2.16). Im Wort selbst steckt schon die Aufforderung, mehr sich selbst und dem Projektteam zu vertrauen. In Projekten ist Vertrauen bzw. eine Vertrauenskultur grundlegend, daher fiel die Entscheidung für eine neue Formel auf dieses Wort. Zum Planen und Umsetzen gehört das Vertrauen, dass der Samen aufgehen wird, die Impulse der Führungskräfte von Mitarbeitern und umgekehrt aufgenommen werden.

Bild 2.16 Formel zur Zielprüfung VERTRAUE

In der konkreten Zielformulierung, im Erfolgsbildungsprozess geht es nicht darum, alle Überlegungen der Formel VERTRAUE in einem Satz darzustellen. Die Idee ist, zu überprüfen, inwieweit über die Aspekte der Formel im Erfolgsbildungsprozess bzw. in der Arbeit mit Ihren Zielen (Ihrem Erfolgsbild) nachgedacht und entschieden wurde. Die Qualität der Zusammenarbeit und die Gesundheit der Beteiligten in konkreten Zieldarstellungen aufzunehmen, wird allerdings immer empfohlen. Wenn über Phasen des Projektes intensiv gearbeitet wird, braucht es Zeit für Entspannung. Ausgebrannte Projektführungskräfte und -mitarbeiter sind weder für künftige Projekte noch für das Unternehmen brauchbar, sie sind nur teuer – für das Unternehmen und die Gesellschaft als Ganzes.

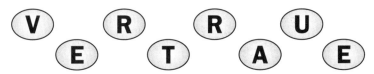

Bild 2.17 Vertraue

Mit den Buchstaben des Wortes vertraue (Bild 2.17) lassen sich die zentralen Überlegungen für künftige Zielbetrachtungen darstellen. Prüfen Sie, inwieweit aufgezeigte Überlegungen in Ihren Zielbildungsprozessen angestellt werden.

V = Vertrauen schaffen, Verantwortung annehmen

Im Team und für zentrale Stakeholder (bspw. Kunden) sind Ziele dazu da, um Vertrauen zu schaffen, eine gefühlte Sicherheit zu geben, gemeinsam etwas erreichen zu können. Vertrauen gewinnen und Verantwortung übernehmen können Projektteams und ihre Leiter bspw. dann, wenn sie gemeinsam (mit relevanten Stakeholdern) das Projekt planen. Auf diese Weise kann jeder Einzelne den Sinn seines Tuns erkennen und sich für den Projekterfolg verantwortlich fühlen. Auch der Kunde ist mitverantwortlich für den Erfolg eines Projektes. Dazu ist der Kunde zeitnäher und intensiver einzubeziehen, als dies derzeit in vielen Projekten erfolgt. Sowohl Auftraggeber als auch Auftragnehmer sind dafür verantwortlich. Unsicherheiten und Unzufriedenheiten werden durch zeitnahe Beteiligung und dienliche Kommunikationsstrukturen greifbar und können bearbeitet werden – im Sinne eines gemeinsamen Projekterfolgs.

Vertrauen aufzubauen heißt, eine gute Zusammenarbeit in Teams überzeugender als bisher zu fördern. Für Projektführungskräfte ist dafür eine Basis zu schaffen, um entsprechende Prozesse einleiten und steuern zu können.

Wenn die Anforderungen an Teams laufend größer werden, muss die Entscheidungsmacht in den Gruppen steigen, wenn das Ganze kein unsinniger und teurer Eiertanz werden soll.

Die Linienführung ist intern zudem aufgefordert, ihren Zwang zur Kontrolle und zum Machteingriff zu thematisieren und dafür in die Verantwortung zu gehen.

Wenn es um Ihre persönlichen Ziele geht, dann fragen Sie sich an dieser Stelle,

- inwieweit Sie sich das, was Sie sich vorgenommen haben, tatsächlich zutrauen und es umsetzen werden,

- inwieweit Sie die Verantwortung für diesen Erfolg übernehmen werden, d. h., die Frage nach Schuldigen ist im Falle eines Scheiterns wertlos und es heißt ebenfalls: Sie sind für die Folgen Ihrer Zielerreichung (bspw. weniger Zeit für die Familie, wenn Sie alles auf die Karte Karriere setzen, oder Beitrag zur Ausbeutung der Regenwälder, wenn Sie sich ein neues Haus mit Teakholz einrichten) verantwortlich, selbst wenn Sie dafür kaum belangt werden können.

Fragen Sie sich auch, wie und warum Sie zu Ihren jeweiligen Ein- und Ansichten gelangen bzw. gelangt sind.

E = Erfolgsbilder gestalten

Erfolg und Ziele in Stein zu meißeln, ist ungeeignet für ein erfolgreiches Vorgehen. Werden anfangs Ziele zu eng gesteckt, fehlt das große Bild des Projektes (die Vielfalt und Komplexität), und/oder das, was morgen sein kann, wird übermäßig eingeschränkt.

Agile Erfolgsbilder fordern Sie auf, in diesen Bildern fortlaufend weiterzumalen, zu verändern, neu zu gestalten, bis Ihnen das Bild wieder gefällt bzw. mehr der Absicht, dem Wollen und dem Auftrag des Teams dient. Inwieweit der Impuls zur Veränderung von innen oder außen kommt, ist dabei sekundär. Ein entsprechendes, nicht zahlenfokussiertes Controlling dient der Anpassung an intern und/oder extern ausgelöste Veränderungen im Projekt.

Wenn es um Ihre persönlichen Ziele geht, dann fragen Sie sich an dieser Stelle,

- wann und wie Sie Ihr Erfolgsbild erstellen möchten (Tagebuch oder dergleichen) und wie Sie damit regelmäßig umgehen werden (reflektieren, anpassen ...),

- inwieweit Sie offen für Veränderungen sind. Beantworten Sie dazu auch die Frage, worin oder wodurch sich Ihre Offenheit Ihnen und anderen (bspw. Freunden oder Kollegen) gegenüber zeigt.

Überprüfen Sie wieder Ihre Antworten auf diese Fragen.

R = Reduktion und Expansion bewusst machen

Zielüberlegungen haben etwas mit Expansionen und Reduktionen zu tun, sei es in der Sicht auf die Ressourcen der Personen, der Gruppe, des Unternehmens, einer Gesellschaft und der Erde insgesamt. Heute gibt es in Unternehmen eine hohe Bereitschaft zu expandieren. Die daraus resultierenden Einschränkungen auf verschiedensten Seiten, bei den Mitarbeitern, der Umwelt usw., sind in Managementgremien nur soweit Thema, als sie größere Folgekosten für das Unternehmen selbst auslösen können. Ziele haben etwas mit Gewinnen und Verlieren zu tun, selbst in einem Zeitalter, in dem so gerne von Win-win-Lösungen gesprochen wird.

Dies sind wiederum auch Aspekte von Verantwortung: Das Vergrößern und Verkleinern, das Gewinnen und Verlieren bewusst wahrzunehmen und verantwortungsvoll zu entscheiden, ist sowohl in der Wirtschaft als auch für die Ökologie als Ganzes sinnvoll.

Wenn es um Ihre persönlichen Ziele geht, dann fragen Sie sich an dieser Stelle,

- in welchem Bereich Sie Ihre Ressourcen einsetzen,
- was Sie durch die Zielerreichung gewinnen und was Sie dabei verlieren.

Hinterfragen Sie, wie und warum Sie zu Ihren jeweiligen Antworten gelangt sind.

T = Tempo steuern

Ziele sind dazu da, das Tempo von Gruppen und Einzelnen zu steuern, es geht darum, realistische Zielhorizonte zu schaffen und diese wiederholt in den Blick zu nehmen. In vielen Unternehmen nimmt die Anzahl der Projekte zu, bei gleichbleibender Belegschaft und unverändertem Aufwand in der Linie.

All jene Projekte, die als Add-on zum Tagesgeschäft in den Unternehmen laufen, verlangen in der Regel mehr Zeit als notwendig und verursachen weitaus mehr Kosten, als sie tatsächlich bringen. Es handelt sich dabei um kleinere und große Vorhaben, HR-Projekte, Marketingprojekte, Leitbildprojekte usw.

Konflikte, die dabei entstehen, können ganze Abteilungen lahmlegen. Auf diese Weise wird das Tempo auch reduziert. Temposteuerung meint hier jedoch, wiederholt und bewusst das Tempo zu reduzieren, zu reflektieren und wieder Fahrt aufzunehmen – Sie beschleunigen und entschleunigen bewusst! Projekte sind wie die Projektbeteiligten keine Maschinen. In der Ruhe liegt Kraft, dazu sind in Projekten Phasen des Nichtstuns und der zeitweilige Abstand von Aktivitäten dienlich. Wer selbst erlebt, wie es danach effektiver und klarer weitergeht, lässt dies gerne zu.

Wenn es um Ihre persönlichen Ziele geht, dann fragen Sie sich an dieser Stelle,

- inwieweit Sie den Zeitaufwand und Ihre Kapazität gut einschätzen konnten,
- wie Sie Ihr Tempo, Ihren Zeiteinsatz im Verlauf Ihrer Vorhaben gestalten möchten.

Fragen Sie sich auch, wie und warum Sie zu Ihren jeweiligen Anschauungen gelangen bzw. gelangt sind.

R = (Selbst-)Reflexions- und Lernphasen schaffen

Reflexion spielt eine große Rolle. Sie ist in großen Projekten tatsächlich eine Kernaufgabe. So kann aus der Umsetzung von Plänen, erfolgreichen Zufälligkeiten, aus Fehlern und Nichterfolgen zeitnah gelernt werden. Was und wie reflektiert und gelernt wird, ist im Team und mit relevanten Stakeholdern zu klären. Es ist sinnvoll, Reflexions(halb)tage in Projekten fest einzuplanen – sonst werden Sie dazu keine Zeit finden. Die Betrachtungsobjekte in der Reflexion lassen sich aus den Überlegungen eines umfassenden Controllingansatzes ableiten (Schreckeneder 2010). Die Arbeits-, Beziehungs- und persönliche Ebene spielen eine wichtige Rolle in der Projektreflexion. Ein Blick auf den aktuellen Stand durch einen Systemfremden, bspw. einen Projektcoach, kann neben dem Gewahrsein der eigenen Systemsicht dienlich sein.

Wenn es um Ihre persönlichen Ziele geht, dann fragen Sie sich an dieser Stelle,

- was Sie im Verlauf reflektieren werden (bspw. körperliches Befinden),
- wann und wie oft Sie Ihre Wege und Ihre Ziele reflektieren werden,
- wie Sie in der Reflexion vorgehen werden, eventuell werden Sie einen Coach beiziehen.

Beobachten Sie dabei, wie und warum Sie zu Ihren jeweiligen Einsichten gelangt sind.

A = Anerkennen und wertschätzen: sich selbst und die Umwelt

Anerkennung und Wertschätzung – jeder braucht sie, kaum einer vergibt sie oder erhält sie ausreichend in den Unternehmen. Wer anerkannt wird, fühlt sich deutlich wohler, gesünder und freut sich mehr in seiner Arbeit. Als Führungskraft wissen Sie, wie sehr Mitarbeiter gerne mehr geben, wenn sie glaubwürdig – mit ihren Fähigkeiten und Grenzen – anerkannt werden.

Führungskräfte, die mit ihren Mitarbeitern Ziele erarbeiten, können dies am besten, wenn sie von Beginn an die Besonderheiten ihrer Experten kennen und schätzen lernen. Auch erfahren sie Unterstützung von anderen – privat wie beruflich – die sie dafür anerkennen können.

Wertschätzung des Menschen und seiner Umwelt ist für jedes Unternehmen langfristig eine zentrale Orientierung, neben dem Ziel im Unternehmen Gewinne zu erwirtschaften. Das führt zu den Fragen nach Expansion und Reduktion, nach der Verantwortung von Einzelnen, Gruppen und Organisationen.

Sich selbst anzuerkennen und wertzuschätzen ist grundlegend, damit andere Ihre Wertschätzung erfahren können. Wer sein Sein ausbeutet, den eigenen körperlichen, psychischen, geistigen und seelischen Grenzen keine Achtung entgegenbringt, tut sich schwer, gegenüber anderen wertschätzend zu sein. Wer Anerkennungsformeln in Trainings lernt, kann diese dann gut umsetzen, wenn er grundsätzlich Wertschätzung gegenüber sich selbst und anderen empfindet. Dies kann keine Formel herstellen. Diese Formeln können nur dienlich sein, die Aufmerksamkeit darauf zu lenken.

Wenn es um Ihre persönlichen Ziele geht, dann fragen Sie sich an dieser Stelle,

- inwieweit Sie mit Ihren Zielen das anerkennen und wertschätzen, wer Sie als Mensch sind und wer Sie werden wollen,
- inwieweit Sie mit Ihren Ziele Ihre Grenzen (Ressourcen) respektieren,
- inwieweit Sie andere auf deren Weg wertschätzen.

Überprüfen Sie wieder Ihre Antworten auf diese Fragen.

U = Unterschiede nutzen, Umsetzung unterstützen

Unterschiede sind im Prozess der Zielfindung bzw. Erfolgsbildung eine der größten Ressourcen in der Zusammenarbeit. Konflikte sind aufgrund der dahinter liegenden Unterschiede nun mal auch der Reichtum von Gruppen.

Führungskräfte suchen oftmals für ihr Projekt ein homogenes Team. Das ist aus der Sicht der Linie verständlich. Doch Projekterfolge insbesondere von offenen und halb offenen Projekten benötigen Unterschiede, motivierte Menschen mit einem spezifischen Expertenwissen und unterschiedlichen Persönlichkeiten – Homogenität bedeutet oft Stillstand. Unterschiede bedeuten Leben in Projekten, Unterschiede sind Informationen und bieten Veränderungspotenzial.

Manche Ziele lesen sich so, als würde man die eigene Beerdigung planen – mit dem Ergebnis, dass man ungern etwas damit zu tun hat. Den Zielen, Erfolgs- bzw. Zukunftsbildern fehlt jegliche motivationale Komponente. Die eigenen Motive zu klären und die Emotionen in Zielprozessen zu wecken und in Zielen abzubilden, bringt positive und kräftige Energie in der Umsetzung des Projektes.

Wenn es um Ihre persönlichen Ziele geht, dann fragen Sie sich an dieser Stelle,

- inwieweit Sie mit Ihren Ziele Ihre Vielfalt berücksichtigen und anerkennen,
- welche emotionale Kraft in Ihnen durch Ihre Ziele geweckt wird,
- inwieweit Ihnen aus der Erfolgsbildung Unterschiede und Widersprüche bewusst sind, bspw. durch Gespräche über die eigenen Ziele mit anderen.

Beobachten Sie wieder, wie und warum Sie zu Ihren jeweiligen Einsichten gelangt sind.

E = Ergebnisse bewerten (messbare Ziele)

Sie erinnern sich noch an die kritischen Überlegungen zu Zielen und Plänen. Es wäre ein Kurzschluss, wenn jetzt die Aussage käme: „Keine messbaren Ziele mehr." Mehr Vertrauen bedeutet ebenso wenig im Umkehrschluss keine Kontrolle mehr. Messbare Erfolge bzw. Ziele sind dann wertvoll, wenn diese

- im konkreten Vorhaben die Komplexität und Vielfältigkeit eines Projektes anerkennen (nicht immer ist die Definition von messbaren Zielen möglich),
- gemeinsam erarbeitet wurden und für alle nachvollziehbar sind,
- für die Mitwirkenden und wesentliche Stakeholder in einem Projekt transparent sind,
- die Ressourcengrenzen anerkennen,
- anspornen und zu Leistungen auffordern.

Wenn in einem Jahr ein Haus gebaut werden soll, ist dem Team klar, wann was erledigt sein soll (Plan), demgegenüber werden sie ihren Arbeitsfortschritt stellen. Wenn ein Team die Kommunikationsprozesse in einem Krankenhaus verbessern soll, dann ist erst mal darüber nachzudenken, was das heißen kann.

Welche Ziele operationalisiert werden können, was sinnvoll ist, kann sich nur aus dem konkreten Projekt erschließen. In vielen offenen Projekten sind gemeinsame Ziele und/ oder gemeinsame Vorstellungen von Problemlösungen schwer zugänglich. Dann ist die zentrale Frage: Was wäre ein Erfolg in der Steuerung dieser Vielfalt? Oder: Wie steuere ich das?

Da oftmals das Wozu im Aktivismus und in übervollen Prioritätenlisten verloren geht, ist es in Projekten oder für einen selbst hilfreich, das Erfolgsbild bzw. die Ziele an eine zentrale Wand anzubringen und oftmals wieder umzuhängen. Letzteres deswegen, da Bilder, die am gleichen Platz hängen, schnell übersehen werden. In Projekten können mithilfe von Flipcharts die Projektziele in jeder Projektbesprechung sichtbar angebracht werden.

Wenn es um Ihre persönlichen Ziele geht, dann fragen Sie sich an dieser Stelle:

- Was davon lässt sich sinnvoll bewerten und operationalisieren?
- Was nicht? Und wie werden Sie damit umgehen?

Fragen Sie sich hier, wie und warum Sie zu Ihren jeweiligen Einsichten gelangt sind.

Vertrauen ist gesund

In all den Kriterien der Formel VERTRAUE lassen sich Erfolg und Gesundheit gut verbinden (Bild 2.18). Sinn und Zweck dieser Betrachtung von Zielen für Führungskräfte mit der Formel VERTRAUE ist es in jedem Fall, mit den eigenen Kräften und jenen der Mitarbeiter sowie allen anderen ökologischen Ressourcen wertschätzend umzugehen, Grenzen zu akzeptieren und zu respektieren.

Bild 2.18 Vertraue – Erfolg UND Gesundheit

2.2.1.4 WOLLEN: Das WILL ich (auch)

Der kleine Trotzkopf spricht: „Das will ich aber", er ist drei Jahre alt. Er weiß noch recht wenig, wozu er das will, dennoch: Er will es. Irgendwann im Leben wird er sich hinsetzen und über seine eigenen Ziele und Motive nachdenken können. Er wird sich dieses „Ich will" bewusst machen und klären, was er persönlich wann erreichen möchte und wie er sich dabei fühlen möchte. Denn trotz des größeren Freiraums in der heutigen Zeit ist Erfolg oftmals weniger bedacht als zufällig, der Erfolg passiert einem sozusagen oder eben nicht. Es ist weniger ein Streben nach etwas, eher wird man „gestrebt". Als Studienabgänger der Wirtschaftswissenschaften hat man spätestens mit 30 Jahren erfolgreich in Unternehmen tätig zu sein und weitere Studienabschlüsse vorzuweisen. Das Streben nach „oben" ergreift einen ohne die besondere Klarheit, was man eigentlich im Leben möchte. Im Bereich der Gesundheit locken Angebote, es wird gepflegt und für sich gesorgt, was gerade „in" ist, weniger, was der eigene Körper braucht. Die Konsumgesellschaft zieht und drängt die Menschen in der Welt mit angeblich grenzenlosen Möglichkeiten.

In persönlichen Krisenzeiten werden diese Zufälligkeiten auf den Prüfstand gestellt. Die Auseinandersetzung mit sich selbst wird eingefordert. Das ist das Gute an schwierigen Zeiten, wie so manche aus eigener Erfahrung bereits wissen.

Nun gehen Sie einen anderen Weg, der durchaus freudig und lustvoll starten darf. Lassen Sie alles „Ich muss ..." weit hinter sich, genauso wie die vielen „aber ...". Ich möchte ja, aber ...! Wer entscheidet in Ihrem Leben? Ein gesunder bzw. positiver Egoist schaut auf sich und achtet damit andere.

Sie sind der Schöpfer Ihrer Welt in Ihrem Gestaltungsspielraum, Sie pinseln jetzt Ihr Leben, wie es Ihnen Spaß und Freude macht. Sie definieren sich jetzt selbst. Lassen Sie vorübergehend los, was Sie derzeit umgibt und worin Sie tätig sind. Anerkennen Sie in jedem Schritt, was Sie bereits mit Ihrer Kraft erreicht haben. Sie beginnen solche Prozesse auf bereits intensiv bemaltem Papier, in Ihrer persönlichen, vielfältigen Landschaft. Und doch ist es gut, wenn Sie das Bild beiseitelegen und offen darüber nachdenken und fühlen, wer und was Sie sein möchten und werden.

Die Fragen im ersten Lernfeld beziehen sich auf alle Aspekte im Erfolgsbild.

 Lernfeld L5: Über und in meiner Welt nachdenken, meine Welt fühlen

(15 Minuten und so oft es Ihnen Freude macht)

Nehmen Sie Ihr HBF-Buch zur Hand und bearbeiten Sie folgende Fragen. Schreiben Sie, was Ihnen jetzt einfällt – es geht hier nicht um Vollständigkeit, sondern um das „In-Bewegung-Kommen" und um Freude für den Prozess zu entwickeln. Jene, die diese Überlegungen in ihrem Leben eher detaillierter vornehmen möchten, überspringen dieses Lernfeld und arbeiten mit allen kommenden Übungen. Dieses Lernfeld ist sozusagen für jene gedacht, die gerne das große Bild zuerst betrachten möchten.

- Wer möchte ich im Leben SEIN?
- Wie möchte ich leben?
- Wie fühle ich mich dabei?
- Was motiviert/bewegt mich?
- Welche Werte und Moralvorstellungen trage ich in mir und welche davon sind meine eigenen?

- Welche persönlichen Fähigkeiten und Kenntnisse habe ich und möchte ich fördern/erweitern?
- Wie will ich meinen Körper anerkennen, versorgen und pflegen?
- Worin kann ich die Anerkennung finden, die ich beruflich, privat usw. brauche?
- In welchem Beruf möchte ich tätig sein, welche Position will ich darin einnehmen? Wie fühle ich dabei? Bin ich jetzt schon im für mich richtigen Feld (bspw. aktuelle Führungsposition) und/oder auf einem guten Weg dazu?
- Mit welchen Menschen möchte ich sein?
- Was kann ich für meine Ziele leisten (zeitliche und finanzielle Ressourcen)?

Nun, damit sind Sie eingestiegen in das (Nach-)Denken und Fühlen über und in Ihrer Welt – das ist ein wunderbarer Anfang. Gratulation! ∎

Die Notwendigkeit, sich kennenzulernen, verdeutlicht das Zitat von Daniel Goeudevert (*1942), einem deutschen Topmanager: „Ich glaube, das wird immer wichtiger werden: dass die Leute, die Verantwortung tragen, als Menschen sie selbst bleiben" (www.zitate.de). Dazu muss man sich selbst erst mal kennen.

Lebenssinn und Lebensziele

Aufmerksamkeit verdienen nun die grundlegenden Fragen, was Sie SEIN wollen und was Sie in Ihrem Leben erreichen wollen, also was sie WERDEN wollen (Bild 2.19).

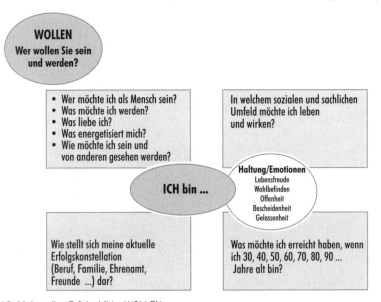

Bild 2.19 Mein agiles Erfolgsbild – WOLLEN

Wenn Sie schon über 30 Jahre Projekterfahrung verfügen, vielleicht eine Familie und ein Haus zu Ihnen gehören, stellen sich die Fragen genauso wie für einen Projektleiter, der erst wenige Jahre im Berufsleben steht. Wenn Sie ein gesunder und erfolgreicher Mensch sein wollen und am Lebensende mindestens zehn Enkelkinder liebend betreuen möchten, dann ist Letzteres für einige Projektprofis nicht mehr möglich. Ersteres allerdings ist zu jeder Zeit im Leben möglich. Jemand, der vom Berufsleben altersbedingt ausscheidet, kann eine Vielzahl von weiteren Erfolgserlebnissen erfahren und dabei gesund sein.

Die Frage nach dem, was Sie sein und werden wollen, führt Sie zu Ihrem Lebenssinn, zu dem, was an verschiedenen Stellen auch persönliche Berufung genannt wird. Dies taucht keineswegs ausschließlich mehr bei Esoterikliebhabern auf. Gerade in schwierigen persönlichen Zeiten, bei Rückschlägen stellen sich viele diese Frage nach dem Sinn, nach dem, was jemand SEIN und WERDEN will – nach den Motiven hinter den Zielen. Der eigene Lebenssinn ist ähnlich einem Motor in allen Lebensbereichen, der Sie antreibt, selbst wenn er weitgehend unbewusst ist und oftmals nur in Krisen ein Thema wird. Lebenssinn und -ziele sind Leitgedanken und leitende Empfindungen, sie klären die Betrachtung von Erfolg und Gesundheit in Ihrem Leben.

Wenn Sie sich mit Ihrem Lebenssinn und Ihren Lebenszielen bisher wenig beschäftigen konnten, dann nehmen Sie sich doch mal eine kleine Auszeit von einem Tag und gehen dem nach. Verlassen Sie Ihre gewohnte Umgebung, fahren Sie dorthin, wo Sie am besten zur Ruhe kommen.

 Übung Ü2: Wer wollen Sie sein?

(60 bis 90 Minuten und so oft es Ihnen Freude macht)

Nehmen Sie Ihr HBF-Buch zur Hand und beantworten Sie jene der angeführten Fragen, die Ihnen jetzt regelrecht ins Auge springen. Es geht nicht um die Abarbeitung von Fragen. Sehen Sie einfach, bei welchen Fragen es in Ihnen zu sprudeln beginnt. Arbeiten Sie damit!

- Wer wollen Sie sein? Fühlen Sie sich für etwas berufen?
- Wie möchten Sie leben?
- Was bewegt/motiviert Sie?
- Spüren Sie einen Drang in sich, etwas Besonderes (auf einem Gebiet) sein zu wollen oder etwas Besonderes erreichen zu wollen? Wenn ja, was ist das?
- Auf was richtet sich Ihr Lebensdrang, Ihre Lebensenergie?
- Was ist es in Ihrem Inneren, wo Sie Ihr Herz wahrnehmen können, Ihre Liebe spüren können?
- Worin würde sich Ihre Liebe am besten entfalten und ausdrücken können?

Wählen Sie sich ebenso aus den nächsten kleineren Übungen jene aus, die am besten für Sie geeignet sind. Alle sind dazu gedacht, Sie im Einstieg zu diesem Thema zu unterstützen, Ihre Gedanken freudig in Fluss zu bringen.

Sie blicken in Ihre Zukunft mit den Augen Ihrer Vergangenheit. Damit konstruieren Sie sich Ihre Realität selbst. Die Einladung, sich klar darüber zu werden, warum und wie Sie sich selbst und alles um sich herum beobachten, ist essenziell, um sich des Vergangenheitsbezugs bewusst zu sein und sich selbst gut zu führen. Unterschiedlichste Übungen und Zugänge können Sie dabei unterstützen.

 Übung Ü3: Lebenssinn und Lebensziele

(30 Minuten und so oft es Ihnen Freude macht)

Vervollständigen Sie folgende Sätze in Ihrem HBF-Buch.

Ich bin hier, weil ich ...

Es ist mir wichtig (von Bedeutung) ...

Ich lebe ...

Ich werde/möchte ...

Beispiele:

- Ich bin hier, weil ich gerne mich und andere anerkennen möchte.
- Es ist mir wichtig, freudig und lustvoll zu leben.
- Ich lebe neugierig. Ich möchte viel lernen und erfahren von den Menschen, die hier sind.
- Ich werde zum Wohlstand (zum Frieden ...) für die Menschen in ... beitragen.
- Ich lebe frei und offen.
- Ich will einigermaßen glücklich leben.

Beobachten Sie sich bei dieser Arbeit. Fragen Sie sich, warum Sie so sein oder etwas werden möchten. Warum es Ihnen ein Anliegen ist, bspw. frei und offen zu leben. Wie kam es dazu? Woraus ergibt sich diese Leitidee und wo sind die Grenzen dieser Idee? Sie wissen es selbst: Eine völlige Freiheit, eine vollkommene Offenheit gibt es nicht.

Vielleicht möchten Sie glücklich sein. Sie finden allerdings das Wort „einigermaßen" befremdend. In der Werbung, in manchen Filmen gibt es das andauernde, ewige, unendliche und vollkommene Glück. Im Leben selbst erfahren alle Menschen eine Mischung aus erfreulichen und weniger erfreulichen, guten und weniger guten Dingen bzw. Situationen. Das vollkommene Glück kann kein Dauerzustand sein, es braucht den Unterschied, um Glück ab und zu in seiner schönsten Qualität erfahren zu können. Es tut gut, überzogene Forderungen an sich selbst oder an andere zurechtzurücken.

Werden Leitgedanken aus Kränkungen oder Verletzungen gespeist, tauchen bspw. Sätze auf wie:

- Ich werde Ihnen zeigen, dass ich auch etwas kann, dass ich auch jemand bin.

- Ich will niemals überfordert sein.
- Ich werde ein besserer Vater sein, als mein Vater es war.
- Ich werde allen Menschen helfen.

Machen Sie sich solche Sätze bewusst. Sie sind Teil von Ihnen, oft bilden diese Ihre Realität im Außen ab. Um sich für neue Leitgedanken zu entscheiden, braucht es erst mal die Einsicht, was einen im Hier und Jetzt bewegt.

Übung Ü4: ICH in meiner Landschaft

(30 Minuten und so oft es Ihnen Freude macht)

Was will ich hier? Wer braucht mich hier? Dort, wo Sie gerade stehen – schauen Sie auf sich und Ihr Umfeld. Betrachten Sie Ihre (innere) Landschaft. Setzen Sie sich und lassen Sie Ihre Seele baumeln. Fragen Sie sich:

- Was will ich in dieser Landschaft von mir geben und was wird darin von mir gebraucht?
- Was darf von mir gebraucht werden?

Schreiben Sie es jetzt in Ihr Buch.

Vielleicht wollen Sie Ihre Überlegungen schon konkreter auf Ihren Erfolg abstellen – dann machen Sie die nächste Übung. Und fragen Sie sich dazu, warum Sie das wollen, wie Sie dazu gekommen sind, das zu wollen?

Übung Ü5: Meine Wünsche, meine Träume, meine Visionen

(30 Minuten und so oft es Ihnen Freude macht)

Was will ich in meinem Leben erfahren, erreichen und erleben?

Machen Sie ein Brainstorming und schreiben Sie alle Ihre Gedanken – sinnig oder unsinnig – auf, so, wie diese kommen. Schalten Sie den inneren Kritiker aus, wirken Sie aus Ihrer Kreativität heraus. Notieren Sie sich jeden Gedanken. Wenn der erste Gedankensturm vorbei ist, warten Sie noch etwas. Es folgt meist noch ein zweiter Sturm.

Betrachten Sie Ihre Mitschrift, lassen Sie sich davon beeindrucken. Erkennen Sie an, was Sie schon erreichen konnten, und fragen Sie sich, was Ihnen daraus besonders in Auge springt. Markieren Sie diese Gedanken farblich oder schreiben Sie diese nochmals auf.

Wer gerne etwas künstlerischer und mit Bildern an die Arbeit geht, kann mit Collagen arbeiten. Sie können dafür Fragestellungen aus den vorigen Übungen verwenden.

Übung Ü6: Wer will ich in meinem Leben sein? Collage

(30 Minuten und so oft es Ihnen Freude macht)
Nehmen Sie sich einen Stapel alter Zeitungen und schneiden Sie alles aus, was Ihnen zu Ihrer Fragestellung an Bildern gefällt. Dann nehmen Sie sich ein großes Blatt Papier – Zeichenblock – und fügen Sie darauf die ausgeschnittenen Einzelbilder zu einem Bild zusammen. Sie können sich auch eine entsprechende Software herunterladen, das Angebot gibt es dazu im Internet. Während Sie an der Collage arbeiten, legen Sie Ihre Fragestellung an einer gut sichtbaren Stelle auf.

Sie können die Übungen auch verändern, bspw. eine Collage zu Ihren Visionen erstellen. All die Fragen sind angebotenes Arbeitsmaterial für Sie. Sie entscheiden, wie Sie damit umgehen. Die bisherigen Übungen sind dazu da, um in Fluss zu kommen.

Sie sind mit kleineren Vorübungen gut gerüstet, um im nächsten Lernfeld etwas umfassender in die Frage, wer Sie sein wollen, einzusteigen.

Lernfeld L6: Was will ich sein und werden?

(90 Minuten und so oft es Ihnen Freude macht, daran weiterzuarbeiten)
Nehmen Sie Ihr HBF-Buch zur Hand und widmen Sie sich dem ersten Teil Ihres agilen Erfolgsbildes: Wer wollen Sie sein?
- Wer möchte ich als Mensch sein?
- Was liebe ich? Worüber freue ich mich am meisten?
- Was bewegt/motiviert mich?
- Was energetisiert mich? Wann bzw. wobei fühle ich mich körperlich, geistig und psychisch gesund und voller Energie?
- Was schätzen andere an mir? Sie können dazu in die Rolle eines Führungskollegen oder des Partners schlüpfen und sich überlegen, was diese aus ihrer Sicht über Sie sagen würden.
- Wie möchte ich von anderen zukünftig gesehen werden?
- In welchem sozialen und sachlichen Umfeld möchte ich leben und wirken?
- Was möchte ich erreicht haben, wenn ich 30, 40, 50, 60, 70, 80, 90 ... Jahre alt bin?

Wagen Sie an dieser Stelle auch Gedanken, die mit Ihrer aktuellen Realität nichts oder wenig zu tun haben. Seien Sie für kurze Zeit in Ihrer Zukunft – gedanklich und emotional.

Nun beschreiben Sie noch Ihre aktuelle (Erfolgs-)Konstellation (Beruf, Familie, Ehrenamt, Freunde ...). Für manche ist ihre jetzige Situation eine Erfolgskonstellation, für andere nicht. Die Bewertung obliegt ausschließlich Ihnen selbst.

- Was macht Sie jetzt – hier und heute – aus? Wer sind Sie jetzt? Wie fühlen Sie sich jetzt und hier? In welchem sozialen und sachlichen Umfeld leben und wirken Sie?

- Wie werde ich zurzeit von anderen gesehen? Sie können dazu in die Rolle eines Führungskollegen oder des Partners schlüpfen und sich überlegen, was diese aus ihrer Sicht über Sie sagen würden.

- Was habe ich bereits erreicht?

Wunderbar! Lehnen Sie sich zurück, ruhen Sie sich für einige Minuten aus. In der Stille liegt viel Weisheit – vor allem die eigene. ◾

Zwischen der Zielvorstellung und dem tatsächlichen Erfolg liegt ein Weg, auf dem es eine Reihe von Arbeiten zu erledigen gibt. Es geht darum, jeden Tag einen Schritt in die eigene Richtung zu tun. Bei Bedarf können unterstützend Instrumente des Projektmanagements eingesetzt werden.

Bei all den Geschichten vom Tellerwäscher zum Millionär wird gerne ausgeblendet, dass dieser Weg mit einer Vielzahl von Strapazen gepflastert war, eines hohen persönlichen Engagements für sich bedurfte und die Bereitschaft zur Veränderung, der Wille zum Lernen, erforderlich war. In den allerwenigsten Fällen werden große Sprünge spontan gemacht, selbst wenn das Glück diesen Menschen zur Seite stand. Sie waren, nebst großem Engagement, zur richtigen Zeit am richtigen Ort.

Anregende Sinn- und Zieldarstellungen von Unternehmen

Die Betrachtung von verschiedenen Statements zu Zielen und Visionen von Organisationen und/oder großen Projekten kann hilfreich sein, wenn Sie über sich selbst nachdenken. Zwei Beispiele werden Ihnen dazu aufgezeigt:

WDCS International: „The global voice for the protection of whales, dolphins and their environment." Daraus wird unter anderem abgeleitet: WDCS in Action

„WDCS takes action to stop the threats that whales and dolphins face, to protect them and the places they live, and to reach out to as many people as possible, connecting with supporters around the world. We really do make a difference to the daily lives and long term future of thousands of whales and dolphins, helping to ensure that these amazing creatures are there for future generations" (http://www.wdcs.org/wdcs_programmes. php, Abruf am 19.09.2010).

Sinn und Zweck ist der Schutz der Wale und Delfine, darauf wird die ganze Arbeit ausgerichtet. Worauf richten Sie Ihre Arbeit, Ihr Leben aus?

Ein Beispiel des Großprojektes A380 kann Ihnen einen weiteren Eindruck geben, wie sich Sinn und Ziel gut ausdrücken lassen. „Wir verwirklichen den Lufthansaführungsanspruch durch Spitzenleistung bei der A380-Einführung. Wir erreichen an Bord und am Boden von Tag eins an größte Zuverlässigkeit und höchste Qualität. Die A380 wird unser Flaggschiff!", so Volker Dökel, Gesamtprojektsteuerung der Einführung des A380 bei der Lufthansa in einem Interview (http://www.pm-10-minutes.de, Abruf am 19.10.2010). Die Formulierung zeigt die Grundausrichtung, aus der sich eine Fülle von einzelnen Projekten in dieser Projektlandschaft des A380 ableitete. Das große Ziel diente allen als eine Leitlinie und ein Leitgedanke in der täglichen Arbeit. Jede Tätigkeit kann darauf bezogen werden. Dieser Airbus ist eine Spitzenleistung von Menschen in Teams.

Wer die beiden Beispiele gemeinsam betrachtet, wird sich unter Umständen über diese Auswahl ärgern. Ökologische Aktivitäten und Schnelligkeit um jeden Preis – beides ist heute da und beides hat seinen Grund – berechtigt oder unberechtigt. Sie entscheiden, worauf Sie Ihre Aufmerksamkeit lenken werden, und dafür sind Sie dann auch verantwortlich. Der engagierteste ökologische Aktivist bewegt wenig, wenn er nicht weiß warum und wieso er ein Aktivist ist und was er in seinem Leben erreichen möchte. Auch Führungskräfte bewegen anders, wenn ihnen ihr eigenes Verlangen im Leben klarer ist. Manche greifen dann den Schutz der Umwelt verantwortlich auf.

Für jene, die sich schwertun in der Formulierung des Lebenssinns, wird die nächste Übung vorgeschlagen, abgeleitet aus den Beispielen von Lufthansa und WDCS.

Wer keine Unterstützung an dieser Stelle braucht, macht mit der nächsten Entspannungsübung weiter und entspannt sich damit.

 Übung Ü7: Mein Lebenssinn – was ich sein und werden will

(30 Minuten und so oft es Ihnen Freude macht)

Nehmen Sie Ihr HBF-Buch zur Hand und führen Sie folgende Sätze weiter aus.

Ich verwirkliche meinen Anspruch von ...

Ich verwirkliche mich mit ...

Ich stehe in meinen Leben für ... – in all meinen Lebensbereichen.

Ich erreiche damit in Beruf, Familie usw. einen wertschätzenden und anerkennenden Umgang im Miteinander, finanzielle Sicherheit oder ...

Ich bin eine ... bspw. selbstbewusste Mutter, Ehefrau, Abteilungsleitern .../ein ... bspw. selbstbewusster Vater, Ehemann ...

... steht im Mittelpunkt meines Lebens.

Einfach mal anlehnen! Gute Ideen, inspirierende Worte von anderen können dienlich sein. Es geht schließlich darum, im Leben das zu tun und dem zu folgen, was für Sie von Bedeutung ist und was Sie und auch andere erfreut.

Dazu kommt unterstützend, dass Sie bereits etwas Besonderes sind, ohne etwas dafür tun zu müssen: Sie sind einzigartig. Um es in den Worten aus dem letzten Kapitel zu formulieren: Es gibt keinen weiteren Menschen, der wie Sie Situationen beobachtet, und Sie sind es, der das WAS, WIE und WARUM in den eigenen Beobachtungen am besten reflektieren kann. Es gibt keinen zweiten Herrn Müller, wenn auch seinen Namen hundertfach. Die Besonderheiten in sich zu entdecken, ist ein Prozess, der vor allem eins braucht: Zuwendung! Anerkennen Sie daher in den vielen kleinen Schritten immer wieder neu, was Sie bereits (geworden) sind, was Sie bereits aus Ihrem Startkapital schaffen konnten.

Um im Prozess der Erfolgsbildung und -findung entspannt zu bleiben, machen Sie, so oft Sie Lust empfinden, diese Entspannungsübung. Sich Ziele setzen hat was mit Aufrichten und Ausrichten zu tun, ein aufgerichteter Körper wird Sie darin unterstützen.

 Entspannungsübung E4: Aufrichten und ausrichten

(Fünf Minuten und so oft Sie Lust dazu verspüren)

- Sie sitzen aufrecht auf einem Stuhl. Lenken Sie Ihre Aufmerksamkeit auf Ihre Fußsohlen und schließen Sie Ihre Augen.
- Beobachten Sie nun ein bis zwei Minuten Ihre Atmung, Sie tun nichts.
- Vertiefen Sie nun bewusst Ihre Atmung.
- Atmen Sie tief ein, sodass sich der Bauch hebt, und atmen Sie langsam und genüsslich wieder aus. Lächeln Sie dabei. Wiederholen Sie dies dreimal.
- Rollen Sie sich nun im Sitzen beim Ausatmen bewusst zusammen, und beim Einatmen richten Sie sich auf.
- Beim nächsten Ausatmen pendeln Sie sich ins Lot.

Bleiben Sie noch sitzen und spüren Sie Ihre Wirbelsäule.

An dieser Stelle lesen Sie bei Bedarf noch Hinweise für die Gedanken zu Ihrem WOLLEN und generell zur Arbeit mit (Lebens-)Zielen:

- Formulieren Sie Ihre Ausrichtung, Ihre Aussagen zu Ihrem Sein und zu Ihren Zielen positiv.
- Verwenden Sie Ich-Sätze
- Verzichten Sie auf „Ich würde …", „Ich könnte …", „Ich wäre …". Gehen Sie in die Haltung, als leben Sie das, wie Sie leben wollen, bereits jetzt. Wenn Sie freudiger oder friedlicher sein wollen, dann können Sie das sofort sein. Gehen Sie freudiger oder friedlicher durch Ihr Leben.

- Nehmen Sie Ihr emotionales und körperliches Befinden bei Erreichen Ihres Zieles schon in die Zielformulierung auf.
- Wenden Sie die VERTRAUE-Formel an.
- Prüfen Sie Ihre Zielbeziehungen.
- Klären Sie, wie Sie auf die Zukunft blicken – mit engem oder eher geringem Gegenwartsbezug.

Ich will nicht!

Im Coaching werden Fragen wie „Wer wollen Sie sein bzw. werden?", „Was wollen Sie erreichen?" des Öfteren damit beantwortet, was diejenige Person nicht will. Darin liegt die Konzentration. Selbstverständlich kann sich jemand durch Nichtziele den Zielen nähern. Oftmals bleibt darin jedoch die ganze Energie hängen. „Ich will nicht so werden wie mein Chef, wie meine Eltern ..." sind mögliche dahinter liegende Botschaften, die ständig aktiviert werden und ein sinnvolles Nachdenken und die Wahrnehmung von „neuen" Gefühlen, was jemand sein will, verhindern.

Wenn jemand den Drang hat, anderen Menschen hilfreich zu sein, kann es dienlich sein, sich über die Grenzen einer Hilfstätigkeit klar zu werden. Eine Abhängigkeit davon, dass es anderen schlecht geht, geht zu weit. Oder will jemand friedlicher sein, so ist die Klärung notwendig, was damit keineswegs gemeint sein kann. Nichtziel kann die Konfliktfreiheit sein, da aus Konflikten viel gelernt wird.

Wenn Sie sich über das nähern, was Sie nicht wollen, ist das in Ordnung. Kommen Sie aber in Ihrer Ausrichtung mehr mit dem nach vorne, was Sie tatsächlich wollen. Grundsätzlich sind positive Formulierungen von dem, wer und was Sie sein wollen, zu empfehlen.

In der Projektarbeit unterstützen Führungskräfte dabei, den Fokus der Nichtziele zu den Zielen zu lenken. Der Ziel- bzw. Erfolgsbildungsprozess in Projektteams schließt mit der übereinstimmenden Willenserklärung ab über das, was man will und was man nicht will. Nichtziele bilden Leistungsgrenzen.

Entscheidend ist es in einem weiteren Schritt – in der Individualarbeit wie auch in der Projektarbeit –, sich der Zielbeziehungen (siehe Seite 93 ff.) bewusst zu werden. Karriere und Familienvergrößerung, Ziele, die eventuell in Konkurrenz stehen, verlangen konkrete Entscheidungen. Die Person teilt Zeit und Zuwendung, das Sowohl-als-auch ist zu gestalten. Ziele können sich ausschließen. Beispielsweise möchte jemand einen nachhaltigen Beitrag zum Schutz von Tieren in der Wissenschaft leisten, beruflich steht er vor einem Karrieresprung in einem Tierversuchslabor für Kosmetika. An dieser Stelle hilft meist kein ehrenamtliches Engagement für Tiere zur Beruhigung eines schlechten Gewissens.

Mehr als die mentale Kraft in Zielen wahrnehmen

Ihr emotionales, körperliches und geistiges Befinden ist von besonderer Bedeutung in dieser Annäherung an Ihre Lebensziele. Ihre Emotionen, Ihre Gedanken und Ihr Körper beeinflussen permanent Ihre konkreten Handlungen und Ihr Verhalten.

Wer sehr unsicher und/oder freudlos den eigenen Zielen gegenübersteht, erschafft sich damit seine Realität. Es wird im Außen das beobachtet, was mit den inneren Emotionen, Gedanken und Haltungen in enger Verbindung steht, sozusagen vertraut ist oder anders gesagt in Resonanz steht. Durch das Außen kann bspw. die eigene Freundlosigkeit oder Unsicherheit verstärkt werden. Tun Sie weniger, stärken Sie Ihr Bewusstsein und Selbstbewusstsein. Lehnen Sie sich öfters zurück und entspannen Sie sich.

Nachdem Sie sich über Ihren Lebenssinn und Ihre Lebensziele Gedanken gemacht haben, wenden Sie sich ganz konkret Ihrem beruflichen Kontext mit Ihrem neuen Wissen und Ihren neuen Erkenntnissen zu. Aus den Einführungen zum Thema Erfolg (siehe Seite 85 ff.) wissen Sie bereits, dass Sie in unterschiedlichen Lebensbereichen erfolgreich sein bzw. sich erfolgreich fühlen können. Jetzt geht es um Ihre beruflichen Erfolgsvorstellungen und -ziele, die auf Ihren Erkenntnissen von Lebenssinn und -zielen beruhen (Bild 2.19).

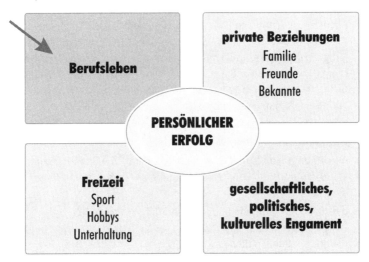

Bild 2.20 Worin kann jemand erfolgreich sein?

Sich mit der beruflichen Vision zu beschäftigen, hat einen besonderen Grund. Jeder Einzelne verbringt viel seiner Lebenszeit in einem Beruf. Da stellen sich Fragen, was jemand in all dieser Zeit erleben, erfahren, erkennen, von sich anbieten, gestalten, was er darin sein möchte. Wofür fühlt sich jemand im Beruf berufen, welche Mission trägt jemand in sich (verborgen)?

Sie sind heute als (Projekt-)Führungskraft tätig. Sie möchten sich Zeit nehmen für Ihre berufliche Vision oder Ihre berufliche Mission.

 Projektbeispiel P4: Berufliche Vision/Mission klären

(60 bis 90 Minuten und bei Bedarf)
Legen Sie sich Ihr HBF-Buch zurecht und schreiben Sie im Anschluss auf, was für Sie von Bedeutung in diesem Beispiel war.

Wählen Sie einen Raum, in dem Sie sich wohlfühlen und in dem Sie drei verschiedene, bequeme Sitzgelegenheiten für sich nutzen können. Eine Sitzgelegenheit repräsentiert Ihre berufliche Gegenwart, der zweite Sitzplatz steht für Ihre berufliche Zukunft und der dritte Platz ist sozusagen der neutrale Platz. Treffen Sie im Vorfeld die Entscheidung, welcher Platz was darstellt, und beginnen Sie auf dem neutralen Platz. Lesen Sie in Ruhe die Aufgabenstellung durch und dann legen Sie das Buch weg.

Wechseln Sie jetzt auf den Platz der Gegenwart.

- Sie sitzen bequem in ruhiger und angenehmer Atmosphäre auf Ihrem Platz der Gegenwart, Ihre Augen sind geschlossen.

Sie betreten in Ihrer Vorstellung Ihren Berufsraum. Atmen Sie entspannt und lassen Sie sich überraschen. Schauen Sie, wo sich Ihr Raum befindet, welche Personen auftauchen, wie Sie sich dort fühlen. Beobachten Sie genau: Ist es dort laut oder leise, bunt oder farblos? Schauen Sie, wie die Stimmung in diesem beruflichen Gegenwartsraum ist, welche Rolle Sie in diesem Raum spielen und was Sie da tun. Sehen Sie, was Ihnen da wichtig ist, wozu Sie da sind und was Sie hier antreibt und motiviert.

Bleiben Sie in diesem Raum, bis Sie fühlen, Sie konnten ein gutes Bild von Ihrem Gegenwartsraum gewinnen.

Anmerkung: Sie nehmen Ihre derzeitige berufliche Situation unter Umständen verändert wahr. Die Informationen darin werden Ihnen allerdings dienlich sein.

Wechseln Sie jetzt zum Platz Ihrer beruflichen Zukunft.

- Sie sitzen bequem in entspannter Atmosphäre auf Ihrem Platz der Zukunft, Ihre Augen sind geschlossen.

Sie betreten Ihren zukünftigen Berufsraum. Lassen Sie sich Zeit, sich dort einzufinden, nehmen Sie eine offene Haltung ein. Atmen Sie entspannt und lassen Sie sich überraschen. Beobachten Sie auch hier genau. Schauen Sie, wo sich Ihr Raum befindet, welche Personen auftauchen, wie Sie sich dort fühlen. Was ist Ihnen dort wichtig? Wozu sind Sie dort? Was machen Sie dort? Was treibt Sie an, was motiviert Sie?

Bleiben Sie in diesem Raum, bis Sie ein gutes Bild von Ihrem Raum der Zukunft haben.

Verlassen Sie nun auch wieder Ihren Zukunftsraum. Setzen Sie sich auf Ihren neutralen Platz und entspannen Sie sich noch einige Minuten. Atmen Sie ohne jede Anstrengung.

Nehmen Sie dann Ihr HBF-Buch zur Hand und schreiben Sie auf, was in Ihnen jetzt aus dieser Arbeit nachwirkt.

Diese Methode im Projektbeispiel können Sie auch für andere persönliche Räume (Familie, Freizeit ...) anwenden.

Aus Ihrem Führungskontext kennen Sie Gesamt- und Teilziele und entsprechende operative Ziele in einem Projekt (siehe Seite 93 ff.). Diese Überlegung lässt sich in Teilen gut mit Ihrem agilen Erfolgsbild verbinden. Für ein Projekt ist es von Bedeutung, sich als Projektführungskraft über die eigenen, auch kurzfristigen Ziele im Klaren zu sein. In jedem Projekt spielen die individuellen Ziele der einzelnen Teammitglieder und der Projektführungskräfte eine große Rolle. Je klarer diese sind, desto einfacher können diese benannt und in die Überlegungen mit einbezogen werden. Es ist nicht erforderlich, diese offenzulegen oder auszusprechen. Sie handeln und verhalten sich in Projekten schlicht auf Grundlage Ihrer persönlichen Zielklarheit (Bild 2.21). Aussagen, wie „Das habe ich mir so nicht gedacht" weisen oftmals darauf hin, dass die individuellen Ziele erst im Verlauf eines Projektes klarer wurden.

Bild 2.21 Persönliche Ziele im Beruf

Die Klarheit über die eigenen Lebensziele und beruflichen Visionen ist grundlegend dafür, was Sie eher kurzfristig erreichen möchten. Manche Führungskraft nähert sich über kurzfristige berufliche Ziele der beruflichen Vision bzw. ihren Lebenszielen. Unter Umständen wissen Sie, was Sie die nächsten zwei Jahre machen werden, Sie dachten bisher aber nicht darüber nach, was langfristig für Sie wichtig ist. Doch selbst im Bild einer kurzfristigen Betrachtung sehen Sie die Themen der Haltung und Emotionen, die Sie auffordern, auch den „größeren" Weg zu betrachten.

Im Praxisbeispiel möchte ein Projektleiter seine Kompetenz in der Führung von Teams erweitern. Als Abteilungsleiter ist er gewohnt, Aufträge zu geben. In Gruppen nachzudenken und gemeinsam Aufträge zu entwickeln, ist ihm relativ unbekannt. Dies möchte er bei seinen Projektaufgaben zukünftig leisten können.

Projektbeispiel P5: Kompetenzziele in der Projektführung klären

(60 Minuten und 30 Minuten am nächsten Tag; regelmäßiges Controlling 60 Minuten bspw. alle zwölf Wochen)

Der Projektleiter weiß bereits, wie unterschiedlich und widersprüchlich Linien- und Projektführung sind. Teamführung ist ein wesentliches Handlungsfeld des Projektleiters. Er möchte vor dem Weg zur Personalabteilung eigene Überlegungen zu seinem Kompetenzentwicklungsbedarf anstellen.

Er beginnt selbst darüber nachzudenken, seine Gefühle wahrzunehmen und sich Ziele zu stecken.

Der Projektleiter definiert ein Gesamtziel:

Ich habe meine Kompetenz in der Teamführung bis zum MM.JJ auf 70 % erhöht. Ich fühle mich im Umgang mit Teams sicher und kompetent.

Der Projektleiter schätzt bei einer Spontanabfrage seiner Teamführungskompetenz diese auf 35 % ein – auf einer Skala von 0 % bis 100 %. Er möchte innerhalb von 18 Monaten auf das Doppelte zulegen. Aus seiner Sicht fehlen ihm vor allem Fachwissen auf diesem Gebiet sowie eine entsprechende Selbstreflexion über sein Teamverhalten.

Jetzt stellt sich die Frage für ihn: Wann mache ich was bis wann mit welchem Qualitätsanspruch?

Die Antworten führen zu Teilzielen, die die Thematik eingrenzen, bis hin zu den operativen Zielen, die in der Umsetzung die Ergebnisse einzelner Schritte aufzeigen.

TEILZIELE:

- Ich habe mir Wissen über Moderation und deren Tools in einem Training angeeignet – bis MM.JJ.
- Ich habe ein Verständnis von Gruppendynamik und von mir selbst in Teams erworben – bis MM.JJ.
- Ein Teamcoaching in der weiteren Durchführungs- und Abschlussphase im aktuellen Projekt durch einen Experten wurde bis MM.JJ genehmigt.
- Ich habe weitere Zugänge der Kompetenzentwicklung mit ... geklärt – bis MM.JJ.

OPERATIVE Ziele:

Der Projektleiter wird nun konkrete Handlungen aus den Teilzielen ableiten und sich bei seinen Einzelschritten entsprechende Ziele setzen.

- Ich habe ein Gespräch mit der Personalabteilung geführt – bis MM.JJ.
- Ich habe die Form der Aneignung von Wissen über Moderationstools und Gruppendynamik entschieden – bis MM.JJ.

Im Projektbeispiel wurden nun kurzfristige berufliche Ziele nach der Klärung der beruflichen Vision bzw. der Lebensziele dargestellt. Auch wenn Sie als Projektführungskraft mit Ihrem Team zu den Projektzielen arbeiten, sind die Strategie und Ziele des Unternehmens sowie die Unternehmenskultur wichtige Betrachtungs- „Objekte".

Vom Wunsch zum Ziel braucht es die Entscheidung, ob Sie sich überhaupt verändern wollen und was Sie ganz konkret erreichen wollen. Und dann kann es losgehen mit all den kleinen Schritten, die notwendig sind, um Ziele zu setzen, zu verändern und zu erreichen. Es wurde gezeigt, wie jemand von ganz grundlegenden Überlegungen des Lebenssinns/der Lebensziele zu recht klaren Zielaussagen im Beruf kommen kann.

 Erfolg

> Sie realisieren Ihre Vorstellungen von Erfolg und Gesundheit, indem Sie sich Ziele setzen und Ihr Vorhaben aktiv umsetzen. Sie wissen, worauf Sie bei der Zieldefinition achten werden. Ihre Klarheit über Ihre Lebensziele und Leitgedanken ist in der Planung und Umsetzung von beruflichen und privaten Zielen die Basis.

2.2.1.5 Wenn es besser laufen darf

Sie schnürten Ihre beruflichen Ziele vor einiger Zeit und setzten bereits einiges um. Jetzt empfinden Sie allerdings:

- Ihr Vorhaben stockt,
- Ihre Idee ist unattraktiv,
- Ihnen fehlt die Lust etc.

In jedem Fall geht es für Sie momentan nicht weiter und Sie möchten den Faden keinesfalls verlieren. Falls Ihnen die Gründe dazu unklar sind, wird Ihnen hier eine Überprüfung mit einem Lernfeld vorgeschlagen.

 Lernfeld L7: Orientieren und reflektieren

> (60 bis 90 Minuten und bei Bedarf, eventuell regelmäßiges Controlling abhängig vom Vorhaben)
>
> Sie schauen jetzt bspw. auf Ihren beruflichen Lebensbereich und Ihre darin gesetzten Ziele. Legen Sie sich dazu Ihre Überlegungen zu Ihrem Lebenssinn/-ziel bereit.
>
> Beantworten Sie die nachstehenden Fragen in Ihrem HBF-Buch. Nehmen Sie wahr, welche der Fragen aus Ihrer Sicht sperrig und schwierig sind. Entscheiden Sie selbst, welche Fragen Ihnen besonders dienlich in der Analyse sind.

- Inwieweit sind Gesamtziel und Teilziele noch in meinem Sinne? Passen die Ziele noch für mich? Wenn ja, warum? Und wenn nein, warum nicht?
- In welcher Form habe ich im bisherigen Verlauf mein Vorgehen und meine Ziele reflektiert? Was habe ich konkret in der Reflexion gemacht und danach verändert?
- Welchen konkreten Veränderungsbedarf sehe ich in meinen Zielen und in meiner Zielarbeit?
- Was hat bisher gut funktioniert? Was habe ich bereits gut erledigen können?
- Was hat auf dem bisherigen Weg weniger geklappt? Was konnte ich nicht erledigen?
- Welche Emotionen, welche emotionalen Befindlichkeiten habe ich in meinen Zielen dargestellt? Wie fühle ich mich jetzt? Was wird mir damit klar?
- Wofür möchte ich mich jetzt anerkennen?
- Wer hat mich auf dem Weg unterstützt und gefördert (und macht dies eventuell jetzt nicht mehr)?
- Wodurch bzw. woran wurde mir das Stocken im Vorgehen primär bewusst?
- Was hat sich (in meinem Umfeld) verändert und beeinflusst meine Ziele bzw. meine Umsetzung?
- Welche konkreten Maßnahmen aus meinem Handlungssystem (meine Aufgaben, um das Ziel zu erreichen) führ(t)en zu Schwierigkeiten, bringen bzw. brachten den Prozess ins Stocken?
- Welches Ressourcenproblem zeigt sich?
- Was kommt mir in all dem bekannt vor? Zum Beispiel: Ich beginne immer wieder Sachen, höre aber genauso schnell wieder auf, weil ich ... (bspw. meine Aufmerksamkeit dazu kaum halten kann).
- Welche Lösungsmöglichkeiten bezogen auf die dargestellten Schwierigkeiten und Probleme habe ich bereits ausprobiert?
- Welche Lösungsmöglichkeiten fallen mir noch ein bzw. kann ich noch aufgreifen?
- Was brauche ich, damit ich weitergehen kann?
- Welche Schritte setze ich jetzt? Was wird mein erster Schritt sein, um in meinem Vorhaben voranzukommen?
- Woran kann ich erkennen, wieder auf dem „richtigen" Weg zu sein?
- Woran kann mein bester Freund, mein Partner erkennen, dass ich wieder auf meinem Weg bin?
- Wie oft nehme ich mir zukünftig Zeit für eine Reflexion meines Vorgehens? Und was werde ich dabei machen?

Folgen Sie weiteren Überlegungen, wenn Sie sich noch unklar sind, warum Ihr Vorhaben ins Stocken geraten ist.

Glaubwürdig kommunizieren

Eine wesentliche Frage ist, inwiefern Sie das, was Sie wollen und erreichen möchten, für andere verständlich und glaubwürdig abbilden. Sonst kann es sein, dass Ihnen Stakeholder für Ihr Vorhaben schnell den Rücken kehren. An dieser Stelle wieder ein Beispiel: Eine Gruppe von Organisationen beschließt, sich der Gesundheit am Arbeitsplatz mit dem Schwerpunkt der psychischen Erkrankungen zu widmen. Sie wollen dazu verstärkt Führungskräfte informieren. Sie planen und führen eine entsprechende Veranstaltung durch, die auch rege besucht wird. Während der gesamten Veranstaltung erleben die Teilnehmer vor allem eins: UNGESUNDES. Sie erleben zehn unterschiedliche Vortragende in der Zeit von 10.00 bis 16.30 Uhr. Die letzte Vortragende griff das auf und die Teilnehmer konnten aufstehen und sich zumindest kurz bewegen, ansonsten war es ein Marathon von Vorträgen, der vormittags gar keine und nachmittags eine kurze Pause zuließ. Die zu kurze Mittagspause fand auf engstem Raum ohne Frischluft und Fenster statt. Wie sinnvoll ist eine derartig geführte Veranstaltung zu diesem Thema? Ist es ausschließlich die Information an die Führungskräfte? Wenn ja, kann überlegt werden, wie dem Ziel – themenspezifische Information aller Führungskräfte – in allen Handlungen Ausdruck gegeben werden kann. Gibt es eine andere Zielsetzung als die der Information zu dem Thema der psychischen Erkrankungen am Arbeitsplatz an Führungskräfte, ist die Frage, wodurch diese Veranstaltung diesem Ziel diente. Auch da lässt sich unter Umständen etwas verbessern, um die Sensibilität für das Thema zu schärfen.

Misserfolg vermeiden oder Erfolg wollen

Eine andere Frage betrifft eine Hintergrundmotivation Ihrer Ziele. Dienen Ihre beruflichen Ziele dazu, Misserfolge zu vermeiden oder erfolgreich zu sein? Anders formuliert: Geht es darum, erfolgreich zu sein oder einem Misserfolg auszuweichen?

Diese Fragestellung ist für den Einzelnen, für Teams und Organisationen bei ihren Zielentwicklungen von Bedeutung. Denken Sie an Unternehmensgründer, die mit Nichterfolgen nach und nach leben lernen und erst langsam Sicherheit in Ihren Produkten oder Dienstleistungen gewinnen. Aktionen, um Misserfolge zu vermeiden, sind langfristig kein Weg in Unternehmen.

Möchte jemand Projektleiter werden, weil er als Linienführungskraft in seinem Unternehmen nicht erfolgreich werden kann oder werden wird? Oder will jemand Projektleiter werden, weil er die Arbeit in temporären Organisationen schätzt? Unter Umständen wird die Führungskraft das Unternehmen wechseln, um entsprechend den eigenen Interessen zu arbeiten.

Innere Haltung sich selbst gegenüber

Eine weitere Fragestellung bezieht sich auf die Haltung gegenüber sich selbst, dem Team und der Organisation. Jene Führungskraft, die von sich selbst überzeugt ist, wird erfolgreicher sein bzw. müheloser erfolgreich sein als jene, der es an dieser Überzeugung fehlt. Sie kennen unter Umständen auch Führungskräfte, die viel für ihren Erfolg arbeiten, ohne wirklich erfolgreich zu werden. In so mancher Führungskraft gibt es viel Hoffnung und wenig Glauben an sich selbst. Das gilt ebenso für Teams und Organisationen. Wenn einzelne Teammitglieder daran zweifeln, einen besonderen Auftrag in dieser Gruppe erledigen zu können, dann wird der Projektfortschritt gedämpft oder gar vereitelt.

Überzogene Planungsaktivitäten können bereits auf eine derartige Motivation zeigen.

Eine Erfolgsbildung aufgrund von Misserfolgsvermeidung und fehlende Selbstüberzeugung machen das Vorhaben anfälliger für ein Scheitern, und der Weg zur Zielerreichung ist anstrengender, als dies notwendig ist.

Mit den Fragestellungen im Lernfeld L7 und den grundlegenden Fragen bezüglich glaubwürdiger Kommunikation, der Hintergrundmotivation sowie der Selbstüberzeugung verfügen Sie über eine Vielzahl von Überlegungen, warum es in Ihren Vorhaben stockt. In der Regel sind es mehrere Aspekte. Die gewonnenen Informationen sind sicherlich hilfreich, um entsprechende Schlüsse für das weitere Vorgehen daraus zu ziehen.

Nach dem vielen Lesen in diesem Buch erhalten Sie jetzt eine Übung, die mittelfristig Ihren Augen guttut. Mittelfristig deswegen, da in den Augen vielfach hartnäckige Verspannungen sitzen und es etwas Geduld braucht, bis ein Erfolg spürbar wird.

Entspannungsübung E5: Augen entspannen

(Fünf bis sieben Minuten und so oft Sie Lust dazu verspüren)

Sie sitzen aufrecht an einem Ihnen angenehmen Platz.

Sie bewegen Ihre Augen. Ihr Kopf und Ihr Hals ruhen entspannt auf Ihren Schultern.

Kreisen Sie Ihre Augen zuerst nach links (fünf bis 15 Kreise), danach ziehen Sie Kreise nach rechts (fünf bis 15 Kreise).

Schauen Sie nach oben – so weit es Ihnen möglich ist.

Schauen Sie nach unten – so weit Ihnen das möglich ist.

(Fünf- bis 15-mal auf und ab schauen)

Versuchen Sie jetzt mit Ihren Blicken eine Acht zu zeichnen, diese Acht darf so groß sein, wie es Ihnen möglich ist. Wechseln Sie die Richtung (jeweils fünf bis 15 Achter).

Zum Abschluss legen Sie Ihre Handflächen auf die Augen, die linke Handfläche ruht auf dem linken Auge und die Rechte auf dem rechten Auge.

Sie können unter Umständen ein Pulsieren wahrnehmen.

Entspannen Sie jetzt noch ein bis zwei Minuten in dieser Stellung.

Hinweis: Brechen Sie die Übung sofort ab, wenn Ihnen übel wird. Wiederholen Sie die Übung am nächsten Tag. Es kann etwas dauern, bis sie Ihnen angenehm ist. Machen Sie maximal fünfmal eine der angegebenen Augenbewegungen und steigern Sie die Anzahl in den nächsten Tagen langsam.

Aus Ihrer Führungsrolle ist Ihnen der Begriff des (Projekt-)Controllings sicherlich vertraut. In offenen Projekten, in denen Ziele und Ergebnisse unterschiedlich sind, hat das Controlling einen besonders hohen Stellenwert. Genau in diesen Stunden kann Reflexion und Lernen stattfinden. Eine kritische Auseinandersetzung mit dem Projektfortschritt ist Teil eines jeden Projektes. Der Umfang hängt von der Projektart ab. Ein zahlenfokussiertes Controlling würde das, was Controlling in einem Projekt leisten kann, nicht ausschöpfen. Die Bedienung von Unternehmensführern mit Zahlen und Daten ist dann wertlos, wenn daraus kaum gelernt wird und Komplexität und Vielfalt des Projektes ignoriert werden. Controlling ist wertvoll, wenn es als bewusste Temporeduktion, als Anhalten und Draufschauen auf das Gewinnen von Informationen und Steuerungsüberlegungen verstanden wird.

In Projekten spielt das Selbstcontrolling eine große Rolle, d. h., jeder Einzelne hat konkrete Controllingaufgaben im Projekt und ist aufgefordert, eigenverantwortlich das eigene Tun zu reflektieren. Das Gleiche gilt bei Ihren persönlichen Zielen.

Für Ihre privaten und beruflichen Vorhaben tragen Sie sich regelmäßige Zeiten in Ihrem Kalender ein, wann und wo Sie diese kritisch betrachten – eventuell in Begleitung eines Coaches. Beginnen Sie Ihre Reflexionszeiten mit mindestens fünf Minuten Stille, um ganz in der Aufgabenstellung der kritischen Betrachtung Ihres Zielfortschrittes anzukommen.

Stakeholderanalyse

Sie können Ihr Wissen, das Sie aus Ihrer beruflichen Tätigkeit kennen, für alle Lebensbereiche nutzen. An dieser Stelle wird Ihnen ein Instrument vorgestellt, welches in Projekten wichtig ist und doch viel zu wenig genutzt wird: die Projektumweltanalyse bzw. die Stakeholderanalyse. Sie wird in der Projektdefinitionsphase erstellt, laufend aktualisiert und ist die Basis für ein gelungenes Projektinformationssystem. Meist wird erst in der Anwendung dieses Instruments die soziale Komplexität in Projekten erkannt und die Basis für die professionelle Gestaltung der Beziehungen geschaffen.

Das Instrument kann Ihnen in unserer vernetzten Zeit dazu dienen, Ihre Kontakte zielbezogen in den Blick zu nehmen. Wer Freundschaften pflegen möchte und wie üblich, als Führungskraft, kaum freie Zeit hat, wird mit diesem Instrument einen guten Blick auf sein Beziehungsnetz werfen können. Diese Methode bringt auch zusätzliche Klarheit in ein persönliches Vorhaben bzw. über das, was Sie sein und werden wollen.

Sie schaffen sich mit der Stakeholderanalyse die Grundlage für ein zielgerichtetes Beziehungsmanagement. Durch die Analyse bekommen Sie Klarheit über jene Personen und Gruppen, die auf einzelne Vorhaben wirken, die Sie unterstützen werden, und jene, die es Ihnen möglicherweise etwas erschweren (Bedeutung und Einstellung zum Vorhaben von einzelnen Stakeholdern). Sie bauen darauf die Gestaltung Ihrer Interaktionen (Kommunikation, Information, Beteiligung) mit Ihren Stakeholdern auf. Mit manchen werden Sie intensiv interagieren bzw. intensiv in Beziehung stehen, mit anderen weniger (Intensität der Interaktion).

Sie finden jetzt die konkreten Schritte der Stakeholderanalyse für Projektführungskräfte (SAP) abgebildet. Diese Schritte entsprechen dem Vorgehen der Projektumwelt- bzw. Stakeholderanalyse in Projekten.

Projektbeispiel P6: Stakeholderanalyse erstellen

(60 bis 90 Minuten und regelmäßiges Controlling abhängig vom Vorhaben)

Lesen Sie die gesamte Aufgabenstellung sowie die anschließende Ausführung zu den Darstellungsmöglichkeiten durch. Entscheiden Sie, ob Sie die Darstellung grafisch oder tabellarisch vornehmen möchten, nehmen Sie Ihr HBF-Buch zur Hand und beginnen Sie mit Schritt 1.

Schritt 1 – Wählen Sie eines Ihrer konkreten Vorhaben aus

Geben Sie Ihrem Vorhaben einen Namen. Beispiele: Bereichsleiter 2013; Teamführung sicher und kompetent; Gesund in 60 Tagen; Rauchfrei in 50 Tagen; Selbstbewusster sein.

Wenn Sie für die grafische Darstellung mit einer Pinnwand arbeiten, tragen Sie in der Mitte den Namen Ihres Vorhabens ein. Sie finden im Anschluss Abbildungen von grafischen Möglichkeiten.

Schritt 2 – Sammeln Sie Ihre Stakeholder

Schreiben Sie alle Stakeholder (soziale Umwelt: Personen, Gruppen, Organisationen) auf, die auf Ihr Vorhaben wirken bzw. auf die Sie mit Ihrem Vorhaben wirken. Fragen Sie sich, wer Ihnen für Ihr Vorhaben nützlich sein kann und wer Ihnen eventuell im Weg steht. Stakeholder sind auch Ihr Partner und Ihre Familie. Bündeln Sie nicht unter Sammelbegriffen wie bspw. Familie, stellen Sie diese einzeln dar, denn einzelne Familienmitglieder bringen unterschiedliche Erwartungen mit. So sind ebenso Mitarbeitergruppen aufzulösen, wenn die Bedeutung Einzelner unterschiedlich ausfällt.

Schritt 3 – Bewerten Sie die Stakeholder anhand von drei Überlegungen

Sie bewerten dazu die

- Bedeutung einzelner Stakeholder: Macht und Einfluss auf Ihr Vorhaben bzw. auf Ihre Ziele im Vorhaben;
- Distanz einzelner Stakeholder zu Ihrem Vorhaben: Intensität der Interaktion (Kommunikation, Information, Beteiligung einzelner Stakeholder) während des Verlaufes;
- Einstellung einzelner Stakeholder zu Ihrem Vorhaben: positiv, negativ, ablehnend.

Entsprechend Ihrer gewählten Form der Darstellung stellen Sie Ihre Ergebnisse unterschiedlich dar.

In einer Tabelle bewerten Sie

- die Bedeutung auf einer Punkteskala von 1 bis 5 (1 für sehr bedeutsam und 5 für eine geringe Bedeutung),
- die Distanz auf einer Punkteskala von 1 bis 5 (1 für eine hohe Intensität der Interaktion und 5 für eine geringe Intensität),
- die Einstellung mit (p) positiv, (n) neutral und (a) ablehnend.

In einer Grafik (Bild 2.22) können Sie die Bewertungen folgendermaßen darstellen:

- Bedeutung: mit unterschiedlicher Pfeilstärke, wobei ein dicker Pfeil eine hohe Bedeutung eines Stakeholders ausdrückt und ein dünner Pfeil eine geringe Bedeutung. Sie können die Bedeutung auch mit unterschiedlichen Kreisgrößen darstellen.

- Distanz (Intensität der Interaktion): Mit unterschiedlichen Pfeillängen – ein kurzer Pfeil weist auf eine hohe Intensität der Interaktion und ein langer Pfeil auf eine geringe Intensität.

- Einstellungen: mit unterschiedlichen Farben – grün für positiv, gelb für neutral und blau für ablehnend.

- Sie können bei Bedarf nur den positiven und negativen Einfluss einzelner Stakeholder grafisch darstellen (Bild 2.23).

Schritt 4 – Erwartungsklärung

Bei Bedarf nehmen Sie eine Analyse der Erwartungen (Was erwarten Sie vom jeweiligen Stakeholder?) und der Erwartungs-Erwartungen (Was glauben Sie, erwarten die Stakeholder von Ihnen?) vor.

Schritt 5 – Kommunikation/Information/Beteiligung

Sie gestalten im letzten Schritt Ihr Beziehungsmanagement entsprechend den Ergebnissen der Analyse. Sie legen Kommunikations-/Informations- und Beteiligungsstrukturen und -prozesse fest, bspw. regelmäßige Gespräche mit einem Stakeholder, Information per Mail, Teilnahme an Veranstaltungen.

Es gibt unterschiedliche Darstellungsmöglichkeiten für Ihre Analyse (Tabelle 2.2, Bild 2.22 und Bild 2.24). Wählen Sie jene aus, die konkret für Ihr Vorhaben nützlich ist. Eine grafische Darstellung ist in Teams für den Einstieg oftmals zu empfehlen.

Tabelle 2.2 Stakeholderanalyse

Umwelt	Bedeutung	Distanz	Einstellung	Erwartungen	Erwartungs-Erwartungen	Zielorientierte KIB
Partner	1	1	positiv	...	...	
...						

KIB = Kommunikation, Information und Beteiligung

Bedeutung 1 ... sehr groß   Distanz 1 ... sehr gering

Bedeutung 5 ... sehr klein   Distanz 5 ... sehr hoch

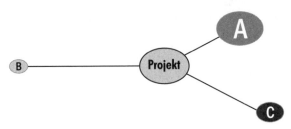

Bild 2.22 Stakeholderanalyse: Bedeutung, Distanz und Einstellung

Im Bild 2.23 werden die positiven und negativen Einflüsse einzelner Stakeholder auf Ihr Projekt dargestellt.

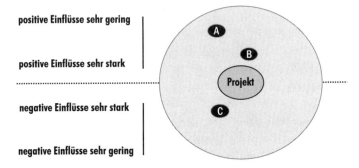

Bild 2.23 Stakeholderanalyse: Einflüsse einzelner Stakeholder

Die Stakeholderanalyse ist ebenso grundlegend für Ihre Selbstführung in Ihrem Vorhaben, gerade was den Umgang mit Ihrer Zeit betrifft. Solange Sie leben, haben Sie Zeit, die Frage ist, was Sie damit machen, wem Sie Ihre Zeit schenken. Schenken Sie insbesondere Ihnen selbst Zeit – für Ruhe und Reflexion.

Die beste Stakeholderanalyse hilft übrigens wenig, wenn diese im Schreibtisch verschwindet. Die Analyse ist ein „lebendiges Werk", da Beziehungen sich wieder verändern und neue gefunden werden.

 Erfolg

Sie beschäftigten sich damit, was und wer Sie sein und werden wollen. In Ihren verschiedenen Lebensbereichen konnten Sie konkrete Ziele für die nächste Zeit mit sich vereinbaren, und dann sind Sie die ersten Schritte in der Umsetzung gegangen. Nach den ersten Schwierigkeiten im Vorgehen geben Sie keineswegs auf, sondern reflektieren Ihre Probleme und treffen notwendige Entscheidungen. Um den Einfluss und die Unterstützungsmöglichkeiten aus Ihrer sozialen Umwelt zu erfassen, haben Sie eine Stakeholderanalyse für Projektführungskräfte erstellt. Darauf aufbauend klären Sie Ihr Beziehungsmanagement im Sinne Ihres Vorhabens.

2.2.2 Nichterfolg und gesund scheitern

Es gibt ersprießlichere Themen als Scheitern, Nichterfolg und Fehler. Doch wer schon erlebt hat, welche Veränderungen dadurch oft erst möglich werden, wird diese Lebenssituationen als Chancen sehen wollen. Prof. Dr. Sudhir Venkatesh, von der Columbia University New York, sagte dazu auf dem „Manager Meeting Europe" am 23.06.2010 in Frankfurt:

„Von den amerikanischen Personalchefs können Sie lernen, auf den Verlierer zu setzen, der sich wieder aufrappelt. Finden Sie den Mann, der sich nach einem Fehlschlag wieder fängt, und stellen Sie ihn auf der Stelle ein. Jeder Narr kann gewinnen. Aber der schlaueste Mann im Raum ist derjenige, der aus der Asche wieder aufersteht." Das gilt hoffentlich auch für Managerinnen!

Ähnlich wie beim Begriff „Erfolg" geht es hier darum, sich den Begriffen „Scheitern" und „Fehler" zu nähern und davon konkrete Ideen im Umgang damit zu bekommen.

2.2.2.1 Scheitern – ein Erfolgsausschnitt

„Diesen Abschnitt könnte man doch überspringen, Scheitern ist wirklich kein gutes Thema ...!" Könnten Sie es sein, der das sagt, oder sind Sie neugierig zu lesen, was hier dargestellt wird? Für viele ist die Überschrift eher keine Einladung zum Lesen. „Er hat noch nie etwas in den Sand gesetzt ..." klingt zwar wenig überzeugend, aber wirkt allemal besser als „Er ist ab und zu gescheitert ...".

Wer will schon erfolglos sein, wer denkt schon über Scheitern nach? Dabei gehört Scheitern zum Leben (von Erfolgreichen), wie sich selbst an prominenten Menschen gut verfolgen lässt.

„Erfolg heißt, einmal mehr aufstehen als hinfallen", sagte schon Winston Churchill (www.erfolgszitate.de). Der Hochgenuss, nach einem Fall wieder und verändert zu stehen, wird erst einige Zeit danach erfahrbar. Ganz anders ist das Scheitern auf Kindesbeinen: Das kleine Kind scheitert täglich, ohne es als etwas Negatives zu erleben. Aufstehen und Fallen ist eine Einheit, das gehört zusammen. Erfolg ist untrennbar mit Nichterfolg verbunden. Wieso fällt jemand auf Erwachsenenbeinen nicht mehr? Warum ist gerade in einer dualen und komplexen Weltsicht das Scheitern ausgenommen? Sie erkennen oftmals den Erfolg am Nichterfolg! Wer von (eigen)verantwortlichen und selbstorganisierten Menschen spricht, spricht im gleichen Zuge vom Scheitern derer. Das eine geht ohne das andere kaum. Wer selbst entscheidet, was er zu tun und zu lassen hat, geht einen eigenen Weg, auf dem Steine liegen. Wer stolpert dabei niemals?

Wenn Sie jemand kennen, der niemals gescheitert ist, ist zu fragen, was diese Person unter Scheitern versteht. Die Person lässt unter Umständen den Begriff Scheitern weg, wenn es um die Beschreibung derartiger Erfahrungen geht. In der heutigen Geschäftswelt ist es unüblich, offen über Scheitern oder über Schwächen zu sprechen – insbesondere in Managementkreisen (Bild 2.24).

Psst ... leise, das braucht doch
niemand zu wissen!

Bild 2.24 Ich bin gescheitert

Scheitern gehört zum Erfolg, insbesondere für den, der sein Leben (eigen)verantwort-
lich und selbstorganisiert führt. Versuchen Sie im nächsten Lernfeld mit dem Thema
Scheitern auf Tuchfühlung zu gehen.

 Lernfeld L8: Scheitern dürfen

(60 Minuten und bei Bedarf)

Suchen Sie sich einen Platz, den Sie als sehr angenehm empfinden, wo
es ruhig und bequem für Sie ist. Der Rahmen ist hier von Bedeutung.

Nehmen Sie nun Ihr HBF-Buch zur Hand und beantworten Sie die Fragen:

- Darf ich scheitern? Wenn ja, warum glaube ich das von mir bzw. denke ich so? Wenn nein, warum nicht?
- Was bedeutet Scheitern für mich persönlich?

Erinnern Sie sich jetzt an eine Situation, in der Sie sich als gescheitert
erlebten. In Bild 2.25 sehen Sie eine Fülle von Fragen, die Sie in der
Reflexion Ihres Scheiterns in der ausgewählten Situation beantworten
können.

Bild 2.25 Scheitern hinterfragen – reflektieren und gewinnen

- Wer ist gescheitert? Ich! Durfte ich in dieser Situation scheitern?
- Wer ist davon noch betroffen? Wer noch?
- Womit bin ich gescheitert (eigenes Vorhaben, einem Projekt ...)?
- Weshalb und woran bin ich konkret gescheitert (Gründe Ihres Scheiterns)?
- Wann (in welchem Lebensabschnitt) und worin (in welchem Lebensbereich/in welcher Tätigkeit als ...) bin ich gescheitert?
- Wie bin ich damit umgegangen?
- Wozu bin ich gescheitert? Was konnte ich erkennen, lernen, verändern? Worin empfinde ich nach dieser Erfahrung mehr Wertschätzung für mich?

In den weiteren Ausführungen werden einige der Fragen aus dem Lernfeld allgemeiner besprochen – beginnend mit der Fragestellung, wer scheitert bzw. wer scheitern darf.

In Führungskreisen bleibt Scheitern bis dahin ein Tabuthema, solange der Kreis von Beteiligten bzw. Betroffenen und der Schaden begrenzt sind. Öffentlich kann es werden, wenn das Ausmaß des Scheiterns größere Kreise zieht, denken Sie an verschiedene Firmenskandale.

Hinzu kommt, dass es in unserem Kulturkreis Berufsgruppen gibt, die kaum scheitern dürfen, bspw. Pfarrer, Ärzte, Lehrer, Professoren, Berater. Selbst wenn sich der „Glaube" an diese Berufsgruppen verändert hat, diese Erwartung jedoch kaum. Die Erwartung, dass deren Vorhaben erfolgreich sein müssen oder sie nicht an sich selbst scheitern dürfen, ist extrem hoch, oftmals zu hoch. So ist es wenig zu verdenken, wenn manche Ratgeber und Helfer an ihrer Überheblichkeit scheitern, Mediatoren an ihrer eigenen Konflikt(un)fähigkeit und Pfarrer an einem institutionellen Glauben, der vielleicht doch nicht in vollem Umfang ihr eigener ist. Andere Berufsgruppen wiederum leben vom Scheitern (in Beziehungen) anderer, bspw. Rechtsanwälte, Staatsanwälte und Richter. Selbstverständlich erleben auch diese Menschen Nichterfolg bzw. Scheitern im Leben.

Auch wenn jeder Mensch in seinem Leben Erfahrungen von Scheitern macht, stellt sich trotzdem für viele die Frage: Darf ich scheitern? Woher kommt das? Die Frage, inwieweit sich jemand zugesteht, scheitern zu dürfen, führt in eine Vielschichtigkeit der Betrachtung, die schon in frühen Kindheitstagen beginnt. Es gibt Herwachsende, für die Scheitern das Schlimmste ist (bspw. in Spielen zu verlieren, schlechte Noten in der Schule), andere wiederum reagieren darauf kaum oder belustigt. Studenten und junge Führungskräfte scheitern in Prüfungen, in Projekten und gehen damit völlig unterschiedlich um.

 Übung Ü8: Darf ich scheitern?

(30 bis 60 Minuten und bei Bedarf)
Wählen Sie sich einen Ort, den Sie mögen, wo es schön für Sie ist.
- Wie habe ich Scheitern in meinen Kindheitstagen erlebt?
- Wenn ich als Kind und später als Erwachsener gescheitert bin – welche Parallelen lassen sich für mich erkennen?
- Wie sind Freunde, Kollegen, Eltern mit meinem Scheitern umgegangen, wie wurde darauf reagiert?
- Was konnte ich durch das Scheitern gewinnen?
- Welche Verluste gab es?
- Wie bin ich mit mir selbst umgegangen, wenn ich gescheitert bin?

Beantworten Sie diese Fragen und tragen Sie die Antworten in Ihr HBF-Buch ein.

Die Fragen, in welchen Bereichen jemand offen scheitern und wo jemand darüber sprechen darf, sind schnell beantwortet. Scheitern darf, wer damit der Belustigung anderer (Fernsehen) oder zur Ablenkung von anderem dient. Die Tageszeitungen und Nachrichten berichten eifrig vom Scheitern anderer – gescheiterte Beziehungen, Privatinsolvenzen, gescheiterte Existenzgründungen.

Scheitern hat eine breite Öffentlichkeit, doch es sind immer die anderen.

Wer sind die anderen? Die in den Zeitungen oder doch auch jene in der unmittelbaren Nachbarschaft, ein Führungskollege, ein Beraterkollege? Ein benachbarter Familienvater, der gescheitert ist, seinen Job verloren hat, sein Haus und was sonst noch alles? Eine Projektleiterin aus dem Führungsteam, die in einem Projekt scheitert? Ein Vorstand oder ein Berater, den Sie kennen und der in einem Unternehmen scheitert?

Scheitern kann jedem passieren – so ist das halt. ABER: Ich selbst darf keinesfalls scheitern! Diese Haltung ist ungesund. In vielen Fällen ist die Versagensangst umso größer, je weniger sich jemand zugesteht, scheitern zu dürfen. Dieses Nicht-scheitern-Dürfen erzeugt einen hohen Druck im Einzelnen.

Über das eigene Scheitern wird hinter verschlossenen Türen in Therapien und Coachings gesprochen. Wenige dürfen wissen, wenn man gescheitert ist und mit dem Scheitern Probleme hat. Dabei ist gerade jemand, der ernsthaft den begleiteten Weg in Therapie oder Coaching geht, offen und meist effektiv im Umgang mit Scheitern. Das sind Vorbilder!

Wer möchte schon Geschichten vom Scheitern hören, Schmerz und Verzweiflung in einer konkreten Situation mitfühlen. Dafür wollen und können sich Erfolgsträger (= potenzielle Nichterfolgsträger) oft keine Zeit nehmen. Das hat mit unserer Gesellschaft zu tun und mit der individuellen Angst vor dem Scheitern. Generell ist in unserer Gesellschaft die Präsentation von Erfolg gefragt, und dabei ist Erfolg unter Umständen das, was jemand anders definiert.

Mit der Arbeit an Ihrem Erfolgsbild klärten Sie für sich persönlich, was Erfolg für Sie ist. Nun geht es um die Frage: Was ist Nichterfolg bzw. Scheitern – was heißt das überhaupt, wer definiert, wann jemand gescheitert ist?

- Ist es das Schiff, das zerschellt, wenn es im Sturm auf Klippen geworfen wird?
- Scheitert jemand, weil ein Wunsch unerfüllt bleibt, ein Ziel aufgegeben wird?
- Ist Scheitern eine singuläre Begebenheit auf dem Weg zu neuen Zielen?
- Ist ein Projekt gescheitert, wenn vor der Zielerreichung die temporäre Organisation aufgelöst wurde?
- Ist das Unternehmen gescheitert, wenn es schließt?

Scheitern bezog sich früher auf Schiffe, auf Fahrzeuge, die in Stücke brechen – „zu Scheitern werden" (Kluge 1999, Seite 716). Heute wird der Begriff verwendet, wenn jemand das Ziel verfehlt, zu Fall kommt, etwas nicht zu Ende bringen kann, etwas missrät, ein Vorhaben misslingt oder etwas fehlschlägt.

Personen bzw. Teams oder Organisationen können mit ihren Vorhaben zu jeder Zeit scheitern, keineswegs gelingt alles. Doch was sind die Bezugspunkte, woran eine Person, eine Gruppe, eine Organisation erkennen kann: Ja, jetzt sind wir bzw. jetzt bin ich gescheitert?

Mein Scheitern

Scheitern – wie tief, wie weit, wie hoch, wie breit ...? Im Lernfeld wurde gefragt: Was bedeutet Scheitern für Sie persönlich? Wo fängt es an, wo hört es auf? Wenn Sie einkaufen gehen wollen und daran scheitern, weil Sie keinen Parkplatz finden, dann ist das zermürbend, doch kaum nachhaltig von Bedeutung. Wenn Sie den Job verlieren oder ein Projekt auf Grund läuft, ist das etwas anderes. Und auch da ist zu differenzieren: Wenn Sie den Job verlieren, weil alles darangesetzt wurde, den Job loszuwerden, werden Sie das kaum mit Scheitern verbinden. Andere wiederum, die diese Information in Händen halten – Sie haben den Job verloren – werden unter Umständen annehmen, dass Sie gescheitert sind. Also woran würden Sie bei sich selbst festmachen, ob Sie gescheitert sind oder nicht? Inwiefern sind Sie gescheitert, wenn Sie Ihre Ziele, die Sie sich in den einzelnen Lebensbereichen und Lebensabschnitten gesetzt haben, nicht erreichen?

Erfolg und Nichterfolg sind eng mit dem verbunden, was jemand kurz-, mittel- und langfristig erreichen möchte. Wenn Sie sich Ihr agiles Erfolgsbild fertigen, reflektieren Sie Ihre Ziele und stellen Sie sich die Frage, woran Sie scheitern können – genau so wie in einem Projekt oder Unternehmen mit dessen Zielen.

Denken Sie bspw. an jemanden, der ein kreatives und freies Leben führen möchte, der darin den Sinn seines Lebens sieht. Die Fragen, die sich die Person stellen kann, sind:

- Was müsste/könnte ich tun, um zu scheitern?
- Woran würde ich selbst erkennen können, ob ich gescheitert bin?
- Woran würden es andere merken?

Nehmen Sie an, die Person, die frei und kreativ leben will, lernt auf ihrem Weg jemand kennen und lieben, Kinder folgen und der Alltag von Arbeit und Familie zieht ein. Ist so jemand dann gescheitert. Ja und nein!

- Ja, wenn diese Person jetzt meint, es ist jetzt aus mit der Freiheit und Kreativität.
- Nein, wenn diese Person jetzt neugierig ist und überlegt, wie sich Freiheit und Kreativität in der neuen Situation leben lassen.

Selbst wenn andere meinen, die Person sei gescheitert, muss das selbst so keineswegs empfunden werden. Wer was als erfolgreich und erfolglos sieht, hängt von äußeren Einflüssen ab, doch der Raum, in dem jemand das für sich selbst definiert, ist genauso da. Er wird allerdings selten genutzt. Es entscheidet jeder für sich über Erfolg und Nichterfolg.

 Je bewusster Sie in einzelnen Lebensabschnitten an Ihrem agilen Erfolgsbild (für Ihr Leben, für einzelne Lebensbereiche oder Vorhaben) arbeiten, sich Zeit dafür nehmen,

- desto transparenter werden Ihr Erfolg und Ihr Nichterfolg,
- desto weniger scheitern Sie aufgrund fremder Erfolgsdefinitionen.

Im Wechselspiel von Erfolg und Nichterfolg wird in der Regel viel gewonnen. Es gibt im Scheitern mehr zu lernen, als wenn alles glattgeht. Auch Geschichten von anderen, die einem auf dem eigenen Weg einiges mitgeben, sind wertvoll. Wer bereits ein ähnliches Erlebnis hatte, ist mit einem derartigen Austausch besonders reich beschenkt. Der Mut darüber zu sprechen ist oftmals erst da, wenn ein anderer zuerst spricht. Mit einem Mal werden eigene Situationen des Scheiterns lebendig. Sie wollen erzählt und verarbeitet werden.

Emotionen brauchen Raum

Nehmen Sie an, eine Führungskraft hat ihre Ziele im beruflichen Bereich geklärt, folgte dem Weg eine geraume Zeit und machte dann die Erfahrung, wie ein wesentliches Vorha-

ben scheitert, an was auch immer. Erstmals ist es dann egal, worin das Scheitern zu begründen ist. Scheitern ist Scheitern, und das schmerzt. Angst, Unsicherheit, Ärger und
Wut sind Emotionen, die sich zeigen werden. All diese Emotionen wollen wahrgenommen
werden (Bild 2.26). Trauer und Enttäuschung bereiten den Boden für das Loslassen des
Alten und das Sicheinstellen auf Neues. Sie gestehen sich zu: Ich darf soundso viele Tage
intensiv trauern, danach trauere ich und denke nach. Irgendwann löst sich die Trauer,
Neugier und Freude mischen sich in die eigene Gefühlswelt. Den Emotionen wurde, egal
ob Trauer oder Wut, Raum gegeben. Sofort in die Reflexion zu gehen, bringt wenig.

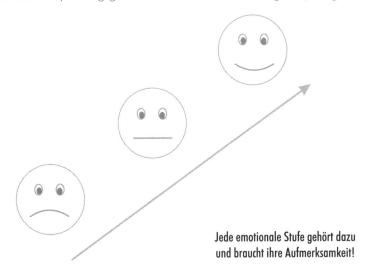

**Jede emotionale Stufe gehört dazu
und braucht ihre Aufmerksamkeit!**

Bild 2.26 Gefühlvoll scheitern

Der Umgang mit Nichterfolgen ist recht unterschiedlich. Manche bleiben in solchen Situationen gerne ein Opfer, und das Umfeld ist ein zu lokalisierender Täter, die Emotionen überschwemmen die Person völlig. Andere Menschen verdrängen. Sie tun so, als
wäre nichts gewesen, und gehen einfach weiter. Sie zeigen sich verständig in Gesprächen über ihr Scheitern. Geht die Erfahrung einer Niederlage allerdings zu tief und ist
diese aus ihrer Sicht keineswegs gerechtfertigt, so sinnen sie mehr als alle anderen über
eine Rache nach, die sie umsetzen werden. Wieder andere gehen in den Kampf auf dem
Feld, auf dem Sie eine Niederlage erlebten.

Begleiter in der Reflexion des Scheiterns

Eine Niederlage wirft einen auf sich zurück und zwingt einen dazu, in die Selbstreflexion zu gehen. Wer aus seiner Sicht gewichtig scheitert, tut gut daran, sich ein Stück weit
begleiten zu lassen. Der Erfolgsdruck im Außen, das Verschweigen von Erfolglosigkeit
in einem Vorhaben erfordert in manchen Fällen eine professionelle Begleitung, um konstruktiv mit Scheitern umzugehen. Heute gibt es eine Reihe von Beratern und Coachs,
die auf die Themen „Begleitung nach dem Scheitern, Umgang mit Scheitern und Misserfolgen" spezialisiert sind. Die Kunden dieser Berater sind Unternehmer und Arbeitnehmer in den unterschiedlichsten Positionen. Sie erleben, wie fähige Unternehmens-

gründer nach dem Scheitern alleine keine Kraft für einen neuen Anfang finden. Dabei kann es jedem passieren, mit guten Ideen zur falschen Zeit am falschen Ort zu sein. Auch Coachs und Berater können mit ihren Vorhaben scheitern, sie können mit ihrer Selbständigkeit scheitern und kehren in eine Anstellung zurück. Sie können in der Beratung eines Kunden in die Projektmisere gezogen werden und den Blick auf das Ganze verlieren – der Auftrag scheitert. Alle reflexiven Erkenntnisse in Coaching und Supervision ändern nichts daran, dass er in diesem Auftrag gescheitert ist. In Beraterkreisen dienen solche Erfahrungen auch dazu, bescheiden zu bleiben.

Der Ausspruch „Scheitern will gelernt sein" ist in unserer Zeit für viele Realität.

Eine Vielzahl von Gründen des Scheiterns

Woran jemand in einem Lebensabschnitt und Lebensbereich scheitern kann, ist vielfältig. Dazu lassen sich eine Vielzahl von Gründen finden, aus denen gelernt werden kann. Äußerst selten verbirgt sich hinter einem Scheitern ein einziger Grund.

Nehmen Sie ein Beispiel: Eine Führungskraft, die alles für den Erfolg des Unternehmens tut, sich abstrampelt und dabei die eigene Gesundheit außer Acht lässt, verbraucht ihre Kraft in wenigen Jahren und erkrankt nachhaltig. Um über die Gründe dieses Scheiterns an der eigenen Gesundheit nachzudenken, die Gefühle dazu wahrzunehmen, kann eine bildliche Darstellung dienlich sein. In der Mitte des Bildes gibt die Führungskraft dieser Erfahrung einen Namen, bspw. saure Kirsche. Die Äste stellen jene Bereiche dar, über die nachgedacht werden kann. Aus der erfahrenen Selbstausbeutung kann die Führungskraft lernen, wenn sie reflektiert und andere Wege für sich in der Zukunft wählt (Bild 2.27).

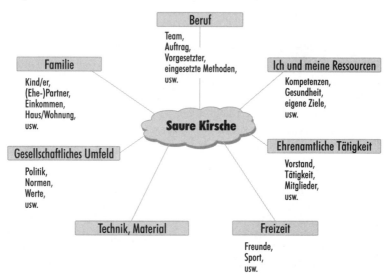

Bild 2.27 Saure Kirsche

Die Systeme, in denen diese Person tätig ist und lebt, sind genauso zu betrachten wie die eigene Person. Es können auch technische Ursachen sein, die etwas unmöglich machten.

Ein anderer Zugang in der Reflexion des Scheiterns kann über die Erfolgsgrafiken, Bild 2.3 bis Bild 2.5 in diesem Kapitel, erfolgen. Wenn Sie das Wort „Erfolg" mit „Scheitern" austauschen, gewinnen Sie Informationen zum Thema Scheitern. Exemplarisch wird dies mit Bild 2.28 – Basis ist das Bild 2.5 – verdeutlicht. Die Variablen des Erfolgs sind auch jene für die Reflexion des Nichterfolgs.

Bild 2.28 Variablen des Nichterfolgs in der Führung

Das Management von Komplexität und Unsicherheit führt auf Wege, auf denen jeder scheitern kann. Diese Anerkennung der Situation im Vorfeld tut gut, bevor die Reflexion beginnt. In der Reflexion ist zu beschreiben,

- auf was sich das derzeitige Scheitern in der Führungsrolle konkret bezieht (aktuelle Nichterfolgskonstellation),
- inwieweit die Führungskraft selbst dafür verantwortlich ist, wie weit der eigene Einfluss ging, die Frage nach Verantwortung ist keinesfalls mit der Frage nach Schuld oder Unschuld zu verwechseln,
- ob bzw. welche soziale Umwelt am Scheitern beteiligt und/oder davon betroffen ist.

Scheitern in Projekten

In der Projektarbeit ist die Erarbeitung und Definition von Zielen und Erfolg ein gemeinsamer Prozess, und die Ziele selbst (Arten, Qualität, Detaillierungsgrad ...) sind abhängig von der Projektart, also vom konkreten Auftrag. Wie verhält es sich mit Projektzielen, die permanent zu verändern sind, weil das Vorhaben enorm veränderungsgeladen ist? Kann da von Scheitern überhaupt noch gesprochen werden? Ja und nein!

- Ja, wenn bspw. in einem Projekt die Ressourcen gekappt werden, da das Unternehmen einen Nachfrageeinbruch erleidet. Das Projekt ist trotz hervorragender Erfolgsaussichten zu stoppen. Oder ein Projekt wird abgebrochen, weil ein Projektauftraggeber anderweitig seine Interessen und Macht konzentriert.

▪ Nein im Sinne von: Die Ziele insbesondere in offenen Vorhaben zu verändern, weitere
– neue und andere – Informationen in der Zielanpassung aufzunehmen, ist Teil der
Projektarbeit. Sie laufen damit weniger Gefahr, zu scheitern.

Das Zielcontrolling und die entsprechenden Anpassungen stellen in offenen Projekten
ein überlegtes Handeln dar. Wenn dagegen die konkreten Ziele in einem geschlossenen
Projekt weitreichend verfehlt werden, sind der Projektleiter und das Team mit diesem
Vorhaben zumeist gescheitert.

Die Gründe eines Scheiterns sind vielfältig. In Projektmanagementstudien werden oftmals zentrale Ursachen dargestellt. Im Projektmanagementblog http://pm-blog.com, im
Projektmagazin www.projektmagazin.de oder in einer Suchmaschine lassen sich mit
den Stichworten „Projekte scheitern" schnell Informationen gewinnen. Zentral sind in
allen die Themen Ziele und Planung, die Steuerung von Gruppen, die Kommunikation
in Projekten, Unklarheit in den Rollen und die Verfügbarkeit von Ressourcen. Die Sicht
auf Projektmanagement in diesen Studien ist unterschiedlich, von daher sind die Ergebnisse unterschiedlich aussagekräftig. Dennoch ist eine Sicht auf die Studienergebnisse
für Projektführungskräfte dienlich.

Vielleicht wünschen Sie sich gerade eine kleine Auszeit. Entspannen Sie sich daher mit
dieser Übung.

 Entspannungsübung E6: Sich liebend umarmen

(Fünf bis sieben Minuten und so oft Sie Lust dazu verspüren)

Setzen Sie sich aufrecht hin, schließen Sie Ihre Augen. Lassen Sie Ihre
Schultern entspannt fallen. Beobachten Sie Ihre Atmung.

Jetzt verbinden Sie sich mit etwas, was Sie besonders lieben, das können
Partner, Kinder, der Garten, Tiere oder die Berge sein. Sie fangen an, diese Liebe zu spüren und ganz in dieser Liebe zu sein.

Umarmen Sie sich selbst mit dieser Liebe. Wertschätzen Sie das, was Sie
gerade sind, mit Ihrer Liebe.

Bleiben Sie darin und genießen Sie Ihre Liebe.

Ein Stück weiter vorne tauchte die Frage auf: Welche Vorsorgen gäbe es, um nicht zu
scheitern? Wie kann man schon früher erkennen, wenn sich etwas davon entfernt, gut
auszugehen? Eine Führungskraft, die primär als Projektauftraggeber arbeiten möchte,
sich dazu klare Ziele setzt, kann ein Gefühl beschleichen, wonach sich der definierte
Erfolg im definierten Zeitraum absehbar nicht einstellt. Aber was heißt hier: Gefühl und
absehbar? Wie kann jemand „hellfühlig", „hellhörig" sein und erkennen, ob ein Vorhaben gelingen wird? Wie kann jemand schnell und gut sehen, inwieweit er noch am
richtigen Weg ist? „Hellfühlig" klingt für manche etwas esoterisch, es geht simpel darum, dass Sie die Informationen, die Sie von sich selbst bekommen (körperliche, emotionale und mentale Signale), wahrnehmen und respektieren zu lernen. Es geht nicht um

das Lesen im Kaffeesatz oder sonstige Weissagungen. Sie haben eine physische, psychische und geistige Ebene, die Sie für Ihre Zwecke nutzen können.

Sich selbst lauschen

Stellen Sie sich vor, Ihr Köper ist ein Resonanzkörper. Sie nehmen alles wahr, was um Sie herum geschieht, bzw. Sie gestalten das, was Sie wahrnehmen, selbst (siehe Beobachtung Kapitel 1). Wodurch werden Sie „informiert", wenn etwas auf keinen Fall zu Ihnen passt? Was ist Ihr Seismograf, wenn Sie von Ihrem Weg abkommen (werden)? Ist es Ihr Körper, Ihre Psyche, Ihr Geist oder Ihre Seele? Manche reagieren auf weniger angenehme Erfahrungen mit körperlichen Symptomen, wie Kopfschmerzen, andere fühlen sich niedergeschlagen, wiederum andere entdecken in sich einen Konzentrationsmangel. Hier findet keine medizinische Beleuchtung Ihrer Symptome statt. Es geht um das Bewusstsein, wie Sie auf potenziell unangenehme Erlebnisse, die unter Umständen eintreffen können, ganz speziell schon im Vorfeld reagieren. Aus der Gehirnforschung ist Ihnen bereits bekannt, dass unser Gehirn etwas schlitzohrig ist. Es erfindet oftmals Geschichten, die uns glauben machen, etwas sei für uns weniger gut. Gerade wenn es um Veränderungen geht, etwas völlig Neues erfahren werden sollte, bringt diese Unsicherheit oftmals eine Reihe von körperlichen, emotionalen und geistigen Impulsen mit sich, die bei näherer Betrachtung unsinnig sind. Beispielsweise können es Ängste oder Bedenken aus vergangenen Zeiten sein, die mit der gegenwärtigen Realität kaum etwas zu tun haben. Von daher ist es wichtig, die eigenen Impulse zu hinterfragen und deren Wert einzuschätzen. Sinn der Betrachtung ist es herauszufinden, was ich brauche, um mich in der Veränderung bspw. wohler zu fühlen und so weniger Gefahr laufe, mich selbst zu torpedieren. Der Schritt, ungute Emotionen oder körperliche Schmerzen egal welcher Art wahrzunehmen, ist der erste, diese Wahrnehmungen zu reflektieren und ihnen dann Rechnung zu tragen, sind die nächsten Schritte.

Heute werden viele dieser körpereigenen Symptome (= Informationen) medikamentös weggedrückt, was in bestimmten Situationen kurzzeitig durchaus sinnvoll ist. Als eine mittelfristige oder eine Dauerlösung ist es unbrauchbar, weil eine Vielzahl von weggedrückten Erschütterungen irgendwann das Ganze – Ihre Psyche, Ihren Körper oder Ihren Verstand – erschüttern.

Risiko- und Chancenmanagement

Im Projektmanagement wird im Rahmen der Vorsorge von Risikomanagement und Frühwarnindikatoren gesprochen. Der Begriff Risiko ist in den meisten Fällen mit der Idee verbunden, etwas Negatives bzw. Hinderliches tritt ein. Oftmals besteht dahinter sogar die Ansicht, wonach jemand schon zu Beginn genau und detailliert weiß, welche Risiken auftreten können. Das passt gut in die Welt der Linie und in geschlossene Projekte, in denen das Was und Wie bekannt ist. Die Überlegung eines solchen Risikomanagements in der Projektwelt von Veränderung, Unsicherheit, Komplexität usw., also in offenen Projekten, greift unter Umständen zu kurz. In der Projektsteuerung erlebt ein Projektteam oftmals eine Vielzahl von Überraschungen, deren potenzielle Folgen sofortige Entscheidungen fordern. Sind das Risiken im Sinne von etwas Negativem, oder sind das Chancen für ein Unternehmen? In der Risikosicht werden unter Umständen solche Überraschungen ohne zu hinterfragen vom Tisch gefegt. Vielleicht ist die Überraschung im Projekt eine großartige Chance im Vorgehen, im Unternehmen? Diese Offenheit ist in Teams und bei den Projektleitern nützlich. Sinnvoller ist es daher, von einem Risiko- und Chancenmanagement zu sprechen.

 Projektbeispiel P7: Woran können wir scheitern?

(60 bis 90 Minuten und regelmäßiges Controlling abhängig vom Vorhaben)

Im Team wurde die Projektdefinition vorgenommen und entsprechend die Projektziele gemeinsam erarbeitet. Ihre Teammitglieder fühlen sich durch den Erfolgs- bzw. Zielbildungsprozess schon einigermaßen gleich gut im Boot.

In der Projektpraxis setzen Sie nun als Projektleiter den nächsten Schritt und fragen Ihr Team mit einer Einleitung wie bspw.: Wir verfügen nun über gemeinsame Ziele.

▪ Welche Überraschungen kann es im Projektverlauf geben?

▪ Woran können wir scheitern?/Was kann uns im Weg stehen?

Jeder ist nun aufgefordert zu sagen, was ihm einfällt. Sie sammeln die Beiträge, ohne diese zu kommentieren – weder von Ihnen als Projektleiter noch von einem Teammitglied.

Erst in einem weiteren Schritt werden die Beiträge kritisch betrachtet.

Sie können die Beiträge mit Eintrittswahrscheinlichkeit und Tragweite für das Projekt bewerten auf einer Skala von 1 bis 5, wobei 1 eine hohe Eintrittswahrscheinlichkeit (EW) bzw. große Tragweite (TW) und 5 eine niedrige EW und geringe TW ausdrückt.

Die gleiche Frage stellen Sie übrigens wieder, nachdem Sie mit Ihren Beteiligten den Projektstrukturplan erstellt haben.

▪ Vor uns liegt unser gemeinsam erstellter Projektstrukturplan, die Fragen nach Überraschungen und Gründen für ein Scheitern stellen sich erneut.

Sammeln Sie die Beiträge und bewerten Sie diese erst im zweiten Schritt.

Der Aufwand im Risiko- und Chancenmanagement hängt von der Projektart und der Projektgröße ab. Wenn der Aufwand von vorgeschriebenen unternehmensinternen Regeln abhängt, prüfen Sie genau, worauf es – bei all dem, was Sie erfüllen müssen – für Sie und Ihre Gruppe ankommt. Risikomanagement ist kein Dokumentationsmanagement. Es ist etwas Veränderungsgeladenes!

Das sind Grundüberlegungen eines Risiko-/Chancenmanagements in einem einzelnen Projekt. Die Frage nach dem, woran das Projekt scheitern kann, stellt sich immer. Das Team, die Gruppe kennt so manche Risiken bereits am Beginn, kann sie bewerten und einen entsprechenden Umgang damit vereinbaren.

Diese Fragestellungen nach Überraschungen und nach dem, woran man scheitern kann, ist genauso Ihren persönlichen Vorhaben dienlich. Sie definieren Erfolg (Ziele), Sie erstellen zu einem größeren Vorhaben einen Projektstrukturplan und Sie fragen nach Ihren Chancen und Risiken. Das projektähnliche Vorgehen macht Spaß und macht sich bezahlt.

 Erfolg

In den vergangenen Ausführungen wurde das Thema Scheitern beleuchtet. Eine der Fragen war: Scheitert jemand oder wird er „gescheitert"? Eng mit dieser Unklarheit verbunden ist die Überzeugung, es scheitern ausschließlich andere. Sie allerdings wissen, dass Sie selbst Ihre Realität schaffen, von daher scheitern können und für Ihr Scheitern verantwortlich sind.

Indem Sie festlegen, was Sie wollen, machen Sie Erfolg und Nichterfolg für Sie persönlich transparent. In den Ausführungen konnten Sie Ihr persönliches Verhältnis zum Scheitern klären, und Sie erlauben sich, zu scheitern und zu lernen. Wenn Sie tatsächlich scheitern, geben Sie Ihren Emotionen Raum und gewinnen durch eine Reflexion dieser Erfahrung für Ihre weiteren Vorhaben. Mit der bewussten Wahrnehmung Ihrer körperlichen und emotionalen Signale sowie mit Tools aus der Projektarbeit können Sie ein potenzielles Scheitern früher als bisher erkennen.

Der nächste Abschnitt widmet sich der Themenstellung „Fehler". Bekommen diese zu wenig Beachtung, kann dies zum Scheitern des gesamten Vorhabens führen. Das und einiges mehr zu Fehlern ist der Fokus in den nächsten Ausführungen.

2.2.2.2 Die gute Schule: Fehler

Einige Leser erinnern sich jetzt vielleicht an die Schulzeit und den wahrscheinlich wenig positiven Umgang mit Fehlern. Wer wurde schon ermuntert, Fehler zu machen? Das hat sich in den Schulen im Ansatz etwas verändert. Befragungen von Schülern zeigen, wie heute in der Anfangsphase eines Lernprozesses Fehler im Sinne von Trial and Error gemacht werden dürfen. In der Sicherungs- und Evaluationsphase ändert sich dies wieder: Fehler „... werden als Defizite angesehen, derer man sich offensichtlich schämen muss und die massiv in die Leistungsbewertung einfließen" (Chott o. J.). In jenen Fällen, in denen Lehrer hilfreich bei Fehlern zur Seite standen und Fehler als etwas Positives aufgenommen wurden, konnten die Schüler aus den Fehlern lernen. Der Aufbau einer Fehlerkultur als Teil einer Lernkultur, in der Schüler lernen, ihre Fehler zu durchschauen, Fehler zu analysieren und lernwirksam auszumerzen, ist wichtig für alle schulischen und universitären Organisationen. „Man kann folglich von einem Metawissen über Lernprozesse sprechen" (Chott , o. J.). Genau dieses Wissen, welches in der Folge in der Berufswelt wesentlich ist, ist in Ausbildungszeiten zu erwerben und zu üben.

Die Angst vor Fehlern, vor dem Scheitern ist für viele Schüler heute unverändert geblieben. Menschliche Fehler im Denken, Planen und Handeln werden wie Scheitern zu oft unmittelbar mit Versagen assoziiert. Doch Fehler gehören zum Erfolg: „Wer Erfolg haben will, darf keine Angst haben, Fehler zu machen!" (Frank Tyger, amerikanischer Schriftsteller, www.zitate.de). Ein verantwortlicher Umgang mit eigenen und fremden Fehlern ist oftmals erst zu lernen.

 Fehler kommt von verfehlen, irren, täuschen, ohne die Aussage, ob das positiv oder negativ sein kann. So kann, wer sich irrt, recht positiv überrascht werden. Auch das, was für den einen ein Fehler ist, kann von anderen anders gesehen werden.

Je nach Interesse und bezogen auf den Kontext des Einzelnen kann etwas als Fehler wahrgenommen werden oder auch nicht.

Wenn Fehler als eine Abweichung von einer Norm oder Nichterfüllung einer Forderung verstanden werden, ist alles, was dem nicht entspricht, ein Fehler. Wie verhält es sich in einem Raum, in dem es keine Norm gibt, an der sich jemand orientiert kann? Und wie verhält es sich mit Dingen, die passieren, obwohl man wusste, wie riskant das ist, bspw. mit einem kostengünstigeren Material zu arbeiten. Sind das auch Fehler?

Das Deutsche Institut für Normung (DIN) definiert Fehler als einen „Merkmalswert, der die vorgegebenen Forderungen nicht erfüllt", und als „Nichterfüllung einer Forderung". In einer weiter zurückliegenden Sicht waren Fehler Abweichungen von normierten Zuständen. So können bspw. einem Produkt zugesicherte Eigenschaften fehlen, oder eine geforderte Funktion kann nicht ausgeübt werden.

Im Projektmagazin (www.projektmagazin.de, Abruf am 10.11.2010) finden Sie von Georg Angermaier folgende Begriffsklärung:

„... Aus Sicht des Qualitätsmanagements stellt ein Fehler eine ‚Nichtkonformität' dar, die unverzüglich behoben werden muss und deren Ursache abzustellen ist. Aus Sicht des Projektmanagements stellt ein Fehler hingegen eine Möglichkeit dar, neue Erkenntnisse zu gewinnen. In dieser Ambivalenz zwischen Unvermeidbarkeit und dem Makel des Versagens ist der Umgang mit Fehlern in Projekten sehr schwer zu gestalten."

Die Sicht der Psychologie auf menschliche Fehler spielt in der Erklärung von schweren Unglücken eine Rolle, dann, wenn das soziale und/oder sachliche Umfeld zu Schaden kommt, bspw. durch ein Zugunglück, falsche Indikation von Medikamenten, eine Ölkatastrophe usw. Menschliches Versagen, welches zu schweren Unfällen führt, wurde lange als Ursache von Fehlern mit schweren Folgen gesehen. Heute wird angenommen, dass es in der Handlung bzw. Nichthandlung des Menschen in der gegebenen Situation einen Sinn dahinter gegeben hat, weshalb das System(umfeld) des Handelnden mehr als bisher betrachtet wird. Menschliche Fehler in dieser Sichtweise sind ein Symptom für Fehler in anderen Systemen. Beispielsweise finden sich für das Fehlverhalten eines Zugführers Erklärungen in der Organisation, in der er tätig ist.

Fehlern haftet in diesen Sichtweisen etwas Negatives an, Fehler bzw. die Folgen von Fehlern sind unerwünscht, sie verursachen Kosten.

 Aus der weitaus größeren Zahl von Fehlern lernt die Menschheit ohne größere Schäden. Es werden Dinge ge- und erfunden, die eigentlich unbeabsichtigt waren. Es sind Irrtümer, die Neues bringen. Fehler zeigen auf andere Unterschiede, und dies sind Informationen und die Basis für Veränderungen.

In allen Situationen, in allen Lebensbereichen und -abschnitten werden Fehler gemacht – von jedem Menschen. Alle, die in Führungspositionen tätig sind, machen bewusst und unbewusst Fehler – ohne Ausnahme. Wer bspw. wiederholt die eigenen Ressourcen ausbeutet, macht einen Fehler im Umgang mit sich selbst.

Es kann davon ausgegangen werden, dass viele Fehler (in Projekten) eingeschränkt wahrgenommen und, selbst wenn erkannt, wiederholt werden. Wenn dadurch jemand wie im Beispiel schwer erkrankt oder das Projekt teurer ist als geplant, kann und wird das kein Mensch positiv sehen wollen. Wenn durch die Sicht auf solche Fehler sinnvolle Kurskorrekturen im Projekt stattfinden, die die Kosten im Rahmen halten oder gar senken, zeigt eine Fehlerkultur Erfolge.

Hier werden zwei Fehlertypen unterschieden, die Bezug darauf nehmen, in welchem Kontext Fehler passieren. Diese Unterscheidung kann für den Alltag und die Führungsarbeit wertvoll sein.

Die eine Art von Fehlern resultiert aus dem Verlassen von Autobahnen im Straßenraum, und die zweite Art von Fehlern sind jene, die einem nicht passieren dürften, weil jemand sowieso auf Autobahnen fährt.

Die Autobahn verlassen

Was ist hier gemeint? Die erste Art von Fehlern setzt voraus, lieb gewordene Gewohnheiten oder Spuren zu verlassen, die meist sogar andere vorgezeichnet haben. In neuen Räumen, auf neuen Wegen weiß niemand, was einen so alles erwartet. Es kann eine Menge schiefgehen, und es kann eine Menge gut gehen. Es werden Entscheidungen unter enormer Unsicherheit getroffen. In der gegebenen Situation kann etwas sinnvoll erscheinen, was sich im nächsten Augenblick als falsch erweist.

Diejenigen, die keine Fehler machen,
machen den größten aller Fehler:
Sie versuchen nichts Neues.

Anthony de Mello (www.worte-projekt.de)

Sie agieren in einem Raum, in dem

- Sie Situationen ungenau einschätzen können,

- es neue Kommunikationsansprüche gibt, die Ihnen aus alten Wegen unbekannt sind,

- Ihnen der Rückgriff auf eine gängige Praxis vielfach unmöglich ist,

- Sie sich auf andere und auf sich selbst – auf deren und Ihre Intuition – verlassen müssen.

Sie werden sich irren, Sie werden sich täuschen, Sie werden unter Umständen Ihr Ziel verfehlen, anders gesagt: Sie werden Fehler machen. Eine Vielzahl dieser Fehler ermöglicht Ihnen die Bewegung im unsicheren Raum.

Ein einfaches Beispiel dazu ist, wenn Sie über Lebenssinn und Lebensziel nachdenken und Ihre Gefühle dazu wahrnehmen. Wenn Sie das das erste Mal machen, werden Sie unter Umständen feststellen, dass das keineswegs so klar und fühlbar ist, wie Sie es sich gedacht haben. Nach und nach kommen Sie zu einer für Sie passenden Sichtweise und treffen entsprechende Entscheidungen. Sie quittieren bspw. nach längeren Vorbereitungen Ihren Job. Sie meinen, sich selbständig wohler zu fühlen. Doch trotz Ihrer guten Vorbereitungen bekommen Sie keinen Fuß auf den Boden. Es war ein Fehler, in diesem Kontext in die Selbständigkeit zu gehen, ob es falsch war, ist damit nicht gesagt.

Oder denken Sie an Projekte in der Medizin (völlig neue Eingriffe, neue Medikamente) und an die Technik (schnelle und sichere Züge). Hier werden neue Räume betreten, die viel Unsicherheit mit sich bringen, selbst wenn vorhandenes Wissen eine große Rolle spielt.

Je höher die Komplexität und Vielfalt in Projekten, desto mehr begegnen Sie diesen Fehlern. Sie sind Begleiter und Lehrer in diesen unsicheren Räumen.

Auf der Autobahn bleiben

Die zweite Art Fehler bezieht sich auf einen Raum, in dem einem Prozesse und das System vertraut sind bzw. mit jedem weiteren Vorhaben vertrauter werden. Dort kommt es zu Fehlern, die einem kaum passieren dürften und/oder deren Reflexion Kosten im zu wiederholenden Vorhaben reduziert.

Die Fehler, die einem aufgrund oftmaliger Wiederholung nicht mehr passieren dürften, geschehen oftmals aus Unachtsamkeit, Hast und Eile, Müdigkeit oder Stress. Warum Menschen im vertrauten Umfeld (schwerwiegende) Fehler machen, wird heute insbesondere auch mit dem Systemumfeld erklärt – sofern Fehler dieser Art überhaupt reflektiert werden. Meist trifft das ausschließlich auf Fehler mit massiven, öffentlichkeitswirksamen Folgen zu.

In geschlossenen, sich wiederholenden Projekten wird der Projektraum mit jedem weiteren Vorhaben vertrauter, es können Kosten eingespart werden, weil Fehler, die erkannt und reflektiert wurden, vermieden werden – bspw. Neubau Supermarkt, baugleich in mehreren Städten (Kapitel 1, Projektarten).

Oder denken Sie an Ihren Körper: Wenn jemand weiß, was guttut und was weniger guttut, würde eine Ignoranz der eigenen körperlichen oder psychischen Bedürfnisse (bspw.

Arbeiten ohne Pausen) auf Fehler dieser Art schließen lassen. In der Coachingpraxis zeigt sich jedoch oft, wie wenig der Körper, die Emotionen vertraute Terrains einer Führungskraft sind. Wer sich selbst zuwendet, betritt oftmals Neuland.

Letztendlich geht es bei beiden Fehlerarten darum, aus Fehlern zu lernen – für den Einzelnen, für Teams und Organisationen. Simpel dargestellt kann es nach der Fehlersicht um die Fehlerdiagnose und die Entscheidung zur Lösung des entstandenen Problems gehen. Sie können dabei all Ihre Möglichkeiten und Methoden nutzen, die Sie üblicherweise bei der Lösung eines Problems heranziehen. Fehler sind Teil des organisationalen Zusammenwirkens und benötigen einen reflektierenden Umgang damit: „... it is impossible to run an organization without making mistakes, and pointing fingers and holding grudges creates a climate of fear. You ... talk about the mistakes openly – so people and the system can learn" (Sutton o. J.).

Was ein guter Umgang mit Fehlern braucht, beschreiben Dorothea Hartmann, Helmut Brentel und Holger Rohn (2006) mit folgenden Kompetenzen: Kritikfähigkeit, Reflexionsfähigkeit, Vertrauen, Dialogfähigkeit, systemisches Wissen, Verantwortungsübernahme. Die organisationale Kompetenz, im Sinne der Kenntnis und des Verständnisses für die Strategie, die Prozesse, Strukturen und die Kultur der jeweiligen Organisation in ihrem Umfeld, ist erforderlich, da Führungskräfte im Aufbau einer Fehlerkultur und zum konstruktiven Umgang mit Fehlern an Grenzen stoßen werden. Normen, Regeln, Werte und übliche Handlungsabläufe behindern oft ein Lernen aus Fehlern. Wenn üblicherweise die Fehlereinsicht mit der Suche nach einem Schuldigen beginnt, ist dem schwer etwas entgegenzusetzen. Projektleiter merken, wie selbst in ihrem engen Wirkungskreis eines Projekts es schwerfallen kann, eine Fehlerkultur bzw. Lernkultur aufzubauen.

Im nächsten Lernfeld geht es erst mal darum, wie Sie mit Fehlern umgehen. Sich als Führungskraft selbst im Umgang mit eigenen Fehlern und mit Fehlern anderer respektive der Mitarbeiter zu kennen, ist Voraussetzung einer gelungenen Lernkultur.

 Lernfeld L9: Umgang mit Fehlern reflektieren

(30 Minuten und bei Bedarf)

Nehmen Sie wieder Ihr HBF-Buch zur Hand und lesen Sie diese Beispiele von teilweise recht alltäglichen Fehlern.

- Sie haben beim Einkaufen etwas vergessen.
- Sie stehen vor dem Geldautomaten und erinnern sich nicht an Ihre PIN.

Zeigen Sie jetzt auf, wie Sie in solchen Situationen mit sich selbst und mit anderen umgehen.

- Sind die angeführten Beispiele aus meiner Sicht Fehler?
- Wie rede ich bei solchen Vorkommnissen mit mir selbst?
- Was ist mein erster Impuls in solchen Situationen?

- Was würde ich in jedem Fall tun, was würde ich niemals tun – wenn mir das passiert?

Lesen Sie nun Beispiele aus dem Alltag einer Führungskraft:

- Sie warf irrtümlich einem Mitarbeiter etwas vor, der damit nichts zu tun hat.
- Sie hat ein Dokument im Büro liegen lassen.
- Sie entschied sich in einem Projekt für einen Weg, der sich als Fehlanzeige herausstellte.
- Sie erreichte in der Verhandlung mit ihrem Auftraggeber kaum etwas, obwohl dies wesentlich für den Projektfortschritt gewesen wäre.

Zeigen Sie auch in diesen Beispielen wieder auf, wie Sie in solchen Situationen mit sich selbst und mit anderen umgehen.

- Sind die angeführten Beispiele aus meiner Sicht Fehler?
- Wie rede ich bei solchen Vorkommnissen mit mir selbst?
- Was ist mein erster Impuls in solchen Situationen?
- Was würde ich in jedem Fall tun, was würde ich niemals tun – wenn mir das passiert?

Nach der Beantwortung dieser Fragen nehmen Sie sich Zeit, Ihre Antworten zu betrachten.

- Was ist mir aus diesen Beispielen klar geworden?
- Gibt es möglicherweise einen Unterschied in den aufgezeigten Beispielen? Handle ich als Führungskraft anders als in einer meiner privaten Rollen?

Wenn ja, wodurch lässt sich das erklären?

Wenn nein, wodurch lässt sich dies erklären?

Es gibt neben einem konstruktiven Lernprozess im Umgang mit Fehlern ein breites Handlungsspektrum in der Praxis:

- sich selbst beschimpfen,
- sich selbst negativ infrage stellen,
- andere verunglimpfen,
- andere beschuldigen,
- vertuschen und tun, als sei nichts passiert,
- darüber hinwegsehen,
- sich hinsetzen und grübeln, warum es dazu kam, usw.

Die Qualität und Effektivität solcher Handlungen ist zu hinterfragen.

Überleitung von Fehlern

Die Überleitung, d. h., es wird jemand anders für einen Fehler verantwortlich gemacht (der Persilschein für sich selbst), und die Leugnung oder Vertuschung von Fehlern sind durchaus übliche und für viele vertraute Vorgehen im Umgang mit Fehlern. Das Lernen eines verantwortungsvollen Umgangs mit Fehlern findet sich kaum auf dem Entwicklungsweg eines Einzelnen, wie einleitend am Beispiel von Schulen gezeigt wurde.

Zwei Beispiele zur Überleitung von Fehlern mögen die Alltäglichkeit darin verdeutlichen:

- Wenn eine Führungskraft poltert, weil Projektmitarbeiter ihr Arbeitspaketergebnis verspätet liefern und den Projekterfolg gefährden, stellt sich die Frage, inwieweit die Führungskraft das zu verantworten hat. Die Führungskraft, die die „Schuld" ausschließlich bei den Mitarbeitern sieht, lernt daraus kaum und wird unter Umständen Ähnliches wiederholt erfahren.

- Wenn Tiere in Schlachthöfen und Zuchtstätten schwerwiegend misshandelt werden, sieht der Verbraucher die „Schuld" beim Hersteller. Wer es isst und welche Alternativen es heute dazu gibt, wird irgendwie ausgeblendet.

- Angesichts der Ölkatastrophe im Golf von Mexiko und ihrer schwerwiegenden Folgen (auch wenn es in der Berichterstattung ruhig geworden ist) stellt sich ebenso die Frage, wer hier verantwortlich ist.

Inwieweit es sich in diesen Beispielen um Konsum- oder Führungsfehler handelt – der Einzelne steckt mit in der Verantwortung. Es ist leichter – weil so gelernt und gewohnt –, andere dafür verantwortlich zu sehen.

Dass Führungskräfte Fehler machen, wenn Projektmitarbeiter wiederholt Termine nicht einhalten, ist eine in Führungstrainings zugelassene Sichtweise. In der Praxis hören wenige Führungskräfte ihre Verantwortung darin gerne, stimmen der Mitverantwortung zu und nehmen sich die Zeit, die Situation konstruktiv zu reflektieren.

Unternehmen, die Tiere misshandeln, machen einen großen Fehler. Diese treffen allerdings mit den Konsumfehlern der Verbraucher zusammen. Wer sucht schon gerne nach einem anstrengenden Arbeitstag auch noch einen Biofleischer und übernimmt hier Verantwortung?

Inwieweit der Einzelne eigenes Verhalten als fehlerhaft wahrnimmt oder eben auch nicht, hängt insbesondere mit seiner persönlichen Lebenssituation, seinem Umfeld und seinen Werten zusammen:

- Für die eine Führungskraft stehen an oberster Stelle die Aufgaben selbst, für die andere sind es die Menschen, deren Kontext und nachgereiht die Aufgabenstellung. Letztere Führungskraft wird ein größeres Interesse haben, eine Fehlerkultur aufzubauen.

- Wer in der Fleischindustrie sein monatliches Gehalt bezieht, wird anders agieren als einer, der eben woanders arbeitet. Ihm fehlt möglicherweise eine greifbare Alternative oder er hat schlicht damit kein Problem, auf Kosten der Tiere Geld zu verdienen.

- Wer ein spezifisches Interesse am Schutz der Erde und seiner Wesen hat, wird sich im Beispiel für den Biofleischer entscheiden oder auf das Essen von Fleisch verzichten. Für diese Person ist die Tierproduktion ein Fehler.

- Für den einen ist etwas erledigt, wenn er kein Wort mehr davon hört, für den anderen ist das keineswegs so (Stichwort Ölkatastrophe).

Das Vertuschen oder Verleugnen von Fehlern ist für Unternehmen heute eine durchaus gängige Praxis geworden. Für die Organisationen wird diese Strategie nur dann teuer, wenn die Kosten nicht abschiebbar sind.

Ein anderes Beispiel im Umgang mit Fehlern bieten die vielen Diskussionsforen im Internet, in denen am meisten über die Fehler anderer – als jene des Autors – zu lesen ist. In den Foren wird viel vom Nichtvermögen von Organisationen und Einzelnen geschrieben. Die Frage ist, was dies dem Kritiker bringt, weil er meist das wiedergibt, was er eh schon weiß. Es bringt wahrscheinlich auch denen wenig, die es lesen, weil es selten die sind, über die gesprochen wird. Fortlaufende Beschwerden und Erzählungen darüber, welche Fehler gemacht werden, was nicht funktioniert und welche Menschen irgendwo ungeeignet sind, ist ohne jegliche Konsequenz eine Vergeudung von Zeit und die Verschwendung von Ressourcen. Dennoch braucht der Nörgler in jedem Menschen von uns einen Raum. An manchen Tagen unterstützt Sie dazu diese Entspannungsübung.

 Entspannungsübung E7: Bewusst nörgeln

(35 Minuten pro Woche)

Das kennt jeder. Alles läuft schief, nichts von dem, was man sich vorstellt, wird erledigt usw. Am besten würde man sich ins Bett legen und den ganzen Tag nichts mehr von sich hören lassen.

Treffen Sie jetzt eine Entscheidung: Sagen Sie Ihrem inneren Nörgler, er darf sich bspw. von 19.00 bis 19.30 Uhr so richtig ausheulen, und vereinbaren Sie mit ihm, dass Sie bis dahin Ihre Ruhe wollen.

Am Abend wählen Sie einen Rahmen, in dem Sie alleine sind. Sie können umherlaufen und gestikulieren oder sitzen. Schauen Sie auf die Uhr – es gibt 30 Minuten (stellen Sie sich wenn nötig einen Wecker).

Legen Sie los! Nörgeln Sie an allem, was Ihnen einfällt, rum!

Nach 30 Minuten:

- Setzen Sie sich aufrecht hin.
- Atmen Sie tief ein und aus.
- Sagen Sie mehrmals zu sich selbst: Entspannen, loslassen.
- Bleiben Sie dann mindestens fünf Minuten still sitzen.

Diese Disziplin, dem persönlichen Nörgler einen zeitlich begrenzten Raum zu geben, ist hilfreich, um freudiger und vor allem im Kopf freier durch die Tage zu gehen. Es ist eine wunderbare Übung für Ihre Gesundheit.

Im Umgang mit Fehlern (anderer) ist zu empfehlen, die sachliche und persönliche (Beziehungs-)Ebene bewusst zu betrachten. Vermeiden Sie persönliche Angriffe oder Gespräche, in denen andere ihr Gesicht verlieren könnten. Solche Aussprachen sind kontraproduktiv und ziehen Wellen nach sich, die kaum mehr zu glätten sind. Emotionen wie Wut, Trauer oder Ängste benötigen, wie Sie schon aus dem Abschnitt Scheitern kennen (siehe Seite 155), durchaus ihren Raum, oftmals bevor die Fakten und Informationen im Fehlerfeld gemeinsam betrachtet werden können. Lenken Sie (mit Ihrem Team) die Konzentration auf die sachliche Ebene und die Lösung des aufgetretenen Problems, sobald dies möglich ist, aber auch nicht früher.

Fehlerkultur in Projekten

In Projekten ist ein konstruktiver Umgang mit Fehlern Teil des Projekterfolgs. Werden Projekte nicht gemeinsam geplant, kann die Sicht auf das, was ein Fehler ist, oftmals recht unterschiedlich ausfallen. Jeder Projektleiter spart Zeit und Geld, wenn über mögliche Fehler(arten) gemeinsam im Team gesprochen wird, und zwar zu Projektbeginn. Das meint nun nicht die Entwicklung einer detaillierten Fehlervermeidungsstrategie. Denn das führt in der Regel erst recht zu Misserfolgen, dahin die Aufmerksamkeit zu lenken, ist fruchtlos.

Treten Fehler im Projektverlauf auf, die auch gemeinsam als solche gesehen und erkannt werden, sind die (potenziellen) Folgen zu betrachten, zu überlegen und zu bewerten. In der Fehlerdiagnose betrachten Sie daher das gesamte Feld, um zu guten Lösungen für das aufgetretene Problem zu kommen. In den wenigsten Fällen lässt sich ein Fehler auf einen Aspekt oder einen Punkt zurückführen.

 Projektbeispiel P8: Fehlerkultur in Projekten etablieren

(60 bis 90 Minuten und bei Bedarf, regelmäßiges Controlling je nach Vorhaben)

Wählen Sie eine Projektteamsitzung, in der der Schwerpunkt auf der Zusammenarbeit im Team liegt – bspw. die dritte oder vierte Teamsitzung nach Projektbeginn.

Sie wollen eine Fehlerkultur etablieren. Fragen wie diese können für das Gespräch dienlich sein:

- Was ist für uns in diesem Vorhaben ein Fehler?
- Woran können wir Fehler erkennen?
- Was ist positiv daran, hier im Projekt Fehler zu machen?
- Wie wird im Unternehmen mit Fehlern umgegangen? Was heißt das für uns als Team?
- Was erwartet der Einzelne, das Team vom Projektleiter, wann und wie ein Fehler kommuniziert wird?
- Was erwartet der Projektleiter vom Team, wenn ein Fehler auftritt?
- Was erwartet das Team vom Projektleiter, wenn ein Fehler auftritt?
- Was werden wir tun, wenn jemand, das Team einen Fehler erkennt?
- Wie wollen wir aus Fehlern lernen?

- Was ist zu tun, wenn Fehler nicht offen oder verspätet kommuniziert werden?
- Woran würden das Team und ich (Führungskraft) einen guten Umgang mit Fehlern erkennen können?

Das Team macht sich Gedanken darüber und trifft für das eigene Projekt Entscheidungen im Umgang mit Fehlern.

Dokumentieren Sie während der Sitzung die Antworten auf einem Flipchart oder auf Karten.

Zum Thema Fehler bringen Ihre Mitarbeiter eine emotionale Ladung mit, d. h., es tauchen Ängste auf, es kann Ärger aufkommen. Auch die Haltung zu Fehlern wird unter Umständen recht unterschiedlich ausfallen. Als Projektführungskraft ist es daher unumgänglich, sich selbst gut zu kennen und die eigenen Emotionen sowie jene der Mitarbeiter gut zu steuern.

Greifen Sie die Vereinbarungen im Umgang mit Fehlern wiederholt auf, um diese wachzuhalten (bspw. in Controllinggesprächen).
■

Ein Gespräch zu Fehlern im Projekt zu führen, ist in Projekten genauso unverzichtbar wie die Thematisierung von Scheitern. Das Unbequeme und Sperrige in diesen Themen weicht einer Klarheit und einem Vertrauen, gemeinsam einen konstruktiven Umgang damit zu finden. Die Verantwortung wird dabei dem Einzelnen keineswegs abgenommen, in Team- und/oder Einzelgesprächen wird diese oftmals erst bewusst.

 Erfolg

Sie konnten sich mit Ihrer Klarheit über die eigene Sicht auf Fehler, Ihren Umgang mit Fehlern die Basis einer Fehlerkultur schaffen. Fehler sind Teil eines jeden Zusammenlebens und werden je nach Kontext und Interesse wahrgenommen. Sie wissen, eine konstruktive Sicht auf Fehler ermöglicht Lernen und Veränderung – beim Einzelnen, in Teams und in Organisationen.

Gelingt es Ihnen, eine Fehlerkultur in Ihrem Projekten bzw. Ihrer Organisationen zu etablieren oder zu stärken, werden Fehler in Ihrem Projekt bzw. in Ihrem Bereich offen thematisiert und das Lernen aus Fehlern wird als Teil von Veränderungs- und Wachstumsprozessen in einem Unternehmen verstanden und genutzt.
■

Kurzversion: Erfolgreich und gesund leben

Erfolg und Gesundheit sind wichtige Themen und verlangen in ihrer Verbindung mehr Beachtung in Führungskreisen. Nach Begriffsklärungen von Erfolg und Gesundheit werden Sie eingeladen, Ihrem eigenen Erfolgsbild nachzugehen. Grundlegend ist darin, flexibel damit umzugehen und laufend damit zu arbeiten. Auf diese Weise kann jeder für sich definieren, was Erfolg ist, wie er auf seine Gesundheit schauen möchte. Für die Überprüfung Ihres Erfolgsbildes und von Zielen dient Ihnen die Formel VERTRAUE. Einerseits wird darin die Grundhaltung im Umgang mit sich und anderen ausgedrückt, und andererseits repräsentieren die einzelnen Buchstaben wichtige Überlegungen für die Bildung von Zielen und die Entscheidung, was jemand als erfolgreich anerkennt. Falls das Vorhaben stockt oder gar scheitert, finden sich gute Zugänge, wie damit umgegangen werden kann, sowohl für Sie in der Rolle als Führungskraft als auch für Sie ganz persönlich.

Den Abschluss des Kapitels bilden Überlegungen zum Umgang mit Fehlern. Die Klarheit, wie jemand selbst mit Fehlern umgeht, ist die Basis für einen reflektierten und gewinnbringenden Aufbau einer Fehlerkultur in Projekten. Wie der Umgang mit Fehlern in Teams thematisiert werden kann, wird vorgestellt.

Sich ein Scheitern zu erlauben, damit konstruktiv umzugehen und der weitsichtige Umgang mit Fehlern sind ein wesentlicher Beitrag für den Erfolg und die Gesundheit von Führungskräften.

3

Kultur und Kompetenz

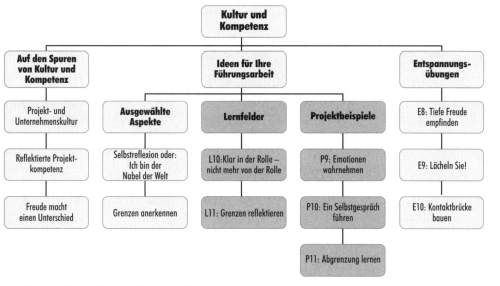

Bild 3.1 Kapitelüberblick Kultur und Kompetenz

Kultur und Kompetenz sind eng miteinander verflochten und nur für das Gespräch bzw. das Nachdenken darüber zu trennen. Die hier ausgewählten Führungsaufgaben (Unterschiede und Widersprüche, Veränderungen zu managen und sich selbst gut zu führen) wirken auf die eigene Kultur und auf die Kultur des Unternehmens und umgekehrt. Die Kulturen wirken auf das Führungsgeschehen. Von daher sind ein Verständnis von Kultur sowie die Sicht auf die eigenen Kompetenzen dienlich.

Die Überlegungen zu den Unterschieden zwischen Projekt und Linie aus Kapitel 1 und die Gestaltungsmöglichkeiten von Erfolg und Gesundheit aus Kapitel 2 werden hier verbunden mit den Überlegungen des Könnens (Kompetenz) und Dürfens/Sollens (Kultur) im agilen Erfolgsbild.

Das Sowohl-als-auch zeigt sich in einem kompetenten Aufgreifen des Kulturthemas in Führungsrollen und in der Darstellung von Kompetenzen für die aufgezeigten kulturverändernden Führungsaufgaben.

Der kulturellen Ebene mehr Aufmerksamkeit – für sich selbst und in der Führung von Mitarbeitern – zu schenken, erweist sich für viele als vorausschauend. Das Fremde ist keineswegs irgendwo draußen, sondern Sie sind mittendrin. Dabei begegnen Sie unter anderem Ihrer Angst und Ihrer Neugier.

Ein Motor und kulturverbindendes Element ist die Freude, die jeder in sich trägt und deren bewusste Wahrnehmung und Förderung angeboten wird. Denn Stärke gewinnen Führungskräfte vor allem durch Freude und die Neugier über sich selbst in ihrer Umwelt.

Die Ideen für Ihre Führungsarbeit stellen eine Vielzahl von Übungen zur Selbstreflexion dar und bieten Ihnen Anregungen, eigene Grenzen klarer zu ziehen.

Wer sich selbst nicht zu führen versteht, kann auch andere nicht führen.
Alfred Herrhausen (1930–1989), deutscher Bankier, Vorstandssprecher der Deutschen Bank (www.zitate.de)

■ 3.1 Auf den Spuren von Kultur und Kompetenz

Führungskompetenz ist ein Ausdruck kultureller Leistung, und kulturelle Leistungen beruhen auf kompetenter Führung. Das eine ist vom anderen nicht zu trennen. Kultur dient als Orientierung und ist für das Unternehmen und seine Angehörigen sinngebend. Kompetente Führung kann Kultur verändern – im Sinne des heutigen und zukünftigen Erfolges des Unternehmens und zum Wohle der Mitarbeiter. Im agilen Erfolgsbild bildet das Zusammenspiel von Kultur und Kompetenz die Überlegungen von KÖNNEN und DÜRFEN/SOLLEN ab (Bild 3.1).

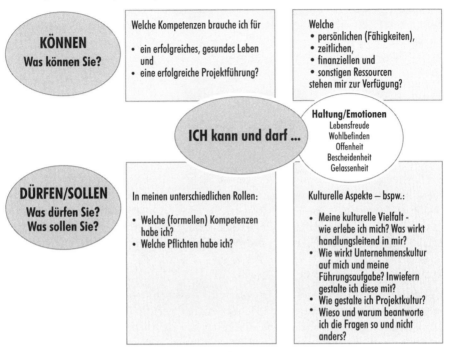

Bild 3.2 Mein agiles Erfolgsbild – Können und Dürfen

Der Aspekt des Könnens umfasst Ihre Kompetenzen und Ihre Ressourcen. Jener des Dürfens/Sollens enthält

- … kulturspezifische Antworten auf Fragen wie bspw.:
  - Was erlaube ich mir selbst, was gestehe ich mir zu? (Darf ich scheitern? Inwieweit darf ich an mich selbst denken? …)
  - Was gestehe ich anderen zu? (Dürfen meine Mitarbeiter Fehler machen? …)
  - Was meine ich, was ich tun und nicht tun soll? Woran muss ich mich orientierten? Was erwarte ich von mir selbst?
  - Was erwarte ich von anderen, speziell von jenen, mit denen ich zusammen lebe oder zusammen arbeite?
- … gesellschafts-/gruppenspezifische Verhaltens-/Handlungsvorgaben, Rechte und Pflichten in den unterschiedlichen Rollen, bspw. als Golfspieler auf einem Golfplatz, als Familienvater.
- … die verhaltens-/handlungsleitende Projekt- und Unternehmenskultur.
- … die Rechte (formelle Kompetenzen im Unternehmen) und Pflichten (Verantwortung) in der Führungsrolle im Unternehmen.

Sowohl Kompetenz als auch Kultur ist nichts Statisches, nichts Festgeschriebenes. Führungskräfte sind besonders gefordert, sich ihres Könnens, Dürfens/Sollens bewusst zu sein, ihre Selbstreflexion zu intensivieren, um bewusst Unterschiede und Widersprüche zu gestalten, notwendige Veränderungen voranzutreiben und damit kulturverändernd zu wirken.

3.1.1 Projekt- und Unternehmenskultur

Sie gehen täglich in Ihr Unternehmen – wie wäre es, wenn Sie morgen bewusst in Ihr Unternehmen gehen und Dinge wie Kleidung, Architektur, Inneneinrichtung, Sprache usw. bewusst wahrnehmen?

Sie können die Kultur in einem Unternehmen sehen, hören und angreifen, selbst wenn die dahinterliegenden Annahmen und Werte schwer zu beobachten sind und selten bewusst wahrgenommen werden. Beispielsweise verrät das Schaufenster eines Geschäft kaum, wie gut darin die Mitarbeiter zusammenwirken, wie viel Respekt die Mitarbeiter erfahren. Wenn Sie allerdings im Geschäft einkaufen, sich darin Zeit lassen und die Dialoge der Mitarbeiter verfolgen, erhalten Sie einen zusätzlichen Einblick – ergänzend zum sichtbaren Ausdruck des Unternehmens.

Kulturelle Aspekte, wie bspw. der Umgang mit Wissen, mit Technik, Werte und Art und Weise der Zusammenarbeit geben Orientierung in einem Unternehmen, in einer Gruppe, in einer Gesellschaft und spielen eine erhebliche Rolle in der Beobachtung. Sie beobachten keineswegs neutral, Sie beobachten mit Ihrem kulturellen Hintergrund, mit Ihren Werten. Wer Tiere liebt, wird in einem Zooladen oder Tierpark die Brille des Tierschützers kaum ablegen können, wenn er an den Tierkäfigen vorbeigeht. Egal, wie freundlich die Mitarbeiter zum Kunden und untereinander sind, diese Person wird jede Unstimmigkeit aufnehmen und/oder gar erfinden, die sie in ihrem ablehnenden Urteil bestätigt.

 Kultur ist nichts außerhalb von einem Menschen, sondern das, wie er auf die Welt blickt und wie er darin denkt, fühlt und handelt.

Wie und wo Sie aufgewachsen sind, in welchen Unternehmen Sie tätig waren und sind usw., das lenkt Ihre Beobachtungen. „Kultur ist die Weise, in welcher Menschen sich verständigen, ihre Kenntnisse über die Einstellungen zum Leben weitergeben und entwickeln. Kultur ist das Muster der Sinngebung, in dessen Rahmen Menschen ihre Erfahrungen deuten und ihr Handeln lenken" (Kittler 2010, Seite 3, nach Geertz 1973 und Trompenaars 1993, Seite 42). Kulturen sind immer auch Wertesysteme, die handlungsleitend wirken, deren Grenzen in Bewegung sind.

Ihr Wissen, Ihre Erfahrung, Ihre Werte sind kulturell bedingt und von daher Ausdruck der Kultur, in der Sie leben. Es handelt sich dabei immer um ein vorübergehendes Ergebnis, einen aktuellen Stand Ihres Entwicklungsprozesses.

Wenn ein Au-pair-Jugendlicher aus einem anderen Land in Ihre Familie kommt, trägt er eine andere Kleidung (obgleich Jeans ein internationales Kleidungsstück darstellen). Sie erleben ein Anderstun, Sie erkennen Unterschiede im Dürfen und Sollen. Manche Unterschiede werden sowohl den Au-pair-Jugendlichen als auch die Familie zu Veränderungen anregen, andere werden das bisherige Verhalten und Handeln bestätigen: „Mir ist es so einfach lieber!" Wenn die Unterschiede, die ein Jugendlicher aus einem anderen Land mitbringt, auf wenig Verständnis stoßen, trennt sich die Familie vom Au-pair. Oder der Jugendliche geht, weil die Familiensituation bzw. das Umgehen miteinander seinen Vorstellungen zu wenig entspricht.

Ähnliches gilt, wenn ein Projektteammitglied aus einem anderen Bereich oder einem anderen Land zu Ihrem Team kommt. Oder wenn ein mittelständisches Unternehmen für ein Ministerium oder eine Hochschule tätig wird. Im Zusammenwirken unterschiedlicher Kulturen wird im besten Fall wechselseitiges Verständnis gewonnen, werden Ideen erzeugt, Konflikte ausgetragen und Einstellungen verändert. Die Grenzen von Systemen werden verschoben. Ein gutes Zusammenspiel von Linienmanagement und Projektmanagement ist ein Beispiel für eine gelungene Integration von unterschiedlichen Kulturen. Wesentlich verantwortlich für einen solchen Erfolg ist die konkrete Arbeit von Führungskräften.

Kulturvielfalt im Inneren

Das Persönlichkeitsmodell vom Psychologen Friedemann Schultz von Thun (Schultz von Thun/Ruppel/Stratmann 2001 und Beispiel www.youtube.com/watch?v=w2JV_jvCSEM, Abruf am 06.04.2011) bildet die Vielfalt im Einzelnen, im menschlichen Innenleben mit dem Begriff des inneren Teams ab. In einer Person kann sich eine Kulturvielfalt ergeben bspw. durch den Golfspieler, den Naturliebhaber, den Bereichsleiter in einem Konzern (mit Sitz in München) und Interimsleiter der neuen amerikanischen Niederlassung, den Familienvater, den Kirchengänger, den Sohn einer bürgerlichen Familie aus Hamburg – das könnten die Player im inneren Team sein. Sie verhandeln und treffen Entscheidungen. Wenn die Führungskraft erfolgreich, ein vorbildlicher Familienvater und ein ausgezeichneter Golfspieler sein will, werden intern Verhandlungen geführt. Der Naturliebhaber möchte dazu noch die Natur schützen. Da ihm wie jedem Menschen 24 Stunden pro Tag zur Verfügung stehen und er dabei noch schlafen will, muss die Person Prioritäten setzen und Entscheidungen treffen – bewusst und/oder unbewusst. In diesen Verhandlungen und Entscheidungen spielen Werte und Wertesysteme eine entscheidende Rolle. Diese wie jede andere Führungskraft lebt nicht in „einer" inneren Kultur, sie ist Ausdruck des Zusammenspiels von verschiedenen Kulturen im Inneren.

Die Führung Ihres inneren Teams ist wesentlich, wenn es um die Führung von Teams geht. Denn dort treffen wiederum eine Vielzahl von unterschiedlichen Kulturen zusammen. Sie können aus all dem eine erfolgreiche Projektkultur formen, genauso wie sich in Unternehmen aus der inneren und umgebenden kulturellen Vielfalt die Unternehmenskultur immer wieder neu formt (Bild 3.3)

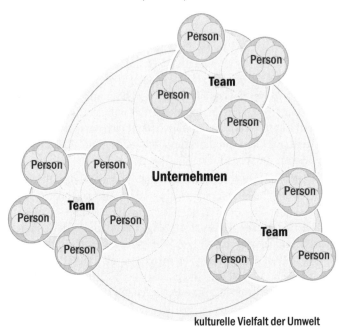

kulturelle Vielfalt der Umwelt

Bild 3.3 Kulturvielfalt

Kulturvielfalt in Unternehmen

Dass Projektmanagement in der Praxis stark auf der operativen Ebene verharrt, hat damit zu tun, dass sich Unternehmen der Kulturveränderung bisher nicht stellen mussten oder so taten, als müssten sie es nicht. Projektmanagement ist nach wie vor das Fremde, während das Linienmanagement das Normale bzw. die „Normalitätskultur" (Kuhn 2009) ist. Die „Fremdenfeindlichkeit" und die Ausblendung von kulturellen Unterschieden lassen sich kaum leugnen.

Die Studien zur Projektarbeit in der deutschen Wirtschaft weisen längst darauf hin: Unternehmen und ihre Führungskräfte werden sich in den nächsten Jahren mit anderen Steuerungsüberlegungen als der Hierarchie beschäftigen müssen, um erfolgreich am Markt zu agieren. Die traditionell-hierarchischen Organisationen bergen in sich eine Reihe von Problemen, die sie sich selbst geschaffen haben – „... ihre Leistungen haben zu einer Komplexität (an Informationen und Strukturen) geführt, die durch die bisherige Organisationsform Hierarchie nicht mehr zu bewältigen ist" (Heintel/Krainz 2001, Seite 77). Die Beleuchtung der Unternehmenskultur, die Kulturbeobachtung, die Reflexion und das Lernen sind wesentlich (siehe ebenso Organisationsbewusstsein im

Kapitel 1, wenn es um das Aufnehmen und Zulassen anderer Steuerungsüberlegungen geht.

Unter Organisationskultur werden nach Edgar H. Schein (1995) kollektive Erklärungs- und Orientierungsmuster, die überwiegend unbewusst wirksam sind und gemeinsames Handeln ermöglichen, verstanden – ein ungreifbares Phänomen mit einem immensen Einfluss auf das tägliche Handeln. Die Elemente der Unternehmenskultur grenzen das eigene System von der Umwelt (immer wieder neu) ab. Die Unternehmenskultur ist sozusagen das gemeinsame, sich verändernde „Welt"-Bild (Schein 1995) im Unternehmen, sie ist „das Extrakt erfolgreicher Geschichte" (Untermarzoner 2007, Seite 4). „Unternehmenskultur ist die Summe aller geteilten und selbstverständlich gewordenen Annahmen, die eine Organisation in der Bewältigung ihrer Aufgaben gelernt hat", so die Autorin (ebenda).

Unternehmenskultur ist ein vorübergehendes Ergebnis des Austausches und Verhandelns, sie ist das vorläufige Ergebnis von Entwicklungs- und Veränderungsprozessen in Unternehmen. Diese Sichtweise ist dienlich, wenn es darum geht, sich als Führungskraft über die eigenen Möglichkeiten in einem Unternehmen klar zu werden. Wer alles festgefahren und eingefahren sieht, verschließt den Blick auf den Horizont der Möglichkeiten.

Tabelle 3.1 zeigt mögliche Betrachtungsobjekte in Ihrem Unternehmen. Auch wenn Sie unter Umständen andere Zuordnungen treffen würden, dient sie dem Blick auf die Vielfältigkeit der kulturellen Elemente.

Tabelle 3.1 Aspekte der Unternehmenskultur (Faulstich 1998, Seite 28, aufbauend auf Rosenstiel 1993)

Psychische Aspekte	Werte, Normen, Einstellungen, Jargon, Tabus, Denkweisen, Traditionen, Anekdoten, Mythen, Slogans, Mottos, Grundsätze, Wissensbestände, Unternehmensziele
Interaktionsstrukturen	Konventionen, Riten, Zeremonien, Feiern, Festessen, Beteiligungsformen, Mitarbeiterauswahl, Konferenzen, Sanktionen, Konfliktformen, Kooperationsformen, Führungsstile, Personalentwicklung, Weiterbildung
Artefakte	Statussymbole, Abzeichen, Logos, Embleme, Kleidung, Preise, Urkunden, Geschenke, Architektur, Technik, Arbeitsbedingungen, Idole, Totems, Fetische, Plakate, Broschüren, Publikationen, Kunst

Drei-Ebenen-Konzept von Edgar Schein

Edgar H. Schein spricht von einem Drei-Ebenen-Konzept, was die Sichtbarkeit der Kultur eines Unternehmens betrifft (siehe N. N. o. J., Seite 9, nach Schein 1984). Die *Basisannahmen* über Mensch und Natur stellen die unterste Ebene dar, sie sind latent vorhanden, unsichtbar und meist unbewusst. Dazu gehören die menschlichen Vorstellungen

- vom Verhältnis Mensch/Umwelt,

- von Wahrheit und Zeit,

- von sozialen Beziehungen,
- von menschlichem Handeln und
- dem zugrunde liegenden Menschenbild.

Sie sind die „Grundthemen menschlicher Existenzbewältigung".

Veränderungen in den Basisannahmen

Die Annahmen über die Umwelt sind in Veränderung begriffen, auch wenn sie in Unternehmen kaum diskutiert werden. Der Mensch beginnt, sich wieder mehr als Teil der Umwelt zu verstehen. Die Umwelt ist nichts mehr, was gänzlich unterschiedlich ist vom Menschen, sie ist etwas, mit dem der Mensch grundsätzlich verbunden ist. Die Exklusivität und Zentralität der Menschen schwindet, wenn auch in allen Bereichen recht unterschiedlich. In der Architektur nähert sich die Bauweise dem natürlichen Kontext, es wird an den Bau gedacht UND an die Umwelt, in der der Bau stehen sollte. Begriffe wie Atmen können, Weite, Komplexität tauchen verstärkt auf (Welsch 1984).

Die Annahmen über das, was „wahr" und „richtig" ist, werden in vielerlei Hinsicht angegriffen. Mit Projektmanagement wird das Wahrheitsmonopol der Hierarchie angegriffen. Mit der Idee von persönlicher Wahrheit werden die Wahrheitsdarstellungen von Religionen hinterfragt.

Die Grundannahmen über die Zeit verändern sich für eine Vielzahl von Menschen spürbar. In immer weniger Zeit ist immer mehr zu packen (Geißler 2010).

Eine Reihe von Annahmen über soziale Beziehungen, menschliches Handeln und das zugrunde liegende Menschenbild finden Sie in diesem Buch. Der Mensch wird als hier als

- motiviert,
- selbstbestimmt und aktiv in seinem Gestaltungsspielraum gesehen,
- er darf scheitern und Fehler machen,
- er sieht Konflikte als Chance,
- kooperiert lieber und
- stellt das Sowohl-als-auch erfolgreich neben das Entweder-oder.

Aus all den Annahmen entsteht sozusagen das von Edgar H. Schein erwähnte „Welt"-Bild.

Im Drei-Ebenen-Konzept münden die Basisannahmen in *Normen und Standards – die zweite Ebene*. Darin finden sich konkrete Werthaltungen, Verhaltensstandards/-richtlinien, Ge- und Verbote, wobei zwischen offiziellen und bekundeten sowie nicht offiziellen zu unterscheiden ist. Sie sind daher nur zum Teil sichtbar und teilweise bewusst. Kollektive Werte, wie bspw. Ehrlichkeit und Freundlichkeit, ruhen auf dem „Welt"-Bild (Schein) und prägen das Verhalten, Handeln, Denken, Fühlen der Mitarbeiter.

Sichtbar, oftmals schwer zu entschlüsseln und interpretationsbedürftig sind auf der *dritten Ebene* die *Symbole* und *Zeichen*, wie Sprache, Rituale, Kleidung, Umgangsformen, Architektur.

Alle drei Ebenen von Edgar H. Schein stehen in enger Beziehung zueinander, sie beeinflussen sich wechselseitig. Und dabei wird klargestellt, dass Veränderungen auf der obersten Ebene (dritte Ebene) kaum erfolgreich sind, wenn es um die Veränderung von Unternehmen geht.

Kultur in Unternehmen beobachten

Wenn Sie die Kultur Ihres Unternehmens bewusst erkennen möchten, beobachten und betrachten Sie die unterschiedlichen Aspekte der Unternehmenskultur (siehe dazu auch Tabelle 3.1)

- in der Aufbau- und Ablauforganisation (siehe Interaktionsstrukturen),
- in der Unternehmenspolitik (äußert sich in Artefakten, Interaktionsstrukturen und psychischen Aspekten),
- im praktizierten Führungsstil und Betriebsklima (äußert sich in Artefakten, Interaktionsstrukturen und psychischen Aspekten),
- im verbalen Verhalten (äußert sich in Interaktionsstrukturen und psychischen Aspekten),
- am Corporate Design (Artefakte).

Hinterfragen Sie Ihre Beobachtungen! Sie wissen, dass Sie nicht neutral beobachten können.

Wenn es darum geht, eine Projekt- bzw. Teamkultur in Ihrem Team zu gestalten, blicken Sie neben der Unternehmenskultur in Ihrem Projekt

- auf den Zusammenhang von Projekt- und Unternehmenszielen,
- auf die Erstellung von Projektzielen bzw. die Schaffung einer gemeinsamen Ausrichtung,
- auf die Kommunikationsstrukturen/-prozesse im Projekt, speziell auf das „übliche" Zusammenspiel von Projekt und Linie,
- auf die Gestaltung von Projektorganigrammen,
- auf die formelle Kompetenz im Team,
- auf Werte und Regeln in der Zusammenarbeit im Team, besonders in Abgrenzung zu den Selbstverständlichkeiten im Linienmanagement. Hören Sie dazu auf das verbale Verhalten, auf Aussagen, die wiederholt vorkommen, bspw. „Der Kunde versteht das sowieso kaum", „Wir sind besser als der Rest der Firma".
- auf Ihren Führungsstil,
- auf das Klima in der Zusammenarbeit.

Werte leiten das Verhalten und Handeln

Die Beobachtung von Werten und Wertesystemen des Unternehmens ist wesentlich, wenn es um die Frage geht, wie ich als Führungskraft Unternehmenskultur bzw. Projektkultur verändern kann. Im Kapitel 1 wurde von Bewertungen der Führungskräfte gesprochen, die bewusst zu machen sind. Warum jemand eine Situation anders bewertet als eine andere Person, hat mit den eigenen Werten, den Werten in Gruppen und Unternehmen zu tun. Werte geben eine Antwort auf die Frage „Was bewegt die Menschen,

Gruppen und Organisationen?" „Gesellschaften wie Organisationen und Personen konstruieren sich wesentlich durch Werte und geben sich durch sie ihre charakteristische Identität" (Weibler 2008, Seite 11). Gemeinsame Werte und Einstellungen bilden eine Orientierung und die Unterschiede darin sind die Grundlage für Veränderungen und Abgrenzungen von Mitbewerbern. Bernd Wildenmann (2010, Seite 22) meint, dass der „große Unterschied in Sachen Erfolg zwischen zwei Wettbewerbern in der Fähigkeit liegt, für sich die passenden Werte zu identifizieren und unternehmensweit zu implementieren". Diese Überlegung ist auch für die einzelne Führungskraft relevant. Ein wesentlicher Aspekt des eigenen USP (unique selling proposition) ist die Klarheit der eigenen Werte und deren Relation zueinander. Werte sind wesentlich in der Betrachtung des Wollens, Könnens, Dürfens/Sollens und Tuns – agiles Erfolgsbild – einer (Führungs-) Person. „Werte bzw. Werthaltungen (stellen) letztendlich einen Zugang und Beurteilungsmaßstab für Anschauungen, Entscheidungen und Handeln dar ..." (Weibler 2008, Seite 7).

In Projekten, in diesen Systemen auf Zeit, sind Werte bewusst wahrzunehmen und zumeist andere zu erschaffen. Peter Heintel (2004, Seite 6) spricht davon, dass „Werte, Normen ... nicht mehr aus einem bestehenden Weltanschauungszusammenhang, in dem sie allesamt beheimatet sind, hervorgeholt und abgeleitet werden (können), sie müssen jeweils aus Widersprüchen (und Unterschieden) erarbeitet und verbindlich gemacht werden". In jedem Projekt ist es so, dass „irgendwann und irgendwo eigene und fremde Werte, moralische Drucksituationen, Gewissensentscheidungen auftreten und zur Debatte stehen" (Heintel 2004, Seite 32).

An dieser Stelle ist die Projektführungskraft aufgefordert, das Gespräch zu suchen, unterschiedliche Werthaltungen offenzulegen und gemeinsam neue Orientierungen im Team und in der Organisation zu finden. Sich dabei von herrschenden Vorstellungen und Werten zu lösen, ist nicht einfach, und doch kann es gelingen, wie Beispiele zeigen. Bernd Wildenmann (2010, Seite 23) weist auf eine erfolgreiche Sparkasse in Norddeutschland, die sich mit „Geh langsam und gewinne" nach außen erfolgreich präsentiert. Heute auf Langsamkeit zu setzen, ist mutig. Und wie das Beispiel zeigt, kann es funktionieren.

Bewusste und unbewusste Werte

Werte bilden Grenzen und eröffnen Möglichkeiten für den Einzelnen und eine Gruppe. Eine Vielzahl der persönlichen Werte sind unbewusst, sie resultieren aus der Erziehung und Sozialisation des Einzelnen (durch Eltern, Schulen und Universitäten, Religionsgemeinschaften, Unternehmen, Freunde ...). Eine Vielzahl von Werten wird unbewusst übernommen, und selbstverständlich bilden sich eigene Werte aufgrund der eigenen Lebenserfahrungen heraus.

Aussagen, wie

- „Freue dich nicht zu früh",
- „Du musst dich anstrengen",
- „Respektiere die Reviere",
- „Zeige keinen Schmerz"

und andere kennen Sie wahrscheinlich ebenso aus Ihrer Erziehung. War für manche Eltern von Wert, sich fortwährend anzustrengen, möchte der Sohn oder die Tochter eine derartige Überzeugung vielleicht loslassen und andere Werte in den Mittelpunkt stellen. Eine Vielzahl von Werten wirken unbewusst in jedem Einzelnen. Selbst wenn jemand hierzulande in keiner religiösen Familie aufgewachsen ist, trägt er diese Werte ganz selbstverständlich in sich. Er bewertet mit diesen Brillen seine Umgebung, sofern er dies nicht bewusst reflektiert.

In unserer Gesellschaft ist Leistung, verbunden mit der Maximierung des eigenen Nutzens bzw. Gewinns, ein zentraler Wert. Wer nicht leistet und maximiert, hat fast keine Daseinsberechtigung bzw. muss diese schon gut begründen können.

Werte – bewusst und unbewusst – steuern die Beobachtungen im Leben und damit die eigene Realität. Ein einzelner Wert ist dabei nicht alleine entscheidungsrelevant, sondern die Verknüpfung mehrerer Werte in Wertesystemen. Wenn für Sie Vertrauen und Sicherheit wichtig sind, ist zu fragen, welcher dieser Werte im Entscheidungskontext eine größere Bedeutung hat. Diese Ordnung ist entscheidend für Ihr Handeln.

Einstellungen in Abgrenzung zu Werten sind Bewertungen und richten sich auf ein bestimmtes Objekt oder Subjekt, und von daher gibt es viel mehr Einstellungen als Werte. Ein Wert kann hinter mehreren Einstellungen stehen, und einige Werte können eine Einstellung formen (Weibler 2008, Seite 18). Wenn Sie eine Homepage im Internet positiv bewerten, wenn Sie freudig in die Natur blicken usw., dann kann Schönheit ein treibender Wert in der Bewertung sein. Meine Einstellung zu einem Teammitglied kann auf den Werten Professionalität, Respekt usw. ruhen. Werte sind dabei stabiler als Einstellungen.

Normen sind Werte, die durch ihre explizite oder implizite Verankerung stark handlungsleitend sind, bspw. Sitten und Gebräuche, Gesetze und Verbote. Sie sind „damit im Zweifel als sanktionsfähige Richtlinien für und Erwartungen anderer an das Individuum zu verstehen" (Weibler 2008, Seite 21).

Wertfragen, meint Jürgen Weibler (2008), werden in der Wissenschaft unterschiedlich aufgegriffen, es gibt kein klares Verständnis zur Erfassung von Werten. Es gibt eine Reihe von Konstruktionen, wie Werte betrachtet werden können. Ein mögliches Konstrukt ist die Einteilung in

- individuelle Werte, wie Karriere, Erfolg, Glück, Freiheit, Gesundheit, Würde, Selbstverwirklichung, Bescheidenheit, Sicherheit, Freude, Schönheit usw.,

- unternehmerische Werte, wie die Werte der Wirtschaft (Bedürfnisbefriedigung, Gewinnmaximierung, mehr von allem, schneller als möglich), die unterschiedlich ernsthaft ergänzt werden mit Umwelt- und sozialen Werten, wie bspw. Schutz der Erde, Wahrung der kulturellen Vielfalt,

- gesellschaftliche Werte, wie Fähigkeit zum Dialog, Nächstenliebe, Verantwortung, Respekt, Menschlichkeit, Ehre, Anerkennung, Engagement, Sicherheit usw.

Werte von Führungskräften

Werte eines Einzelnen sind im psychologischen Verständnis „etwas, das der Einzelne als wichtig und lohnend einzuschätzen lernt" (Zimbardo 1995, Seite 476). Das kann ein

Lebensprinzip sein oder etwas, das jemand gerne erreichen möchte. Der Fokus liegt auf einem selbst. Soziale bzw. gesellschaftliche Werte dabei werden zunehmend unwichtiger. Eine Studie von Jürgen Weibler (2008) zeigt, dass junge Führungskräfte oftmals völlig unreflektiert auf eigene Befindlichkeiten und die eigene Karriere konzentriert sind. Die soziale Verantwortung des Einzelnen und der Unternehmen, in denen sie tätig sind, bewegt sie wenig. Die jungen Führungskräfte nehmen sich immer weniger dessen an, was für ein gutes Zusammenleben in einer Gesellschaft wichtig ist. Wenn es um die Vergrößerung von Entscheidungsspielräumen geht, ist dieses Studienergebnis besonders beunruhigend. Wer als Führungskraft keine Nähe zur Verantwortung für andere fühlt, wird entsprechend führen.

Ein etwas anderes Bild zu sozialen Werten zeigen die Führungskräftebefragungen durch die Initiative Werte Bewusste Führung e. V. (www.wertekommission.de). Diese Ergebnisse machen aus Sicht der Kommission deutlich, dass „in der Wertestruktur der Unternehmen kein kurzfristiger ‚Reparaturbedarf‘, sondern ein struktureller Reorganisationsbedarf" vorhanden ist. Nach ihren Aussagen konnten die Führungskräfte erkennen, dass „sich ihre Unternehmen nicht unabhängig von Fragen wie Bildung und sozialer Gerechtigkeit bewegen können ... Werte schaffen Wert – heute nach Meinung deutscher Führungskräfte mehr denn je" (Bucksteeg/Hattendorf 2010, Seite 30). Es ist offen, inwieweit gleichfalls bei jungen Führungskräften die soziale Verantwortung in ihrer Aufmerksamkeit weiter nach vorne rückt.

Die Bedeutung von Kultur in einem Unternehmen kann jedenfalls kaum groß genug erfasst werden, in politischen Kreisen wird dies mit folgenden Worten verdeutlicht: „Kultur ist kein Sahnehäubchen auf dem Kuchen, sondern die Hefe im Teig" (Grußwort des Bundespräsidenten Johannes Rau aus Anlass von „Jugend musiziert" am 15.06.2000 in Berlin).

Führungskräfte haben einen kulturverbindenden und damit -verändernden Auftrag, wenn es um das Zusammenwirken von Linien- und Projektmanagement geht. Sie sind es, die die Eigenarten und die Vielfalt Einzelner (Gruppen, Personen, Organisationen) erkennen, verstehen und nutzen können.

Kultur verändern

Die Frage ist, inwiefern Kultur dauerhaft verändert werden kann. Dies führt zu vielen unterschiedlichen Konzepten mit vielschichtigen Antworten. Ein Rezept gibt es keinesfalls. Die Meinungen treffen sich darin, wie anspruchsvoll es ist, manche sprechen sogar von einer hohen Kunst, wenn es um kulturelle Veränderungen geht. Wahrscheinlich geht es hier ebenso um ein Sowohl-als-auch. Zentral sind hierbei folgende Fragen (Untermarzoner 2007):

- Können neue Spielregeln mit Macht durchgesetzt werden?
- Kann zu einzelnen Aspekten ein genauer zielorientierter Plan zur Kulturveränderung erstellt werden?
- Können Team-/Personalentwicklungsmaßnahmen gewählt werden?
- Können Rahmenbedingungen für ein gutes Lernen auf allen Ebenen geschaffen werden?

Letzteres ist von besonderer Bedeutung in Unternehmen, die mit Projekt- und Linienführung steuern.

Veränderung ist Lernen, und wie können nun Unternehmen lernen? Sie kennen vielleicht den Begriff der lernenden Organisationen. Rudolf Wimmer (2000) fragt dazu, was eigentlich mit dem Gegenteil ist: Gibt es „nicht lernende" Organisationen? Nein, jede Organisation muss lernen, nur auf diese Weise kann sie ihr Überleben sichern. Organisationen lernen und wiederum auch nicht. Sie verfügen alle über eine eigene „Lernfähigkeit". Es gibt nach Rudolf Wimmer verschiedene, das Selbstentwicklungspotenzial von Unternehmen prägende Faktoren, die diagnostiziert werden können. Zu nennen wären hier bspw. der Umgang mit Wissen, der Grad der Umweltsensibilität, die Art der Fehlerverarbeitung und der Umgang mit Abweichungen. Auch ist die Art und Weise, wie Unternehmen die Unterschiede und Widersprüche von Projekt und Linie lösen, an dieser Stelle aussagekräftig.

Hierarchische Wissensvermittlung und Aufgabenverteilung sind bei komplexen Vorhaben wenig sinnvoll, genauso wenig können Fehler und Probleme im System sinnvoll von einer einzelnen Person reflektiert werden. Vorhaben werden im Team entwickelt, Probleme werden gemeinsam gelöst – es wird gemeinsam erlernt bzw. gelernt. Damit stören Sie Hierarchie, damit (ver)stören Sie etablierte Kulturen.

 Jeder Lernprozess in Organisationen wird dabei von der Strategie, der Struktur, den Prozessen, der Kultur der Organisation und der relevanten Umwelt positiv und/oder negativ beeinflusst, sie sind der Rahmen eines jeden Lernprozesses. Durch sie werden Wahrnehmung und Beobachtung gesteuert – bewusst und unbewusst.

Das Lernen in Projekten kann seinerseits zur Veränderung des organisationalen Kontextes führen. Durch Projektmanagement kann dauerhaft Kultur in der Linie verändert werden, ohne dass dies beabsichtigt ist. Beispielsweise wirkt das veränderte Verhalten in Konflikten auf die gesamte Organisation. Interessant ist die Frage, wie Veränderungen ausgehend von Projektmanagement in Organisationen erkannt bzw. bewusst und genutzt werden können. Aufschlussreich ist die Idee eines Organisations-„Gedächtnisses". „As individuals develop their personalities, personal habits, and beliefs over time, organizations develop world views and ideologies. Members come and go, and leadership changes, but organizations memories preserve certain behaviours, mental maps, norms and values over time" (Wagner/Surrey 2003, Seite 9, nach Hedberg 1981). Selbst wenn in einer Projektgruppe gut zusammen gearbeitet wird, ist dieses Unternehmen keineswegs morgen ein System, in dem Teamarbeit erfolgreich gelebt werden kann. Projektführung müssen Organisationen lernen, genauso wie einzelne Führungskräfte. Unterscheiden Sie dazu:

- individuelle Lernprozesse (bspw. Coaching),

- Gruppenlernprozesse (bspw. Teamentwicklungsprozesse),

- Lernprozesse der Organisation als Ganzes (= organisationales Lernen).

Diese Differenzierung ist in der Theorie umstritten, insbesondere die Idee des eigenständigen Verhaltens einer Organisation. In manchen Konzepten lernen Organisationen wie Individuen, benötigen jedoch andere Lernkonzepte.

Individuelle Lernprozesse bieten Potenzial für Gruppenlernprozesse, und beide sind Teil des organisationalen Lernens. Inwieweit die individuellen und Gruppenlernprozesse eine hinreichende oder „erfolgreiche" Voraussetzung für organisationales Lernen sind, wird unterschiedlich gesehen.

Organisationales Lernen ist jedenfalls nicht einfach Resultat, ein Zusammenrechnen des individuellen Lernens, es kann mehr oder weniger sein, bspw. wenn Wissen zwischen Organisationsmitgliedern nicht kommunizierbar, nicht integrationsfähig und nicht konsensfähig ist, so Dieter Wagner und Heike Surrey (2003, Seite 9).

Die grundlegende Beziehung bzw. Verschränkung von individuellem und organisationalem Lernen greifen die Überlegungen von Chris Argyris und Donald A. Schön (1978) in den 70er-Jahren auf, was sicherlich mittlerweile alt, doch weiterhin wesentlich ist. Individuelle Lernprozesse sind für bestimmte Entwicklungen in Organisationen notwendig, umgekehrt weisen bestimmte Lernformen von Organisationsmitgliedern dann Erfolg auf, wenn bestimmte organisationale Entwicklungen vorangehen. Im Kapitel 1 wurde dazu der fehlende Erfolg von Projektleitertrainings aufgezeigt. Fehlt Projektführungskräften die Basis für die Umsetzung des Gelernten im Unternehmen, helfen die besten gruppendynamischen Übungen und Erkenntnisse aus den Trainings vermutlich wenig.

 Eine wesentliche Unterscheidung im Lernen von Organisationen und Einzelnen von Chris Argyris und Donald A. Schön (Hartmann/Brentel/Rohn 2006) ist jene der handlungsleitenden Theorie (die tatsächliche verwendete Handlungstheorie des Einzelnen) und einer vertretenen Handlungstheorie, nach der der Einzelne glaubt, gehandelt zu haben. So meint bspw. eine Führungskraft, nach vereinbarten Führungsgrundsätzen zu handeln, ohne dass dies von anderen so beobachtet werden kann.

Die handlungsleitende Theorie wird auf Basis der individuellen Beobachtungen gebildet. „Organisationen handeln demnach entsprechend den subjektiven Handlungstheorien ihrer Mitglieder, die gebildet werden über ihren Vorstellungen und Werten, über die Zusammenhänge in ihrer Umwelt und über ihre eigenen Möglichkeiten der Gestaltung" (Lembke 2004, Seite 73). Diese kann bzw. wird von der vertretenen Handlungstheorie abweichen. Dass Einzelne sich dieser Unterschiede bewusst werden, d. h. ihr Handeln und Verhalten reflektieren, ist Teil eines erfolgreichen Lernprozesses.

Nach Chris Argyris und Donald A. Schön baut Organisationales Lernen (Lembke 2004) auf drei Lernniveaus auf. Unterschieden werden das

- single loop learning (Anpassungslernen der Organisation bzw. der Organisationsmitglieder, Bild 3.4),

- double loop learning – Lernen erster Ordnung (Veränderungslernen der Organisation bzw. seiner Mitglieder, Bild 3.5),

■ Duetro learning oder Prozesslernen – Lernen zweiter Ordnung (das Lernen wird zum Lernthema, Bild 3.6).

Im Rahmen des single loop learning werden Ergebnisse mit den Planvorgaben verglichen und korrigiert. Dabei bleiben Kultur (Werte), Strategie und Struktur unverändert. Handlungen werden nach der Methode „Versuch und Irrtum" verändert und neu versucht (einfache Anpassung).

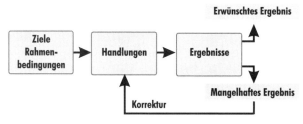

Bild 3.4 Single loop learning (in Anlehnung an Zepke 2005)

Beim double loop learning werden neben Zielen nun Strategie, Prozesse, Strukturen und die Kultur (die den Zielen zugrunde liegen) reflektiert. Die „institutionelle" handlungsleitende Theorie wird infrage gestellt und Veränderungen werden vorgenommen. In den Organisationen treffen dabei Veränderungswillige mit jenen zusammen, die Veränderungen verhindern möchten. Da die Lösung solcher Konflikte dabei machtgetragen sein kann, wird die Schaffung neuer handlungsleitender Theorien unter Umständen wiederholt verhindert.

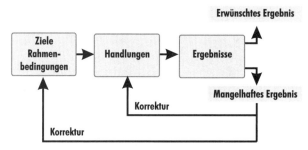

Bild 3.5 Double loop learning (in Anlehnung an Zepke 2005)

Im Duetro learning oder Prozesslernen, dem Lernen zweiter Ordnung (Lembke 2004, nach Bateson 1983), ist der Lernprozess, das Lernen selbst Gegenstand der Betrachtung und des Lernens. Die eigenen handlungsleitenden Theorien werden immer wieder reflektiert und neue werden geschaffen. Lernhindernisse (wie bspw. Konzentration auf kurzfristige Erfolge) und alles, was Lernen erleichtert, sind zu entdecken. In laufenden Reflexionsrunden, in denen diese Erkenntnisse verarbeitet werden, kann der Veränderungsbeitrag vergrößert werden. „Es genügt demnach nicht, Lernen als abgeschlossenen Prozess zu betrachten" (Lembke 2004, Seite 77), sondern als einen fortlaufenden Prozess, Wissen zu verändern und zu schaffen.

So ist es wichtig, bspw. Prozesse im Umgang mit Fehlern fortlaufend zu reflektieren und diese entsprechend zu verändern. Unternehmen, denen es gelingt, erfolgreich eine Fehlerkultur zu etablieren, und so bei Bedarf schnell handeln können, werden sich einen deutlichen Wettbewerbsvorsprung sichern und ihn halten.

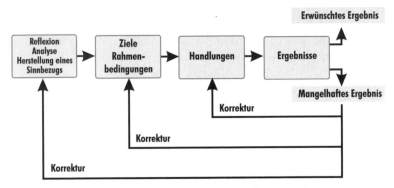

Bild 3.6 Duetro learning oder Prozesslernen (in Anlehnung an Zepke 2005)

Damit ist nicht gesagt, dass mit organisationalem Lernen alle Probleme in Organisationen gelöst bzw. beseitigt werden können. Auch werden in so manchen Prozessen erst Schwierigkeiten auftreten, die bisher als solche nicht gesehen wurden. „Gerade das kritische Hinterfragen so mancher Handlungen und Strukturen offenbart erst weitere Inkonsistenzen von Organisationsnormen und Handlungsweisen, die es herauszufinden gilt" (Hartmann/Brentel/Rohn 2006, Seite 15). Das ist nicht nur willkommen.

Die heutigen Herausforderungen fordern allerdings zum kritischen Hinterfragen auf und, wie die Autoren meinen, werden durch eine „verfeinerte Lernkultur" erfolgreich gemeistert.

Um organisationales Lernen zu stärken und kulturverändernd zu wirken, ist für Führungskräfte (in Projekten) unter anderem wichtig:

- eigene Ziele/Visionen zu kennen und gemeinsam Ziele/Visionen im Projekt zu erarbeiten,
- die Bereitschaft, Verantwortung in der Führungsrolle zu übernehmen,
- Eigenverantwortung und Selbstorganisation in Teams zu stärken,
- die eigene Kritik- und Fehlerkultur zu stärken,
- die Fähigkeiten für eine gelungene Zusammenarbeit in Gruppen auszubauen,
- das eigene Denken, Fühlen, Handeln und Verhalten zu reflektieren (persönliche Lernprozesse in Gang zu halten),
- gruppenbezogene Lern- und Reflexionsprozesse ins Leben zu rufen und lebendig zu halten,
- systemisches Denken (siehe allgemeine Selbstkompetenz, Seite 195),
- Bewusstsein über die Diskrepanz von eigenen handlungsleitenden und vertretenen Handlungstheorien.
- erkennen der eigenen „kulturellen Zwiespältigkeiten" (Schein 2007, Seite 11), die kulturelle Veränderungen hemmen.

Auf dem Weg zu und in Führungspositionen steht jeder Einzelne immer wieder vor Entscheidungen, in denen er innerlich eine Reihe von Kompromissen eingehen musste bzw. muss: bspw. die Menschlichkeit hinter die Professionalität stellen musste, einen Preis für mehr Sicherheit zahlen musste oder Ehrlichkeit aufgeben musste. Der Umgang mit diesen inneren Zwiespältigkeiten ist entscheidend, wenn es darum geht, bestehende Kulturen zu stören und zu verändern.

Individuelle Lernprozesse und Gruppenlernprozesse zu fördern, ist eine wesentliche Führungsaufgabe in Projekten. Dazu müssen Projektmanagement, Organisationsentwicklung und Personalentwicklung sinnvoll zusammenwirken. Die Fach-, Sozial- und Selbstkompetenzen, die in diesem Kapitel noch vorgestellt werden, dienen dem organisationalen Lernen.

Die Autoren Daniela Mayrshofer und Hubertus A. Kröger (1999) sprechen in diesem Zusammenhang vom „Projekt als lernende Organisation". Aus ihrer Sicht benötigt ein „effektiv organisierter Lernprozess …

▪ eine Atmosphäre, in der ungeklärte Fragen und Fehler als Lernchance gesehen werden, ohne dass dieser Grundsatz zum Lippenbekenntnis verkommt,

▪ definierte Ziele und Standards und deren regelmäßige Reflexion und Überprüfung,

▪ ein regelmäßiges Erarbeiten von Verbesserungsmöglichkeiten und deren konsequente Umsetzung."

Führungskräfte verändern Kultur – Beispiele

Die Frage, wie denn eine einzelne Führungskraft generell kulturverändernd wirken kann, beantwortet Georg Zepke (2003):

▪ durch faktisches Anderstun (besonders in der Führung),

▪ die Einführung anderer Arbeitsformen bzw. anderer Formen der Steuerung (bspw. durch Projekte),

▪ die gezielte Personalentwicklung (für Projektführungskräfte),

▪ die Koppelung an anstehende Veränderungsprojekte,

▪ die überraschende Vernetzung von Rollenträgern und Organisationseinheiten,

▪ die „Selbstbeforschung der Organisation",

▪ die „Verstörung" von eingefahrenen Kommunikationsmustern.

Faktisches Anderstun kann sich bspw. in der gemeinsamen Planung im Projekt, in der Bearbeitung von Konflikten, im Umgang mit Mitarbeitern zeigen.

Wenn Projektmanagement in Unternehmen als *eine andere Form der Steuerung* eingeführt werden soll, stellt eine besondere Herausforderung die Etablierung des Multiprojektmanagements dar. Wird dies in Unternehmen als weitere Funktion in der hierarchischen Steuerung eingebettet, ist es naheliegend, dass die Linie die Projektarbeit steuern will. Wird es nicht fest installiert, ist die Gefahr groß, dass Multiprojektmanagement von der hierarchischen Steuerung (= Linie) kaum ernst genommen wird und die Linie ihre Macht erst recht nicht teilen wird. Wie im Detail vorzugehen ist, hängt vom konkreten Unternehmen, von dessen Unternehmensgeschichte, -visionen und -kultur ab. Oft braucht es einige Jahre, bis ein anderes Verständnis von Macht geschaffen wird, was grundlegend für eine erfolgreiche Projektarbeit ist.

Für die *Personalentwicklung von Projektführungskräften* ist vor allem das Zusammenwirken von Organisations- und Personalentwicklung notwendig. Wenn es um die Kopplung an ein anstehendes Veränderungsprojekt geht, kann eine Führungskraft bspw. eine konkrete Personalentwicklung für Projektführungskräfte in diesem Veränderungsprojekt thematisieren.

Die *überraschende Vernetzung von Rollenträgern und Organisationseinheiten* ist etwas, was in Projekten an den Schnittstellen laufend geschieht und noch weitaus intensiver genutzt werden kann, gerade dann, wenn es um das Lernen aus Projekten geht.

Die *Selbstbeforschung der Organisation* ist auf Multiprojektebene ein wesentliches Thema, um Unterschiede zu verdeutlichen und deren Management zu verbessern. Im Fokus steht die Vergrößerung des Organisationsbewusstseins auf Führungsebene.

Wenn Sie *eingefahrene Kommunikationsmuster „verstören"* wollen (oder müssen), können Sie bspw. überraschend in einem Lenkungsausschuss die Zusammenarbeit im Team reflektieren, warum diese für das Unternehmen gewinnbringend ist, warum es wichtig ist, über eine Projektkultur nachzudenken und die Gefühle dazu zu kennen. Sie können Ihre Mitarbeiter wiederholt anerkennen, Sie können Ihren Mitarbeitern die offene Tür zu Ihnen anbieten, gerade dann, wenn es im Unternehmen üblich ist, dass Führungskräfte nur nach Terminvereinbarung mit der Sekretärin erreichbar sind. Derartige „Verstörungen" sind aber nur dann sinnvoll, wenn Sie genau wissen, was Sie damit erreichen wollen, was Sie verändern wollen, wozu Sie die Mitarbeiter, Führungskollegen oder die nächsthöhere Führungsebene bewegen wollen.

Das Dürfen/Sollen der Projektführungskräfte

Was Projektführungskräfte mit ihren Teams aus Sicht des Unternehmens dürfen und sollen, hängt davon ab, wie Projektmanagement verstanden wird, wie sehr sich ein Unternehmen der Kulturveränderung durch Projektarbeit gestellt hat. Abgebildet werden die Fragen im agilen Erfolgsbild mit dem Aspekt des Dürfens sowie mit der Kultur der Zusammenarbeit im Team (Bild 3.7).

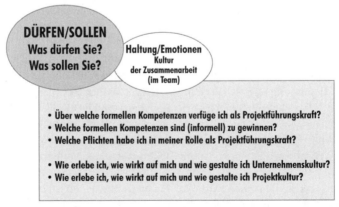

Bild 3.7 Das agile Erfolgsbild im Projektkontext – Dürfen/Sollen

Die Art und Weise, wie über Rechte und Pflichten von Projektführungskräften in einzelnen Unternehmen abgestimmt wird, ist Ausdruck der Unternehmenskultur. Rechte (formelle Kompetenzen) und Pflichten (Verantwortung) als Projektführungskraft werden selten explizit in Rollendefinitionen abgestimmt bzw. über den notwendigen Entscheidungsspielraum wird kaum verhandelt. Die Linienführung gibt den Entscheidungsspielraum vor und orientiert sich, wie die Praxis zeigt, wenig an den Notwendigkeiten der Aufgabenstellung. Gut in der Hierarchie vernetzte und mutige Projektführungskräfte werden ihre Kompetenzgrenzen oftmals ein Stück nach außen verschieben (informelle Wege). In manchen Unternehmen etablieren sich in Projekten sogenannte „Hinterhofwirtschaften", um Zeitvorgaben und Kosten einhalten zu können. Die Entscheidungswege in ausgefeilten Hierarchien sind für Projekte oftmals bei Weitem zu lang und zu wenig durchsichtig. Dabei ist es gerade in Projekten wichtig, schnell entscheiden zu können und Rechte sowie Pflichten transparent in der Projektorganisation darzustellen.

Kultur der Zusammenarbeit im Team

Eine Projektkultur, in der eine erfolgreiche Projektarbeit stattfinden kann,

- weist einen entsprechenden Entscheidungsspielraum auf,
- fördert den kompetenten Umgang mit Unterschieden, Widersprüchen und Veränderungen,
- fördert Eigenverantwortung und Selbstorganisation und somit das Engagement der Einzelnen,
- ist offen für Ideen (eigene und die der Teammitglieder),
- ermöglicht Lernen durch entsprechende Reflexions- und Lernprozesse bei Einzelnen und im Team (Personalentwicklung), sowie das Projektergebnis (Ziele, Wege im Projekt) betreffend,
- fördert gute Gespräche (zuhören!), die wiederum eine gute Zusammenarbeit untereinander fördern,
- fördert die kommunikative Vernetzung des Teams mit den Stakeholdern,
- greift Missstände auf und legt sie auf den Tisch (vor allem was die Ressourcen und die Gesundheit der Mitarbeiter betrifft) und
- wird von Führungskräften unterstützt, die sich über ihre Möglichkeiten, Kultur zu gestalten, bewusst sind.

Jede Führungskraft, die sich des Themas Teamkultur ernstlich annimmt, gerät in Konfrontation mit der herrschenden Kultur, mit den Strukturen/Prozessen, der Strategie des Unternehmens und stößt an eigene Grenzen der Veränderungsbereitschaft. Das Bewusstsein einzelner Führungskräfte über eigene Grenzen und Grenzen der Organisation ist ein grundlegender Baustein, um kulturelle Veränderungen anzustoßen. Sie wissen selbst: Lernen ist nicht immer schmerzlos, es bedeutet zumeist gewinnen UND verlieren. Auch bekommen selten jene einen Preis, die neue Wege vorschlagen und auch gehen.

Projektkultur gestalten

Wenn Sie sich die herrschende Kultur in der Zusammenarbeit, ihre eigenen kulturellen Hintergründe bewusst machen sowie die Ziele der Zusammenarbeit und des Projektes im Team klären, können Sie Projektkultur gestalten, indem Sie bspw.

- mit ihrem Team Werte und Regeln, Grundsätze im Verhalten vereinbaren,
- Rituale einführen, die Übergänge und Abschlüsse besonders hervorheben und zu Neuem anspornen (Abschluss von wesentlichen Projektphasen),
- Lern- und Reflexionsprozesse etablieren, die bspw. den Umgang mit Fehlern verdeutlichen,
- die Verbundenheit der Einzelnen mit dem Projekt stärken, indem Leistungen des Teams anerkannt werden und Episoden und Anekdoten rund um das Projekt (ohne dabei die Leistung des Unternehmens als Ganzes zu schmälern) wiederholt aufgegriffen bzw. angesprochen werden,
- die Identifizierung der Teammitglieder mit dem Projekt durch ein eigenes Logo und einen Projektnamen fördern,
- eine gezielte Personalentwicklung für sich und Ihr Team fördern (bspw. Projektcoaching im Team und in der Führungsrolle, Lern- und Reflexionsprozesse in der Projektarbeit),
- teamorientiert führen und den Teammitgliedern ein Vorbild sind,
- ein einfaches Projektmarketing fördern, welches nach innen und außen positiv wirkt (bspw. über das Projekt wiederholt positiv bei anderen sprechen, in Kaffeerunden darüber plaudern, einen Kugelschreiber mit dem Projektlogo erstellen).

Ihre Art und Weise in der Führung des Teams ist entscheidend für eine gelungene Projektkultur.

Eine wesentliche Rolle spielt in all den kulturellen Aspekten die Sicht auf die Kompetenz von Führungskräften, der die Aufmerksamkeit des nächsten Abschnitts gilt.

Wenn ich nachdenke, was eigentlich die Grundlage der Führung sein muß, dann ist es die Fähigkeit zum Gespräch.
Wolfgang Habbel (*1924), deutscher Automobilmanager (www.zitate.de)

3.1.2 Reflektierte Projektkompetenz

In der Projektplanung greifen Sie auf eine Vielzahl von Ressourcen im Unternehmen zurück. Neben personellen und finanziellen Ressourcen sind es die verfügbaren Anlagen, die Ausstattung, bestehende Strukturen und verschiedene (Management-)Prozesse, unternehmensinternes Wissen und Erfahrung, das Image des Unternehmens auf dem Markt usw. Wesentlich sind für Führungskräfte die Mitarbeiter mit ihren Fähigkeiten und Fertigkeiten und die eigenen Führungskompetenzen. Im agilen Erfolgsbild stellen sich die Fragen nach Ihren Kompetenzen und Ressourcen unter dem KÖNNEN da (Bild 3.8).

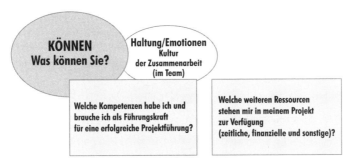

Bild 3.8 Das agile Erfolgsbild im Projektkontext – Können

Die Frage nach den Kompetenzen einer Projektführungskraft konzentriert sich hier auf die Fähigkeiten, um

- Unterschiede und Widersprüche zu nutzen,
- Veränderungen zu managen und
- sich selbst gut zu führen.

Das sind Kernaufgaben im Führungsgeschehen, wie im Projekt- und Linienmanagement zum Thema Erfolg und Gesundheit und unter dem Aspekt der Kultur gezeigt wurde. Gerade wenn es darum geht, Kultur zu verändern, sind diese Führungsaufgaben entscheidend.

Aus Ihrer Praxis sind Ihnen die Begriffe Fach-, Sozial- und Selbstkompetenz vertraut, weshalb diese Einteilung von Kompetenzen herangezogen wird. Sozial- und Selbstkompetenz werden hier als Beziehungskompetenz dargestellt. In der Führungsarbeit sind diese unverzichtbar (Bild 3.9).

Bild 3.9 Kompetenzen einer Projektführungskraft (in Anlehnung an Alan 2002)

Die folgenden Ausführungen sind dazu geeignet, als Projektführungskraft mit Personal- und Organisationsentwicklern ins Gespräch zu gehen und Entscheidungen zu treffen, welche in personalentwicklerischen Maßnahmen zum Nutzen aller Beteiligten umgesetzt werden können und sollen. Die Details der dargestellten Kompetenzanforderungen zu den Kernaufgaben sind unternehmensintern zu erarbeiten. Dazu gehört die Klärung, was davon für den Projektauftraggeber und den Projektleiter relevant ist. Der Detaillierungsgrad und die Intensität der Auseinandersetzung in der Kompetenzklärung von Projektführungskräften hängen vorwiegend ab

- vom Beitrag der Projekte zum wirtschaftlichen Erfolg eines Unternehmens,

- vom Ausmaß der Projektarbeit insgesamt,

- von den Projektmanagementarten,

- von den Projektarten,

- von der reflektierten Erfahrung mit Projektmanagement in der Organisation und Einzelner und

- von den kulturellen Gegebenheiten im Unternehmen und in dessen Umfeld.

Der Klärungsprozess zu diesen Führungskompetenzen ist in jedem Unternehmen, in dem mit Projekten gearbeitet wird, sinnvoll. Doch dort, wo die Umsätze und Gewinne primär mit Projekten erwirtschaftet werden, ist die konsequente Erarbeitung von Projektführungskompetenzen für das Unternehmen mittel- und langfristig überlebenswichtig.

Selbstkompetenz

Die Selbstkompetenz bzw. persönliche Kompetenz ist die wesentliche Beziehungskompetenz. Wer mit sich selbst in einer guten und reflexiven Beziehung steht, wird dies gleichfalls mit anderen sein können.

 Die Selbstkompetenz stellt die Fähigkeit dar, sich

- in den unterschiedlichsten Lebenssituationen selbst zu führen,

- reflektiert zu denken, zu fühlen und zu handeln und

- die eigene Identität zu bewahren bzw. selbst bewusst zu verändern.

Zur Selbstkompetenz gehört die Bereitschaft des Einzelnen, das Bewusstsein über sich selbst im Laufe des Lebens zu vergrößern und so seine eigenen Möglichkeiten und Grenzen klar zu erkennen. Die Person klärt – wiederholend neu – das Wollen, Können und Dürfen/Sollen (agiles Erfolgsbild) und reflektiert ihr Denken, Fühlen und Handeln. Der Umgang mit Misserfolgen und Fehlern, das Management von Unterschieden, Widersprüchen und ausgelösten inneren Konflikten ist Teil einer guten Selbstkompetenz. Die Person ist sich bewusst über ihr eigenes geistiges, körperliches, psychisches und seelisches Befinden.

Bezogen auf die angeführten Führungsaufgaben (siehe Seite 193) wird die Selbstkompetenz folgendermaßen aufgeteilt:

- die allgemeine Selbstkompetenz, die der Gestaltung einer erfüllenden Lebens- und Führungsrolle im Projekt dienlich ist,

- die Bereitschaft zur Selbstreflexion und -kritik und

- zum persönlichen Lernen und Verändern.

 Allgemeine Selbstkompetenz bei Projektführungskräften kann bspw. sein:

- Selbstvertrauen, besonders in die eigene Intuition und Sensibilität, in die „innere" Frühwarnung („instinct"),

- Selbstachtung, -wertschätzung im eigenen Handeln, Denken und Fühlen,

- innere Ruhe (gutes Maß an Anspannung und Entspannung),

- körperliche und emotionale Bedürfnisse zu respektieren,

- Fähigkeit, eigene Emotionen wahrzunehmen, zu reflektieren und zu steuern,

- Fähigkeit, Nein zu sagen, eigene Grenzen anzuerkennen,

- aktive Gestaltung der Führungsrolle (keine Opferhaltung),

- visionär, kreativ, innovativ zu sein oder/und das Neue zulassen zu können,

- spontan, kreativ und experimentierfreudig zu sein,

- strukturiert und organisiert zu sein,

- gut unterscheiden und Prioritäten reihen bzw. setzen zu können,

- integer zu sein,

- tolerant zu sein, vor allem im Umgang mit Unterschieden und Instabilität,

- etwas verkaufen zu können, von dem man überzeugt ist,

- Begeisterungsfähigkeit und Eigenmotivation,

- Mut und Lust, ohne Rezept und Anleitung zu arbeiten,

- Sensibilität in der Anwendung von Wissen,

- Mut zur Lücke und Mut, neue Wege zu gehen,

- systemisches Denken,

- analytische Fähigkeiten, abstraktes und konzeptionelles Denken (Denken auf Metaebenen),

- unternehmerisches Denken und Handeln.

Systemisches Denken ist essenziell in der Führungsarbeit, denn es ist entscheidend, „Ereignisse und Sachverhalte nicht nur in ihrer Singularität, sondern in ihrem Zusammenhang, ihrer Prozesshaftigkeit und ihren grundlegenden Strukturen wahrzunehmen. So können räumlich und zeitlich weit entfernte Ursachen und Wirkungen durchaus in Verbindung stehen" (Hartmann/Brentel/Rohn 2006, Seite 6). Die Betrachtung einfacher Ursache-Wirkungs-Ketten reicht nicht. Unterschiede und Widersprüche wahrzunehmen und zu nutzen, ist Teil des systemischen Denkens. Die Selbstkompetenz erfordert geradezu ein systemisches Denken, wenn es darum geht, langfristig für sich gut zu sorgen und in komplexen Situationen verantwortlich und kompetent sich selbst zu führen. Aus der Bereitschaft, die Vielfalt von sich selbst in Verbindung mit der eigenen Umwelt anzuerkennen, erwächst der Respekt dessen, was auf einen und in einem wirkt, was vom Einzelnen gestaltet wird und gestaltet werden kann.

Es geht darum, zu sehen und zu reflektieren,

- was Sie bereits können,

- was Sie einfach sind (bspw. integer, strukturiert),

- was davon Sie vertiefen möchten und

- was gut wäre, sich für die Führungsaufgabe anzueignen.

„Selbstführung, metaphorisch auch als Anleitung und Entwicklung ‚innerer Mitarbeiter' zu bezeichnen, ist die bewusste und gezielte Aktivierung, Steuerung und Stärkung psychischer Ressourcen und Potenziale der eigenen Person" (Müller 2003). Wer sein inneres Team führen kann, vereint in sich das Sich-führen-Lassen und das Führen.

Selbstreflexion und Selbstkritik

Ein wesentlicher Aspekt der Selbstkompetenz ist die Bereitschaft zur Selbstreflexion und -kritik. Mancher Projektführungskraft fällt es vielleicht schwer, Mitarbeitern zu vertrauen oder zeitweise im Chaos zu sein. Dann ist es wichtig, sich darüber klar zu werden, dies zu reflektieren und daran zu arbeiten. So können hinderliche innere Entscheidungen (bspw.: Ich werde nie mehr vertrauen, weil ein Mitarbeiter das Vertrauen missbraucht hat), Einstellungen und Eigenschaften aufgeweicht und die eigenen Ressourcen/Kräfte gut ausgeschöpft werden.

Was darf sich jemand unter dem Begriff der Selbstreflexion vorstellen? Unter Umständen fallen Ihnen zum Thema Selbstreflexion die Menschen ein, die meinen: „Oje, die Nabelschaufraktion, die Psychis und jene, die zu viel Zeit haben. Aber gestandene Führungskräfte machen so was doch nicht! Klar gibt es Probleme, aber die Strukturen, das Unternehmen, der Kollege X ..."

Selbstreflexion ist mittlerweile ein gängiges Wort in Führungskreisen, dennoch bleibt der Eindruck, manche Führungskräfte sehen darin für sich selbst keine Notwendigkeit. Bei Problemen hat die andere Person einen dringenden Reflexionsbedarf.

Personalentwicklungsprodukte, die das Wort zu oft verwenden, verkaufen sich eher bescheiden. Das ist verständlich: „Selbstreflexion ist eine besonders schwierige Form des Lernens, da es eine Veränderung der systemeigenen Prozesse verlangt und eine Einsicht in Relationen und Relativitäten, ein Verstehen der Funktions- und Entwicklungsbedingungen anderer Systeme erfordert" (Pellert 1990, Seite 99). Wenn es darum geht, das Selbstbewusstsein zu erhöhen, dann lässt sich das schon erfolgreicher verkaufen. Dabei geht es hier um nichts anderes als um Selbstreflexion. Agnes Heller, eine ungarische Philosophin, drückt das so aus: „Wer Selbstbewusstsein hat, identifiziert sich nicht spontan mit sich selbst, er hat Distanz zu sich selbst" (www.zitate.de). Und aus dieser Distanz können sie sich selbst reflektieren und über sich selbst bewusst werden (= Selbstbewusstsein).

Aus Sicht der Autoren Peter Heintel und Ewald E. Krainz (2001, Seite 153) ist es erstaunlich, „wie wenig Individuen über sich selbst wissen und wie falsch sie sich selbst einschätzen ...". Gerade Führungskräfte in hierarchischen Organisationen tun sich oftmals besonders schwer mit Selbstreflexion, weil sie sich bspw. kaum Fehler und Schwächen eingestehen können. Erfahrene Projektführungskräfte verfügen zumeist über mehr Erfahrungen im Umgang mit Fehlern und mit Scheitern. Die Autoren sind der Ansicht, „Projektmanagement ist ein Ort, sich als Manager besser einschätzen und positionieren zu lernen" (Heintel/Krainz 2001, Seite 153). Projektmanagement ist ein „Ort", an dem es viel weniger als in der Linie gelingt, Unterschiede und Widersprüche dauerhaft zu unterdrücken, bzw. der Preis dafür ist zu hoch. Führungskräfte in Projekten meistern permanent Projektprobleme neben den persönlichen Krisen, denen jeder Mensch begegnet. Diese Probleme mit einer entsprechenden Offenheit und der Bereitschaft zum Lernen und Reflektieren anzupacken, dienen der Führungskraft genauso wie dem Unternehmen. Der Charakter, die Persönlichkeit reift durch eine Vielzahl von positiven und negativen Erfahrungen.

 Selbstreflexion fordert,

- das Interesse auf sich selbst zu richten und sich selbst zu beobachten,
- eigene Vorstellungen, Ideen und Werte zu überdenken, diesen nachzuspüren,
- über sich selbst (in Beziehung zu anderen) nachzudenken,
- das eigene Verhalten und Handeln verstehen zu wollen (Was bewegt mich? Wie reagiere ich auf äußere und innere Reize? Was treibt mich an, was hält mich zurück? ...),
- die Gefühle zu sich selbst wahrzunehmen,
- die eigenen Beobachtungen bzw. seine Konstruktion der Wirklichkeit zu hinterfragen,
- sich selbst mehr und mehr zu nähern, sich kennenzulernen – im Denken, Fühlen und Handeln.

Sie nehmen in der Reflexion einen Abstand zu sich selbst ein, um sich gut erkennen zu können. Dabei werden Sie eine neue Nähe zu sich finden, was eine wertvolle Erfahrung darstellt. Wenn jemand der Kontakt zu sich fehlt, stellt sich die Frage, wie diese Person in Krisenzeiten in sich selbst Halt finden kann.

Die Nähe zu einem selbst entsteht durch Zuwendung, sie kann von keinem anderen hergestellt werden, weder in einem Coaching noch in einer Therapie. Diese Dienstleister können Sie darin unterstützen, anklopfen und eintreten muss jeder selbst.

Die Frage ist, ob sich jemand für diese reflexiven Betrachtungen an einen abgeschiedenen Platz setzen muss? Je ruhiger es in der Umgebung ist, desto konzentrierter und auch langsamer können Sie arbeiten. Die Reflexion auf intellektueller Ebene alleine ist zu wenig. Ihre Emotionen und Ihr körperliches Befinden nehmen Sie dann wahr, wenn Sie einen Gang zurückschalten. Ein zentraler Baustein einer gelungenen (Selbst-)Reflexion sowie Selbstführung ist daher die Stille. Sie reduziert Ihr Tempo und/oder das Ihrer Gruppe. Nehmen Sie sich

- Zeiten der Stille zum Denken, Nachdenken, Überdenken,
- Zeiten der Stille, zu fühlen, was gerade ist,
- Zeiten der Stille im „Nichts" (für jene, die mit der Meditation vertraut sind).

Diese Zeiten sind sowohl in der Einzel- als auch in der Gruppenreflexion wichtig.

Solch einen Baustein zu benennen in einer Zeit, in der ständig in jeder Minute zigfach Verschiedenes zu erledigen ist, ist gewagt. Und es braucht Mut, einen anderen Weg zu gehen als alle anderen. Sicher ist: Diese Zeiten sind unverzichtbar! Sie werden schnell erkennen können, wie viele Dinge Ihnen einfach dadurch gewahr werden, weil Sie zur Ruhe kommen und still sitzen. Im Prioritätendschungel noch den roten Faden zu finden, gelingt mit Zeiten der Stille besser. In Projektleitertrainings sind drei Minuten Stille für manche, die das erste Mal diese Erfahrung machen, eher befremdend. Nach dem zweiten Mal freuen sich die Führungskräfte auf die weiteren stillen Minuten und erzählen offen, warum Stille für sie eine so positive Erfahrung ist. Unterstützen wird Sie die Entspannungsübung E1: „In der Stille beobachten". Mit etwas Übung können Sie auch im Alltagsstress die bewusste Verbindung zu sich selbst schnell herstellen. Das gibt Sicherheit im Berufsleben.

 Zur Selbstkompetenz, die insbesondere das Reflektieren und Lernen unterstützt, gehört

- das Zuhören und Fragenstellen,
- die Fähigkeit, sich selbst wahrzunehmen und zu beobachten, sich von sich selbst zu distanzieren – Bewusstheit über das eigene Denken, Verhalten/Handeln und Fühlen,
- die Bereitschaft und Fähigkeit, eigene Gewohnheiten zu verändern und/oder abzulegen, Selbstdisziplin bei Veränderung von Gewohnheiten,
- die Intuition und Sensibilität für die Wahrnehmung von Veränderungen, Widersprüchen, Unterschieden,
- die Sensibilität in der Wahrnehmung von Emotionen,
- die Toleranz bei Unsicherheit und Instabilität,

- das Selbstvertrauen, insbesondere auch das Vertrauen in die eigene Intuition,
- eine spürbare Offenheit (auch für die Gefühle in den jeweiligen Situationen),
- der Mut, anders zu denken und anders zu handeln,
- der Mut, aus Fehlern zu lernen, die Offenheit für Fehler,
- ein Verantwortungsgefühl für sich und andere,
- eine gute Eigenmotivation,
- sich selbst weniger wichtig und weniger ernst zu nehmen (kritische Distanz zu sich selbst),
- Humor und Freude.

Ebenso geht es bei dieser Aufzählung um die Überprüfung,

- was davon Sie sowieso gut können,
- was Sie gerne vertiefen möchten, weil Sie es in Ansätzen bereits können,
- was Sie sich gerne aneignen möchten.

Manche der hier aufgezählten Kompetenzen, wie etwa gute Fragen (an sich selbst) zu stellen, sind gut zu erlernen. Dazu gibt es eine Vielzahl von Trainings. Sie können ebenso selbst Fragen für Ihre Selbstreflexion aufschreiben und im HBF-Buch beantworten – alleine an einem Ort, an dem Sie sich wohlfühlen (schriftlicher Eigendialog). Ein Selbstgespräch, das manchmal bei alten Leuten zu sehen ist und bei Kindern einfach zum Entwicklungsprozess gehört, ist für die Selbstreflexion durchaus brauchbar. Keiner ist verrückt, der sich mit sich selbst unterhält. „Verrückt" sind jene, die aus der eigenen Mitte geraten sind, die jahrelang keinen Kontakt zu sich selbst aufnehmen.

Diese Selbstgespräche fördern die Klarheit in Situationen, die Bereitschaft für das Ablegen von Gewohnheiten, sie machen mutig und stärken das Verantwortungsgefühl in einem selbst. Die Qualität des Selbstgespräches ist entsprechend wichtig. Reden Sie mit sich selbst wie mit einem lieben Freund – anerkennend und wertschätzend. Ein Praxisbeispiel eines guten Selbstgespräches finden Sie auf Seite 224 in diesem Kapitel.

Sie haben für die ausgewählten Führungsaufgaben einen Überblick über die Selbstkompetenz erhalten. An zweiter Stelle der dafür notwendigen Kompetenzen steht die Sozialkompetenz.

Sozialkompetenz

Generell werden unter Sozialkompetenzen jene Kompetenzen verstanden, die Projektleiter und Projektauftraggeber im Umgang mit anderen Systemen – Organisationen, Teams und einzelnen Personen – benötigen. Für die Beantwortung der vorangegangenen Fragestellung nach den Fähigkeiten zu den Kernaufgaben im Führungsgeschehen, Seite 193, wurde eine Teilung in organisationsbezogene, gruppenbezogene und allgemeine Sozialkompetenzen vorgenommen (Bild 3.10).

Organisationsbezogene Sozialkompetenz
- Interne (Macht-)Strukturen verstehen und damit umgehen
- „Spürsinn" für die (Veränderungen in der) Organisation und für die Stakeholder
- Unterschiede und Widersprüche von Projekt- und hierarchischen Organisationen: Projekt- und Linienführung verstehen und nutzen

Letztendlich geht es hier auch zentral um die Erhöhung der „Organisationsbewusstheit" (Kapitel 1).

Gruppenbezogene Sozialkompetenz
- Gruppenprozesse verstehen und damit umgehen können (Gruppendynamik, Reflexion)
- „Spürsinn" für Gruppenenergie und Einzelne
- Gefühl und die Fähigkeit der Einschätzung von Balance in Gruppen
- Bereitschaft und Fähigkeit zur Unterstützung von notwendigen Veränderungen (Einzelner)
- Bereitschaft, Unterstützung von anderen anzunehmen
- Vertrauen und Respekt gegenüber Mitarbeitern im Team und im Projekt als Ganzes
- Offenheit im Umgang mit anderen (Reflexion der eigenen Beobachtungen)

Allgemeine Sozialkompetenz
- Dialogische und beziehungsorientierte Kompetenzen
- Situationsdiagnostische, empathische Fähigkeiten
- Mediative bzw. konfliktklärende/-vermittelnde Fähigkeiten
- Vorbildfunktion, insbesondere im Umgang mit Widersprüchen, Unterschieden, Veränderungen
- Fähigkeit zur Einschätzung von Verändern und Bewahren
- Offenheit und Neugier gegenüber anderen Kulturen und Gewohnheiten

Bild 3.10 Sozialkompetenzen von Projektführungskräften (in Anlehnung an Schreckeneder 2005)

Viele der angeführten Kompetenzen sind Ihnen wahrscheinlich vertraut, manche eher wenig. Die Auswahl und Vertiefung ergibt sich im besten Fall in einem Gespräch mit Personalentwicklern/Organisationsentwicklern, sie ist von verschiedenen Faktoren (Beitrag der Projekte zum wirtschaftlichen Erfolg eines Unternehmens, Ausmaß der Projektarbeit insgesamt, Projektmanagementarten, Projektarten, reflektierte Erfahrung mit Projektmanagement in der Organisation und Einzelner, kulturelle Gegebenheiten im Unternehmen und dessen Umfeld) abhängig.

So spielen die einzelnen Aspekte der Sozialkompetenzen (Bild 10) in den verschiedenen Projektarten eine unterschiedliche Rolle. In offenen Projekten, die in einer Matrixprojektorganisation durchgeführt werden, spielen die Sozialkompetenzen eine besondere Rolle. Eine vom Projektauftraggeber vorgeschriebene Zielsetzung und ein Auftragsplan werden nichts bringen. Vielmehr geht es darum, dass Betroffene und Beteiligte sich im Projektprozess verstehen lernen, um das Projekt erfolgreich führen zu können. Alle angeführten Sozialkompetenzen kommen zum Tragen.

Fremdheitskompetenz

Für die ausgewählten Führungsaufgaben und die Frage nach den entsprechend notwendigen Kompetenzen sind die Überlegungen zur sogenannten Fremdheitskompetenz interessant, die Selbst- und Sozialkompetenz verbindet. Die Fremdheitskompetenz (Jakubeit 1999) ist eine Kompetenz, die in der Wahrnehmung der Vielfalt Einzelner, Gruppen und Organisationen von Bedeutung ist. Der Begriff richtet sich speziell darauf, Unterschiede in der Zusammenarbeit anzuerkennen und zu fördern. Sie arbeiten in Ihrer Führungsrolle unter anderem

- mit Männern und Frauen,
- mit unterschiedlichen Nationalitäten,
- mit unterschiedlichen Branchen, Profit-/Non-Profit-Organisationen,
- mit Linien- und Projektführungskräften,
- in der Linien- und Projektorganisation,
- mit unterschiedlichen Altersgruppen,
- mit Menschen aus unterschiedlichen wissenschaftlichen Disziplinen,
- mit unterschiedlich gesunden Menschen und
- mit Angestellten und Selbständigen.

Selten werden die eigenen Beobachtungen zu diesen Unterschieden bewusst reflektiert. Welche wissenschaftliche Disziplin schätze, welche lehne ich ab? Warum denke ich so? Warum mag ich Projektmanagement? Warum schätze ich Engländer? Wovor habe ich Angst bei den Frauen/bei den Männern?

Die (Selbst-)Reflexion und das bewusste Hinterfragen der eigenen Beobachtungen dieser Unterschiede ist eine wesentliche Basis, Fremdes anzuerkennen. Besonders wichtig und herausfordernd ist das „Bewusstwerden der grundlegenden Ambivalenz gegenüber dem Fremden" (Jakubeit 1999). In ungewohnten Situationen, mit fremden Menschen sind Angst und Neugier einfach da. Beide Emotionen wahrzunehmen und mit dieser emotionalen Ladung zu handeln, ist für jeden eine Herausforderung, so die Autorin. Die Dringlichkeit dieser Überlegungen zeigen die Gespräche in Davos im Januar dieses Jahres (Heß/Riecke 2011 und Wieland 2011). Die Ängste vor Asiens Wirtschaftskraft und die unterschiedlichen Werte der Länder sind dort ein zentraler Gesprächsinhalt. (Fremdheits-)Kultur steht im Mittelpunkt der Wirtschaftselite, die einen kompetenten Umgang damit einfordert.

In Ihrem Projektkontext kann das heißen: Wer als Führungskraft in Projekte geht, um etwas durchzusetzen, die Unterschiede zu unterdrücken, wird in offenen Projekten mit dieser Vorgangsweise scheitern. Wer in Projekte geht, um sich und seine Grenzen darin aufzulösen, haltlos in den Unterschieden zu sein, wird das Gleiche erleben. Oder in einem weiteren Beispiel ausgedrückt: Wenn eine Führungskraft der Linie dazu tendiert, Projektmanagement kleinzureden, das Fremde auszuschließen, sucht sie keinen Raum der Begegnung. Im Gegensatz dazu geht eine andere Führungskraft in der neuen Idee von Projektführung auf und macht alles zu einem Projekt. Das wechselseitige Verständnis von Projekt und Linie wird von keiner dieser Führungskräfte geschaffen.

Werden Vermittlungsinstanzen zwischen Linie und Projekt aufgebaut, ist das ähnlich der Schaffung eines dritten Raumes, der gemeinsam betreten wird, in dem der Austausch zwischen diesen unterschiedlichen Führungszugängen stattfinden kann, die Neugier und die Angst/Unsicherheit als Arbeitsenergie genutzt werden.

Fachkompetenz

Nun wenden Sie sich der letzten Kompetenz, der Fachkompetenz bzw. Fakten- und Methodenkompetenz zu. Die Kompetenzdarstellung für die angeführten Führungsaufgaben, Seite 193, unterteilt dazu die Fachkompetenz in

- Projektmanagement,

- Organisation/Gruppe und in

- allgemeine Fachkompetenzen (Bild 3.11)

Projektmanagement
- Arten des Projektmanagements
- Abgrenzung Projekte, Linienaufgaben, projektähnliches Vorgehen
  (= Linienaufgaben, die mit Projektmanagement-Methoden realisiert werden)
- Sinn und Zweck von unternehmensinternen Standards im Projektmanagement
  (Multiprojektmanagement)
- Führungsverständnis und Rollenverständnis in Projekten
- Gestaltung von Komplexität in Systemen
- Instrumente der strategischen, operativen Projektplanung, -steuerung und
  des Projektabschlusses
- Erfolgreiche Gestaltung von Kommunikationsbeziehungen mit Stakeholdern

Organisation, Gruppe
- Gestaltung von Strukturen und Prozessen in einem Projekt (insbesondere gruppendynamische Prozesse,
  Reflexions- und Lernprozesse)
- Gestaltung von Strukturen und Prozessen an der Nahtstelle zur Organisation/Linie
  (Kommunikationsbeziehungen)
- Unterschiede und Widersprüche innerhalb von Systemen und systemübergreifend –
  Fokus: Gruppenhierarchie / Veränderungen in Systemen
- Personalentwicklung im Projektmanagement

Allgemein
- Betriebswirtschaftliche Grundlagen
- Grundlagen der Führung – Fokus: Führung von Gruppen
- Kommunikation, Verhandlungsführung und Konfliktmanagement
- Umgang mit eigenen Emotionen und den Emotionen anderer
- Moderation und Präsentation
- Kreativitäts- und Problemlösetechniken
- Fragetechniken
- (Inter-) kulturelles Verständnis

Bild 3.11 Fachkompetenzen von Projektführungskräften (in Anlehnung an Schreckeneder 2005)

Um die angeführten Sozial- und Fachkompetenzen mit Ihren Bedürfnissen und jenen des Unternehmens abzustimmen, wird das Gespräch mit Personal- und Organisationsentwicklern empfohlen. Steht Ihnen diese Möglichkeit nicht offen, können Sie das Gespräch mit Führungskollegen, mit Coachs usw. suchen. Die Kompetenzen für die angeführten Führungsaufgaben werden zukünftig in Unternehmen an Relevanz gewinnen. Je früher Sie Möglichkeiten dazu wahrnehmen, entsprechende Kompetenz zu erwerben, desto nützlicher.

3.1.3 Freude macht einen Unterschied

Emotionen und Gefühle spielen in der Wirtschaft eine enorme Rolle. Kaufentscheidungen hängen von der Stimmung und den Gefühlen ab, und täglich erleben wir alles andere als eine emotional neutrale Begegnung von Menschen im Unternehmen. Wenn es in Projekten um die zentralen Führungsaufgaben geht, wie

- sich selbst gut zu führen,
- Unterschiede und Widersprüche zu nutzen und
- Veränderungen zu managen,

spielen Emotionen und Gefühle eine entscheidende Rolle – Ihre emotionale Kompetenz ist gefragt! In der Gegenüberstellung von Projekt- und Linienführung wurde bereits darauf hingewiesen, dass in Projekten mit Emotionen anders umzugehen ist als in der Linie. Generell sind Rationalität und Emotionalität längst keine Gegensatzpaare mehr. Emotionen und Gefühle werden in der Umgangssprache meist gleichbedeutend verwendet. Eine Ausdifferenzierung und genaue Begriffsklärung wird hier nicht vorgenommen, denn wie zahlreiche Forschungsarbeiten zeigen, ist das ein recht umfängliches Vorhaben, das keineswegs zu einem einheitlichen Bild führt. In den weiteren Ausführungen wird von Emotionen gesprochen, die die Begriffe Gefühl, Affekt, Stimmung, Empfindung mitnehmen.

In zunehmend mehr Forschungsarbeiten wird der Stellenwert von Emotionen verdeutlicht. Stefan Teufl (2005) hat in seiner umfangreichen Forschungsarbeit die Bedeutung von Emotionen in Veränderungsprozessen ausführlich dargestellt.

Emotionen wirken wie ein Motor – sowohl privat als auch beruflich. Sie können Veränderungen fördern, vorantreiben und hemmen. Der Motor kann stocken, Veränderungen können vereitelt oder verzögert werden. Jede Veränderung aktiviert Emotionen, und Emotionen können Veränderungen anstoßen, sowohl eigene als auch die Gefühle anderer. Wenn ein von Ihnen fachlich geschätzter Mitarbeiter Ihnen sein Gefühl mitteilt, bspw. er empfindet zu wenig Vertrauen in seine Kompetenz, dann kann das eine Veränderung Ihres Führungsverhaltens anstoßen.

Gefühle wie

- Angst und Unsicherheit,
- Hoffnung und Verleugnung,
- Aggression und Ärger,
- Depression, Trauer und Enttäuschung bis hin
- zu Freude, Neugier und Aufbruchsstimmung

werden in Veränderungsprozessen durchlebt (Teufl 2005, Seite 69 ff.). Besonders starke Emotionen weisen auf wichtige Themen in Veränderungsprozessen – sie sind wesentliche Informationen, sie zeigen Unterschiede auf.

Ängste, die Lernangst und Überlebensangst, greift Edgar H. Schein (2007) im Zusammenhang mit Kulturveränderungen auf. Führungskräfte haben aus seiner Sicht den Auftrag, die Lernangst der Mitarbeiter zu verringern. Die Überlebensangst, die Manager und Mitarbeiter täglich erleben, ist bereits groß genug. Edgar H. Schein spricht von neun Prozessen, „die eine psychische Sicherheit erzeugen" (Schein 2007, Seite 10):

- „Vermittlung einer positiven Vision der Zukunft an die Betroffenen,
- Einbindung der Mitarbeiter in den Veränderungsprozess,
- Schaffung eines Klimas von Unterstützung und Ermutigung,
- Aufbau von Übungsbereichen und sicheren Lernumgebungen,
- Vorgabe einer klaren Zielrichtung und erster Schritte für den Wandel,
- Schaffung eines positiven Gruppenklimas für das Lernen,
- Unterstützung für den Mitarbeiter durch klare Rollenmodelle und situatives Coaching,
- Schaffung von Normen und Anreizen, die eine positive Fehlerkultur fördern (Eingestehen und Beseitigung von Fehlern),
- Überprüfung der formalen Belohnungs- und Bestrafungsverfahren."

Die Schaffung des entsprechenden Rahmens – die Führungskraft als Kontextsteuerer – ist in der Darstellung von Edgar H. Schein wesentlich. In einem derartigen Rahmen können Führungskräfte und Mitarbeiter mit ihren Ängsten konstruktiv umgehen.

Projektmanagement bedeutet für Führungskräfte sogar immer das „Management" von Emotionen. „Wer führen will, muss lernen, Emotionen zu produzieren", meinte Rupert Lay (*1929), deutscher Theologe und Philosoph (www.zitate.de).

Emotionen führen

Die Führung von (eigenen) Emotionen ist ein wesentlicher Aspekt in der Führung von Projekten. „Menschen mit einer hohen emotionalen Kompetenz sind in der Lage, eine Bandbreite von Gefühlen wahrzunehmen. Sie verfügen über ein sehr reiches Innenleben und kennen die Auslöser für bestimmte Gefühle. Wenn es erforderlich ist, können sie ihre Gefühle auch bewusst verändern. Den Ausdruck ihrer Gefühle passen sie der Situation an. Im Kontakt mit anderen erkennen sie den Gefühlszustand des Gegenübers und gehen darauf ein" (Teufl 2005, Seite 163).

Emotional kompetente Führungskräfte sind

- empfindsam und bewusst im Umgang, was die eigenen Emotionen betrifft, und
- einfühlsam und steuernd, was die Emotionen anderer betrifft.

Das ist anspruchsvoll und braucht die Bereitschaft der Selbstreflexion. Selbst wenn das Einfühlungsvermögen gegenüber anderen hoch ist, können die Empfindsamkeit und der bewusste Umgang mit eigenen Emotionen schwach sein. Die Emotionen anderer aktivieren zwar eigene Emotionen, jedoch eben in dieser Abhängigkeit vom anderen.

Maßgeblich ist im Bereich des Marketings das Interesse an Emotionen groß geworden. So kommt es, dass ein führender Autohersteller eine wichtige Emotion, die Freude, ins Zentrum seiner Außendarstellung rückt. BMW München hat 2009 Freude als das zentrale Thema der Markenkommunikation gestartet. Freude ist der Markenkern von BMW, heißt es in der Pressemeldung von 18.06.2009 (BMW Group PressClub Deutschland). So steht darin unter anderem:

- „Freude ist Und. Nicht Oder.
- Freude ist unendlich schön.
- Freude ist jung.
- Freude ist nicht Bewegung, sondern bewegend.
- Freude liegt in der Luft."

Da gelingt es fast, sich der Vorstellung hinzugeben, in einem schönen offenen Auto zu sitzen und durch eine wunderbare Landschaft zu fahren. Denn „Freude und Angst sind Vergrößerungsgläser", schreibt Jeremias Gotthelf, der Schweizer Schriftsteller und protestantische Pfarrer, im 18. Jahrhundert (http://de.wikiquote.org/wiki/Angst). Freude lässt Sie und Ihre Leistung, ein Unternehmen groß, schön und interessant erscheinen.

Freude als Markenkern wirkt stark, wenn die Mitarbeiter dieses Unternehmens ebenso in dieser Freude stehen. Eine derartige Kampagne hat ein größeres Maß an Kraft und Wirkung im Außen, wenn im Inneren der Organisation genau diese Freude gelebt und spürbar wird. Das ist jedenfalls ein wünschenswerter Wirkungszusammenhang – selbst ohne wissenschaftliche Überprüfung.

Den Stellenwert von Emotionen anerkennen

Doch trotz all dem wissenschaftlichen und marketinggetriebenen Interesse an Emotionen und dem Drang des Marketings, Emotionen des Menschen zu schüren und zu benutzen, sind manche Führungskräfte der Ansicht, Gefühle gehören nach Hause. Emotionen sind Privatsache, im Beruf ist man „gefühlsneutral" bzw. im Beruf haben Emotionen nichts verloren. Wie jemand zu diesen Ansichten kommt, hängt von verschiedenen Faktoren ab, bspw.:

- ... von der Fähigkeit der Person, mit dem Erwartungsdruck in der Führungsrolle bzw. in den anderen Rollen umzugehen. Gefühlsneutralität kann bspw. als Antwort auf Ängste dienen.

- ... von der Unternehmens- und Projektkultur: den Ansichten zu Emotionen und dem Umgang mit ihnen (bspw. nur Frauen sind emotional, Männer keinesfalls oder wie der in einem Leitbild verankerte Umgang mit Emotionen: „Wir haben keine Angst vor Veränderung, wir führen sie an!" [Synaxon AG]).

- ... von der Fähigkeit, seine eigenen Emotionen wahrzunehmen, bewusst damit umzugehen und auszudrücken (bspw.: Inwieweit stehe ich zu meinen Gefühlsausbrüchen? Kann ich Ärger und Angst in mir wahrnehmen und wo kann ich sie zulassen? Wie, wo und wann kann ich Enttäuschung zeigen?).

- ... von der Fähigkeit, Emotionen anderer wahrzunehmen und zu steuern (bspw.: Kann und will ich die Stimmigkeit von Aussagen erkennen? Kann und will ich erkennen, inwieweit sich mein Mitarbeiter im Gespräch wohlfühlt?).

- ... von den durch Erziehung und Sozialisation erworbenen und in sich wirksamen Werten und Verhaltensvorgaben/-anleitungen einer Gesellschaft, was den Umgang mit Emotionen betrifft (bspw.: Man darf doch nicht einfach herumschreien! Oder doch? Wer darf es?).

■ ... von den Werten bzw. Wertesystemen der Person (bspw.: Wer den Wert „Sachlichkeit" ganz oben in seinen Wertesystemen ansiedelt, dem wird das Zulassen von Emotionen deutlich schwerer fallen als jemandem, der die „gute Zusammenarbeit" an die erste Stelle stellt und die Sachlichkeit dahinter).

 Selbst wenn der Verstand möglicherweise ohne Gefühle besser funktionieren würde, es würde nichts Neues geben, denn dazu braucht es Gefühle wie Leidenschaft, Lust, Freude und dergleichen mehr.

■

Wer gelernt hat, seine Emotionen zu unterdrücken, verliert viel an positiver Intensität im Leben. Es ist auch davon auszugehen, dass sich Emotionen einen Weg „nach draußen" suchen und diesen auch finden werden. Beispielsweise können sich negative Emotionen in Situationen mit einer Stärke entladen, die weit über das hinausgeht, was angemessen wäre.

Psychische Störungen können Ausdruck einer Beeinträchtigung sein, was die Bewusstheit über die eigenen Gefühle, die Möglichkeit, sie zu fühlen und kognitiv zu verarbeiten, betrifft. Man kann vereinfacht vom „Abstand" bzw. von der Nähe zu den eigenen Emotionen sprechen. Dieser „Abstand" kann einerseits groß bzw. die Empfindsamkeit und das Einfühlungsvermögen können niedrig sein, wodurch eigene und/oder fremde Grenzen kaum mehr wahrgenommen werden können. Wenn andererseits eine Person regelrecht von Emotionen überwältigt bzw. überschwemmt und möglicherweise das Steuern von Emotionen vereitelt wird, ist diese ihrer Vielzahl von Gefühlen zu nahe. In beiden Fällen, wenn der „Abstand" zu groß oder zu klein ist, kann der Mensch die Gefühle nicht fließen lassen oder bewusst halten, ohne sie zu unterdrücken.

Wer seine Tränen bei traurigen oder schrecklichen Erzählungen kaum unterdrücken kann, schämt sich vielleicht dafür und/oder hört von anderen: „Du bist aber nah am Wasser gebaut." Ein intensives Mitempfinden ist jedoch nicht mit einer Schwäche oder Unfähigkeit im Steuern von Emotionen zu verwechseln. Gerade dieses Mitempfinden, ohne mitzuleiden, ist wertvoll.

Die Nähe zu den Gefühlen bzw. die Möglichkeiten im Umgang mit Gefühlen variieren bei jedem Menschen. Was im Ausdruck und im Umgang mit Gefühlen als „normal" gesehen wird, ist abhängig von der Gesellschaft, in der die Person lebt. Sich seinen Emotionen zu nähern, empfindsam gegenüber seinen eigenen Gefühlen zu werden, kann auf verschiedenste Weise erfolgen. Ein Weg besteht darin, einem wichtigen Gefühl in sich konsequent Aufmerksamkeit zu schenken. Dazu wird Ihnen die Freude vorgeschlagen. Warum Freude?

Freude kann Ihnen vielfach dienlich sein:

■ Freude ist ein schönes Gefühl.

■ Freude kann in Gruppen einen gemeinsamen Wert darstellen.

■ Freude an Neuem fordert Altbewährtes heraus.

- Freude kann Ihnen in der Arbeit mit dem agilen Erfolgsbild als Barometer dienen, inwieweit Sie noch auf dem richtigen Weg sind.
- Freude führt Sie zu den Menschen, die Sie in Ihren Vorhaben unterstützen werden.
- Freude sorgt für schnelles Lernen bei Ihnen und Ihrem Team.

Entzünden Sie Freude in Ihrem Team, und Sie stärken damit die Lösungskompetenz Ihrer Gruppe. Freude öffnet: Versuchen Sie doch mal, verärgert oder verängstigt über die Lösung eines Problems nachzudenken. Das ist harte Arbeit mit wenig Output. Freude bewegt etwas in Teams und im einzelnen Menschen – auf physiologischer wie auf psychologischer Ebene. Gleichfalls ist Erfolg UND Gesundheit durch Freude wesentlich leichter umzusetzen. Um engagiert zu arbeiten und Neues zu lernen, braucht es Freude. Sie erinnern sich sicherlich noch an die Schul- bzw. Studienzeit, in der alles leicht gelernt wurde, was Freude machte. Verließ einen die Freude aus welchem Grund auch immer, wurde es anstrengend, sich den Lernstoff einzuprägen.

 Freude ist und hat Qualität:
- Freude ist etwas, das sich vermehrt, wenn jemand sie teilt.
- Freude ist international.
- Freude verbindet.
- Freude ist ansteckend.
- Freude energetisiert.

Freude ist eine wichtige Emotion im menschlichen Dasein. Sie ist es, die Herzklopfen hervorrufen oder in eine tiefe Entspannung führen kann.

„Wenn ich am Ende eines Tages besonders erschöpft bin oder meine Gereiztheit mir verrät, dass meine Nerven müde sind, dann weiß ich ohne Zweifel, dass es ein erfolgloser Tag war, sowohl quantitativ wie qualitativ" (Carnegie 2003, Seite 36). Wer sich permanent anstrengen muss, bewegt weitaus weniger als jener, der in seiner Arbeit mit seiner Freude verbunden ist.

Es kann sein, dass es für Sie im beruflichen Umfeld eher ungewöhnlich oder nicht wünschenswert ist, mit einer Emotion wie der eigenen Freude eng verbunden zu sein. Klären Sie für sich, warum Sie das so sehen. Fragen Sie sich auch, ob es Ängste gibt, die sich dahinter verbergen.

Freude stiftet Unruhe

Freude stellt in manchen Organisationen eine ähnliche Bedrohung dar wie Projektmanagement in der Hierarchie. Freudige Menschen haben Kraft, sie können in Organisationen etwas bewegen, was nicht bewegt werden sollte. Freudige Menschen packen etwas an, und sie warten keineswegs darauf, dass gesagt wird, was zu tun ist.

Eine Bestandsaufnahme in Ihrem Unternehmen darüber, wie freudig gearbeitet wird, können Sie schnell machen.

- Bewerten Sie spontan das Ausmaß von Freude in Ihrem Unternehmen auf einer Skala von 0 bis 100.

- Überlegen Sie jetzt, wie es mit Ihrer eigenen Lebensfreude und Freude an Ihrer Tätigkeit als Führungskraft steht. Wie bewerten Sie diese auf einer Skala von 0 bis 100?

Denken Sie daran, Ihre Einschätzung zu hinterfragen. Wie und warum kommen Sie zu der Bewertung? Wie fühlen Sie sich gerade und inwiefern spielt das in der Bewertung eine Rolle? Was bedeutet das Ergebnis der Bewertung im Zusammenhang mit Ihren Arbeiten im agilen Erfolgsbild?

Und auch im Einzelnen kann Freude Unruhe stiften. Wer seinem Job nachgeht, den er innerlich gekündigt hat oder in dem er einen Dienst nach Vorschrift versieht, kann durch Freude eine enorme Unruhe in sich auslösen. Wer sich mit seiner Freude intensiv verbindet, dem wird es schwerfallen, solche Arbeits- und Lebenssituationen weiterzuführen. Freude revoltiert Passivität und ein Über-sich-ergehen-Lassen. Freude fordert mit ihren Qualitäten Verantwortung im Einzelnen und im Unternehmen.

Der eigenen Freude begegnen

Wer seiner Freude begegnen und sie beleben möchte, kann dies auf unterschiedlichen Wegen erreichen. Die Ansatzpunkte für die Begegnung und Belebung Ihrer Freude sind hier,

- über sich, über andere, mit anderen zu lachen,

- sich und andere anzukennen,

- die Stille, in der Sie Kontakt zu Ihrer Freude aufnehmen können,

- mehr Zeit mit Freunden zu verbringen, die Ihnen Freude schenken.

Wer gut mit seiner Freude in Verbindung ist, kann andere darin unterstützen, öfters mit der Freude in Verbindung zu sein.

Lachen Sie sich gesund

Warum die Idee, Lachen zu fördern? Lachen ist ein wesentlicher Ausdruck von Freude, eine wesentliche Verbindung zur eigenen Freude. Untersuchungen zeigen deutlich: Lachen und Humor führen zu ähnlich positiven Reaktionen im Körper wie Sport. Sie tragen zur körperlichen und psychischen Gesundheit bei. „Erwachsene lachen täglich ungefähr 15-mal, während Kinder circa 400-mal täglich lachen!" (www.heylady.com/rbc/laughter.htm, Abruf am 11.10.2010). In Anlehnung an Charlie Brown ist zu sagen: „Meine Mundwinkel hochzuziehen ist ganz schlecht für meine schlechte Laune" (Charles M. Schulz, amerikanischer Comiczeichner).

Stellen Sie sich mal vor, Sie gehen in Ihr Unternehmen, und bevor die Arbeit losgeht, treffen Sie sich mit anderen in einem Raum und lachen. Einfach so, selbst ohne einen guten Witz. Diese tägliche Morgen-Lachrunde wurde institutionalisiert. Das klingt für die meisten Führungskräfte verrückt, ist es jedoch nicht.

Verrückt ist es vielmehr, das Potenzial der Freude kaum zu nutzen und nach keinem Weg zu suchen, Unternehmen und Mitarbeiter mit Freude zu verbinden. Es kann selbstverständlich etwas anderes als die morgendliche Lachrunde sein. Die Möglichkeiten, Freude im Unternehmen zu beleben, sind vielfältig.

Freude verändert Ihre Beobachtung. Steigen Sie mit Ihrer üblichen Laune in die U-Bahn. Beobachten Sie die Menschen und schauen Sie, was Ihnen begegnet, wenn Sie auf Ihrer Weiterfahrt in U-Bahn, Bus oder auf der Straße lächeln. Anfangs mag sich das gekünstelt anfühlen, doch mit etwas Übung wird es völlig authentisch. Lächeln Sie! Sie werden viele Menschen mit Ihrem Lächeln anstecken. Sie verbreiten das, was Sie in sich tragen: Freude.

Die Konferenzen, Sitzungen und Festlichkeiten in Unternehmen sind geprägt von ernsthaften Reden und Darbietungen, selbst die eingeflochtenen Witze wirken begrenzt erheiternd. Die Redner selbst sind es, denen die Freude fehlt – oftmals weil sie sich einfach keine Zeit für ihre Freude nehmen. Es tut gut, wenn die Führungskräfte lächeln, bevor sie das Wort ergreifen. Und wer die Sorge hat, damit etwas dumm auszusehen, der übt das Lächeln eben auf dem Arbeitsweg. Es geht schließlich um den Aufbau der Verbindung zu Ihrer Freude, und da ist Lächeln ein gutes Mittel. Schauen Sie sich dazu ein Interview mit Paul Watzlawick an (http://www.youtube.com/watch?v=3dkrIN3Is1U, Abruf am 07.04.2011: Interview zu den Begriffen Wahrheit und Wirklichkeit). Sie spüren und sehen (!) seine Freude in diesem Gespräch.

Wenn eine Führungskraft in einem Mitarbeiter eine „bessere" Führungskraft als sich selbst erkennt, stellt sich viel zu selten Freude ein. Vielen Führungskräften fällt es schwer, mit ausgezeichneten Mitarbeitern zu arbeiten. Dabei ist es etwas, was in der Projektarbeit alltäglich ist. Sie arbeiten mit Experten zusammen, die hoffentlich auf ihrem Gebiet spitze und eventuell sogar „bessere" Führungskräfte sind als Sie. Wie wäre es mit folgender Überlegung: Lachen Sie doch mal dazu, und wenn Sie darüber lachen, dass es jemand schafft, Sie von Ihrem hohen Ross herunterzuholen. Verstehen Sie es als Geschenk und freuen Sie sich. Nutzen Sie die Ressource des Mitarbeiters, arbeiten Sie eng mit ihm zusammen. Was meinen Sie: Ist das eine Überlegung wert?

Lachen Sie über sich und mit anderen. Dürfen Sie auch über andere lachen? Was denken Sie dazu? Ist das erlaubt? Ja, aber? Nein, keinesfalls? In Cafés zu sitzen und den Leuten zuzusehen und sich daran zu freuen, darüber zu lachen, wie sie gekleidet sind, welche Gestik ihre Gespräche unterstreicht – das ist doch wunderbar.

Kinder lachen anfangs bei jedem Missgeschick eines anderen hell auf, bis sie lernen, was sich anscheinend alles nicht „gehört". Eine Differenzierung gibt es selten. Dabei wird in solchen Situationen die Spannung gelöst, wenn einer zu lachen beginnt. Über andere zu lachen, ist eine Frage der dahinterliegenden Haltung. Wenn sich jemand in seinem Wert verletzt fühlt oder jemand aus der Absicht handelt, verletzen zu wollen, dann ist Lachen deplatziert. Im Umkehrschluss heißt das keineswegs: Nie mehr über andere lachen.

Auch mit Anerkennung können Sie Freude in Menschen erregen und beleben. Diesem und weiteren Themen widmen sich die Ausführungen unter den Ideen für Ihre Führungsarbeit. Die Zeiten der Stille wurden mehrfach angesprochen: Wenn es um die Berührung mit tiefer innerlicher Freude geht, braucht es Ruhe und Zeit.

■ 3.2 Ideen für Ihre Führungsarbeit

 Empfehlung

Wer sich kennt, kann andere kennenlernen! Nehmen Sie sich Zeit für sich selbst. ■

Sie konnten in den bisherigen Kapiteln eine Reihe von Selbstreflexionsaufgaben in den Übungen, Lernfeldern und Projektbeispielen kennenlernen. Nun erhalten Sie eine Reihe weiterer Übungen, die Sie entsprechend Ihrem Bedarf einsetzen können.

In den Ideen für Ihre Führungsarbeit werden zur weiteren Selbstreflexion folgende Aspekte aufgegriffen:

■ Sich selbst anerkennen,

■ Werte und Grundbedürfnisse,

■ Freude – ein zentraler Wert,

■ Rollenklarheit,

■ Emotionen im Projekt,

■ Projektführung im Selbstgespräch.

Der abschließende Beitrag in diesen Ideen für Ihre Führungskraft widmet sich der Frage von Grenzen: Grenzen verstehen, Grenzen ziehen und anerkennen.

Sie werden mit diesen Ideen wieder einige Aha-Erlebnisse haben. Diese sind ein wichtiger Baustein in der Veränderung, sie wirken zu lassen, ist wichtig. Dem Erlebnis muss sich später ein Anderstun, das Umsetzen anschließen. Die Frage ist daher in der Selbstreflexion immer: Was tue ich jetzt mit diesen Erkenntnissen? Was werde ich wann konkret verändern? Es geht darum, ins Tun damit zu kommen, neues Wissen für sich zu gewinnen, sich von hinderlichen Verhaltensmustern zu lösen und andere zu stärken.

Selbstreflexion oder: Ich bin der Nabel der Welt

Die Relativität von sich zu anderen und zur Umwelt als Ganzes versteht jeder Mensch umso deutlicher, je mehr er sich mit sich selbst in seiner Umwelt auseinandersetzt. Sich einzubilden, der Nabel der Welt zu sein, ist oftmals eher das Problem derjenigen, die Selbstreflexion für sich ausschließen. Für denjenigen, der sich selbst gut kennt, sind die Handlungsmöglichkeiten bei Weitem größer.

In Projekten ist die Selbstreflexion von großer Bedeutung:

■ Sie lernen sich durch Selbstbeobachtung und -reflexion selbst kennen und verstehen.

■ Sie lernen, was Ihnen guttut, und nehmen sich selbst ernst. Sie entwickeln einen gesunden Selbstwert und tun sich leichter, sich selbst treu zu sein.

■ Sie kennen und wahren Ihre Grenzen und die Grenzen anderer.

- Sie werden sicherer im Umgang mit Unterschieden, Widersprüchen, Veränderungen und im Umgang mit Emotionen wie bspw. Angst, Unsicherheit, Trauer, Wut.

- Sie nähern sich der sozialen Verantwortung aus einer guten Beziehung zu sich selbst (nicht aus einem übersteigerten Helfenwollen, ohne für sich selbst gut zu sorgen, oder einem Null-Interesse an allem, was außerhalb der eigenen Person ist).

Sie gewinnen durch Selbstreflexion an Kraft und Stärke für sich und das Projekt, in dem Sie tätig sind.

Sich selbst anerkennen

Eine einfache und hilfreiche Übung zur Selbstreflexion ist die tägliche Frage nach dem, was Sie an dem Tag gut gemacht haben.

 Übung Ü9: Was habe ich gut gemacht?

(Täglich sieben Minuten abends)

Sie liegen im Bett oder gemütlich auf dem Sofa. Sie entspannen Ihre Muskeln und atmen dreimal tief ein und aus. Sie wählen eine konkrete Situation des heutigen Tages aus, bspw. ein Gespräch mit Ihrem Kind oder eine Projektteamsitzung.

Sehen Sie sich nochmals auf den Stuhl sitzend – im Gespräch oder in der Sitzung. Stellen Sie sich vor, Sie stehen auf der gegenüberliegenden Seite des Raumes und beobachten sich jetzt.

- Sie stellen sich die Frage: Was habe ich gut gemacht?

Formulieren Sie klare und knappe Sätze, bspw.: Ich habe meinem Kind klar gesagt, was mir wichtig ist. Ich habe den aktuellen Projektstand anschaulich mit Flipcharts präsentiert.

Machen Sie zwei bis drei Aussagen, was Sie gut gemacht haben.

Vermeiden Sie Formulierungen wie: ich denke, ich glaube …

Vermeiden Sie Generalisierungen wie: alle, keiner …

Formulieren Sie präzise, so kommt die Anerkennung klar bei Ihnen innerlich an.

- Stellen Sie sich jetzt die zweite Frage: Was möchte ich verändern? Oder: Was möchte ich besser machen?

Formulieren Sie Ihre Antworten so präzise wie möglich.

Bitte beachten Sie: Die Frage „Was habe ich falsch gemacht?" ist wertlos. Diese Fragestellung führt uns zu einem frustrierten Kindheits-Ich oder einem eifrigen Eltern-Ich (Transaktionsanalyse, siehe Harris 1988).

Wenn Sie konkreten Verbesserungsbedarf erkennen, legen Sie an dieser Stelle fest, wann Sie was umsetzen werden.

Tipp: Wenn Sie ein sehr selbstkritischer Mensch sind, dann wird empfohlen, zur zweiten Frage maximal zwei Aussagen zu machen, dagegen zur ersten Frage mindestens zwei Aussagen zu treffen.

Wer eher Schwierigkeiten im Zugang zu seinen Gefühlen hat, macht die Übung etwas langsamer. Die Freude darin zu fühlen, anerkannt zu werden und Anregungen aus der zweiten Frage zu erhalten, ist wertvoll und schön.

Diese so einfache Übung ist im Wesentlichen eine Anerkennung der eigenen Lebensgestaltung und eine Motivation, sich zu verändern. Durch diese Übung nehmen Sie sich selbst ernst, indem Sie sich mit Ihrem Tun beschäftigen.

Sie verändern mit dieser Übung gleichfalls den Fokus Ihrer Beobachtungen. Nach einigen Wochen werden Sie weitaus mehr Positives und Schönes in Ihrem Leben wahrnehmen, sowohl beruflich als auch privat.

Ein guter Schritt sich selbst anzuerkennen ist es, andere anzuerkennen. Dazu braucht es

- die Bereitschaft sich selbst anzuerkennen,
- ein Menschenbild, das Anerkennung zulässt (eigene Werte, innere Haltung),
- Zeit und etwas Übung.

Wenn Anerkennung ernst und aufrichtig gemeint ist, dann bezieht sich diese nach Dale Carnegie immer auf etwas Konkretes, bspw. auf eine konkrete Leistung, auf die Person, ihr Verhalten, ihre Eigenschaften, ihr Temperament usw. Ergänzt wird dies mit dem Bezug auf eine konkrete Situation, einen konkreten Kontext. Sie sagen der Person, was Sie konkret anerkennen, bspw.: „In der gestrigen Sitzung war deine offene Ansprache des Problems toll. Das hat uns allen gutgetan."

Und wer der Person noch sagen möchte, wozu diese Stärke ihr sicherlich nützt, wird dies mit der Nutzendarstellung einer Stärke ergänzen, bspw.: „Deine Offenheit ist sicherlich dienlich, wenn es darum geht, das Beste aus einer Situation zu holen."

Loben, wertschätzen, würdigen und bestätigen Sie, geben Sie Beifall, zeichnen Sie etwas aus, ehren Sie, sagen Sie, wenn Sie zustimmen können, zeichnen Sie jemand aus ... – es gibt so viele Möglichkeiten, anzuerkennen, was Sie und andere sind und tun. Es tut Ihnen und Ihren Mitarbeitern gut.

Werden andere mit leeren Worten bzw. ohne tatsächliche Wertschätzung anerkannt, ist das wertlos. Dann ist es gut, wenn die Führungskraft am besten nichts sagt – das ist angenehmer für beide.

Werte und Grundbedürfnisse

Wenn Sie als Führungskraft oder im privaten Bereich bspw. als Vorstandsmitglied eines Kindergartens in Entscheidungssituationen mit unterschiedlichen und widersprüchlichen Erwartungen konfrontiert sind, dann spüren Sie unter Umständen eine innerliche

Zerrissenheit – gerade dann, wenn Sie persönlich anders entscheiden würden, als es von Ihnen erwartet wird, bzw. was Sie meinen, dass andere von Ihnen erwarten. Und wenn in Ihrem inneren Team Unklarheit herrscht, Sie diesbezüglich Widersprüche in sich tragen, erleben Sie innere Konflikte.

Hier ist neben der Klarheit Ihres WOLLENS aus dem agilen Erfolgsbild die Selbstreflexion der Werte die Basis für gute Entscheidungen. Die nächste Übung empfiehlt, dem nachzugehen, was Sie bewegt – Ihren Werten und Wertesystemen.

 Übung Ü10: Meine Werte

(30 bis 60 Minuten und bei Bedarf, insbesondere vor wichtigen Entscheidungen)

Wissen Sie bzw. ist Ihnen bewusst, welche Werte in Ihnen wirken, welche Werte Sie bewegen? Nehmen Sie sich Zeit und beantworten Sie folgende Fragen in Ihrem HBF-Buch.

- Welche Werte wirken in mir und welche sind mir wichtig?
- Was ist mir im Leben, in meiner Arbeit mit anderen wichtig?

Beispiele: Bindung, Vertrauen, Geborgenheit, Wärme, Menschlichkeit, Abgrenzung, Individualität, Freiheit, Intellekt, Zuverlässigkeit, Sparsamkeit, Vorsicht, Treue, Ziele, Abwechslung, Flexibilität, Professionalität usw.

- Wie reihe ich meine Werte in schwierigen Situationen, bspw. bei der Übermittlung von schlechten Nachrichten oder wenn ich Werte nicht mit anderen teile.

Beispiele:

Menschlichkeit ja, aber:

Menschlichkeit ist für mich ein hoher Wert, daher tue ich mich schwer, jemanden zu kündigen. Wenn es allerdings die betriebliche Notwendigkeit zeigt, kündige ich den Mitarbeiter.

Respekt ja, aber:

Aufgrund meines Respekts vor den Tieren esse ich kein Fleisch. Ich tue mich daher schwer, Menschen zu respektieren, die viel billiges Fleisch essen und so tun, als würde sie das Leid der Tiere nichts angehen.

- Was bewegen in mir sich gegenseitig (scheinbar) ausschließende Werte? Wie bewege ich mich darin?

Beispiele: schnelle Karriere – Gesundheit, Menschlichkeit – Gewinnmaximierung, Bindung – Freiheit.

- Welche Werte führen mich in meiner Familie (oder einer anderen Gruppe, der ich mich zugehörig fühle) und teile ich mit meinem (Ehe-) Partner bzw. mit Freunden?

Beispiel: Mir ist die Familie sehr wichtig. Dafür gebe ich gerne ein Stück meiner Unabhängigkeit auf.

- Welche Werte vertritt mein Unternehmen, in dem ich derzeit tätig bin, nach innen und nach außen?
- Inwieweit teile ich die Werte meines Unternehmens? Welche Werte teile ich nicht?
- Welche Werte erlebe ich konkret in der Zusammenarbeit?
- Welche Werte sind mir als Projektführungskraft im Team wichtig?

Wie wichtig die eigenen Werte und deren Relationen in Wertesystemen sind, steht außer Zweifel. Im Zusammenhang mit Werten und Widersprüchen ist der Blick auf innere Spannungsfelder wertvoll. Klaus Eidenschink (2004, Seite 56 ff.) zeigt drei psychologische Grundbedürfnisse wie Bindung, Selbstbestimmung und Selbstwert auf, die durch Gegensatzpaare bestimmt werden.

- Bindung: Nähe – Distanz.

- Selbstbestimmung: Freiheit – Sicherheit.

- Selbstwert: Einzigartigkeit – Zugehörigkeit.

In jeder Führungsrolle werden die Grundbedürfnisse der Führungskräfte aus dem Gleichgewicht gebracht.

Bindung: Nähe – Distanz

Bindung enthält beides – das Bedürfnis nach Nähe und Distanz. Psychologisch betrachtet gilt: Wer nicht nah sein kann, um sich gebunden zu fühlen, kann auch nicht in Distanz gehen. Die Angst und Unsicherheit, sich zu entfernen und dann keinen mehr anzutreffen, verhindert wirkliche Nähe. Wer jedoch zu weit auf Distanz geht, verliert den inneren Bezug zu anderen (Beziehungslosigkeit).

Bei den Führungskräften, so Klaus Eidenschink (2004), gibt es auf der einen Seite die Einsamkeit, die ihnen aufgrund ihrer Position kaum die Nähe zu Mitarbeitern erlaubt, um bspw. über ihre Sorgen und Probleme zu sprechen. Auf der anderen Seite tun sich Führungskräfte schwer, ihre Intimsphäre zu wahren – auf Distanz zu gehen –, weil sie ständig Vorbild sein sollten, also in der „Öffentlichkeit" stehen. Mögliche Fragen sind daher:

- Wie weit suche ich das Gespräch mit einzelnen Mitarbeitern, ohne damit Gruppenprozesse in Gang zu setzen, die eine gute Zusammenarbeit stören?

- Wieweit erlaube ich mir den Ausdruck von Gefühlen?

- Wieweit erlaube ich mir als Führungskraft, die Tür zuzumachen, für eine bestimmte Zeit unerreichbar zu sein?

Selbstbestimmung: Freiheit – Sicherheit

Das Grundbedürfnis nach Selbstbestimmung ruht innerlich auf dem Abwägen der Gegensätze von Freiheit und Sicherheit. Freiheit ist nur in der Sicherheit möglich. „Ohne Sicherheit vermag der Mensch weder seine Kräfte auszubilden noch die Frucht derselben zu genießen; denn ohne Sicherheit ist keine Freiheit", so Wilhelm von Humboldt (1767–1835; www.zitate.de). Vollkommene Freiheit mündet im dauerhaften Chaos. Sicherheit erhalten Einzelne mit Regeln, Kontinuität, geplantem Vorgehen, Gruppenzugehörigkeit, gemeinsamen Werten usw. Ein übertriebenes Sicherheitsbedürfnis führt zu einer Starrheit, dabei muss Sicherheit an Notwendigkeiten angepasst werden. Sicherheit kann heute der bewusste Umgang mit Unsicherheit bieten.

In der Führungsrolle erfährt die Selbstbestimmung Zwänge und Unsicherheit. Führungskräfte haben die Interessen ihrer Mitarbeiter vor denen ihrer Vorgesetzten zu berücksichtigen bzw. die Interessen des Unternehmens gegen ihre Mitarbeiter durchzusetzen, so Klaus Eidenschink (2004). Dadurch wird die Freiheit eingeschränkt. Auf der anderen Seite ist Unsicherheit die Alltagsrealität von Führungskräften. Kaum eine Entscheidung kann in Kenntnis aller notwendigen Fakten getroffen werden. Mögliche Fragen sind daher:

- Inwieweit fühle ich in meiner jetzigen Führungsrolle diesen Zwang, etwas tun zu müssen, was ich aus mir heraus anders machen würde?

- Wie „sicher" fühle ich mich in meiner derzeitigen Führungsrolle?

- Inwieweit brauche ich für mich Sicherheit, berührt mich Unsicherheit?

Selbstwert: Einzigartigkeit – Zugehörigkeit

Für einen guten Selbstwert braucht der Mensch auf der einen Seite das Gefühl von Einzigartigkeit und auf der anderen Seite das Gefühl, einer Gruppe zuzugehören. Die Balance zwischen Außenseiter sein und völliger Anpassung ist immer wieder neu zu gewinnen. Jeder ist gerne einzigartig, und gleichzeitig ist jeder gerne Mitglied einer Gruppe, der er zugehört. Jemand, der auf sich aufmerksam machen will, wird sich weit nach außen stellen. Umgekehrt wird jener, der seinen Arbeitsplatz behalten möchte, dazu neigen, den Vorgaben des Unternehmens mehr als andere zu entsprechen, er wird sich unter Umständen zu viel anpassen. Die Einzigartigkeit, die Individualität wird zurückgestellt.

Führungskräfte, so Klaus Eidenschink (2004), sind in ihrer exponierten Stelle oftmals Projektionsfläche für Mitarbeiter, wenn es um unerledigte Konflikte mit Autoritätspersonen geht. Sie werden oftmals in die Rolle eines Vaters/einer Mutter oder eines Lehrers gedrängt. Die Mitarbeiter ordnen die Führungskraft einer Gruppe zu, derer sie nie angehörten, und in ihrer Einzigartigkeit bzw. exponierten Stellung sollten sie nun die alten Konflikte klären. Versagensängste werden in Führungskräften mobilisiert, wenn Mitarbeiter ihren Chef auf einen Sockel heben, in ihm eine Idealfigur sehen. Die Führungskraft möchte die Mitarbeiter keinesfalls enttäuschen, der Selbstwert gerät unter Druck. Mögliche Fragen sind hier:

- Inwieweit nehme ich Projektionen von Mitarbeitern und anderen Führungskräften wahr?

- Woran kann ich bei mir erkennen, wenn mich Erwartungen der Mitarbeiter unter Druck setzen?

Ihr Raum des Wohlbefindens

Die Grundbedürfnisse bzw. deren immer wieder neu herzustellende Ausgewogenheit kann in einem Wohlfühlraum abgebildet werden (Bild 3.12). Der Raum des Wohlbefindens ist dadurch gekennzeichnet, dass die Gegensätze der Grundbedürfnisse auf längere Sicht ausgewogen sind bzw. bewusst und aus einem inneren Verständnis heraus zugunsten eines Bedürfnisses abweichen. Der Grad der Abweichung von der Mitte, in dem sich eine Person trotzdem noch mit sich selbst wohlfühlt, stellt sozusagen den möglichen Raum des Wohlbefindens dar. Wird einem Pfeil weiter nach außen gefolgt, so schlägt ein Bedürfnis in sein Gegenteil (bspw. Einzigartigkeit – Außenseiter) um. Wenn jemand weit auf Distanz geht, weil er Angst vor Nähe hat, oder in die Sicherheit flüchtet, weil ihn die Freiheit ängstigt, verlässt er den Raum seines Wohlfühlens.

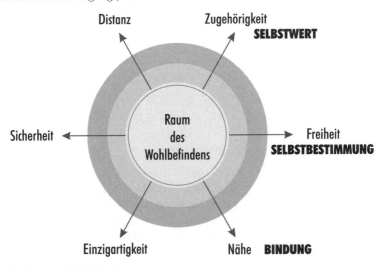

Bild 3.12 Raum des Wohlbefindens

Alle Bedürfnisse stehen in enger Verbindung miteinander. Eine größere Freiheit hängt oftmals mit weniger Nähe zusammen, ein Bedürfnis nach Sicherheit geht häufig mit einem größeren Bedürfnis nach Nähe einher. Jener, der mehr Einzigartigkeit sucht, wird auf Sicherheiten verzichten und mehr Distanz zu anderen einnehmen als jemand, der die Zugehörigkeit sucht.

Übung Ü11: Mein Wohlfühlraum

(30 Minuten und bei Bedarf, insbesondere vor wichtigen Entscheidungen)

Nehmen Sie Ihr HBF-Buch zur Hand und überlegen Sie kurz, was Sie aus den Darstellungen der Grundbedürfnisse bereits erkennen konnten. Wie schätzen Sie aktuell Ihre Situation ein, was Ihre Bindung, Ihre Selbstbestimmung und Ihren Selbstwert anhand dieser Gegensätze betrifft? Schließen Sie die Augen. Rufen Sie sich nochmals in Erinnerung, was Sie eben zu den Grundbedürfnissen gelesen haben:

- Bindung: Nähe (im Extrem vollkommen distanzlos) – Distanz (im Extrem beziehungslos).
- Selbstbestimmung: Freiheit (im Extrem Chaos) – Sicherheit (im Extrem Starrheit, keine Selbstbestimmung).
- Selbstwert: Einzigartigkeit (im Extrem Außenseiter sein) – Zugehörigkeit (im Extrem völlige Anpassung).

Versuchen Sie, Ihren Raum des Wohlbefindens zu beschreiben, bzw. prüfen Sie, wo der Raum endet. Sie können dazu einzelne Rollen (bspw. als Führungskraft, als Elternteil usw.) betrachten. Stellen Sie dafür Ihre Emotionen in den Mittelpunkt der Betrachtungen – ohne jeden wissenschaftlichen Anspruch.

Beispiele:

Als Elternteil ist mir die Sicherheit von mir und meiner Familie in den nächsten Jahren wichtiger.

Als Führungskraft in diesem Unternehmen bin ich aktuell sehr oft aufgefordert, meinen Selbstwert im Auge zu behalten. Die geforderte Anpassung ist mir zeitweise zu hoch. Das führt dazu, dass ich mit den Mitarbeitern weit mehr, als mir lieb ist, auf Distanz bin. Bspw. sieht die Bilanz momentan so aus (Bild 3.13).

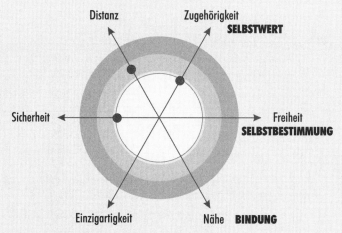

Bild 3.13 Raum des Wohlfindens – Beispielbilanz

Fragen Sie sich:

- Welche meiner Bedürfnisse kann ich in meinem Wohlfühlraum primär wahrnehmen?

Beispiel: Ich brauche mehr Freiheit in meiner jetzigen Führungsaufgabe.

- Wie gelingt es mir, meine unterschiedlichen Bedürfnisse anzuerkennen und Entscheidungen zu treffen?

Beispiel: Für meine Vision bin ich bereit, die nächsten zwei Jahre ein größeres Stück meiner Sicherheit aufzugeben.

- Was werde ich tun, um meinen Wohlfühlraum bewusst zu gestalten?

Freude – ein zentraler Wert

Wer seine drei genannten Grundbedürfnisse gut bewegen kann, ist seiner Freude nah. Das lässt sich mit einer Führungsaufgabe verbinden, die es besonders wert ist, umgesetzt zu werden: Bringen Sie Lachen und Freude in und zu den Menschen. Das ist ein Auftrag, oder? Warum ist es ein Auftrag?

Freude hat eine reaktive Qualität. Sie freuen sich, wenn Sie jemand für Ihr Sein oder Ihre Leistung anerkennt. Wenn Ihr Partner sagt: „Schön, dass du da bist", oder Ihr Chef sagt: „Ich bin sehr dankbar, Sie in meiner Runde zu haben", dann tut das gut, solche Bestätigungen zu erhalten. Sie haben das Gefühl, gebraucht zu werden, und das führt zur Bewegung – hin zur Partnerschaft bzw. zum Unternehmen.

Freude hat eine aktive Qualität. Sie können mit Freude Situationen und Beziehungen unter Menschen nachhaltig verändern. Wenn Sie bspw. voller Freude in Ihr Team gehen und von der erfolgreichen Präsentation des Projektes im Vorstand erzählen, wird es Ihnen gelingen, Ihre Projektbeteiligten mit Ihrer Freude im Projekt anzustecken. Da Freude und Tatendrang eng miteinander verknüpft sind, wird dies die Leistung und die Zusammenarbeit positiv bewegen.

Übung Ü12: Der eigenen Freude begegnen

(15 Minuten und so oft Sie in Ihre Freude eintauchen wollen)

Bevor Sie in die Arbeit und in die Fragen einsteigen, werden Sie zunächst innerlich still. Ruhen Sie sich aus und schauen Sie im Körper nach, wo Sie Ihre Freude spüren. Bleiben Sie ein oder zwei Minuten in diesem Gefühl von Freude.

Jetzt können Sie den Fragen nachgehen:

- Wann habe ich zuletzt über mich selbst herzlich gelacht? Liegt es länger als eine Woche zurück oder gar Monate?

- Was ist meine Lachbremse? Womit oder wobei vergeht mir das Lachen?

- Was bremst meine Freude? Warum darf, kann, will oder soll ich mich nicht der Freude hingeben? Darf ich auch Lust empfinden und Spaß haben?
- Welche Werte stehen der Freude entgegen oder vor der Freude? Bspw. will ich meine Arbeit genau und besonders gut machen. Wie passt das zu meiner Freude?
- Darf Freude ein Kriterium in meinen Entscheidungen sein?
- Wie schaffe ich es, meine Freude klein zu halten, das Lachen hintanzustellen?
- Wobei kann ich am besten lachen?
- Wobei kann ich tiefe Freude empfinden?
- Schauen Sie sich jetzt im Raum um. Was oder wer macht Ihnen jetzt im Augenblick Freude? Genießen Sie die Freude.
- Was werde ich ab sofort tun, um gut in Verbindung mit meiner Freude zu sein?
- Was werde ich in den nächsten Wochen tun, um meine Freude mit anderen zu teilen?

Selbst im Körper kann über Energiepunkte Freude angeregt bzw. stimuliert werden. Lesen Sie die Entspannungsübung und regen Sie Ihre Freude so oft wie möglich an. Die Übung trägt schnell zum körperlichen Wohlfühlen bei, das Empfinden von tiefer Freude braucht Kontinuität in der Umsetzung.

 Entspannungsübung E8: Tiefe Freude empfinden

(Fünf bis sieben Minuten und so oft Sie Lust dazu verspüren)

Legen Sie sich flach auf Ihr Bett oder Ihr Sofa. Entspannen Sie Ihre Muskeln und atmen Sie dreimal ein und aus.

Legen Sie Ihre Mittel- und Zeigefinger nun auf Ihrer linken und rechten Körperseite in die Mitte der Leistenbeuge (Energiepunkt „Tiefe Freude" nach Schlieske 2006).

Üben Sie fortwährend einen leichten Druck aus. Nach und nach stellt sich ein Pulsieren ein, welches Ihre Finger wahrnehmen können. Seien Sie geduldig, wenn es etwas Zeit braucht. Es kann anfangs etwas dauern, bis Sie das Pulsieren wahrnehmen können. Ist der Punkt einmal im Fluss, wird das Pulsieren bei jeder weiteren Wiederholung der Übung schnell spürbar.

Sie bleiben mit diesem Pulsieren etwa fünf Minuten (gerne länger) in Verbindung.

Atmen Sie wieder dreimal ein und aus und beenden Sie diese Übung.

Rollenklarheit

Eine Rollenklarheit ist vor allem dann wichtig, wenn Sie in einer Rolle unzufrieden sind und gerne einen Einblick in die aktuelle Situation gewinnen möchten oder wenn Sie in Ihrer Rolle bspw. als Führungskraft umstritten sind. Die Erwartungsvielfalt an eine Führungskraft, als Elternteil, als ehrenamtlicher Mitarbeiter, sowie die unterschiedlichen Erwartungen des inneren Teams an die diversen Rollen erfordern eine gute und zuverlässige Selbstführung, denn Sie werden keinesfalls alle Erwartungen erfüllen können. Rollenerwartungen richten sich auf das Handeln der Person, das Aussehen, Auftreten und auf die Persönlichkeit (Bild 3.14).

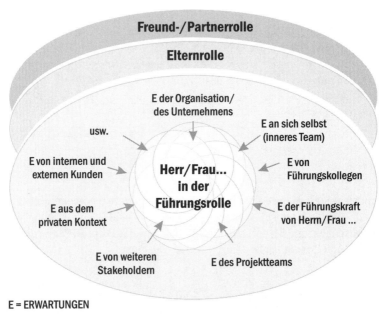

E = ERWARTUNGEN

Bild 3.14 Erwartungen (E) in der Führungsrolle

Sie werden eventuell feststellen, wie Sie manche Rollen „überfüllen", d. h., Sie befriedigen Erwartungen, die eigentlich von jemand anders zu erfüllen sind (Sie übernehmen Aufgabenstellungen eines Kooperationspartners, Sie sind der persönliche Ratgeber und Coach eines Projektmitarbeiters etc.). Andere Rollen wieder füllen Sie zaghaft oder nur teilweise aus (Sie beschäftigen sich kaum mit dem Thema Führung von Gruppen, Sie nehmen sich wenig Zeit für Ihre körperliche Fitness etc.). Je mehr Sie über sich selbst wissen und fühlbar erfahren, desto professioneller können Sie Kritik aufgrund von unerfüllten Erwartungen verarbeiten.

Die Rollenklarheit wird durch die Arbeit mit dem agilen Erfolgsbild wesentlich unterstützt, ebenso durch das Üben der bewussten Beobachtung.

Lernfeld L10: Klar in der Rolle – nicht mehr von der Rolle

(60 Minuten und bei Bedarf)

Sie suchen sich wieder einmal einen ruhigen Ort, nehmen Ihr HBF-Buch zur Hand und schreiben Ihre Rollen auf, bspw.

- Freund,
- Nachbar,
- Sohn oder Tochter,
- der/die Sorgende für die eigene Gesundheit und das Wohlbefinden,
- Vater oder Mutter,
- Elternbeiratsmitglied,
- ehrenamtliches Mitglied des Gartenvereins,
- Führungskraft in Projekten,
- Führungskraft in der Linie.

In all diesen Rollen richten sich von außen Erwartungen an Sie und genauso eigene Erwartungen, wie Sie die Rolle zu erfüllen haben. Und in diesen Erwartungen gibt es Unterschiede und Widersprüche. Im Normalfall balancieren Sie diese Erwartungen eher unbewusst.

Widmen Sie sich jetzt einer zentralen Rolle Ihrer Wahl und beantworten Sie folgende Fragen:

- Welche Interessen und Bedürfnisse habe ich in der Rolle ...?
- Wie erlebe ich meine Grundbedürfnisse aus dem Wohlfühlraum?
- Welche Werte tragen mich in dieser Rolle? Was bewegt mich/motiviert mich?
- Was empfinde ich primär in dieser Rolle, bspw. Freude, Angst?
- Welche Gefühle nehme ich von anderen wahr, die mit mir in dieser Rolle zu tun haben können?
- Wie nahe bin ich meiner Freude in dieser Rolle? Warum fühle ich mich der Freude nahe bzw. von der Freude entfernt?
- Wie und durch was anerkenne ich mich in dieser Rolle?
- Wie anerkenne ich andere, die mit mir in dieser Rolle arbeiten bzw. leben?
- Welche Bedeutung hat für mich diese Rolle, bspw. im Zusammenhang mit meinem Lebenssinn und meinen Zielen, in meiner jetzigen Lebenssituation?
- Was erwarte ich von mir in der Rolle ... (bezüglich meines Verhaltens, meiner Handlungen, meines Erscheinens und meiner Persönlichkeit)?
- Wer (Personen, Gruppen oder Organisationen) erwartet meiner Meinung nach etwas von mir in der Rolle als ...? Schreiben Sie die Erwartungsträger konkret auf.

- Von welcher Bedeutung sind für mich diese Personen, Gruppen oder Organisationen bspw. im Zusammenhang mit meinem Lebenssinn, meinen Zielen (siehe auch Stakeholderanalyse im Kapitel 2, Seite 145 ff.)?
- Was glaube ich, erwarten jene von mir, deren Bedeutung ich hoch einschätze (von meinen Handlungen, meinem Erscheinen und meiner Persönlichkeit)?
- Warum glaube ich, erwarten diese Personen, Gruppen oder Organisationen dies von mir?
- Welche dieser Erwartungen erfülle ich, welche will und/oder kann ich keinesfalls erfüllen?
- Was bedeuten all diese Überlegungen für mich? Was werde ich ausgehend davon wann tun, was werde ich wann verändern und was davon bewahren?

Es ist nicht erforderlich, in jeder Rolle gleich tief zu hinterfragen. Rollen, die das Tagesgeschehen bestimmen, und jene, die Ihnen wichtig sind und aus Ihrer Sicht mehr Platz in Ihrem Leben einnehmen sollten, können dieser Betrachtung unterzogen werden. Auch in unguten Entscheidungssituationen ist die Herstellung einer Rollenklarheit zu empfehlen.

Bevor es weiter zum Praxisbeispiel geht, widmen Sie sich an dieser Stelle Ihrem Lachen. Einfach zu lachen ist ein Gesundheitsbrunnen, selbst wenn es anfangs etwas gekünstelt ist – lächeln Sie und entspannen Sie sich. Freude zeigt sich in Gesichtern und im Gesicht älterer Menschen umso deutlicher. Freuen Sie sich über Ihre Lachfalten.

 Entspannungsübung E9: Lächeln Sie!

(Täglich drei Minuten und wann immer Sie Lust dazu haben)

Setzen Sie sich aufrecht auf einen Stuhl. Entspannen Sie Ihre Gesichtsmuskeln – loslassen. Sie können Grimassen schneiden, um die Muskeln im Gesicht gut zu fühlen.

Und nun lächeln Sie!

Wenn Sie in einem Großraumbüro sind, dann laden Sie Ihr Gegenüber ein, mitzulächeln. Wenn Sie sich dann vor Lachen biegen, ist das Übungsziel bei Weitem übertroffen.

Emotionen im Projekt

Der Stellenwert von Emotionen in der Führung von Projekten kann nicht hoch genug angesiedelt werden. Dabei geht es sowohl um die eigenen als auch um die Emotionen der anderen – in der Zusammenarbeit, in den Steuerungsüberlegungen von Projekten.

Die Projektführungskräfte können anhand der Intensität und Dauer von Gefühlsausdrücken Dreh- und Angelpunkte in den Projekten erkennen.

Um sich mit den eigenen Emotionen vertrauter zu machen, helfen Zeiten des Fühlens (Zeiten der Stille) sowie das Hinterfragen der Emotionen in konkreten Situationen.

 Projektbeispiel P9: Emotionen wahrnehmen

(Je nach Bedarf – Arbeitsaufwand mindestens 30 Minuten für die Reflexion einer konkreten Situation)

Reflexionsleitfaden emotionales Selbstcoaching – abgebildet mit freundlicher Zustimmung von Stefan Teufl (2005, Seite 290).

- Rufen Sie sich eine konkrete Arbeitssituation, zum Beispiel eine Projektsitzung, in Erinnerung.
  - Welche Emotionen hat diese Projektsitzung bei mir ausgelöst?
  - Welche positiven und negativen Emotionen waren dabei, zum Beispiel Freude, Begeisterung, Angst, Aggression?
  - Konnte ich im Gespräch Inhaltliches von persönlichen Stimmungslagen unterscheiden?
  - Habe ich auch über Emotionen gesprochen?
  - Könnte ich Emotionen beschreiben, die mein Gesprächspartner während unseres Gesprächs nicht offen gezeigt hat?
  - Habe ich mir im Gespräch die Frage gestellt, wie es mir in der Situation meines Gesprächspartners ginge?
  - Habe ich durch Verständnis zu Offenheit ermuntert?
  - Welche Ursachen und Auslöser von Emotionen konnte ich wahrnehmen (zum Beispiel Personen, Team oder Konflikte)?
  - Was könnte der strukturelle, organisationale Anteil dieser Auslöser gewesen sein?
  - Welche Auswirkungen hatten diese Emotionen auf mein Verhalten (zum Beispiel Aktivität/Passivität, Engagement/Rückzug)?
- Für die nächste Gelegenheit nehme ich mir daher vor:
  ...
- Wo erkenne ich Fortschritte? Was werde ich das nächste Mal noch berücksichtigen?

Da für den Ausdruck von Emotionen, von einigen benannten Grundgefühlen abgesehen, oftmals die Wörter fehlen, können Sie mit Gefühlsbildern arbeiten. Die Gefühlsmonster®-Karten von Jutta Höch-Corona (http://www.gefuehlsmonster.de, Stichwort Produkte) eignen sich dazu, die Stimmungslage im Team zu erfassen, in Konflikten gegenseitige

Annahmen über das, wie es dem anderen geht, auf den Tisch zu legen oder sich selbst mit seinen Gefühlen differenzierter zu betrachten. Drei dieser Karten wurden von der Autorin freundlicherweise zur Abbildung hier zur Verfügung gestellt (Bild 3.15).

Bild 3.15 Gefühlsmonster (Quelle: Jutta Höch-Corona)

Projektführung im Selbstgespräch

Wer sich gerne in seiner Projektführungsrolle umfassend reflektieren möchte, ist eingeladen, ein längeres Selbstgespräch zu führen. Gute Gespräche erfordern eine gute Vorbereitung. Stellen Sie sich vor, Sie haben dazu einen Interviewleitfaden erarbeitet und führen dann ein Interview mit sich selbst.

Blicken Sie im Interview darauf, was Sie bereits gut machen. Reflexion hat nichts mit Negativfiletieren zu tun. Es geht darum, aus dem, was jemand schon kann, zu lernen und festzumachen, worin und woran sich Veränderungsbedarf zeigt.

 Projektbeispiel P10: Ein Selbstgespräch führen

(Zwei bis drei Stunden bzw. jeweils 60 Minuten, wenn die Fragen in mehrere Interviews aufgeteilt werden)

Wählen Sie für das Interview einen für Sie bequemen Ort und Platz. Schreiben Sie in Ihr HBF-Buch Stichpunkte Ihrer Antworten mit. Lassen Sie sich gut Zeit für dieses Gespräch und sorgen Sie dafür, ungestört zu bleiben. Sie können auch zwei oder drei Interviewtermine mit sich vereinbaren. Es sind viele Fragen. Oder Sie wählen einige Fragen aus, die sich für ein Selbstgespräch aus Ihrer Sicht lohnen.

Unterstützend können Sie einzelne Fragen mit Skalierungsfragen ergänzen, bspw. Ihre Kritikfähigkeit auf einer Skala von 1 bis 10 bewerten, wobei 1 für schlecht und 10 für sehr gut steht.

- Was heißt Erfolg für mich in der meiner Projektleiterrolle und wie passt das zu meinen Visionen, meinem Lebenssinn und anderen Zielen?

- Inwieweit kann ich auf meine Gesundheit in dieser Rolle achten? Inwieweit kann ich in meiner Führungsrolle meine eigenen (körperlichen) Bedürfnisse und Grenzen wahrnehmen und ernst nehmen?
- Wie groß ist meine Bereitschaft, die Unterschiede von Projektführung und Linienführung wahrzunehmen und entsprechend meine Führungsaufgabe zu gestalten? Wie drückt sich diese Bereitschaft in meiner Praxis aus?
- Inwieweit bin ich als Mensch veränderungsbereit und welche Widerstände habe ich bei Veränderungen?
- Inwieweit kann ich bewusst in und mit Widersprüchen arbeiten?
- Inwieweit stellen Widersprüche eine Bereicherung in meiner Führungsarbeit dar?
- Welche Vorstellungen habe ich über die Zusammenarbeit und Führung von Menschen?
- Wieweit bin ich mir über die Unterschiedlichkeit der eigenen Interessen, der Organisationsinteressen und darüber hinaus der Projektinteressen klar?
- Welche Machtbedürfnisse habe ich in dieser Rolle und wie drücke ich diese aus?
- Kann ich meinen Kompetenzentwicklungsbedarf für meine Führungsrolle einschätzen? Wenn ja, worin sehe ich meinen konkreten Bedarf in naher Zukunft? Wenn nein, was werde ich jetzt tun, um dies klarer einschätzen zu können?
- Wie gut kann ich in Teams arbeiten und solche führen? Liegt darin tatsächlich meine Stärke? Wenn ja, warum? Wenn nein, warum nicht?
- Wie groß ist meine Bereitschaft, aus meinen Projekterfahrungen, bspw. im Umgang mit Stakeholdern, mit Gruppen, zu lernen? Wie drückt sich diese Bereitschaft in meiner Praxis aus?
- Wie hoch schätze ich meine Bereitschaft ein, eigene Gewohnheiten zu verändern? Wie drückt sich diese Bereitschaft in meiner Praxis aus?
- Inwieweit fällt es mir leicht bzw. eher schwer, Entscheidungen zu treffen? Kann ich getroffene Entscheidungen gut reflektieren?
- Wieweit kann ich zulassen, mich selbst infrage zu stellen bzw. infrage gestellt zu werden? Wieweit möchte ich dies überhaupt? Wieweit kann ich überhaupt eine Distanz zu mir einnehmen?
- Inwieweit kenne ich die Relativität meiner Beobachtungen und was heißt das für mich in der Praxis?
- Was kann ich täglich tun, um meine Beobachtungen zu reflektieren?
- Wie konfliktfähig schätze ich mich ein und woran mache ich das fest? Welche typischen Verhaltensweisen habe ich in Konflikten?

- Inwieweit kann ich meine Emotionen wahrnehmen und damit umgehen? Wie gehe ich mit eigener Unsicherheit, mit meinen Ängsten um?
- Wie groß ist meine Bereitschaft, für mein Handeln Verantwortung zu übernehmen? Warum ist die Bereitschaft groß bzw. klein und worin zeigt sich dies in meiner Praxis?
- Welche Werte sind für mich in der Projektführung besonders wichtig?
- Welche Menschenbilder sind in meinem Kopf? Wie sehe ich Menschen?
- Inwieweit kann ich mich und andere anerkennen?

Das Interview ist einerseits eine Wertschätzung dessen, was Sie bereits sind und können, und andererseits zeigt es einen Veränderungsbedarf auf. Die abschließenden Fragen richten sich daher auf die Umsetzung: Was werden Sie jetzt bis wann tun (kurzfristig, mittelfristig, langfristig)?

 Erfolg

Aus der Vielzahl von Selbstreflexionsvorschlägen können Sie jene, die Ihnen am besten für Ihren Bedarf geeignet erscheinen, auswählen.

Unabhängig, welche Übung, welches Lernfeld oder Projektbeispiel Sie gewählt haben, Sie sind mit jeder Übung sich selbst ein Stück näher gekommen und können damit Ihre Überlegungen aus dem Kapitel 1 (Projekt und Linie) und Kapitel 2 (Erfolg und Gesundheit) überprüfen. Sie sind in Entscheidungssituationen und/oder Konflikten jetzt in der Lage, mehr auf Ihre inneren Überzeugungen zu hören bzw. diese zu hinterfragen. Besondere Beachtung verdienen Zeiten der Stille, in denen Sie für anspruchsvolle Zeiten einen stillen und treuen Begleiter entdecken – sich selbst.

Besonders schön ist die Wahrnehmung der eigenen Freude, denn sie hilft unmittelbar, selbst freudiger zu sein. Sie können sich kaum mit Freude befassen, ohne Freude zu erleben. Indem Sie die eigene Freude als Führungskraft teilen, wird dem Team Schubkraft gegeben – hin zum Projekterfolg.

Grenzen anerkennen

Durch Klarstellung, wer ich bin, was ich will, was ich kann und darf, arbeite ich Grenzen von mir heraus, ich unterscheide mich von anderen. Durch die entsprechende Selbstreflexion kann ich Unterschiede (zu anderen) erkennen und darstellen.

Die (im Projekt geschaffene) Kultur, die herrschenden Kommunikationsbeziehungen sind ausschlaggebend für die Zusammenarbeit im Team und das Projektergebnis. Auch die Meinungsbildungsprozesse und Entscheidungen, die in den inneren Teams von Einzelnen getroffen werden, spielen eine erhebliche Rolle. Inwieweit jemand sich einer Kultur zugehörig fühlt, kann mit dem Thema Grenzen betrachtet werden. Es ist eine Möglichkeit, kulturelle Vielfalt bzw. Eigenheiten zu erkennen.

Aus den systemischen Überlegungen zu Projekt und Linie wissen Sie bereits von der Notwendigkeit der Klarheit, was genau das Projekt (= ein System) ausmacht, wie und wodurch es sich von anderen Projekten und dem Unternehmen unterscheidet, wer in diesem System ist usw. Denn Systeme werden konstruiert – je genauer, desto klarer ist die Identität des Systems erfahrbar, desto erfolgreicher gelingt das Schnittstellenmanagement. Durch Wahrnehmung und Beobachtung konstruiert der Mensch seine Realität, zieht er seine Grenzen, die sich in Beziehung zu anderen verändern (können).

Wer zum Thema Grenzen unter psychologischen Gesichtspunkten zu recherchieren beginnt, stellt fest, dass es vor allem um das Thema Grenzen setzen in der Erziehung von Kindern geht. Doch ähnlich dem Thema Gesundheit, in dem Kinder und Erwachsene mit allem Unwohlsein sich verändern dürfen, ohne dabei sofort krank zu sein, sind Erwachsene aufgefordert, sich mit ihren Grenzen immer wieder zu beschäftigen. Grenzen sind ebenso ein Thema für Erwachsene! Der Gesundheit erweist jeder einen großen Dienst, der seine Grenzen kennt und respektiert.

Eine Projektführungskraft kommt in den letzten Monaten immer wieder und öfter an eigene Belastungsgrenzen. Auch stößt sie an Grenzen ihrer Mitarbeiter. Was sind das für Grenzen?

- Sind es Mauern, die kaum zu durchbrechen sind?
- Sind sie etwas Feststehendes, Dauerhaftes, Unverrückbares?

 Grenzen

- ... sind beweglich, sie verändern sich im jeweiligen Kontext.
- ... machen Unterschiede deutlich.
- ... bilden sich in Beziehungen heraus, sie brauchen den anderen.
- ... unterliegen dem jeweiligen kulturellen Kontext.
- ... erkennen, anerkennen und überschreiten ist Bedingung für jedes Lernen.

Im Erwachsenenalter ist es dem Menschen möglich, sein Leben zu gestalten, also Grenzen zu verändern, bewusst zu ziehen. Jeder Einzelne klärt und definiert, was er sein will, kann und darf (agiles Erfolgsbild), er klärt seinen persönlichen Gesundheits-„Anspruch" und zieht bewusst Grenzen. Dies geschieht in unterschiedlicher Abhängigkeit von seiner Umwelt. Renate Zillich (o. J.) blickt als Diplompsychologin dazu auf Territorien. Wie sie selbst sagt, sind ihre Aussagen im Vortrag, den sie hier zur Verfügung stellt, wesentlich von Samy Molcho (1996) inspiriert. Sie unterscheidet

- räumliche,

- zeitliche,

- Wissens- und

- Statusterritorien,

die mit Überlegungen zur Führung gut zu verknüpfen sind. All diese Territorien werden in verschiedenen Kulturen, in denen sich ein Einzelner bewegt, unterschiedlich erlebt und erfahren. Die Territorien wirken ineinander und können lediglich auf dem Papier unabhängig voneinander betrachtet werden. Insbesondere ist ihnen gemeinsam, „dass wir ein Gebiet, unser Gebiet, durch Anspruch und Eroberung in Besitz nehmen müssen und wir fähig sein müssen, uns

- vor Eindringlingen von außen,

- vor ungerechtfertigten Ansprüchen aus unserem Inneren oder sogar

- vor dem konkurrierenden Nachwuchs

zu schützen und zu behaupten. Eben indem wir ein klares Nein setzen, wenn unser Territorium ungebeten betreten wird" (Zillich o. J., Seite 1). Dazu ist es entscheidend, sich selbst zu kennen, einzuschätzen und wertzuschätzen. Grenzen zu ziehen und Grenzüberschreitungen wahrzunehmen, zu reflektieren und Entscheidungen zum Schutz eines Territoriums zu treffen, erfordert Selbstreflexion und Selbstdefinition.

Räumliche Territorien sind nach Renate Zillich

- der Körper,

- die Entfernung zum Schutz unseres Köpers,

- der Raum, den wir zum Schutz unserer Gruppe, der Familie brauchen, und

- das Gebiet zur Sicherung von Nahrung.

Die Entfernung zum Schutz unseres Körpers wird in unserer Kultur oft mit einer Armlänge Abstand dargestellt – das ist sozusagen die Intimzone des Gegenübers.

Wer die Hand reicht und dabei zu nahe kommt, löst beim anderen ein ungutes Gefühl aus. Wenn sich eine Führungskraft nah über die Schulter eines sitzenden Mitarbeiters beugt, wird dies meist als Eindringen in den eigenen Raum erlebt, gerade dann, wenn die Mitarbeiter-Führungskraft-Beziehung als ungut erlebt wird. Selbst wenn ein Gesprächspartner die Beine so weit unter dem Tisch ausstreckt und kein Platz mehr für Ihre Beine da ist, ist das eine Grenzüberschreitung. Da auf engen Räumen wie U-Bahnen oder im Kino der Abstand kaum eingehalten werden kann, erklären Menschen die umgebenden Menschen zu „Unpersonen", die ignoriert werden. Ärzte, die den Menschen nahe kommen, werden als reine Funktionsträger zu Unpersonen umgemodelt. Damit bleibt zumindest für die eigene Person die Distanz gewahrt. Jedes unerlaubte Eindringen in den eigenen Körper wird als tiefe Verletzung erlebt.

Geht es um den Raum zum Schutz der eigenen Familie, dann ist damit das Auto, der Garten, das eigene Haus gemeint. Nachbarschaftsstreitigkeiten sind oftmals Territorialkämpfe. Die gesetzliche Vorschrift, sich weder mit einer E-Mail noch mit einem Telefonat zu Werbezwecken an einen Verbraucher bzw. an ein Unternehmen ohne vorausgehende Kontakte zu richten, weist auf die Wichtigkeit des räumlichen Territoriums.

Wenn es um die Sicherung der Nahrung geht, war das räumliche Territorium einst das Jagdrevier. Heute geht es um „unsere" Firma, „unseren" Supermarkt usw. Das Revier, in dem wir Nahrung beschaffen, gibt Sicherheit. Wer viel reist, wird neben einem Hotel sofort auch nach guten Restaurants und/oder guten Supermärkten Ausschau halten.

Räumliche Territorialansprüche werden von Menschen unterschiedlich (bewusst) geltend gemacht. Jeder markiert seinen Raum mit seinem Duft, seiner Stimme, den Blickkontakten, mit seinen Gegenständen und mit seinen Aussagen zu sich und seinem Umfeld. Die geteilten Arbeitsplätze (Desksharing) ermöglichen es kaum noch, sein Territorium nachdrücklich zu markieren, Großraumbüros haben die Territorien bzw. die Markierung durch Einzelne ebenfalls stark beschränkt.

Mit Parfüm, lautem Reden, übermäßigem Ausbreiten der eigenen Unterlagen auf dem Gesprächstisch werden bspw. Territorien recht offensichtlich markiert und zumeist Grenzen anderer überschritten. Wenn jemand fortwährend redet, ständig unterbricht, ständig von anderen spricht, ist das Ausdruck des Vorhabens, sein Territorium zu vergrößern. Anders gesagt: Grenzen anderer werden (vorübergehend) verrückt.

Zeit als Territorium ist prinzipiell Eigentum der Person, jeder hat seine Lebenszeit. Wie jemand damit umgeht, hängt von den eigenen Vorstellungen über Zeit bzw. der Gemeinschaft, in der diese Person lebt und arbeitet, ab. Die Art und Weise, wie wir wirtschaften, teilt die Zeit für alle, die tätig sind, recht strikt ein – auch ohne die großen Uhren an den Wänden in den Unternehmen (Geißler 2010). Open End gilt für zunehmend mehr Führungskräfte und Mitarbeiter. Das gemeinsame Zeitverständnis ist: „Ich habe keine Zeit."

Doch wer ist hier eigentlich Täter und wer ist hier Opfer? Nur wenn eine Führungskraft 70 Stunden ihrer Zeit dem Unternehmen zur Verfügung stellt, dann erst gibt es diese 70-Stunden-Woche. Welche Gefühle und Bedürfnisse führen jemand in solche Arbeitszeiten, die keine Ruhezeiten und individuellen Zeiten mehr zulassen?

Jeder ist selber für seinen Umgang mit der Zeit verantwortlich, und die Erinnerung daran tut gut. Und welcher „Mechanismus" in uns die Aufteilung der Zeit in Berufliches, Ruhephasen, Privates usw. im Einzelnen regelt, ist ein wesentlicher Aspekt der Selbstführung. Wer mit seinem agilen Erfolgsbild arbeitet, trifft bewusste Entscheidungen, wie er seine Ressource Zeit in Besitz nimmt und sie verwenden wird.

Ein Spezifikum unserer Zeit ist die Zeitverdichtung: Eine Vielzahl von Tätigkeiten soll gleichzeitig erfolgen. Es geht darum, fortwährend mehr zur gleichen Zeit zu machen, damit meinen wir, noch schneller als andere zu sein.

Wenige Führungskräfte gehen heutzutage von einem Büro in das andere, ohne in der Zeit zu telefonieren oder sonst was zu machen. Sie organisieren Termine, sie treffen Entscheidungen – all das auf einem kurzen Weg, in der kurzen Zeit, in der sie sich früher etwas entspannt haben. Oder wer die Vorstellung hat, Aufgaben Schritt für Schritt in festgelegten Phasen nacheinander zu erledigen, erfährt dies insbesondere in Projekten anders. In Projekten laufen eine Vielzahl von Handlungen parallel, ein Abarbeiten von definierten Aufgaben in einem genauen Zeitplan ist in offenen Projekten nicht möglich. Sie sind bspw. noch mit Aspekten der ersten Planung beschäftigt und sind gleichzeitig schon in die Umsetzung eingestiegen. In einem Zeitfenster wird vieles gleichzeitig erledigt. Die Beschleunigung ergibt sich aus der Verdichtung von Zeit.

Interessant ist es in internationalen Projekten, wenn unterschiedliche Zeitverständnisse zusammentreffen. Menschen können bspw. Unpünktlichkeit als Eingriff in ihr Territorium erleben, für andere wiederum ist Unpünktlichkeit überhaupt nichts von Belang – die Person kommt am Vormittag, irgendwann, zu keiner bestimmten Zeit. Das Erkennen und Verstehen des unterschiedlichen Zeitverständnisses ist für Führungskräfte in internationalen Projekten von besonderer Bedeutung.

Wissen als Territorium ist aus Sicht von Renate Zillich das Gebiet, das jemand erlernt hat. Meisterbriefe und Titel sind Duftmarken im Wissensterritorium. Je mehr jemand an Titeln und Ausbildungen vorzuweisen hatte, desto eher wurde das Territorium anerkannt. Auch darin hat sich viel verändert. Da heutiges Wissen morgen wertlos sein kann, zeugen viele erworbene Titel eher von Ausdauer als von aktueller Kompetenz. Natürlich gibt es einige, die es schaffen, das eigene Wissensgebiet hervorragend abzustecken. Sie werden für eine längere Zeit als Koryphäen auf einem Gebiet gesehen. Doch selbst diese Experten bleiben nur dann im Fokus, wenn sie ihr Wissen laufend aktualisieren.

Grenzüberschreitend und als Eindringen in das Territorium werden hier Aussagen, wie „Du als ... musst das wissen" gesehen werden. Manche Experten reagieren aggressiv, wenn jemand auf ihr Wissensgebiet greift und aus ihrer Sicht dazu keine Legitimation hat (bspw. weil er von einer anderen wissenschaftlichen Disziplin kommt). Manche meinen zudem, die alleinige Wahrheit in sich zu tragen, und fühlen sich angegriffen, wenn andere Sichtweisen auf ihrem Gebiet vertreten werden.

Wer allerdings auf einem Gebiet als Experte tätig ist, in dem sowieso viele meinen, mitreden zu können, lässt irgendwann den Ärger los und erkennt sich am besten selbst als lernenden Experten. Selbst die scheinbar „Ahnungslosen" bringen einem immer wieder hervorragende Ideen mit – einfach so.

Ihr Wissen ist immer eine Grundlage, wie Sie etwas beobachten bzw. wahrnehmen und welche Bedeutung Sie etwas zuschreiben. Wenn bspw. ein Projektmanager und ein Organisationsentwickler – zwei Experten – zusammenarbeiten, so braucht es seine Zeit, bis sie das unterschiedliche Verständnis in ihren Disziplinen schätzen. Konflikte und Auseinandersetzungen gehören hier dazu. Erst wenn Unterschiede anerkannt werden, der bzw. das andere respektiert wird, ergeben sich die Möglichkeiten, beide Zugänge nutzstiftend zu verbinden. Wenn Sie international arbeiten, ergibt sich einmal mehr die Frage, wie Sie das Wissen der Experten im Projektteam verbinden werden.

Statusterritorien sind anhand der Statussymbole, die ein Mensch, eine Gruppe oder eine Organisation darstellt, zu erkennen. Sie sind die Darstellung im Außen, wie eigene Zeit und eigener Raum genutzt werden.

- Zum Erwachsensein gehört eine entsprechende Körpergröße, das Alter, sekundäre Geschlechtsmerkmale (Bauch, Haar, Brust, Po ...). Ein begehrtes Statussymbol ist das jugendliche Aussehen von Erwachsenen – forever young im Alter. Dafür wird operiert, rasiert und poliert.

  Immer weniger ist in unserer Gesellschaft das Alter selbst – trotz Erfahrung, Weisheit und Besitz – ein sozialer Status. Dabei ist das Lebensalter ein wichtiger Teil des Selbstverständnisses der Menschen. Da Alter keineswegs immer mit Weisheit zu tun hat und die Erfahrungen in der Arbeitswelt immer weniger einen längeren Wert darstellen, hat das Verschwinden von Alter als sozialer Status positive Seiten. Allerdings führen die fehlende Wertschätzung der Natur des Menschen und dessen Lebenserfahrung zu einer Orientierungslosigkeit bzw. einer Orientierung am Allgemeinen, wie es sie bisher nachvollziehbar nicht gab.

- Statussymbole wie Auto, eigenes Haus, lange Urlaubsfahrten, Karriere grenzen das eigene Gebiet von anderen ab und zeigen eine große Wirkung nach außen. Die Straßen werden voller mit übergroßen Autos von meist Alleinfahrenden, Raum wird sich zu eigen gemacht. Die Menschen wollen komfortabel und sicher reisen, doch das konnte jemand bspw. in einer E-Klasse von Mercedes allemal. Jetzt erscheint dieses Fahrzeug schon eher klein gegenüber den großen Autos, die heute von den Bändern rollen.

- In Unternehmen können Statussymbole unterschiedliche Firmenwagen, Kleidung, Schreibtische, Sessel oder Telefone sein. Erheiternd sind Abgrenzungen, wie Balsen-Kekse im Vorstandsbüro und Aldi-Kekse in der Projektrunde. Wer vom Büro des Vorstandes in sein eigenes Büro zurückkehrt, wird sich seiner Stellung schnell klar. Irgendwann fällt es keinem mehr bewusst auf, dennoch sind die Anzahl der zugeteilten Quadratmeter, die Möbel, die Farben usw. eine klare Abgrenzung und ein Ausdruck von Macht und Einfluss. Vom Status eines Einzelnen in der hierarchischen Organisation hängt der Umfang seines Territoriums ab. Ein Mitarbeiter ohne große formelle oder informelle Macht kann allerdings sein Territorium vergrößern, wenn er bspw. über eine Kompetenz verfügt, die sonst keiner in der Organisation hat und am Markt schwierig einzukaufen ist.

Ergänzend zu diesen Ausführungen von Renate Zillich sind die eigenen *Werte als Territorien* zu sehen. Gewiss sind in allen genannten Territorien Werte handlungsleitend bzw. leitend in dem, was Sie wahrnehmen und beobachten. Durch die Ergänzung von Werten als eigenes Territorium wird die Rolle von Werten in der Grenzziehung verdeutlicht. Sie ziehen Grenzen, indem Sie (immer wieder neu) daran arbeiten, was Sie wollen, können, dürfen/sollen und was Sie tun werden. Im agilen Erfolgsbild wurden mit der Haltung und den Emotionen Werte abgebildet (Bild 3.16). Sie überprüfen, ob Gelassenheit, Bescheidenheit, Freude usw. überhaupt zu Ihnen passt. Fragen Sie sich: Welche Werte unterstützen mich, meine Lebensziele/-visionen, beruflichen Ziele zu erreichen, welche meiner Werte hindern mich eher daran?

Die Klarheit über die eigenen Werte ermöglicht die Abgrenzung von anderen, Sie schärfen das persönliche Profil und den eigenen Stellenwert im Unternehmen und auf dem Markt generell. Sie ermöglichen Ihnen, das Matching von Unternehmens- und eigenen Werten zu überprüfen und entsprechende Entscheidungen zu treffen. Ist das Matching gering, werden Sie wahrscheinlich kurz im Unternehmen bleiben wollen. Ist die Übereinstimmung groß, werden Sie länger und erfolgreicher im Unternehmen sein. Generell neigen wir weniger dazu, die Werte von anderen herabzusetzen, wenn wir unsere eigenen Werte kennen und schätzen.

Eine Reihe von Werten (bspw. Verantwortung, Konfliktfähigkeit, Fehlerkultur, Verbindlichkeit, soziale Kompetenz, Ruhe und Stille, Gesundheit, Leistung, Kooperation) können dazu dienen, Ihre Ziele bzw. die Ziele Ihres Teams zu erreichen. Es ist wichtig zu hinterfragen, inwieweit diese den eigenen Werten und Normen entsprechen. Das ist Teil der Selbstreflexion und Selbstdefinition. Sie erkennen Unterschiede und nähern sich damit sich selbst.

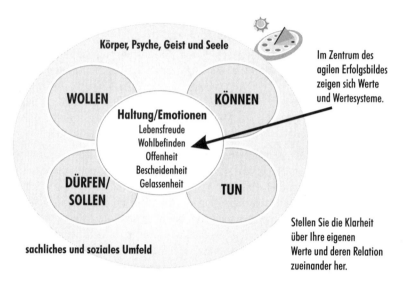

Bild 3.16 Das agile Erfolgsbild – eigene Werte

Der Schutz der eigenen Territorien, Grenzen zu ziehen und zu verteidigen, fällt Menschen unterschiedlich schwer. Renate Zillich unterscheidet zwischen einer

- *Abgrenzung nach außen*: Nein sagen zu Erwartungen, Anforderungen und Wünschen von anderen, wenn diese nicht zu mir, meinem Wesen, meiner Identität passen, und einer
- *Abgrenzung nach innen*: Nein sagen zu Erwartungen, Anforderungen und Wünschen von mir selbst an mich selbst im Umgang mit mir und meiner Umwelt. Will ein Mensch so sein, wie die anderen das wünschen, soll damit deren vermeintliche Liebe gesichert werden. „Selbstverleugnung aus falschem Harmoniebestreben als Dauerhaltung lässt keine individuellen Grenzen sichtbar werden und verleitet unsere Mitmenschen zu ständigen Übergriffen auf unsere Territorien" (Zillich o. J., Seite 5).

Das Neinsagen fällt sowohl Männern als auch Frauen schwer. Viel öfter hören Sie oder Sie würden möglicherweise selbst sagen:

- Das geht nicht, ich kann ein Projekt nicht ablehnen.
- Ich kann nicht die Arbeit niederlegen, nur weil ich keine Ressourcen habe.
- Ich kann doch ein Teammitglied nicht ablehnen, austauschen ...
- Ich kann doch nicht ...!

Sicherlich kann eine Projektführungskraft Nein sagen. Warum Sie Ja sagen dort, wo ein Nein für Sie wichtig ist, hat unterschiedliche Gründe. Oftmals steht das Bedürfnis nach Sicherheit ganz vorne. Allgemein fällt es vielen Menschen schwer, Grenzen gegenüber anderen und Idealbildern zu ziehen. Die Hintergründe sind nach Renate Zillich bspw.

- kindliche Symbiosewünsche,

- Angst vor Liebesverlust,

- Bedürfnis nach Sicherheit,

- ein karges Selbstwertgefühl.

Was immer es ist, wer sich bewusst in solchen Situationen wahrnimmt und reflektiert, kann damit umgehen und Grenzen verschieben, bspw. indem sich jemand den Unterschied zwischen alten Erfahrungen und alten Gefühlen (aus der Kindheit) und der gegenwärtigen Situation und neuen möglichen Erfahrungen und Gefühlen bewusst macht.

 Übung Ü13: Nein sagen

(30 bis 60 Minuten und bei Bedarf)

Denken Sie an eine Situation, in der Sie gerne (öfters mal) Nein sagen möchten oder unschlüssig sind, wie Sie sich am besten abgrenzen. Die folgenden Fragen sind hilfreich.

- Wurde ein Territorium von mir verletzt? Wenn ja, welches?
- Wie empfinde ich diese Grenzüberschreitung? Welche Gefühle nehme ich in mir wahr?
- An was erinnert mich dieses Empfinden?
- Was ist mir wichtig in dieser Situation – für mein Wohl und zum Wohl der anderen Personen, des Teams und der Organisation?
- Was kann passieren, wenn ich Nein sage?
- Was kann passieren, wenn ich sage, was mir wichtig ist?
- Was kann passieren, wenn ich nichts sage?
- Wie wichtig ist die Entscheidung, was ich tun werde, für mich?
- Wie wichtig ist meine Entscheidung für den anderen?
- Was werde ich jetzt konkret tun?

Grenzziehung hat viel mit Mut und Courage zu tun. In der Partnerschaft führt die Unterordnung und Selbstlosigkeit zu Liebesverlust, meint Renate Zillich. Irgendwann wird einem das Spiegelbild in der Partnerschaft langweilig und es wird ein neuer Partner gesucht.

Auch in Unternehmen gilt: Werden Grenzen lebendig dargestellt, artikuliert und besprochen, wird ein Unternehmen den zukünftigen Anforderungen gut gewachsen sein. Eine Haltung des Sowohl-als-auch und Wege, den unschiedlichsten Ausdruck von Grenzen zu managen, sind Teil der Führungsaufgabe – in jeder Führungsrolle.

Projektleiter, die jedes Projekt, selbst jene, die keineswegs ihre Kragenweite sind, annehmen, brennen in kürzester Zeit aus. Die Scheu, ja Angst, einen Auftrag abzulehnen, führt zu schwachen Projektergebnissen und zu Unstimmigkeiten im Team. Ein Projektleiter oder Auftraggeber, der sich selbst für die Arbeit aufreibt, füllt andere oft mit schlechtem Gewissen, macht sich und andere krank. Selbstausbeutung ist kaum ein gutes Vorbild in der Führung. Der sorgsame Umgang mit Zeit und eigenen Ressourcen ist grundlegend für Erfolg und Gesundheit des Einzelnen, der Teams und der gesamten Organisation.

Die Grenzen anderer und die eigenen erkennen und wahren, ist aus Sicht von Renate Zillich Teil des Erwachsenseins. Unterstützt wird jeder dabei von sich selbst, denn Abgrenzung ist genetisch bedingt und biologisch vorgesehen. Es ist der Reiz der Verschiedenartigkeit, der uns bewegt, uns von anderen abzugrenzen. Hilfreich ist es, die Vorstellung fallen zu lassen, jedem gefallen zu müssen. Es ist nicht möglich, von allen gemocht zu werden. Sie werden sofort sagen: „Ich mag ebenfalls nicht alle." Genau diese Klarheit ist so manches Mal hilfreich.

 Lernfeld L11: Grenzen reflektieren

(60 Minuten und bei Bedarf)

Setzen Sie sich bequem hin. Nehmen Sie das HBF-Buch zur Hand und beantworten Sie die folgenden Fragen:

- Inwieweit kann ich in einer Runde von Topexperten meine Sichtweise einbringen? Gelingt mir das gut oder halte ich lieber den Mund?

- Gelingt es mir leicht, mich von anderen Meinungen, von herrschenden Wertvorstellungen abzugrenzen? Wenn ja, wie mache ich das? Wenn nein, was kann ich tun, damit mir die Abgrenzung gelingt?

- Kann ich Menschen, die meine persönlichen Grenzen überschreiten, dies auch zeigen? Wenn ja, wie mache ich das? Wenn nein, was kann ich tun, damit mir dies gelingt?

Bei den ersten drei Fragen können Sie dazu mit einer Skalierungsfrage (Skala von 1 bis 10) abfragen, wie gut Ihnen Abgrenzung (innen und außen) gelingt, wobei die 1 für sehr gut und die 10 für minimal steht.

- Bei wem fällt es mir leichter, Nein zu sagen – bei Familienmitgliedern, Freunden oder eher bei Menschen, die mir weniger nahe sind? Wodurch kann ich mir das erklären?

- Welchen Menschen oder Gruppen möchte ich klar sagen, dass ich etwas in Zukunft nicht mehr machen bzw. zulassen werden? Werde ich es tun? Wenn ja, wann? Wenn nein, warum nicht?

- Was lehne ich in meinem Leben, in meiner Berufstätigkeit kategorisch ab, bspw. Lügen, Unpünktlichkeit, engste Vertraute im Job usw.? Anders gefragt: Was grenze ich in meinem Leben, in meiner Berufstätigkeit aus? Wozu ist mir dies dienlich?

- Überschreite ich die Grenzen anderer? Wenn ja, wie, wodurch und warum überschreite ich die Grenzen anderer? Wenn nein, was veranlasst mich zu dieser Sicht?

- Wer wenig auf seine Grenzen achtet und darunter leidet, den grenzen andere von sich ab. Was ist meine Erfahrung dazu – beruflich und privat?

Wer das Gefühl hat, mit diesen Fragen gut arbeiten zu können und so mehr über seine eigenen Grenzen erfahren zu können, kann dieses Lernfeld wiederholt aufgreifen. Eine Unterstützung zur Klärung von Grenzen kann ebenso in Form eines Coachings erfolgen, in Gesprächen mit erfahrenen Kollegen oder in einigen Therapiesitzungen. Psychotherapeutische Begleitung ist zwar in Führungskreisen noch wenig salonfähig, doch das ändert sich gerade etwas mehr.

Es gibt viele Gründe und Notwendigkeiten, die eigenen Grenzen immer wieder zu überschreiten. Wenn Sie ein Masterstudium machen, eine Familie versorgen und in einer Führungsaufgabe tätig sind, überschreiten Sie Grenzen des gedacht Machbaren. Auf Dauer geht das freilich kaum ohne gesundheitliche oder andere Beeinträchtigungen, doch eine gewisse Zeit ist es möglich. Um mit sich selbst und dem Körper gut in Kontakt zu sein – rechtzeitig zu wissen, wann es tatsächlich zu viel ist –, ist die Entspannungsübung „Kontaktbrücke bauen" dienlich. Machen Sie die Übung so oft wie möglich und vor allem dann, wenn Sie besonders unter Stress stehen.

 Entspannungsübung E10: Kontaktbrücke bauen

(Täglich fünf bis sieben Minuten und bei Bedarf, bspw. in schwierigen Gesprächen)

- Setzen Sie sich bequem auf einen Stuhl und schließen Sie Ihre Augen.
- Ihre Fußsohlen stehen auf dem Boden (Schuhe mit höheren Absätzen wenn möglich ausziehen).
- Spüren Sie den Punkten nach, an denen Ihre Fußsohle den Boden berührt.
- Nehmen Sie mit Ihrer Fußsohle nun bewusst Kontakt mit dem Boden auf.
- Stellen Sie sich vor, Sie atmen durch Ihre Fußsohlen ein und aus.
- Gehen Sie jetzt mit Ihrer Aufmerksamkeit zu Ihrem Bauch, versuchen Sie dabei den Kontakt zu den Fußsohlen zu halten.
- Atmen Sie tief in den Bauch und wieder aus. Verweilen Sie beim Bauch, bis Sie ihn gut spüren.
- Gehen Sie jetzt mit Ihrer Aufmerksamkeit zu Ihrer Brust. Wem es gelingt, der kann dabei den Kontakt zu Fußsohlen und Bauch halten – das braucht etwas Übung.
- Atmen Sie in Ihre Brust und wieder aus. Verweilen Sie bei Ihrer Brust, bis Sie sie gut spüren.

> Versuchen Sie jetzt, parallel Fußsohlen, Bauch und Ihren Brustraum zu spüren. Ihre Atmung ist dabei ruhig und entspannt. Bleiben Sie in dieser Aufmerksamkeit zwei bis drei Minuten.
>
> Öffnen Sie wieder die Augen.
>
> Sie können diese Übung ebenso mit offenen Augen durchführen, bspw. in öffentlichen Verkehrsmitteln (NICHT während der Autofahrt!) oder in Sitzungen.
>
> In schwierigen Gesprächen ist es besonders hilfreich, in diesem körperlichen Kontakt mit sich zu sein.

Sie können Teile der Übung während jeder Tätigkeit verwenden, bspw. können Sie in einem Projektgespräch einen Teil Ihrer Aufmerksamkeit bei den Fußsohlen lassen. Wer bspw. viel redet und einfach mehr zuhören lernen möchte, so ist der Kontakt zu den Fußsohlen eine einfache Methode, sich selbst zu bremsen. Wer eher mehr sagen möchte, kann durch diese Übung mehr Mut und Kraft finden, sich auszudrücken.

Wenn Menschen dafür anerkannt werden, weil sie immer alle so gut verstehen, immer ein offenes Ohr anbieten und immer erreichbar sind oder zu jeder Tages- und Nachtzeit für andere da sind, sorgen sie kaum für sich selbst. Sie ignorieren ihre Grenzen, unter Umständen kennen sie diese zu wenig. Ein derartiger Führungsstil dient weder den Personen noch den Organisationen.

 Projektbeispiel P11: Abgrenzung lernen

(60 bis 90 Minuten und bei Bedarf, eventuell regelmäßiges Controlling)

In diesem Projektbeispiel finden Sie drei unterschiedliche Fälle von Grenzüberschreitungen.

Fall 1:

Ein Projektleiter hat das Problem, dass die Projektmitarbeiter mit all ihren beruflichen und privaten Sorgen zu ihm kommen. Selbst einige Stakeholder vertrauen sich ihm an. Der Projektleiter erlebt diese Gespräche zunehmend anstrengender und hat so das Gefühl, ein „Mülleimer" zu sein. Er bucht ein Coaching.

Fall 2:

Ein Projektleiter ist sauer, weil er jedes Projekt aufgehalst bekommt, das es im Unternehmen zu geben scheint. Er spürt sein Engagement und seine Freude schwinden. Wieder einmal holt ihn ein Abteilungsleiter, um ihn mit einer neuen Aufgabe zu betrauen. Er hat allerdings noch vier laufende Projekte, was derzeit seine Kapazitäten schon übersteigt. Er geht ins Gespräch mit einem erfahrenen Projektleiter, dem er vertraut.

Fall 3:

Ein Projektleiter will immerzu mit den besten Mitarbeitern in seinen Projekten arbeiten, deren Ressourcen längst ausgeschöpft sind. Nun hat er wieder ein neues Projekt und er will wieder die Besten, die bereits voll ausgelastet sind. Doch er weiß, das geht nicht ewig so weiter, und irgendwie möchte er es auch anders handhaben. Er entschließt sich zu einem Gespräch mit einem Führungskollegen, der vor einigen Jahren aus dem Unternehmen ausgeschieden und als Coach tätig ist.

Fall 4: Welche Grenzüberschreitung erleben Sie?

...

In allen Fällen werden Grenzen des Projektleiters bzw. der Mitarbeiter wiederholt überschritten. Die Verantwortung liegt auf beiden Seiten: die einen, die die Grenzen überschreiten, die anderen, die es zulassen.

Fragen, die den Projektleitern besonders hilfreich in den Gesprächen waren, sind folgende:

- Was mache ich aktuell,
  - wenn sich Mitarbeiter mir mit ihren beruflichen und privaten Sorgen anvertrauen (Fall 1) bzw.
  - wenn ich von einem Abteilungsleiter zu einem neuen Projekt angesprochen werde (Fall 2) bzw.
  - wenn ich ein neues Projekt bekomme und Mitarbeiter auswählen muss (Fall 3) bzw.
  - wenn ich ... (Fall 4)? Wie handle ich normalerweise bzw. gewohnterweise?
- Welches Bedürfnis und welche Angst steckt hinter meiner gewohnten Vorgangsweise?
- Was nützt mir mein derzeitiges Verhalten und Handeln? Wem nützt dies ebenso?
- Inwieweit schadet mir das Vorgehen? Wem schadet es noch und in welcher Form?
- Was gewinne ich durch mein Verhalten?
- Was verliere ich durch mein Verhalten?
- Was kann und werde ich zukünftig anders machen?
- Welche Wirkungen kann das veränderte Verhalten bzw. Handeln/ Nichthandeln bei den Betroffenen und eventuell anderen Projektbeteiligten erzeugen? Was kann mein verändertes Verhalten auslösen (Worst Case/Best Case)?

Mit diesen Fragen können Sie bewusster werden im Umgang mit den eigenen Grenzen und denen anderer. Generell gilt: Grenzen annehmen und Grenzen respektieren bedarf einer großen Achtsamkeit. Wenn Sie die Fragen im Praxisbeispiel beantworten, fragen Sie sich dazu immer, wieso und warum Sie dazu so denken. Überprüfen Sie Ihre Aussagen.

 Erfolg

Unterschiedsmanagement ist das Management von Grenzen, also eine zentrale Führungsaufgabe. Für Ihre Gesundheit von Körper, Geist, Psyche und Seele ist es wichtig, die eigenen (Kraft-)Grenzen anzuerkennen und die Grenzen von anderen zu respektieren.

Sie können bewusst Ihre Grenzen überschreiten und sich damit verändern. Wenn Sie dabei ihre Kräfte etwas überbeanspruchen, dann gönnen Sie Ihrem Körper immer wieder Verschnaufpausen.

 Kurzversion kompetente Kultur und kulturelle Kompetenz

Kompetenz und Kultur sind gemeinsam wesentlich in Ihrer Führungsarbeit. Für die ausgewählten zentralen Führungsaufgaben (Unterschiede, Widersprüche und Veränderungen zu managen und sich selbst gut zu führen) braucht es ein Verständnis von unterschiedlichen Kulturen und entsprechende Kompetenzen. Das Kapitel bietet einen Einblick in die umfangreiche Materie von Kultur, indem auf Projekt- und Unternehmenskultur fokussiert wird und den Führungskräften Möglichkeiten angeboten werden, Kultur zu gestalten. Fach-, Sozial- und Selbstkompetenzen für die genannten Führungsaufgaben werden aufgegriffen und als Diskussionsbasis für innerbetriebliche Überlegungen vorgeschlagen.

Die Ideen für Ihre Führungsarbeit vertiefen die Selbstreflexion, um sich und andere mehr anzuerkennen, freudiger zu (er)leben, persönliche Werte und Bedürfnisse zu kennen sowie klarer in den unterschiedlichen Rollen zu agieren. Wer sich selbst gut reflektiert, wird sich in seiner Relativität klarer erkennen können und gleichzeitig seine Handlungsmöglichkeiten vergrößern. Da in der Praxis das Neinsagen schwerfällt, wurden Überlegungen aus dem psychologischen Kontext zum Thema Grenzen aufgenommen: Was sind Grenzen überhaupt und wie kann es gelingen, eigene und fremde Grenzen gut wahrzunehmen? Antworten dazu stehen im Mittelpunkt dieser Betrachtungen.

4

Handbuch

Im Zentrum des Führungshandelns steht der Umgang mit Unterschieden, Widersprüchen und Veränderungen. Im Buch werden Überlegungen zu den Beziehungen von Projekt- und Linienführung, Erfolg und Gesundheit und Kompetenz und Kultur angestellt. Nicht das eine ODER das andere ist Anliegen der Betrachtung, sondern das Sowohl-als-auch. Die Ideen zur Führungsarbeit in den einzelnen Kapiteln bieten Ihnen eine Reihe von Ansatzpunkten, um Veränderungen – auf persönlicher Ebene und in der Führungsarbeit – voranzutreiben. Das in Kapitel 2 vorgestellte agile Erfolgsbild und die neue Zielprüfungsformel VERTRAUE sind dabei wesentliche Grundlagen, wenn es darum geht, Unterschiede, Widersprüche und Veränderungen zu managen und sich selbst zu führen.

Die Übungen, Lernfelder, Entspannungsübungen und Projektbeispiele je Kapitel werden nachfolgend gesamt dargestellt. Wenn Sie sich für etwas entschieden haben, was Sie gerne lernen und verändern möchten, dann bleiben Sie dran. Take the little steps – day by day!

4.1 Übungen auf einen Blick

Übungen des Kapitels Projekt- und Linienführung

 Übung Ü1: Zur bewussten Beobachtung Ihrer Gedanken

(Einmalig fünf Minuten.)

Lesen Sie die folgenden Sätze (Beschreibungen) langsam durch und schreiben Sie in Ihrem HBF-Buch auf, was Ihnen unmittelbar dazu einfällt:

- Der Projektleiter sitzt im Besprechungsraum, sein Hemd ist am Rücken nass.
- Eine Frau lehnt sich bei all Ihren Wortmeldungen weit nach vorne.
- Ein Mann trägt eine Anzughose in der Länge, die, während er steht, den Blick auf seine Socken zulässt.

- Ein Mann hebt mehrfach recht offensichtlich seinen Arm und schaut auf die Uhr.
- Ich habe gestern einige Dokumente im Büro liegen lassen.

Übungen des Kapitels Erfolg und Gesundheit

Übung Ü2: Wer wollen Sie sein?

(60 bis 90 Minuten und so oft es Ihnen Freude macht)

Nehmen Sie Ihr HBF-Buch zur Hand und beantworten Sie jene der angeführten Fragen, die Ihnen jetzt regelrecht ins Auge springen. Es geht nicht um die Abarbeitung von Fragen. Sehen Sie einfach, bei welchen Fragen es in Ihnen zu sprudeln beginnt. Arbeiten Sie damit!

- Wer wollen Sie sein? Fühlen Sie sich für etwas berufen?
- Wie möchten Sie leben?
- Was bewegt/motiviert Sie?
- Spüren Sie einen Drang in sich, etwas Besonderes (auf einem Gebiet) sein zu wollen oder etwas Besonderes erreichen zu wollen? Wenn ja, was ist das?
- Auf was richtet sich Ihr Lebensdrang, Ihre Lebensenergie?
- Was ist es in Ihrem Inneren, wo Sie Ihr Herz wahrnehmen können, Ihre Liebe spüren können?
- Worin würde sich Ihre Liebe am besten entfalten und ausdrücken können?

Übung Ü3: Lebenssinn und Lebensziele

(30 Minuten und so oft es Ihnen Freude macht)

Vervollständigen Sie folgende Sätze in Ihrem HBF-Buch.

Ich bin hier, weil ich ...

Es ist mir wichtig (von Bedeutung) ...

Ich lebe ...

Ich werde/möchte ...

Übung Ü4: ICH in meiner Landschaft

(30 Minuten und so oft es Ihnen Freude macht)

Was will ich hier? Wer braucht mich hier? Dort, wo Sie gerade stehen – schauen Sie auf sich und Ihr Umfeld. Betrachten Sie Ihre (innere) Landschaft. Setzen Sie sich und lassen Sie Ihre Seele baumeln. Fragen Sie sich:

- Was will ich in dieser Landschaft von mir geben und was wird darin von mir gebraucht?
- Was darf von mir gebraucht werden?

Schreiben Sie es jetzt in Ihr Buch.

Übung Ü5: Meine Wünsche, meine Träume, meine Visionen

(30 Minuten und so oft es Ihnen Freude macht)

Was will ich in meinem Leben erfahren, erreichen und erleben?

Machen Sie ein Brainstorming und schreiben Sie alle Ihre Gedanken – sinnig oder unsinnig – auf, so, wie diese kommen. Schalten Sie den inneren Kritiker aus, wirken Sie aus Ihrer Kreativität heraus. Notieren Sie sich jeden Gedanken. Wenn der erste Gedankensturm vorbei ist, warten Sie noch etwas. Es folgt meist noch ein zweiter Sturm.

Betrachten Sie Ihre Mitschrift, lassen Sie sich davon beeindrucken. Erkennen Sie an, was Sie schon erreichen konnten, und fragen Sie sich, was Ihnen daraus besonders in Auge springt. Markieren Sie diese Gedanken farblich oder schreiben Sie diese nochmals auf.

Übung Ü6: Wer will ich in meinem Leben sein? Collage

(30 Minuten und so oft es Ihnen Freude macht)

Nehmen Sie sich einen Stapel alter Zeitungen und schneiden Sie alles aus, was Ihnen zu Ihrer Fragestellung an Bildern gefällt. Dann nehmen Sie sich ein großes Blatt Papier – Zeichenblock – und fügen Sie darauf die ausgeschnittenen Einzelbilder zu einem Bild zusammen. Sie können sich auch eine entsprechende Software herunterladen, das Angebot gibt es dazu im Internet. Während Sie an der Collage arbeiten, legen Sie Ihre Fragestellung an einer gut sichtbaren Stelle auf.

Übung Ü7: Mein Lebenssinn – was ich sein und werden will

(30 Minuten und so oft es Ihnen Freude macht)

Nehmen Sie Ihr HBF-Buch zur Hand und führen Sie folgende Sätze weiter aus.

Ich verwirkliche meinen Anspruch von ...

Ich verwirkliche mich mit ...

Ich stehe in meinen Leben für ... – in all meinen Lebensbereichen.

Ich erreiche damit in Beruf, Familie usw. einen wertschätzenden und anerkennenden Umgang im Miteinander, finanzielle Sicherheit oder ...

Ich bin eine ... bspw. selbstbewusste Mutter, Ehefrau, Abteilungsleitern .../ein ... bspw. selbstbewusster Vater, Ehemann ...

... steht im Mittelpunkt meines Lebens. ∎

 Übung Ü8: Darf ich scheitern?

(30 bis 60 Minuten und bei Bedarf)

Wählen Sie sich einen Ort, den Sie mögen, wo es schön für Sie ist.

- Wie habe ich Scheitern in meinen Kindheitstagen erlebt?
- Wenn ich als Kind und später als Erwachsener gescheitert bin – welche Parallelen lassen sich für mich erkennen?
- Wie sind Freunde, Kollegen, Eltern mit meinem Scheitern umgegangen, wie wurde darauf reagiert?
- Was konnte ich durch das Scheitern gewinnen?
- Welche Verluste gab es?
- Wie bin ich mit mir selbst umgegangen, wenn ich gescheitert bin?

Beantworten Sie diese Fragen und tragen Sie die Antworten in Ihr HBF-Buch ein. ∎

Übungen des Kapitels Kultur und Kompetenz

 Übung Ü9: Was habe ich gut gemacht?

(Täglich sieben Minuten abends)

Sie liegen im Bett oder gemütlich auf dem Sofa. Sie entspannen Ihre Muskeln und atmen dreimal tief ein und aus. Sie wählen eine konkrete Situation des heutigen Tages aus, bspw. ein Gespräch mit Ihrem Kind oder eine Projektteamsitzung.

Sehen Sie sich nochmals auf den Stuhl sitzend – im Gespräch oder in der Sitzung. Stellen Sie sich vor, Sie stehen auf der gegenüberliegenden Seite des Raumes und beobachten sich jetzt.

- Sie stellen sich die Frage: Was habe ich gut gemacht?

Formulieren Sie klare und knappe Sätze, bspw.: Ich habe meinem Kind klar gesagt, was mir wichtig ist. Ich habe den aktuellen Projektstand anschaulich mit Flipcharts präsentiert.

Machen Sie zwei bis drei Aussagen, was Sie gut gemacht haben.

Vermeiden Sie Formulierungen wie: ich denke, ich glaube ...

Vermeiden Sie Generalisierungen wie: alle, keiner ...

Formulieren Sie präzise, so kommt die Anerkennung klar bei Ihnen innerlich an.

- Stellen Sie sich jetzt die zweite Frage: Was möchte ich verändern? Oder: Was möchte ich besser machen?

Formulieren Sie Ihre Antworten so präzise wie möglich.

Bitte beachten Sie: Die Frage „Was habe ich falsch gemacht?" ist wertlos. Diese Fragestellung führt uns zu einem frustrierten Kindheits-Ich oder einem eifrigen Eltern-Ich (Transaktionsanalyse, siehe Harris 1988).

Wenn Sie konkreten Verbesserungsbedarf erkennen, legen Sie an dieser Stelle fest, wann Sie was umsetzen werden.

Tipp: Wenn Sie ein sehr selbstkritischer Mensch sind, dann wird empfohlen, zur zweiten Frage maximal zwei Aussagen zu machen, dagegen zur ersten Frage mindestens zwei Aussagen zu treffen.

Wer eher Schwierigkeiten im Zugang zu seinen Gefühlen hat, macht die Übung etwas langsamer. Die Freude darin zu fühlen, anerkannt zu werden und Anregungen aus der zweiten Frage zu erhalten, ist wertvoll und schön.

 Übung Ü10: Meine Werte

(30 bis 60 Minuten und bei Bedarf, insbesondere vor wichtigen Entscheidungen)

Wissen Sie bzw. ist Ihnen bewusst, welche Werte in Ihnen wirken, welche Werte Sie bewegen? Nehmen Sie sich Zeit und beantworten Sie folgende Fragen in Ihrem HBF-Buch.

- Welche Werte wirken in mir und welche sind mir wichtig?
- Was ist mir im Leben, in meiner Arbeit mit anderen wichtig?

Beispiele: Bindung, Vertrauen, Geborgenheit, Wärme, Menschlichkeit, Abgrenzung, Individualität, Freiheit, Intellekt, Zuverlässigkeit, Sparsamkeit, Vorsicht, Treue, Ziele, Abwechslung, Flexibilität, Professionalität usw.

- Wie reihe ich meine Werte in schwierigen Situationen, bspw. bei der Übermittlung von schlechten Nachrichten oder wenn ich Werte nicht mit anderen teile.

Beispiele:

Menschlichkeit ja, aber:

Menschlichkeit ist für mich ein hoher Wert, daher tue ich mich schwer, jemanden zu kündigen. Wenn es allerdings die betriebliche Notwendigkeit zeigt, kündige ich den Mitarbeiter.

Respekt ja, aber:

Aufgrund meines Respekts vor den Tieren esse ich kein Fleisch. Ich tue mich daher schwer, Menschen zu respektieren, die viel billiges Fleisch essen und so tun, als würde sie das Leid der Tiere nichts angehen.

- Was bewegen in mir sich gegenseitig (scheinbar) ausschließende Werte? Wie bewege ich mich darin?

Beispiele: schnelle Karriere – Gesundheit, Menschlichkeit – Gewinnmaximierung, Bindung – Freiheit.

- Welche Werte führen mich in meiner Familie (oder einer anderen Gruppe, der ich mich zugehörig fühle) und teile ich mit meinem (Ehe-) Partner bzw. mit Freunden?

Beispiel: Mir ist die Familie sehr wichtig. Dafür gebe ich gerne ein Stück meiner Unabhängigkeit auf.

- Welche Werte vertritt mein Unternehmen, in dem ich derzeit tätig bin, nach innen und nach außen?
- Inwieweit teile ich die Werte meines Unternehmens? Welche Werte teile ich nicht?
- Welche Werte erlebe ich konkret in der Zusammenarbeit?
- Welche Werte sind mir als Projektführungskraft im Team wichtig?

 Übung Ü11: Mein Wohlfühlraum

(30 Minuten und bei Bedarf, insbesondere vor wichtigen Entscheidungen)

Nehmen Sie Ihr HBF-Buch zur Hand und überlegen Sie kurz, was Sie aus den Darstellungen der Grundbedürfnisse bereits erkennen konnten. Wie schätzen Sie aktuell Ihre Situation ein, was Ihre Bindung, Ihre Selbstbestimmung und Ihren Selbstwert anhand dieser Gegensätze betrifft? Schließen Sie die Augen. Rufen Sie sich nochmals in Erinnerung, was Sie eben zu den Grundbedürfnissen gelesen haben:

- Bindung: Nähe (im Extrem vollkommen distanzlos) – Distanz (im Extrem beziehungslos).

- Selbstbestimmung: Freiheit (im Extrem Chaos) – Sicherheit (im Extrem Starrheit, keine Selbstbestimmung).

- Selbstwert: Einzigartigkeit (im Extrem Außenseiter sein) – Zugehörigkeit (im Extrem völlige Anpassung).

Versuchen Sie, Ihren Raum des Wohlbefindens zu beschreiben, bzw. prüfen Sie, wo der Raum endet. Sie können dazu einzelne Rollen (bspw. als Führungskraft, als Elternteil usw.) betrachten. Stellen Sie dafür Ihre Emotionen in den Mittelpunkt der Betrachtungen – ohne jeden wissenschaftlichen Anspruch.

Beispiele:

Als Elternteil ist mir die Sicherheit von mir und meiner Familie in den nächsten Jahren wichtiger.

Als Führungskraft in diesem Unternehmen bin ich aktuell sehr oft aufgefordert, meinen Selbstwert im Auge zu behalten. Die geforderte Anpassung ist mir zeitweise zu hoch. Das führt dazu, dass ich mit den Mitarbeitern weit mehr, als mir lieb ist, auf Distanz bin. Bspw. sieht die Bilanz momentan so aus (Bild 3.13).

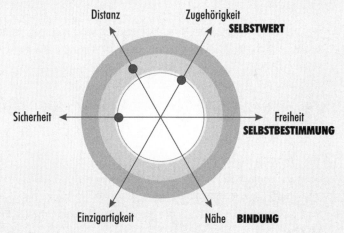

Bild 3.13 Raum des Wohlfindens – Beispielbilanz

Fragen Sie sich:

- Welche meiner Bedürfnisse kann ich in meinem Wohlfühlraum primär wahrnehmen?

Beispiel: Ich brauche mehr Freiheit in meiner jetzigen Führungsaufgabe.

- Wie gelingt es mir, meine unterschiedlichen Bedürfnisse anzuerkennen und Entscheidungen zu treffen?

Beispiel: Für meine Vision bin ich bereit, die nächsten zwei Jahre ein größeres Stück meiner Sicherheit aufzugeben.

- Was werde ich tun, um meinen Wohlfühlraum bewusst zu gestalten?

Übung Ü12: Der eigenen Freude begegnen

(15 Minuten und so oft Sie in Ihre Freude eintauchen wollen)

Bevor Sie in die Arbeit und in die Fragen einsteigen, werden Sie zunächst innerlich still. Ruhen Sie sich aus und schauen Sie im Körper nach, wo Sie Ihre Freude spüren. Bleiben Sie ein oder zwei Minuten in diesem Gefühl von Freude.

Jetzt können Sie den Fragen nachgehen:

- Wann habe ich zuletzt über mich selbst herzlich gelacht? Liegt es länger als eine Woche zurück oder gar Monate?
- Was ist meine Lachbremse? Womit oder wobei vergeht mir das Lachen?
- Was bremst meine Freude? Warum darf, kann, will oder soll ich mich nicht der Freude hingeben? Darf ich auch Lust empfinden und Spaß haben?
- Welche Werte stehen der Freude entgegen oder vor der Freude? Bspw. will ich meine Arbeit genau und besonders gut machen. Wie passt das zu meiner Freude?
- Darf Freude ein Kriterium in meinen Entscheidungen sein?
- Wie schaffe ich es, meine Freude klein zu halten, das Lachen hintanzustellen?
- Wobei kann ich am besten lachen?
- Wobei kann ich tiefe Freude empfinden?
- Schauen Sie sich jetzt im Raum um. Was oder wer macht Ihnen jetzt im Augenblick Freude? Genießen Sie die Freude.
- Was werde ich ab sofort tun, um gut in Verbindung mit meiner Freude zu sein?
- Was werde ich in den nächsten Wochen tun, um meine Freude mit anderen zu teilen?

Übung Ü13: Nein sagen

(30 bis 60 Minuten und bei Bedarf)

Denken Sie an eine Situation, in der Sie gerne (öfters mal) Nein sagen möchten oder unschlüssig sind, wie Sie sich am besten abgrenzen. Die folgenden Fragen sind hilfreich.

- Wurde ein Territorium von mir verletzt? Wenn ja, welches?
- Wie empfinde ich diese Grenzüberschreitung? Welche Gefühle nehme ich in mir wahr?
- An was erinnert mich dieses Empfinden?
- Was ist mir wichtig in dieser Situation – für mein Wohl und zum Wohl der anderen Personen, des Teams und der Organisation?
- Was kann passieren, wenn ich Nein sage?
- Was kann passieren, wenn ich sage, was mir wichtig ist?
- Was kann passieren, wenn ich nichts sage?
- Wie wichtig ist die Entscheidung, was ich tun werde, für mich?
- Wie wichtig ist meine Entscheidung für den anderen?
- Was werde ich jetzt konkret tun?

4.2 Lernfelder auf einen Blick

Lernfelder des Kapitels Projekt- und Linienführung

Lernfeld L1: Bewusst beobachten

(Zwei bis drei Minuten und so oft es Ihnen Freude macht.)

Das Buch liegt geöffnet vor Ihnen, und Sie haben bis zu dieser Stelle gelesen. Wie wäre es mit einem Ausflug in ein Café mitsamt Ihrem HBF-Buch?

Sie finden eine Reihe von hilfreichen Fragenstellungen, um entspannt in angenehmer Umgebung zu beobachten:

- Wie fühlen Sie sich?
- Woran würde Ihr bester Freund merken, wie Sie sich gerade so fühlen?
- Woran denken Sie gerade?
- Was fühlen Sie gerade?
- Was haben Ihre Gedanken und Ihre Emotionen mit der Auswahl des Cafés zu tun?
- Welche Menschen sind gerade Ihrer Nähe?
- Was fällt Ihnen an den Menschen auf? Warum fallen Ihnen (nicht) die Kleidung, die Haare, die Zähne, die Schuhe, die Getränke, die Hände, die Geräusche, das Verhalten der Menschen, die Körperhaltung usw. auf?
- Worüber unterhalten sich die Menschen an den Nachbartischen – was hören Sie und was hat das mit Ihnen zu tun?
- Gibt es Menschen, die Ihnen vertraut sind? Warum sind Ihnen diese vertrauter als andere?

- Wie nehmen Sie das räumliche Umfeld, Ihr Café, wahr?

Beobachten Sie! Lassen Sie sich Zeit und folgen Sie Ihren Sinnen und lassen Sie sich vielleicht sogar von sich selbst überraschen, wie Sie beobachten. Verfolgen Sie im Kopf mögliche Verallgemeinerungen und Bewertungen von gut und schlecht, passend und unpassend, usw. Versuchen Sie, diese bewertenden Gedanken wahrzunehmen, ohne sozusagen mitzu*reden*. Selbst Ihre Gedanken können Sie einfach nur beobachten.

Das kann hilfreich sein: Sie können nie alles sehen. Jede Beobachtung erzwingt eine Einschränkung, eine Entscheidung für eine Unterscheidung.

Lernfeld L2: Bewusst wahrnehmen

(15 Minuten und so oft es Ihnen Freude macht.)

Nehmen Sie Ihr HBF-Buch zur Hand und machen Sie sich Notizen zu Ihren Wahrnehmungen.

Stevens (1996, Seite 18 ff.) stellt in seinem Buch eine Vielzahl von ausgezeichneten und empfehlenswerten Übungen zur Schulung der Wahrnehmung dar. Einige davon werden an dieser Stelle abgebildet:

Vervollständigen Sie den Satz: „Ich nehme jetzt wahr ...“

Schreiben Sie alles in Ihr Buch, was Sie wahrnehmen, und unterscheiden Sie die besprochenen Ebenen der Wahrnehmung darin. Vielleicht merken Sie, wie die innere und die äußere Wahrnehmung geringer werden, je mehr Sie sich auf Ebene der Fantasie, also mit Ihren Gedanken und Bildern beschäftigen.

Fragen Sie sich: Fließt die Wahrnehmung frei oder führt meine Konzentration auf die aktuelle Übung dazu, Dinge zu übersehen?

Richten Sie jetzt Ihre Aufmerksamkeit auf etwas Bestimmtes und nehmen Sie diesen Ausschnitt aus Ihrer Realität mit den vorgestellten Ebenen wahr. Unterscheiden Sie, was Ihnen sozusagen ins Auge springt und was Sie erst nach und nach wahrnehmen. Öffnen Sie alle Sinne!

Probieren Sie jetzt, zwischen der inneren und äußeren Wahrnehmung zu pendeln. Nehmen Sie den Fluss der Wahrnehmung von innen nach außen wahr.

Eine lebendige und bewegte Sprache ist für Projektführungskräfte mit langer Erfahrung oft selbstverständlicher als für Linienführungskräfte. In offenen Projekten verändern Sie sich ständig. Das drückt sich in der Sprache aus.

Die Fantasie ist von den anderen beiden Ebenen der Wahrnehmung zu unterscheiden, was für eine größere Bewusstheit im Führungshandeln wesentlich ist.

Lernfeld L3: Spontaninterpretationen hinterfragen

(15 bis 30 Minuten und so oft wie möglich.)

Dieses Lernfeld teilt sich in vier Schritte, nehmen Sie sich dazu ausreichend Zeit und Ihr HBF-Buch.

Im *ersten Schritt* verbinden Sie sich innerlich mit einem Menschen, dem Sie weniger wohlgesonnen sind, mit dem Sie jedoch arbeiten und leben – aus Ihrer Sicht „müssen".

Vervollständigen Sie im ersten Schritt dazu diesen Satz:

Herr oder Frau X nervt mich, weil ...

Schreiben Sie den Satz und das, was der Satz in Ihnen spontan auslöst, in Ihr Buch.

Sind Sie erstaunt über das, was Sie da geschrieben haben? Wenn ja, was erstaunt Sie jetzt?

Sind es eher Gedanken, körperliche Empfindungen oder Emotionen, die Sie da bewegen?

Bleiben Sie dabei in einer Haltung von „AHA – so denke und fühle ich also jetzt dazu".

Im *zweiten Schritt* stellen Sie sich jetzt vor, Sie wären inmitten eines konkreten Geschehens mit dieser Person und beobachten sich selbst und diese Person.

Was passiert jetzt in Ihren Gedanken, in Ihren Körper und emotional in Ihnen?

Bleiben Sie wiederum in der Haltung von „AHA – so denke und fühle ich also jetzt dazu".

Im *dritten Schritt* wollen Sie Ihre Spontaninterpretationen und Bewertungen hinterfragen. Überlegen Sie sich dazu selbst nun konkrete Fragen – das ist herausfordernd, doch versuchen Sie es. Welche Fragen können Sie stellen, um neue Einsichten zu erhalten – Ihre Person, die andere Person und ihre Beziehung betreffend? Arbeiten Sie mit offenen Fragen, also Fragen, bei denen Sie über ja oder nein hinausgehend antworten können.

Schreiben Sie die Fragen in Ihr Buch. Ziel ist es, sich durch Fragen der Situation zu öffnen und Ihre bisherigen Spontanbewertungen aufzuweichen. Nun beantworten Sie Ihre selbst gestellten Fragen.

Im *vierten Schritt* betrachten Sie Ihre spontanen Aufzeichnungen aus dem ersten Schritt mit den Antworten zu Ihren Fragestellungen.

Beantworten Sie nun die Frage:

- Was haben Sie jetzt gelernt bzw. verstehen können?

Erscheint Ihnen Ihr Lernergebnis noch unbefriedigend, gehen Sie nochmals zum dritten Schritt und beantworten dazu die angeführten beispielhaften Fragen.

Potenzielle Fragestellungen

... zur eigenen Person:

- Was löst diese Person in meinen Gedanken, im Fühlen und im Körper aus, wenn ich etwas genauer hinspüre?
- Welche Gefühle nehme ich in mir besonders stark wahr?
- Was ist meine größte Angst bzw. meine stärkste Emotion, wenn ich an diese Person denke oder ihr gegenüberstehe?
- Wie verändert sich mein eigener Gesichtsausdruck in der Wahrnehmung dieser Person?
- Wie verändert sich meine Tonlage, wenn ich mit diesem Menschen spreche?
- Gibt es einen körperlichen Ausdruck (Stimme, Gestik, Geruch, Aussehen allgemein ...) der Person, der mich so bewerten lässt, wie ich es gerade tue?
- Welchen Unterschied würde es für mich machen, wenn die Person ein anderes Geschlecht hätte, älter oder jünger wäre, schöner oder weniger schön wäre usw.?
- Wieweit ist mir „ein solcher Menschentyp" im Berufsleben bekannt – durch eigene Erfahrungen in der Zusammenarbeit, durch Gerüchte von anderen ...? Welche anderen Typenbilder habe ich noch in mir?

... in Bezug auf die andere Person:

- Was könnte meine stärkste Emotion in der anderen Person auslösen?
- Was könnte die Person veranlassen, so zu sein, wie sie ist?
- Wozu dient der Person deren Verhalten?

... zu Ihrer Beziehung, zur Situation:

- Wie beschreibe, erkläre und bewerte ich meine Beziehung zu dieser Person?
- Wozu dienen mir aktuell diese Bewertungen der Person und dieser Beziehung?
- Wie würde die andere Person unsere Beziehung beschreiben, erklären und bewerten?
- Wie würde eine ganz andere Person, die uns beide kennt, diese Beziehung beschreiben, erklären und bewerten?
- Was brauche ich von dieser Person, welche Interessen und Bedürfnisse habe ich in dieser Beziehung?
- Wozu treffe ich mit dieser Person zusammen? Was kann ich lernen und verstehen?

- Was könnte diese Person von mir brauchen, um sich mir gegenüber anders verhalten zu können?

- Wenn ich die eigenen Kompetenzen (fachlich und sozial) und die Kompetenzen der ausgewählten Person kurz darstelle, was fällt mir auf?

Lernfeld L4: Instrumente nutzen

(30 bis 60 Minuten und bei Bedarf.)

Stellen Sie sich vor, Sie gehen zu einem Coach, der Ihnen ein methodisches Vorgehen empfiehlt, um eines Ihrer Ziele zu erreichen. Der Coach stellt Ihnen das Instrument vor und fordert Sie auf, bis zum nächsten Mal damit täglich zu arbeiten.

Beim nächsten Treffen werden Sie Ihrem Coach sagen, dass Sie das Instrument einmal eingesetzt haben und dann nicht mehr. Bevor Sie nun zu diesem Treffen gehen, beantworten Sie die nachstehenden Fragen.

Für den Übungszweck ziehen Sie sich ein konkretes Lernfeld, ein Praxisbeispiel oder eine Entspannungsübung aus diesem Buch heran, die Sie umsetzen bzw. anwenden wollten, sie dann aber beiseitegelegt haben.

- Inwieweit ist das Instrument für Ihr Vorhaben, Ihr Ziel aus Ihrer Sicht geeignet?

- Inwieweit ist das Instrument für Ihr Vorhaben ungeeignet?

- Was hielt Sie davon ab, das Instrument anzuwenden?

- Sie haben versucht, das Instrument anzuwenden (Beginn des Umsetzungsprozesses) – wann und warum haben Sie den Prozess unterbrochen?

- Welche Widerstände können Sie erkennen, weswegen das Instrument nicht eingesetzt wurde, der Prozess ins Stocken geraten ist oder gar liegen blieb?

- Was hätten Sie vom Coach bzw. von der Autorin gebraucht, damit Sie dieses Instrument hätten anwenden können?

- Was hätten Sie selbst machen können, um das Instrument wiederholt auszuprobieren und länger anzuwenden?

- Welche Schlüsse, Konsequenzen ziehen Sie daraus für das weitere Vorgehen?

Schreiben Sie Ihre Erkenntnisse in Ihr HBF-Buch.

Was werden Sie jetzt Ihrem Coach oder der Autorin mitteilen können? Was konnten Sie bei sich selbst entdecken, was Ihnen erst durch diese Arbeit klar geworden ist?

Lernfelder des Kapitels Erfolg und Gesundheit

Lernfeld L5: Über und in meiner Welt nachdenken, meine Welt fühlen

(15 Minuten und so oft es Ihnen Freude macht)

Nehmen Sie Ihr HBF-Buch zur Hand und bearbeiten Sie folgende Fragen. Schreiben Sie, was Ihnen jetzt einfällt – es geht hier nicht um Vollständigkeit, sondern um das „In-Bewegung-Kommen" und um Freude für den Prozess zu entwickeln. Jene, die diese Überlegungen in ihrem Leben eher detaillierter vornehmen möchten, überspringen dieses Lernfeld und arbeiten mit allen kommenden Übungen. Dieses Lernfeld ist sozusagen für jene gedacht, die gerne das große Bild zuerst betrachten möchten.

- Wer möchte ich im Leben SEIN?
- Wie möchte ich leben?
- Wie fühle ich mich dabei?
- Was motiviert/bewegt mich?
- Welche Werte und Moralvorstellungen trage ich in mir und welche davon sind meine eigenen?
- Welche persönlichen Fähigkeiten und Kenntnisse habe ich und möchte ich fördern/erweitern?
- Wie will ich meinen Körper anerkennen, versorgen und pflegen?
- Worin kann ich die Anerkennung finden, die ich beruflich, privat usw. brauche?
- In welchem Beruf möchte ich tätig sein, welche Position will ich darin einnehmen? Wie fühle ich dabei? Bin ich jetzt schon im für mich richtigen Feld (bspw. aktuelle Führungsposition) und/oder auf einem guten Weg dazu?
- Mit welchen Menschen möchte ich sein?
- Was kann ich für meine Ziele leisten (zeitliche und finanzielle Ressourcen)?

Nun, damit sind Sie eingestiegen in das (Nach-)Denken und Fühlen über und in Ihrer Welt – das ist ein wunderbarer Anfang. Gratulation!

Lernfeld L6: Was will ich sein und werden?

(90 Minuten und so oft es Ihnen Freude macht, daran weiterzuarbeiten)

Nehmen Sie Ihr HBF-Buch zur Hand und widmen Sie sich dem ersten Teil Ihres agilen Erfolgsbildes: Wer wollen Sie sein?

- Wer möchte ich als Mensch sein?
- Was liebe ich? Worüber freue ich mich am meisten?
- Was bewegt/motiviert mich?
- Was energetisiert mich? Wann bzw. wobei fühle ich mich körperlich, geistig und psychisch gesund und voller Energie?
- Was schätzen andere an mir? Sie können dazu in die Rolle eines Führungskollegen oder des Partners schlüpfen und sich überlegen, was diese aus ihrer Sicht über Sie sagen würden.
- Wie möchte ich von anderen zukünftig gesehen werden?
- In welchem sozialen und sachlichen Umfeld möchte ich leben und wirken?
- Was möchte ich erreicht haben, wenn ich 30, 40, 50, 60, 70, 80, 90 ... Jahre alt bin?

Wagen Sie an dieser Stelle auch Gedanken, die mit Ihrer aktuellen Realität nichts oder wenig zu tun haben. Seien Sie für kurze Zeit in Ihrer Zukunft – gedanklich und emotional.

Nun beschreiben Sie noch Ihre aktuelle (Erfolgs-)Konstellation (Beruf, Familie, Ehrenamt, Freunde ...). Für manche ist ihre jetzige Situation eine Erfolgskonstellation, für andere nicht. Die Bewertung obliegt ausschließlich Ihnen selbst.

- Was macht Sie jetzt – hier und heute – aus? Wer sind Sie jetzt? Wie fühlen Sie sich jetzt und hier? In welchem sozialen und sachlichen Umfeld leben und wirken Sie?
- Wie werde ich zurzeit von anderen gesehen? Sie können dazu in die Rolle eines Führungskollegen oder des Partners schlüpfen und sich überlegen, was diese aus ihrer Sicht über Sie sagen würden.
- Was habe ich bereits erreicht?

Wunderbar! Lehnen Sie sich zurück, ruhen Sie sich für einige Minuten aus. In der Stille liegt viel Weisheit – vor allem die eigene.

Lernfeld L7: Orientieren und reflektieren

(60 bis 90 Minuten und bei Bedarf, eventuell regelmäßiges Controlling abhängig vom Vorhaben)

Sie schauen jetzt bspw. auf Ihren beruflichen Lebensbereich und Ihre darin gesetzten Ziele. Legen Sie sich dazu Ihre Überlegungen zu Ihrem Lebenssinn/-ziel bereit.

Beantworten Sie die nachstehenden Fragen in Ihrem HBF-Buch. Nehmen Sie wahr, welche der Fragen aus Ihrer Sicht sperrig und schwierig sind. Entscheiden Sie selbst, welche Fragen Ihnen besonders dienlich in der Analyse sind.

- Inwieweit sind Gesamtziel und Teilziele noch in meinem Sinne? Passen die Ziele noch für mich? Wenn ja, warum? Und wenn nein, warum nicht?

- In welcher Form habe ich im bisherigen Verlauf mein Vorgehen und meine Ziele reflektiert? Was habe ich konkret in der Reflexion gemacht und danach verändert?

- Welchen konkreten Veränderungsbedarf sehe ich in meinen Zielen und in meiner Zielarbeit?

- Was hat bisher gut funktioniert? Was habe ich bereits gut erledigen können?

- Was hat auf dem bisherigen Weg weniger geklappt? Was konnte ich nicht erledigen?

- Welche Emotionen, welche emotionalen Befindlichkeiten habe ich in meinen Zielen dargestellt? Wie fühle ich mich jetzt? Was wird mir damit klar?

- Wofür möchte ich mich jetzt anerkennen?

- Wer hat mich auf dem Weg unterstützt und gefördert (und macht dies eventuell jetzt nicht mehr)?

- Wodurch bzw. woran wurde mir das Stocken im Vorgehen primär bewusst?

- Was hat sich (in meinem Umfeld) verändert und beeinflusst meine Ziele bzw. meine Umsetzung?

- Welche konkreten Maßnahmen aus meinem Handlungssystem (meine Aufgaben, um das Ziel zu erreichen) führ(t)en zu Schwierigkeiten, bringen bzw. brachten den Prozess ins Stocken?

- Welches Ressourcenproblem zeigt sich?

- Was kommt mir in all dem bekannt vor? Zum Beispiel: Ich beginne immer wieder Sachen, höre aber genauso schnell wieder auf, weil ich ... (bspw. meine Aufmerksamkeit dazu kaum halten kann).

- Welche Lösungsmöglichkeiten bezogen auf die dargestellten Schwierigkeiten und Probleme habe ich bereits ausprobiert?

- Welche Lösungsmöglichkeiten fallen mir noch ein bzw. kann ich noch aufgreifen?

- Was brauche ich, damit ich weitergehen kann?

- Welche Schritte setze ich jetzt? Was wird mein erster Schritt sein, um in meinem Vorhaben voranzukommen?

- Woran kann ich erkennen, wieder auf dem „richtigen" Weg zu sein?
- Woran kann mein bester Freund, mein Partner erkennen, dass ich wieder auf meinem Weg bin?
- Wie oft nehme ich mir zukünftig Zeit für eine Reflexion meines Vorgehens? Und was werde ich dabei machen?

Lernfeld L8: Scheitern dürfen

(60 Minuten und bei Bedarf)

Suchen Sie sich einen Platz, den Sie als sehr angenehm empfinden, wo es ruhig und bequem für Sie ist. Der Rahmen ist hier von Bedeutung.

Nehmen Sie nun Ihr HBF-Buch zur Hand und beantworten Sie die Fragen:

- Darf ich scheitern? Wenn ja, warum glaube ich das von mir bzw. denke ich so? Wenn nein, warum nicht?
- Was bedeutet Scheitern für mich persönlich?

Erinnern Sie sich jetzt an eine Situation, in der Sie sich als gescheitert erlebten. In Bild 2.25 sehen Sie eine Fülle von Fragen, die Sie in der Reflexion Ihres Scheiterns in der ausgewählten Situation beantworten können.

Bild 2.25 Scheitern hinterfragen – reflektieren und gewinnen

- Wer ist gescheitert? Ich! Durfte ich in dieser Situation scheitern?
- Wer ist davon noch betroffen? Wer noch?

- Womit bin ich gescheitert (eigenes Vorhaben, einem Projekt ...)?
- Weshalb und woran bin ich konkret gescheitert (Gründe Ihres Scheiterns)?
- Wann (in welchem Lebensabschnitt) und worin (in welchem Lebensbereich/in welcher Tätigkeit als ...) bin ich gescheitert?
- Wie bin ich damit umgegangen?
- Wozu bin ich gescheitert? Was konnte ich erkennen, lernen, verändern? Worin empfinde ich nach dieser Erfahrung mehr Wertschätzung für mich?

 Lernfeld L9: Umgang mit Fehlern reflektieren

(30 Minuten und bei Bedarf)

Nehmen Sie wieder Ihr HBF-Buch zur Hand und lesen Sie diese Beispiele von teilweise recht alltäglichen Fehlern.

- Sie haben beim Einkaufen etwas vergessen.
- Sie stehen vor dem Geldautomaten und erinnern sich nicht an Ihre PIN.

Zeigen Sie jetzt auf, wie Sie in solchen Situationen mit sich selbst und mit anderen umgehen.

- Sind die angeführten Beispiele aus meiner Sicht Fehler?
- Wie rede ich bei solchen Vorkommnissen mit mir selbst?
- Was ist mein erster Impuls in solchen Situationen?
- Was würde ich in jedem Fall tun, was würde ich niemals tun – wenn mir das passiert?

Lesen Sie nun Beispiele aus dem Alltag einer Führungskraft:

- Sie warf irrtümlich einem Mitarbeiter etwas vor, der damit nichts zu tun hat.
- Sie hat ein Dokument im Büro liegen lassen.
- Sie entschied sich in einem Projekt für einen Weg, der sich als Fehlanzeige herausstellte.
- Sie erreichte in der Verhandlung mit ihrem Auftraggeber kaum etwas, obwohl dies wesentlich für den Projektfortschritt gewesen wäre.

Zeigen Sie auch in diesen Beispielen wieder auf, wie Sie in solchen Situationen mit sich selbst und mit anderen umgehen.

- Sind die angeführten Beispiele aus meiner Sicht Fehler?
- Wie rede ich bei solchen Vorkommnissen mit mir selbst?
- Was ist mein erster Impuls in solchen Situationen?

- Was würde ich in jedem Fall tun, was würde ich niemals tun – wenn mir das passiert?

Nach der Beantwortung dieser Fragen nehmen Sie sich Zeit, Ihre Antworten zu betrachten.

- Was ist mir aus diesen Beispielen klar geworden?
- Gibt es möglicherweise einen Unterschied in den aufgezeigten Beispielen? Handle ich als Führungskraft anders als in einer meiner privaten Rollen?

Wenn ja, wodurch lässt sich das erklären?

Wenn nein, wodurch lässt sich dies erklären?

Lernfelder des Kapitels Kultur und Kompetenz

 Lernfeld L10: Klar in der Rolle – nicht mehr von der Rolle

(60 Minuten und bei Bedarf)

Sie suchen sich wieder einmal einen ruhigen Ort, nehmen Ihr HBF-Buch zur Hand und schreiben Ihre Rollen auf, bspw.

- Freund,
- Nachbar,
- Sohn oder Tochter,
- der/die Sorgende für die eigene Gesundheit und das Wohlbefinden,
- Vater oder Mutter,
- Elternbeiratsmitglied,
- ehrenamtliches Mitglied des Gartenvereins,
- Führungskraft in Projekten,
- Führungskraft in der Linie.

In all diesen Rollen richten sich von außen Erwartungen an Sie und genauso eigene Erwartungen, wie Sie die Rolle zu erfüllen haben. Und in diesen Erwartungen gibt es Unterschiede und Widersprüche. Im Normalfall balancieren Sie diese Erwartungen eher unbewusst.

Widmen Sie sich jetzt einer zentralen Rolle Ihrer Wahl und beantworten Sie folgende Fragen:

- Welche Interessen und Bedürfnisse habe ich in der Rolle ...?
- Wie erlebe ich meine Grundbedürfnisse aus dem Wohlfühlraum?
- Welche Werte tragen mich in dieser Rolle? Was bewegt mich/motiviert mich?
- Was empfinde ich primär in dieser Rolle, bspw. Freude, Angst?

- Welche Gefühle nehme ich von anderen wahr, die mit mir in dieser Rolle zu tun haben können?
- Wie nahe bin ich meiner Freude in dieser Rolle? Warum fühle ich mich der Freude nahe bzw. von der Freude entfernt?
- Wie und durch was anerkenne ich mich in dieser Rolle?
- Wie anerkenne ich andere, die mit mir in dieser Rolle arbeiten bzw. leben?
- Welche Bedeutung hat für mich diese Rolle, bspw. im Zusammenhang mit meinem Lebenssinn und meinen Zielen, in meiner jetzigen Lebenssituation?
- Was erwarte ich von mir in der Rolle ... (bezüglich meines Verhaltens, meiner Handlungen, meines Erscheinens und meiner Persönlichkeit)?
- Wer (Personen, Gruppen oder Organisationen) erwartet meiner Meinung nach etwas von mir in der Rolle als ...? Schreiben Sie die Erwartungsträger konkret auf.
- Von welcher Bedeutung sind für mich diese Personen, Gruppen oder Organisationen bspw. im Zusammenhang mit meinem Lebenssinn, meinen Zielen (siehe auch Stakeholderanalyse im Kapitel 2, Seite 145 ff.)?
- Was glaube ich, erwarten jene von mir, deren Bedeutung ich hoch einschätze (von meinen Handlungen, meinem Erscheinen und meiner Persönlichkeit)?
- Warum glaube ich, erwarten diese Personen, Gruppen oder Organisationen dies von mir?
- Welche dieser Erwartungen erfülle ich, welche will und/oder kann ich keinesfalls erfüllen?
- Was bedeuten all diese Überlegungen für mich? Was werde ich ausgehend davon wann tun, was werde ich wann verändern und was davon bewahren?

 Lernfeld L11: Grenzen reflektieren

(60 Minuten und bei Bedarf)

Setzen Sie sich bequem hin. Nehmen Sie das HBF-Buch zur Hand und beantworten Sie die folgenden Fragen:

- Inwieweit kann ich in einer Runde von Topexperten meine Sichtweise einbringen? Gelingt mir das gut oder halte ich lieber den Mund?
- Gelingt es mir leicht, mich von anderen Meinungen, von herrschenden Wertvorstellungen abzugrenzen? Wenn ja, wie mache ich das? Wenn nein, was kann ich tun, damit mir die Abgrenzung gelingt?

- Kann ich Menschen, die meine persönlichen Grenzen überschreiten, dies auch zeigen? Wenn ja, wie mache ich das? Wenn nein, was kann ich tun, damit mir dies gelingt?

Bei den ersten drei Fragen können Sie dazu mit einer Skalierungsfrage (Skala von 1 bis 10) abfragen, wie gut Ihnen Abgrenzung (innen und außen) gelingt, wobei die 1 für sehr gut und die 10 für minimal steht.

- Bei wem fällt es mir leichter, Nein zu sagen – bei Familienmitgliedern, Freunden oder eher bei Menschen, die mir weniger nahe sind? Wodurch kann ich mir das erklären?

- Welchen Menschen oder Gruppen möchte ich klar sagen, dass ich etwas in Zukunft nicht mehr machen bzw. zulassen werden? Werde ich es tun? Wenn ja, wann? Wenn nein, warum nicht?

- Was lehne ich in meinem Leben, in meiner Berufstätigkeit kategorisch ab, bspw. Lügen, Unpünktlichkeit, engste Vertraute im Job usw.? Anders gefragt: Was grenze ich in meinem Leben, in meiner Berufstätigkeit aus? Wozu ist mir dies dienlich?

- Überschreite ich die Grenzen anderer? Wenn ja, wie, wodurch und warum überschreite ich die Grenzen anderer? Wenn nein, was veranlasst mich zu dieser Sicht?

- Wer wenig auf seine Grenzen achtet und darunter leidet, den grenzen andere von sich ab. Was ist meine Erfahrung dazu – beruflich und privat?

4.3 Projektbeispiele auf einen Blick

Projektbeispiele des Kapitels Projekt- und Linienführung

 Projektbeispiel P1: Im Projektmeeting beobachten

(15 bis 30 Minuten und so oft wie möglich.)

Nehmen Sie Ihren Kalender zur Hand und suchen Sie sich ein Projektmeeting, in dem ein anderer als Sie selbst die Hauptrolle als Projektauftraggeber oder -leiter spielt – für Übungszwecke ist dies anfangs geeigneter. Sie können so leichter einen Teil Ihrer Aufmerksamkeit für die bewusste Beobachtung im Meeting abziehen.

Ihre Aufmerksamkeit ist ebenso beim üblichen oder normalen Arbeitsauftrag im Meeting. Unter Umständen sprechen Sie weniger oft wie sonst üblich zu einzelnen Tagesordnungspunkten. Bleiben Sie bei einer ausgewogenen Selbstpräsentation, selbst wenn Sie Ihr Tempo reduzieren, d. h., Sie bleiben mitten im Geschehen. Sie stellen sich für den Beobachtungsauftrag in keine Ecke des Raumes.

Im Vorfeld des Meetings notieren Sie sich in Ihrem HBF-Buch Ihre An-nahmen zum Projekt, zu den darin agierenden Personen, insbesondere zum Team, zur Organisation als Ganzes, zum Projektstand und zu Ih-nen selbst in diesem Projekt.

In der konkreten Sitzung beobachten Sie:

- sich selbst (Ihr Verhalten, Ihr Handeln, Ihr Denken, Ihre Emotionen, Ihren Körper),

- die Menschen im Meeting (deren Verhalten und Handeln, deren ver-balen und nonverbalen Ausdruck wie die Körpersprache, Gesprächs-inhalte, Kleidung ...),

- die Art und Weise, wie kommuniziert wird (Wer führt, dominiert, „ver-lässt" Gespräche – in welcher Form? Wie werden Entscheidungen getroffen? ...),

- das räumliche Umfeld (Sitzordnung, Ausstattung Sitzungszimmer ...),

- die Gerüche im Raum.

Fragen Sie sich in spannenden Situationen, warum jemand so handelt, wie er handelt.

Auf allen Ebenen ist es interessant, Veränderungen (nach Interventio-nen) wahrzunehmen. So ändern sich bspw. die Gerüche während eines „normalen" Statusmeetings anders als bei einem Meeting in einer Pro-jektkrise.

Mitarbeiter verändern ihr Verhalten, wenn ein Machtwort gesprochen wird, interessant ist wieder, wie sie das tun.

Sofern es Ihnen während des Meetings möglich ist, machen Sie sich Notizen in Ihrem HBF-Buch oder auf ein leeres Blatt.

Wenn das unmöglich ist, schreiben Sie unmittelbar nach dem Meeting Ihre zentralen Beobachtungen auf.

Dazu können Sie den Satz „Ich habe heute erstmals beobachten kön-nen ..." vollenden.

Wenn Sie sich etwas mehr Zeit nehmen möchten, schreiben Sie alles auf, was Ihnen aufgefallen ist, was Ihnen dazu einfällt, was das Ganze in Ihnen bewegt und warum es Sie bewegt.

Projektbeispiel P2: Offen und neugierig handeln

(15 Minuten und so oft wie möglich.)

Nehmen Sie wieder Ihr vertrautes HBF-Buch zur Hand und stellen Sie sich folgende Situation vor.

Sie sind aufgefordert, Ihr Projekt vor dem Auftraggeber (bspw. dem Steuerkreis) zu präsentieren. Es ist für Sie von Bedeutung, dass in dieser Runde verstanden wird, wie dringend weitere Ressourcen benötigt werden, die Entscheidung muss positiv für eine Erweiterung ausfallen. Sie präsentieren Vorschläge, wie das Problem zu lösen ist.

Während Ihrer Darstellung schaut ein Mitglied des Steuerkreises wiederholt auf die Uhr. Er hebt recht offensichtlich seinen Arm und betrachtet seine Uhr – es fällt jedem im Raum auf.

Schritt 1: Was fällt Ihnen ganz spontan ein? Schreiben Sie Ihre Spontanbemerkungen in Ihr Buch. Sind Sie erstaunt über das, was Sie da geschrieben haben? Wenn ja, was erstaunt Sie konkret?

Etiketten, die jemand bspw. in diesem Kontext vergeben kann, sind:

- So ein Ignorant.
- Der ist ja schrecklich, dieser Wichtigtuer.
- Der hat ja überhaupt keine Vorstellung davon, wie wir uns im Projekt abhetzen.
- Der boykottiert mich.
- Der möchte meine Position als Projektleiter angreifen.
- Der will mich bloß testen.
- Der passt auf, wie ich meine angekündigte Zeit einhalte.
- Ich langweile ihn.
- Der mag mich nicht.

Machen Sie sich Ihre Gedanken bzw. Ihre voreingestellte Beobachtung bewusst.

Schritt 2: Stellen Sie sich selbst Fragen zu Ihren Bewertungen dieser Situation. Schreiben Sie sich Ihre Fragen, die Ihnen einfallen, in Ihr Buch.

Übergeordnetes Ziel ist es, rasch eine adäquate Handlung in der konkreten Situation zu finden. Sie können ja schlecht sagen: „Hören Sie damit auf!" Oder die innere Haltung „Der Ignorant nervt tierisch" bringt Sie in der Regel kaum weiter.

Beispielhafte Fragestellungen (siehe auch die potenziellen Fragestellungen aus dem vorangegangenen Lernfeld)

... zur eigenen Person:

- Welche Emotionen nehme ich in mir wahr? Werde ich aggressiv? Werde ich unsicher? Fühle ich mich stark irritiert?
- Wie nehme ich mich körperlich wahr? Wo verspanne ich mich?
- Inwieweit stört er meine Konzentration?
- Wie nehme ich die anderen Mitglieder des Steuerkreises wahr? Kann ich überhaupt noch jemand außer diesen einen wahrnehmen?

- Woran erinnert mich dieser Mensch (das passiert mir öfters, wenn ...)?
- Was kann ich für mich tun, damit er mich damit weniger verunsichert, aggressiv macht ...?

... zur anderen Person:

- Welche Rolle spielt diese Person in meinem Projekt (Bedeutung für mein Projekt?)
- Wozu dient der Person ihr Verhalten?

... zur Beziehung/zur Situation:

- Was könnte ihn veranlassen, während meiner Präsentation so zu agieren?
- Was glaube ich, was dieses Mitglied des Steuerkreises braucht?
- Was kann ich tun, damit die Person unter Umständen ihr Verhalten ändern kann?
- Wie würde ein weiterer Teilnehmer die aktuelle Situation im Steuerkreis beschreiben?
- Wozu dient mir bzw. den anwesenden Personen diese Situation?

... allgemein zu den potenziellen Fragestellungen:

- Welche dieser Fragen sind für mich besonders relevant? Es ist gut zu wissen, was Sie besonders bewegt, ebenso wie das, was Sie eben nicht bzw. wenig bewegt.
- Welche Fragen habe ich mir überhaupt nicht gestellt? Welche Fragen sind mir noch eingefallen?

Eine offene Haltung in der Beantwortung Ihren Fragen ist dienlich. Stellen Sie daher die Fragen in Ihren eigenen Worten und lassen Sie sich von Ihren Antworten selbst überraschen.

Schritt 3:

Was werden Sie in der Sitzung tun?

Möglicherweise wählen Sie in der konkreten Situation diese Schritte – Beispiele:

- Sie unterbrechen Ihre Ausführungen und schauen das Mitglied des Steuerkreises an.
- Sie nutzen genau dieses Argument, „ausgedrückt in der Handlung, auf die Uhr zu sehen", als Grundlage für Ihr Ressourcenproblem.
- Sie sagen der Person, dass Sie den Blick auf die Uhr sehen und gerne wissen möchten, ob dies in Zusammenhang mit Ihren Ausführungen steht. Wenn ja, was Sie für ihn tun können.

Unabhängig davon, was Sie zu hören bekommen, mit der Antwort der Person wird die Störung zu einer Information und das ist das Zentrale in diesem Vorgehen.

Jetzt werden Sie unter Umständen sagen: Was mache ich dann im Echtfall. Ich habe doch keine Zeit, diese Fragen zu stellen, geschweige denn zu beantworten.

Ja, so ist es. Wenn Sie allerdings oftmals Übungssituationen, wie bspw. Praxisbeispiel P1, Übung Ü1, Lernfeld L3, dazu nutzen, Ihre Beobachtungen zu hinterfragen, zu reflektieren, werden Sie in Situationen, wie in diesem Beispiel, in eine volle Tasche von Unterschieden greifen können – einfach weil Sie in Summe differenzierter beobachten gelernt haben.

Projektbeispiel P3: Projektstrukturplan im Team erstellen

Erstellen eines Projektstrukturplans

Der Projektstrukturplan beantwortet die Frage: *„Was ist zu tun, um die Projektziele zu erreichen?"*

Wenn der Projektstrukturplan vorliegt, fragen Sie: *„Ist dieser Projektstrukturplan geeignet, die Projektziele zu erreichen?"*

Mit dem vorgeschlagenen, methodischen Vorgehen schaffen Sie sich

- Ihren Projektstrukturplan zur Erreichung Ihrer Ziele/Ihrer Vision,
- die Basis für Ihre weiteren Pläne (insbesondere Termine, Kosten, Ressourcen),
- die Möglichkeit, die zeitlich und fachlich adäquate Besetzung im Team nochmals zu überprüfen,
- wertvolle Informationen über Ihre Teammitglieder und deren Zusammenarbeit sowie
- erste, kulturstiftende Aspekte der Zusammenarbeit im Team.

Methode: Schritt für Schritt Ihr Team und das Projekt kennenlernen

Sie haben in Ihrem Team die Projektdefinition mit den entsprechenden vereinbarten Projektzielen geschaffen. Auf dieser Basis erstellen Sie jetzt den Projektstrukturplan mit der „sticky step method" (Quelle: Pentacle School, London). Diese Methode eignet sich besonders für offene und halb offene Projekte.

Zeiteinsatz/Mitwirkende

- Abhängig von der Komplexität des Projektes drei bis vier Stunden im Team.
- Projektteam und eventuell zentrale Stakeholder, maximal acht Mitwirkende.

Die ideale Größe von Teams, dies sind vier bis acht Personen, ist für den Umgang mit dieser Methode relevant und von daher einzuhalten.

Moderationsmaterial

- Zwei Pinnwände mit Papier beidseitig bespannt,

- einen Flipchart-Stift (Keil ein bis fünf Millimeter) je Teammitglied bzw. Mitwirkenden,

- zehn Blöcke Haftnotizen der Größe ca. 76 mal 127 Millimeter,

- 100 rechteckige Moderationskarten, mindestens zwei verschiedene Farben, wobei von einer Farbe mindestens 80 % sind, bspw. 80 Stück gelb und 20 Stück blau,

- Kreppklebeband.

Ihr persönliches HBF-Buch

Tragen Sie nach dem Prozess Ihre wesentlichen Erkenntnisse in Ihr HBF-Buch ein.

Während des Prozesses wird dies nicht empfohlen, da Sie sich auf die Menschen und den Auftrag konzentrieren und dies Ihre Aufmerksamkeit vollständig braucht. Für Ihre Aufzeichnungen dienen Ihnen die Fragen, welche

- zu den konkreten Aufgaben unter dem Punkt „Beobachten und zuhören in Aufgabe ..." und

- unter „Informationen aus dem methodischen Vorgehen nutzen" am Ende der Darstellung des Projektbeispiels abgebildet werden.

Anleitung zur Erstellung eines Projektstrukturplans im Team

Sie stellen im Team nacheinander vier Aufgaben vor und werden diese dann gemeinsam umsetzen.

Aufgabe 1: Sammlung von Aufgaben im Projekt

Dazu erhält jeder Beteiligte einen Haftnotizblock und einen Flipchart-Stift. Der Projektleiter bittet – in Einzelarbeit und ohne Gespräche (Stille!) –, die folgende Frage zu beantworten: „Was haben wir zu tun bzw. was habe ich zu tun, um unsere Projektziele zu erreichen?" Die gemeinsamen Projektziele sind für alle sichtbar im Raum aufgehängt.

Die Beteiligten notieren jede Aufgabe, die Ihnen einfällt, auf je eine Haftnotiz – ob groß oder klein, das spielt keine Rolle. Sie wissen, dass alle Handlungen im Projekt Zeit brauchen und Kosten verursachen.

Die einzelne Aufgabe ist leserlich mit dicken Flipchart-Stiften zu schreiben. Da es sich um Aufgaben handelt, werden Verben verwendet, bspw. „Marktforschung Software planen".

Hinweise für Projektleiter in der Umsetzung: Lassen Sie die Teammitglieder in Ruhe schreiben, der Fluss hört von selbst auf. Es ist still im Raum. Selbstverständlich schreiben Sie als Projektleiter mit, Sie haben sicherlich eine Vorstellung von dem, was alles zu tun ist.

Beobachten und zuhören in Aufgabe 1

Was können Sie beobachten? Beispiele:

- In welchem Tempo schreibt jeder Einzelne?
- Welches Tempo haben Sie selbst?
- Arbeitet das einzelne Teammitglied mit der Aufmerksamkeit bei sich selbst (Augen auf den Block) oder schaut es sich während seiner Arbeit im Umfeld häufiger um?
- Tut es sich beim Einstieg in diese Aufgabenstellung leicht, d. h., legt es ohne Zögern los oder vergeht einige Zeit, bis es ins Schreiben kommt? Wie ist das bei Ihnen selbst?
- Beobachten Sie Ihre eigenen Bewertungen dazu – was geht in Ihnen vor, wenn Sie den Menschen und Ihnen selbst bei diesem Schritt zusehen?

Vom Tempo des Einzelnen oder von der Anzahl der Zettel des Einzelnen auf die Qualität seiner Arbeit und den Leistungseinsatz zu schließen, ist unklug. Auch wenn ein Teammitglied in dieser Aufgabenstellung nur auf seine Notizen schaut, sagt das kaum etwas über die Konzentration und Kommunikationsfähigkeit des Menschen insgesamt.

Interessant ist an dieser Stelle, wie Sie selbst zu diesen Bewertungen kommen? Was hat das mit Ihnen zu tun?

Aufgabe 2: Vorstellen der Projektaufgaben (der Haftnotizen)

Die Haftnotizen werden anschließend auf eine weiße Wand oder an Pinnwände geklebt. Jeder Einzelne hat dabei die Aufgabe, seine Zettel selbst an die Wand zu bringen.

Hinweise für Projektleiter in der Umsetzung: Leiten Sie diesen Schritt ein und treten Sie dann wieder ein Stück zurück. Wenn alle sitzen, dann setzen Sie sich ebenso auf Ihren Stuhl. Es steht jenes Teammitglied, das aktuell seine Aufgaben präsentiert.

Beobachten und zuhören in Aufgabe 2

Was können Sie beobachten? Beispiele:

- Kleben die Teammitglieder ihre Haftnotizen an die Wand mit oder ohne Bezug zu anderen Beiträgen? Wie machen Sie es selbst?
- Kleben die Teammitglieder die Zettel anderer um – mit oder ohne die anderen zu fragen? Was machen Sie selbst?
- Wie sicher trägt das Teammitglied seine Aufgaben vor (Verwendung von Konjunktiven, vielleicht, möglicherweise ...)? Wie sicher nehmen Sie sich selbst wahr?
- Wer geht mit wem wiederholt in Beziehung und wozu?

- Wie oft fordert der Einzelne Bestätigung von den anderen Teammitgliedern, bevor er die Aufgabe zu den anderen dazuhängt? Wie ist das bei Ihnen?

- Wie viel Kontakt nimmt der Klebende mit den anderen Teammitgliedern, mit dem Projektleiter auf? Konzentriert er den Kontakt auf jemand Bestimmten? Wie viel Kontakt nehmen Sie auf?

- Was hat der Einzelne konkret geschrieben – sind es eher kleine Schritte oder große Aufgabenstellungen? Wie sehen Ihre Handlungen aus?

- Was geht in Ihnen als Projektleiter vor, was fühlen Sie, wenn Sie die Menschen in ihrem Tun beobachten?

Nehmen Sie bewusst Ihre Bewertungen wahr. So ist bspw. die Bestätigung von anderen zu fordern nichts per se Negatives. Schließen Sie keinesfalls automatisch auf Unsicherheit. Es sind Informationen für Sie, die Sie nach und nach im Kontext der Zusammenarbeit weiter beobachten können. Zur Erinnerung: Zwischen Bewerten und Verwerten liegt ein Unterschied.

Wenn Sie dazu tendieren, sehr schnell Schlüsse zu ziehen, fragen Sie sich ebenso, wie Sie dazu kommen und warum Sie dies tun? Was würde ein anderer in der gleichen Situation beobachten?

Aufgabe 3: Analyse der Beziehungen – was ist Teil wovon?

Sie beginnen gemeinsam die Haftnotizen zu ordnen. Notizen werden dann rausgeworfen oder zerrissen, wenn es sich um exakt identische Darstellungen handelt.

Sie können auf einer Extra-Pinnwand jene Zettel sammeln, die erst später klar zuzuordnen sind.

Ist eine Aufgabenstellung mehrfach zuzuordnen, ist eine weitere Haftnotiz mit der gleichen Aufgabenstellung zu erstellen.

In der Praxis sind Aufgabe 2 und 3 eng verknüpft, bei der Aufgabe 2 ist vor allem darauf zu achten, dass alle Haftnotizen an die Wand kommen, bevor größere Diskussionen über Zuordnungen beginnen.

Hinweise für Projektleiter in der Umsetzung: Alle stehen bei dieser dritten Aufgabenstellung an der Wand, auf der die Haftnotizen kleben. Die Stühle werden zurückgerückt. Als Projektleiter stehen Sie zumeist ein Stück weiter hinten – so können Sie Ihr Team wahrnehmen. In dieser Aufgabenstellung ist Ihre Führung bedeutsam, damit alle gleichermaßen mitwirken können. An manchen Stellen werden Sie ein Teammitglied, das „abgedrängt" wurde oder sich im Prozess zurückzieht, unterstützen, im Prozess aktiv zu bleiben. Können Sie jemand nicht gewinnen, ist das eine Information, die Ihnen unter Umständen schon jetzt verständlich ist oder erst später klar wird.

Beobachten und zuhören in Aufgabe 3

Was können Sie beobachten? Beispiele:

- Wer ist ganz vorne an der Pinnwand – wie lange?
- Wer ist vorne und ordnet?
- Wer ist vorne und lässt ordnen? Woran mache ich das fest?
- Wer lässt wem wie viel Platz?
- Wer hört anderen gut zu? Woran mache ich das fest?
- Wer verhält sich wie in Diskussionen, wenn es unterschiedliche Ansichten in der Schaffung von Ordnung gibt?
- Wer fängt wie an, das Team zu führen?
- Wie geht es Ihnen persönlich in der Beobachtung? Können Sie ruhig bleiben oder fühlen Sie einen Drang in sich, ganz nach vorne zu „müssen"?
- Wie fühlen Sie sich?

Versuchen Sie regelmäßig, wenn es Sie nach vorne zieht, den Schritt nach hinten zu gehen und zu beobachten. Sie sind aufgefordert in Ihre inhaltliche Arbeit zu gehen UND zu führen. Und keine Angst, das Projekt läuft kaum aus dem Ruder, wenn Sie mehr beobachten als ständig das zu tun, was eigentlich andere erledigen können.

Beobachten Sie wieder sich selbst!

Aufgabe 4: Projektstruktur schaffen

Diese Aufgabe enthält zwei wesentliche Aspekte, die zur Nachvollziehbarkeit der Methode einzeln dargestellt werden, in der Umsetzung gemeinsam erledigt werden.

Aufgabe 4 a: Aufbau und Zusammensetzung einer Projektstruktur

Sie schaffen jetzt eine Projektstruktur in Form einer Baumstruktur. Es werden die zweite Ebene und die darunter liegende dritte Ebene der Arbeitspakete, d. h. plan- und kontrollierbare Teilaufgaben, aufgestellt.

Durch die Analyse der Beziehungen (Aufgabe 3) werden erste Überschriften geschaffen, die entweder die zweite oder dritte Ebene des Projektstrukturplans darstellen (Bild 1.11). Das wird jetzt geklärt und die Überschriften (= Bezeichnungen auf der zweiten Ebene und der Arbeitspakete) werden konkretisiert.

Nutzen Sie dazu die Moderationskarten, die noch bereitliegen. Sie können bspw. mit blauen Karten die zweite Ebene darstellen und mit gelben Karten die dritte Ebene, jene der Arbeitspakete.

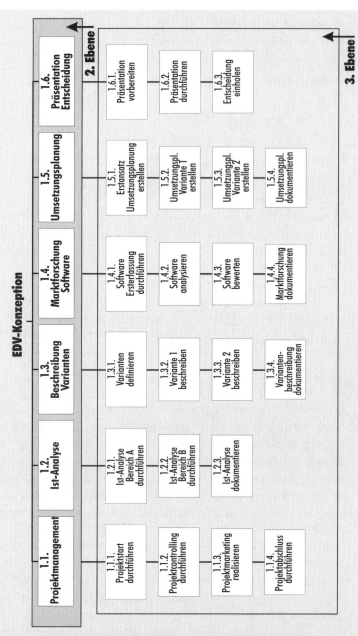

EDV-Konzeption

| 1.1. Projektmanagement | 1.2. Ist-Analyse | 1.3. Beschreibung Varianten | 1.4. Marktforschung Software | 1.5. Umsetzungsplanung | 1.6. Präsentation Entscheidung |

2. Ebene

1.1.1. Projektstart durchführen / 1.2.1. Ist-Analyse Bereich A durchführen / 1.3.1. Varianten definieren / 1.4.1. Software Ersterfassung durchführen / 1.5.1. Erstansatz Umsetzungsplanung erstellen / 1.6.1. Präsentation vorbereiten

1.1.2. Projektcontrolling durchführen / 1.2.2. Ist-Analyse Bereich B durchführen / 1.3.2. Variante 1 beschreiben / 1.4.2. Software analysieren / 1.5.2. Umsetzungspl. Variante 1 erstellen / 1.6.2. Präsentation durchführen

1.1.3. Projektmarketing realisieren / 1.2.3. Ist-Analyse dokumentieren / 1.3.3. Variante 2 beschreiben / 1.4.3. Software bewerten / 1.5.3. Umsetzungspl. Variante 2 erstellen / 1.6.3. Entscheidung einholen

1.1.4. Projektabschluss durchführen / 1.3.4. Variantenbeschreibung dokumentieren / 1.4.4. Marktforschung dokumentieren / 1.5.4. Umsetzungspl. dokumentieren

3. Ebene

Bild 1.11 Projektstrukturplan (PSP)

Die erarbeiteten Haftnotizen werden im Verlauf hinter den gelben Moderationskarten sozusagen verschwinden und dürfen keinesfalls weggeworfen werden. Die Haftnotizen bilden Details (Teilaufgaben) innerhalb eines Arbeitspaketes ab, von denen ausgehend der spätere Arbeitspaketverantwortliche Inhalte und Ziele seines Paketes weiterentwickelt.

Aufgabe 4 b: Ergänzung von fehlenden Projektteilen und Streichung von Doppelformulierungen (Vorsicht, streichen Sie ausschließlich identische Handlungen!)

An dieser Stelle werden noch die Haftnotizen, die Sie etwas abseits gesammelt haben, in die Struktur eingefügt oder in gemeinsamer Entscheidung fallen gelassen. Eventuell kann sich durch die ein oder andere Haftnotiz noch ein Ziel verändern und/oder ein Nichtziel ergeben!

Hinweis für Projektleiter in der Umsetzung: Es gilt das Gleiche, was die Rolle des Projektleiters betrifft, wie in der Aufgabenstellung 3.

Beobachten und zuhören in Aufgabe 4

Die Fragen unter Aufgabe 3 sind ebenso hier dienlich.

Mit diesem Vorgehen haben Sie nun einen Erstansatz des Projektstrukturplans geschaffen, auf den das Team weiterführend aufbauen kann. Fotografieren Sie in jedem Fall das an der Wand erstellte Ergebnis und pflegen Sie dann Ihre Projektstruktur bzw. Vorgangsliste in eine entsprechende (Projektmanagement-)Software ein.

Projektbeispiele des Kapitels Erfolg und Gesundheit

Projektbeispiel P4: Berufliche Vision/Mission klären

(60 bis 90 Minuten und bei Bedarf)

Legen Sie sich Ihr HBF-Buch zurecht und schreiben Sie im Anschluss auf, was für Sie von Bedeutung in diesem Beispiel war.

Wählen Sie einen Raum, in dem Sie sich wohlfühlen und in dem Sie drei verschiedene, bequeme Sitzgelegenheiten für sich nutzen können. Eine Sitzgelegenheit repräsentiert Ihre berufliche Gegenwart, der zweite Sitzplatz steht für Ihre berufliche Zukunft und der dritte Platz ist sozusagen der neutrale Platz. Treffen Sie im Vorfeld die Entscheidung, welcher Platz was darstellt, und beginnen Sie auf dem neutralen Platz. Lesen Sie in Ruhe die Aufgabenstellung durch und dann legen Sie das Buch weg.

Wechseln Sie jetzt auf den Platz der Gegenwart.

- Sie sitzen bequem in ruhiger und angenehmer Atmosphäre auf Ihrem Platz der Gegenwart, Ihre Augen sind geschlossen.

Sie betreten in Ihrer Vorstellung Ihren Berufsraum. Atmen Sie entspannt und lassen Sie sich überraschen. Schauen Sie, wo sich Ihr Raum befindet, welche Personen auftauchen, wie Sie sich dort fühlen. Beobachten Sie genau: Ist es dort laut oder leise, bunt oder farblos? Schauen Sie, wie die Stimmung in diesem beruflichen Gegenwartsraum ist, welche Rolle Sie in diesem Raum spielen und was Sie da tun. Sehen Sie, was Ihnen da wichtig ist, wozu Sie da sind und was Sie hier antreibt und motiviert.

Bleiben Sie in diesem Raum, bis Sie fühlen, Sie konnten ein gutes Bild von Ihrem Gegenwartsraum gewinnen.

Anmerkung: Sie nehmen Ihre derzeitige berufliche Situation unter Umständen verändert wahr. Die Informationen darin werden Ihnen allerdings dienlich sein.

Wechseln Sie jetzt zum Platz Ihrer beruflichen Zukunft.

▪ Sie sitzen bequem in entspannter Atmosphäre auf Ihrem Platz der Zukunft, Ihre Augen sind geschlossen.

Sie betreten Ihren zukünftigen Berufsraum. Lassen Sie sich Zeit, sich dort einzufinden, nehmen Sie eine offene Haltung ein. Atmen Sie entspannt und lassen Sie sich überraschen. Beobachten Sie auch hier genau. Schauen Sie, wo sich Ihr Raum befindet, welche Personen auftauchen, wie Sie sich dort fühlen. Was ist Ihnen dort wichtig? Wozu sind Sie dort? Was machen Sie dort? Was treibt Sie an, was motiviert Sie?

Bleiben Sie in diesem Raum, bis Sie ein gutes Bild von Ihrem Raum der Zukunft haben.

Verlassen Sie nun auch wieder Ihren Zukunftsraum. Setzen Sie sich auf Ihren neutralen Platz und entspannen Sie sich noch einige Minuten. Atmen Sie ohne jede Anstrengung.

Nehmen Sie dann Ihr HBF-Buch zur Hand und schreiben Sie auf, was in Ihnen jetzt aus dieser Arbeit nachwirkt.

Projektbeispiel P5: Kompetenzziele in der Projektführung klären

(60 Minuten und 30 Minuten am nächsten Tag; regelmäßiges Controlling 60 Minuten bspw. alle zwölf Wochen)

Der Projektleiter weiß bereits, wie unterschiedlich und widersprüchlich Linien- und Projektführung sind. Teamführung ist ein wesentliches Handlungsfeld des Projektleiters. Er möchte vor dem Weg zur Personalabteilung eigene Überlegungen zu seinem Kompetenzentwicklungsbedarf anstellen.

Er beginnt selbst darüber nachzudenken, seine Gefühle wahrzunehmen und sich Ziele zu stecken.

Der Projektleiter definiert ein Gesamtziel:

Ich habe meine Kompetenz in der Teamführung bis zum MM.JJ auf 70 % erhöht. Ich fühle mich im Umgang mit Teams sicher und kompetent.

Der Projektleiter schätzt bei einer Spontanabfrage seiner Teamführungskompetenz diese auf 35 % ein – auf einer Skala von 0 % bis 100 %. Er möchte innerhalb von 18 Monaten auf das Doppelte zulegen. Aus seiner Sicht fehlen ihm vor allem Fachwissen auf diesem Gebiet sowie eine entsprechende Selbstreflexion über sein Teamverhalten.

Jetzt stellt sich die Frage für ihn: Wann mache ich was bis wann mit welchem Qualitätsanspruch?

Die Antworten führen zu Teilzielen, die die Thematik eingrenzen, bis hin zu den operativen Zielen, die in der Umsetzung die Ergebnisse einzelner Schritte aufzeigen.

TEILZIELE:

- Ich habe mir Wissen über Moderation und deren Tools in einem Training angeeignet – bis MM.JJ.
- Ich habe ein Verständnis von Gruppendynamik und von mir selbst in Teams erworben – bis MM.JJ.
- Ein Teamcoaching in der weiteren Durchführungs- und Abschlussphase im aktuellen Projekt durch einen Experten wurde bis MM.JJ genehmigt.
- Ich habe weitere Zugänge der Kompetenzentwicklung mit ... geklärt – bis MM.JJ.

OPERATIVE Ziele:

Der Projektleiter wird nun konkrete Handlungen aus den Teilzielen ableiten und sich bei seinen Einzelschritten entsprechende Ziele setzen.

- Ich habe ein Gespräch mit der Personalabteilung geführt – bis MM.JJ.
- Ich habe die Form der Aneignung von Wissen über Moderationstools und Gruppendynamik entschieden – bis MM.JJ.

Projektbeispiel P6: Stakeholderanalyse erstellen

(60 bis 90 Minuten und regelmäßiges Controlling abhängig vom Vorhaben)

Lesen Sie die gesamte Aufgabenstellung sowie die anschließende Ausführung zu den Darstellungsmöglichkeiten durch. Entscheiden Sie, ob Sie die Darstellung grafisch oder tabellarisch vornehmen möchten, nehmen Sie Ihr HBF-Buch zur Hand und beginnen Sie mit Schritt 1.

Schritt 1 – Wählen Sie eines Ihrer konkreten Vorhaben aus

Geben Sie Ihrem Vorhaben einen Namen. Beispiele: Bereichsleiter 2013; Teamführung sicher und kompetent; Gesund in 60 Tagen; Rauchfrei in 50 Tagen; Selbstbewusster sein.

Wenn Sie für die grafische Darstellung mit einer Pinnwand arbeiten, tragen Sie in der Mitte den Namen Ihres Vorhabens ein. Sie finden im Anschluss Abbildungen von grafischen Möglichkeiten.

Schritt 2 – Sammeln Sie Ihre Stakeholder

Schreiben Sie alle Stakeholder (soziale Umwelt: Personen, Gruppen, Organisationen) auf, die auf Ihr Vorhaben wirken bzw. auf die Sie mit Ihrem Vorhaben wirken. Fragen Sie sich, wer Ihnen für Ihr Vorhaben nützlich sein kann und wer Ihnen eventuell im Weg steht. Stakeholder sind auch Ihr Partner und Ihre Familie. Bündeln Sie nicht unter Sammelbegriffen wie bspw. Familie, stellen Sie diese einzeln dar, denn einzelne Familienmitglieder bringen unterschiedliche Erwartungen mit. So sind ebenso Mitarbeitergruppen aufzulösen, wenn die Bedeutung Einzelner unterschiedlich ausfällt.

Schritt 3 – Bewerten Sie die Stakeholder anhand von drei Überlegungen

Sie bewerten dazu die

- Bedeutung einzelner Stakeholder: Macht und Einfluss auf Ihr Vorhaben bzw. auf Ihre Ziele im Vorhaben;

- Distanz einzelner Stakeholder zu Ihrem Vorhaben: Intensität der Interaktion (Kommunikation, Information, Beteiligung einzelner Stakeholder) während des Verlaufes;

- Einstellung einzelner Stakeholder zu Ihrem Vorhaben: positiv, negativ, ablehnend. *Schritt 2 – Sammeln Sie Ihre Stakeholder*

Schreiben Sie alle Stakeholder (soziale Umwelt: Personen, Gruppen, Organisationen) auf, die auf Ihr Vorhaben wirken bzw. auf die Sie mit Ihrem Vorhaben wirken. Fragen Sie sich, wer Ihnen für Ihr Vorhaben nützlich sein kann und wer Ihnen eventuell im Weg steht. Stakeholder sind auch Ihr Partner und Ihre Familie. Bündeln Sie nicht unter Sammelbegriffen wie bspw. Familie, stellen Sie diese einzeln dar, denn einzelne Familienmitglieder bringen unterschiedliche Erwartungen mit. So sind ebenso Mitarbeitergruppen aufzulösen, wenn die Bedeutung Einzelner unterschiedlich ausfällt.

Schritt 3 – Bewerten Sie die Stakeholder anhand von drei Überlegungen

Sie bewerten dazu die

- Bedeutung einzelner Stakeholder: Macht und Einfluss auf Ihr Vorhaben bzw. auf Ihre Ziele im Vorhaben;

- Distanz einzelner Stakeholder zu Ihrem Vorhaben: Intensität der Interaktion (Kommunikation, Information, Beteiligung einzelner Stakeholder) während des Verlaufes;

- Einstellung einzelner Stakeholder zu Ihrem Vorhaben: positiv, negativ, ablehnend.

Entsprechend Ihrer gewählten Form der Darstellung stellen Sie Ihre Ergebnisse unterschiedlich dar.

In einer Tabelle bewerten Sie

- die Bedeutung auf einer Punkteskala von 1 bis 5 (1 für sehr bedeutsam und 5 für eine geringe Bedeutung),

- die Distanz auf einer Punkteskala von 1 bis 5 (1 für eine hohe Intensität der Interaktion und 5 für eine geringe Intensität),
- die Einstellung mit (p) positiv, (n) neutral und (a) ablehnend.

In einer Grafik (Bild 2.22) können Sie die Bewertungen folgendermaßen darstellen:

- Bedeutung: mit unterschiedlicher Pfeilstärke, wobei ein dicker Pfeil eine hohe Bedeutung eines Stakeholders ausdrückt und ein dünner Pfeil eine geringe Bedeutung. Sie können die Bedeutung auch mit unterschiedlichen Kreisgrößen darstellen.
- Distanz (Intensität der Interaktion): Mit unterschiedlichen Pfeillängen – ein kurzer Pfeil weist auf eine hohe Intensität der Interaktion und ein langer Pfeil auf eine geringe Intensität.
- Einstellungen: mit unterschiedlichen Farben – grün für positiv, gelb für neutral und blau für ablehnend.
- Sie können bei Bedarf nur den positiven und negativen Einfluss einzelner Stakeholder grafisch darstellen (Bild 2.23).

Schritt 4 – Erwartungsklärung

Bei Bedarf nehmen Sie eine Analyse der Erwartungen (Was erwarten Sie vom jeweiligen Stakeholder?) und der Erwartungs-Erwartungen (Was glauben Sie, erwarten die Stakeholder von Ihnen?) vor.

Schritt 5 – Kommunikation/Information/Beteiligung

Sie gestalten im letzten Schritt Ihr Beziehungsmanagement entsprechend den Ergebnissen der Analyse. Sie legen Kommunikations-/Informations- und Beteiligungsstrukturen und -prozesse fest, bspw. regelmäßige Gespräche mit einem Stakeholder, Information per Mail, Teilnahme an Veranstaltungen.

Projektbeispiel P7: Woran können wir scheitern?

(60 bis 90 Minuten und regelmäßiges Controlling abhängig vom Vorhaben)

Im Team wurde die Projektdefinition vorgenommen und entsprechend die Projektziele gemeinsam erarbeitet. Ihre Teammitglieder fühlen sich durch den Erfolgs- bzw. Zielbildungsprozess schon einigermaßen gleich gut im Boot.

In der Projektpraxis setzen Sie nun als Projektleiter den nächsten Schritt und fragen Ihr Team mit einer Einleitung wie bspw.: Wir verfügen nun über gemeinsam Ziele.

- Welche Überraschungen kann es im Projektverlauf geben?
- Woran können wir scheitern?

Jeder ist nun aufgefordert zu sagen, was ihm einfällt. Sie sammeln die Beiträge, ohne diese zu kommentieren – weder von Ihnen als Projektleiter noch von einem Teammitglied.

Erst in einem weiteren Schritt werden die Beiträge kritisch betrachtet.

Sie können die Beiträge mit Eintrittswahrscheinlichkeit und Tragweite für das Projekt bewerten auf einer Skala von 1 bis 5, wobei 1 eine hohe Eintrittswahrscheinlichkeit (EW) bzw. große Tragweite (TW) und 5 eine niedrige EW und geringe TW ausdrückt.

Die gleiche Frage stellen Sie übrigens wieder, nachdem Sie mit Ihren Beteiligten den Projektstrukturplan erstellt haben.

- Vor uns liegt unser gemeinsam erstellter Projektstrukturplan, die Fragen nach Überraschungen und Gründen für ein Scheitern stellen sich erneut.

Sammeln Sie die Beiträge und bewerten Sie diese erst im zweiten Schritt.

Der Aufwand im Risiko- und Chancenmanagement hängt von der Projektart und der Projektgröße ab. Wenn der Aufwand von vorgeschriebenen unternehmensinternen Regeln abhängt, prüfen Sie genau, worauf es – bei all dem, was Sie erfüllen müssen – für Sie und Ihre Gruppe ankommt. Risikomanagement ist kein Dokumentationsmanagement. Es ist etwas Veränderungsgeladenes!

 Projektbeispiel P8: Fehlerkultur in Projekten etablieren

(60 bis 90 Minuten und bei Bedarf, regelmäßiges Controlling je nach Vorhaben)

Wählen Sie eine Projektteamsitzung, in der der Schwerpunkt auf der Zusammenarbeit im Team liegt – bspw. die dritte oder vierte Teamsitzung nach Projektbeginn.

Sie wollen eine Fehlerkultur etablieren. Fragen wie diese können für das Gespräch dienlich sein:

- Was ist für uns in diesem Vorhaben ein Fehler?
- Woran können wir Fehler erkennen?
- Was ist positiv daran, hier im Projekt Fehler zu machen?
- Wie wird im Unternehmen mit Fehlern umgegangen? Was heißt das für uns als Team?
- Was erwartet der Einzelne, das Team vom Projektleiter, wann und wie ein Fehler kommuniziert wird?
- Was erwartet der Projektleiter vom Team, wenn ein Fehler auftritt?
- Was erwartet das Team vom Projektleiter, wenn ein Fehler auftritt?
- Was werden wir tun, wenn jemand, das Team einen Fehler erkennt?
- Wie wollen wir aus Fehlern lernen?

- Was ist zu tun, wenn Fehler nicht offen oder verspätet kommuniziert werden?
- Woran würden das Team und ich (Führungskraft) einen guten Umgang mit Fehlern erkennen können?

Das Team macht sich Gedanken darüber und trifft für das eigene Projekt Entscheidungen im Umgang mit Fehlern.

Dokumentieren Sie während der Sitzung die Antworten auf einem Flipchart oder auf Karten.

Zum Thema Fehler bringen Ihre Mitarbeiter eine emotionale Ladung mit, d. h., es tauchen Ängste auf, es kann Ärger aufkommen. Auch die Haltung zu Fehlern wird unter Umständen recht unterschiedlich ausfallen. Als Projektführungskraft ist es daher unumgänglich, sich selbst gut zu kennen und die eigenen Emotionen sowie jene der Mitarbeiter gut zu steuern.

Greifen Sie die Vereinbarungen im Umgang mit Fehlern wiederholt auf, um diese wachzuhalten (bspw. in Controllinggesprächen). ■

Projektbeispiele des Kapitels Kultur und Kompetenz

 Projektbeispiel P9: Emotionen wahrnehmen

(Je nach Bedarf – Arbeitsaufwand mindestens 30 Minuten für die Reflexion einer konkreten Situation)

Reflexionsleitfaden emotionales Selbstcoaching – abgebildet mit freundlicher Zustimmung von Stefan Teufl (2005, Seite 290).

- Rufen Sie sich eine konkrete Arbeitssituation, zum Beispiel eine Projektsitzung, in Erinnerung.
  - Welche Emotionen hat diese Projektsitzung bei mir ausgelöst?
  - Welche positiven und negativen Emotionen waren dabei, zum Beispiel Freude, Begeisterung, Angst, Aggression?
  - Konnte ich im Gespräch Inhaltliches von persönlichen Stimmungslagen unterscheiden?
  - Habe ich auch über Emotionen gesprochen?
  - Könnte ich Emotionen beschreiben, die mein Gesprächspartner während unseres Gesprächs nicht offen gezeigt hat?
  - Habe ich mir im Gespräch die Frage gestellt, wie es mir in der Situation meines Gesprächspartners ginge?
  - Habe ich durch Verständnis zu Offenheit ermuntert?
  - Welche Ursachen und Auslöser von Emotionen konnte ich wahrnehmen (zum Beispiel Personen, Team oder Konflikte)?

- Was könnte der strukturelle, organisationale Anteil dieser Auslöser gewesen sein?
- Welche Auswirkungen hatten diese Emotionen auf mein Verhalten (zum Beispiel Aktivität/Passivität, Engagement/Rückzug)?

- Für die nächste Gelegenheit nehme ich mir daher vor:

  ...

- Wo erkenne ich Fortschritte? Was werde ich das nächste Mal noch berücksichtigen?

Projektbeispiel P10: Ein Selbstgespräch führen

(Zwei bis drei Stunden bzw. jeweils 60 Minuten, wenn die Fragen in mehrere Interviews aufgeteilt werden)

Wählen Sie für das Interview einen für Sie bequemen Ort und Platz. Schreiben Sie in Ihr HBF-Buch Stichpunkte Ihrer Antworten mit. Lassen Sie sich gut Zeit für dieses Gespräch und sorgen Sie dafür, ungestört zu bleiben. Sie können auch zwei oder drei Interviewtermine mit sich vereinbaren. Es sind viele Fragen. Oder Sie wählen einige Fragen aus, die sich für ein Selbstgespräch aus Ihrer Sicht lohnen.

Unterstützend können Sie einzelne Fragen mit Skalierungsfragen ergänzen, bspw. Ihre Kritikfähigkeit auf einer Skala von 1 bis 10 bewerten, wobei 1 für schlecht und 10 für sehr gut steht.

- Was heißt Erfolg für mich in der meiner Projektleiterrolle und wie passt das zu meinen Visionen, meinem Lebenssinn und anderen Zielen?

- Inwieweit kann ich auf meine Gesundheit in dieser Rolle achten? Inwieweit kann ich in meiner Führungsrolle meine eigenen (körperlichen) Bedürfnisse und Grenzen wahrnehmen und ernst nehmen?

- Wie groß ist meine Bereitschaft, die Unterschiede von Projektführung und Linienführung wahrzunehmen und entsprechend meine Führungsaufgabe zu gestalten? Wie drückt sich diese Bereitschaft in meiner Praxis aus?

- Inwieweit bin ich als Mensch veränderungsbereit und welche Widerstände habe ich bei Veränderungen?

- Inwieweit kann ich bewusst in und mit Widersprüchen arbeiten?

- Inwieweit stellen Widersprüche eine Bereicherung in meiner Führungsarbeit dar?

- Welche Vorstellungen habe ich über die Zusammenarbeit und Führung von Menschen?

- Wieweit bin ich mir über die Unterschiedlichkeit der eigenen Interessen, der Organisationsinteressen und darüber hinaus der Projektinteressen klar?

- Welche Machtbedürfnisse habe ich in dieser Rolle und wie drücke ich diese aus?
- Kann ich meinen Kompetenzentwicklungsbedarf für meine Führungsrolle einschätzen? Wenn ja, worin sehe ich meinen konkreten Bedarf in naher Zukunft? Wenn nein, was werde ich jetzt tun, um dies klarer einschätzen zu können?
- Wie gut kann ich in Teams arbeiten und solche führen? Liegt darin tatsächlich meine Stärke? Wenn ja, warum? Wenn nein, warum nicht?
- Wie groß ist meine Bereitschaft, aus meinen Projekterfahrungen, bspw. im Umgang mit Stakeholdern, mit Gruppen, zu lernen? Wie drückt sich diese Bereitschaft in meiner Praxis aus?
- Wie hoch schätze ich meine Bereitschaft ein, eigene Gewohnheiten zu verändern? Wie drückt sich diese Bereitschaft in meiner Praxis aus?
- Inwieweit fällt es mir leicht bzw. eher schwer, Entscheidungen zu treffen? Kann ich getroffene Entscheidungen gut reflektieren?
- Wieweit kann ich zulassen, mich selbst infrage zu stellen bzw. infrage gestellt zu werden? Wieweit möchte ich dies überhaupt? Wieweit kann ich überhaupt eine Distanz zu mir einnehmen?
- Inwieweit kenne ich die Relativität meiner Beobachtungen und was heißt das für mich in der Praxis?
- Was kann ich täglich tun, um meine Beobachtungen zu reflektieren?
- Wie konfliktfähig schätze ich mich ein und woran mache ich das fest? Welche typischen Verhaltensweisen habe ich in Konflikten?
- Inwieweit kann ich meine Emotionen wahrnehmen und damit umgehen? Wie gehe ich mit eigener Unsicherheit, mit meinen Ängsten um?
- Wie groß ist meine Bereitschaft, für mein Handeln Verantwortung zu übernehmen? Warum ist die Bereitschaft groß bzw. klein und worin zeigt sich dies in meiner Praxis?
- Welche Werte sind für mich in der Projektführung besonders wichtig?
- Welche Menschenbilder sind in meinem Kopf? Wie sehe ich Menschen?
- Inwieweit kann ich mich und andere anerkennen?

Projektbeispiel P11: Abgrenzung lernen

(60 bis 90 Minuten und bei Bedarf, eventuell regelmäßiges Controlling)
In diesem Projektbeispiel finden Sie drei unterschiedliche Fälle von Grenzüberschreitungen.

Fall 1:

Ein Projektleiter hat das Problem, dass die Projektmitarbeiter mit all ihren beruflichen und privaten Sorgen zu ihm kommen. Selbst einige Stakeholder vertrauen sich ihm an. Der Projektleiter erlebt diese Gespräche zunehmend anstrengender und hat so das Gefühl, ein „Mülleimer" zu sein. Er bucht ein Coaching.

Fall 2:

Ein Projektleiter ist sauer, weil er jedes Projekt aufgehalst bekommt, das es im Unternehmen zu geben scheint. Er spürt sein Engagement und seine Freude schwinden. Wieder einmal holt ihn ein Abteilungsleiter, um ihn mit einer neuen Aufgabe zu betrauen. Er hat allerdings noch vier laufende Projekte, was derzeit seine Kapazitäten schon übersteigt. Er geht ins Gespräch mit einem erfahrenen Projektleiter, dem er vertraut.

Fall 3:

Ein Projektleiter will immerzu mit den besten Mitarbeitern in seinen Projekten arbeiten, deren Ressourcen längst ausgeschöpft sind. Nun hat er wieder ein neues Projekt und er will wieder die Besten, die bereits voll ausgelastet sind. Doch er weiß, das geht nicht ewig so weiter, und irgendwie möchte er es auch anders handhaben. Er entschließt sich zu einem Gespräch mit einem Führungskollegen, der vor einigen Jahren aus dem Unternehmen ausgeschieden und als Coach tätig ist.

Fall 4: Welche Grenzüberschreitung erleben Sie?

...

In allen Fällen werden Grenzen des Projektleiters bzw. der Mitarbeiter wiederholt überschritten. Die Verantwortung liegt auf beiden Seiten: die einen, die die Grenzen überschreiten, die anderen, die es zulassen.

Fragen, die den Projektleitern besonders hilfreich in den Gesprächen waren, sind folgende:

- Was mache ich aktuell,
  - wenn sich Mitarbeiter mir mit ihren beruflichen und privaten Sorgen anvertrauen (Fall 1) bzw.
  - wenn ich von einem Abteilungsleiter zu einem neuen Projekt angesprochen werde (Fall 2) bzw. wenn ich ein neues Projekt bekomme und Mitarbeiter auswählen muss (Fall 3) bzw.
  - wenn ich ... (Fall 4)? Wie handle ich normalerweise bzw. gewohnterweise?
- Welches Bedürfnis und welche Angst steckt hinter meiner gewohnten Vorgangsweise?
- Was nützt mir mein derzeitiges Verhalten und Handeln? Wem nützt dies ebenso?
- Inwieweit schadet mir das Vorgehen? Wem schadet es noch und in welcher Form?

- Was gewinne ich durch mein Verhalten?
- Was verliere ich durch mein Verhalten?
- Was kann und werde ich zukünftig anders machen?
- Welche Wirkungen kann das veränderte Verhalten bzw. Handeln/ Nichthandeln bei den Betroffenen und eventuell anderen Projektbeteiligten erzeugen? Was kann mein verändertes Verhalten auslösen (Worst Case/Best Case)?

4.4 Entspannungsübungen auf einen Blick

Entspannungsübungen des Kapitels Projekt- und Linienführung

 Entspannungsübung E1: In der Stille beobachten

(Für Einsteiger fünf Minuten pro Tag und 15 bis 30 Minuten einmal pro Woche.)

- Setzen Sie sich aufrecht auf einen Stuhl, wenn möglich, ohne sich anzulehnen, und entspannen Sie Ihre Schultern.
- Stellen Sie Ihre Füße vollständig auf den Boden. Die geschulten Yogis unter Ihnen können natürlich im Lotussitz auf dem Boden diese stille Zeit verbringen.
- Legen Sie die Hände locker in den Schoß.
- Bewegen Sie sich so wenig wie möglich und bleiben Sie mit Ihrer Aufmerksamkeit bei einer ruhigen gleichmäßigen Atmung – ein und aus. Beim Einatmen hebt sich der Bauch, beim Ausatmen senkt sich der Bauch.
- Beobachten Sie, was in Ihnen vorgeht: Welche Körperteile nehmen Sie gut wahr, welche weniger? Welche Gedanken ziehen durch Ihren Kopf, welche kreisen? Wenn Sie mit Ihren Gedanken „weggehen", schauen Sie, wohin Ihre Gedanken Sie führen.
- Wenn Sie bemerken, dass Sie sich verspannen, atmen Sie lange aus und entspannen sich wieder.

Musikliebhaber können sich eine ruhige und schöne Musik einschalten. Eine bekannte Musik zum Mitsummen ist weniger zu empfehlen.

 Entspannungsübung E2: Konzentrieren und auffrischen

(Drei bis fünf Minuten pro Sequenz und so oft Sie fühlen, mehr Konzentration und Frische tun Ihnen gut.)

- Setzen Sie sich aufrecht hin.
- Atmen Sie dreimal langsam ein und aus.

- Nun setzen Sie sich auf Ihre Handflächen oder Ihre Handrücken, wie es Ihnen bequem ist. Unterhalb des Sitzbeinknochens ist ein Energiepunkt, der als „Fitnesscenter" (Schlieske 2004, Seite 116) des Körpers bezeichnet wird.
- Schließen Sie jetzt die Augen und atmen Sie langsam ein und aus. Folgen Sie mit Ihrer Aufmerksamkeit Ihrem Atem.
- Öffnen Sie langsam wieder Ihre Augen und legen Sie Ihre Hände in den Schoß. Bleiben Sie zum Ausklingen noch etwas sitzen.

Entspannungsübung E3: Kraft tanken

(Fünf Minuten pro Sequenz und so oft Sie fühlen, mehr Kraft tut Ihnen gut.)
- Stehen Sie auf und stellen Sie sich hin, halten Sie Ihre Knie locker.
- Ihre Schultern fallen entspannt nach unten.
- Nehmen Sie Kontakt zu Ihren Fußsohlen auf und bleiben Sie während der ganzen Übung dort mit Ihrer Aufmerksamkeit.
- Breiten Sie Ihre Arme aus (auf Schulterhöhe) – sorgen Sie für ausreichend Platz nach allen Seiten.
- Nun schlenkern Sie mit Ihren Armen abwechselnd nach links und dann nach rechts (Schultern bleiben locker!).
- Der Kopf geht mit, wenn die Arme nach links bzw. rechts gehen.
- Nach ca. zwei Minuten lassen Sie Ihre Arme fallen – bleiben Sie stehen und schließen Sie jetzt die Augen.
- Bleiben Sie drei Minuten still stehen.

Bei Schwindelgefühlen lassen Sie in jedem Fall die Augen während der Übung offen.

Machen Sie die Übung anfangs täglich maximal eine Minute, bis Ihr Körper mit dieser Bewegung vertraut ist, und erhöhen Sie dann langsam die Übungszeit.

Entspannungsübungen des Kapitels Erfolg und Gesundheit

Entspannungsübung E4: Aufrichten und ausrichten

(Fünf Minuten und so oft Sie Lust dazu verspüren)
- Sie sitzen aufrecht auf einem Stuhl. Lenken Sie Ihre Aufmerksamkeit auf Ihre Fußsohlen und schließen Sie Ihre Augen.
- Beobachten Sie nun ein bis zwei Minuten Ihre Atmung, Sie tun nichts.
- Vertiefen Sie nun bewusst Ihre Atmung.

- Atmen Sie tief ein, sodass sich der Bauch hebt, und atmen Sie langsam und genüsslich wieder aus. Lächeln Sie dabei. Wiederholen Sie dies dreimal.
- Rollen Sie sich nun im Sitzen beim Ausatmen bewusst zusammen, und beim Einatmen richten Sie sich auf.
- Beim nächsten Ausatmen pendeln Sie sich ins Lot.

Bleiben Sie noch sitzen und spüren Sie Ihre Wirbelsäule.

Entspannungsübung E5: Augen entspannen

(Fünf bis sieben Minuten und so oft Sie Lust dazu verspüren)

Sie sitzen aufrecht an einem Ihnen angenehmen Platz.

Sie bewegen Ihre Augen. Ihr Kopf und Ihr Hals ruhen entspannt auf Ihren Schultern.

Kreisen Sie Ihre Augen zuerst nach links (fünf bis 15 Kreise), danach ziehen Sie Kreise nach rechts (fünf bis 15 Kreise).

Schauen Sie nach oben – so weit es Ihnen möglich ist.

Schauen Sie nach unten – so weit Ihnen das möglich ist.

(Fünf- bis 15-mal auf und ab schauen)

Versuchen Sie jetzt mit Ihren Blicken eine Acht zu zeichnen, diese Acht darf so groß sein, wie es Ihnen möglich ist. Wechseln Sie die Richtung (jeweils fünf bis 15 Achter).

Zum Abschluss legen Sie Ihre Handflächen auf die Augen, die linke Handfläche ruht auf dem linken Auge und die Rechte auf dem rechten Auge.

Sie können unter Umständen ein Pulsieren wahrnehmen.

Entspannen Sie jetzt noch ein bis zwei Minuten in dieser Stellung.

Hinweis: Brechen Sie die Übung sofort ab, wenn Ihnen übel wird. Wiederholen Sie die Übung am nächsten Tag. Es kann etwas dauern, bis sie Ihnen angenehm ist. Machen Sie maximal fünfmal eine der angegebenen Augenbewegungen und steigern Sie die Anzahl in den nächsten Tagen langsam.

Entspannungsübung E6: Sich liebend umarmen

(Fünf bis sieben Minuten und so oft Sie Lust dazu verspüren)

Setzen Sie sich aufrecht hin, schließen Sie Ihre Augen. Lassen Sie Ihre Schultern entspannt fallen. Beobachten Sie Ihre Atmung.

Jetzt verbinden Sie sich mit etwas, was Sie besonders lieben, das können Partner, Kinder, der Garten, Tiere oder die Berge sein. Sie fangen an, diese Liebe zu spüren und ganz in dieser Liebe zu sein.

Umarmen Sie sich selbst mit dieser Liebe. Wertschätzen Sie das, was Sie gerade sind, mit Ihrer Liebe.

Bleiben Sie darin und genießen Sie Ihre Liebe.

 Entspannungsübung E7: Bewusst nörgeln

(35 Minuten pro Woche)

Das kennt jeder. Alles läuft schief, nichts von dem, was man sich vorstellt, wird erledigt usw. Am besten würde man sich ins Bett legen und den ganzen Tag nichts mehr von sich hören lassen.

Treffen Sie jetzt eine Entscheidung: Sagen Sie Ihrem inneren Nörgler, er darf sich bspw. von 19.00 bis 19.30 Uhr so richtig ausheulen, und vereinbaren Sie mit ihm, dass Sie bis dahin Ihre Ruhe wollen.

Am Abend wählen Sie einen Rahmen, in dem Sie alleine sind. Sie können umherlaufen und gestikulieren oder sitzen. Schauen Sie auf die Uhr – es gibt 30 Minuten (stellen Sie sich wenn nötig einen Wecker).

Legen Sie los! Nörgeln Sie an allem, was Ihnen einfällt rum!

Nach 30 Minuten:

- Setzen Sie sich aufrecht hin.
- Atmen Sie tief ein und aus.
- Sagen Sie mehrmals zu sich selbst: Entspannen, loslassen.
- Bleiben Sie dann mindestens fünf Minuten still sitzen.

Entspannungsübungen des Kapitels Kultur und Kompetenz

 Entspannungsübung E8: Tiefe Freude empfinden

(Fünf bis sieben Minuten und so oft Sie Lust dazu verspüren)

Legen Sie sich flach auf Ihr Bett oder Ihr Sofa. Entspannen Sie Ihre Muskeln und atmen Sie dreimal ein und aus.

Legen Sie Ihre Mittel- und Zeigefinger nun auf Ihrer linken und rechten Körperseite in die Mitte der Leistenbeuge (Energiepunkt „Tiefe Freude" nach Schlieske 2006).

Üben Sie fortwährend einen leichten Druck aus. Nach und nach stellt sich ein Pulsieren ein, welches Ihre Finger wahrnehmen können. Seien Sie geduldig, wenn es etwas Zeit braucht. Es kann anfangs etwas dauern, bis Sie das Pulsieren wahrnehmen können. Ist der Punkt einmal im Fluss, wird das Pulsieren bei jeder weiteren Wiederholung der Übung schnell spürbar.

Sie bleiben mit diesem Pulsieren etwa fünf Minuten (gerne länger) in Verbindung.

Atmen Sie wieder dreimal ein und aus und beenden Sie diese Übung.

Entspannungsübung E9: Lächeln Sie!

(Täglich drei Minuten und wann immer Sie Lust dazu haben)

Setzen Sie sich aufrecht auf einen Stuhl. Entspannen Sie Ihre Gesichtsmuskeln – loslassen. Sie können Grimassen schneiden, um die Muskeln im Gesicht gut zu fühlen.

Und nun lächeln Sie!

Wenn Sie in einem Großraumbüro sind, dann laden Sie Ihr Gegenüber ein, mitzulächeln. Wenn Sie sich dann vor Lachen biegen, ist das Übungsziel bei Weitem übertroffen.

Entspannungsübung E10: Kontaktbrücke bauen

(Täglich fünf bis sieben Minuten und bei Bedarf, bspw. in schwierigen Gesprächen)

- Setzen Sie sich bequem auf einen Stuhl und schließen Sie Ihre Augen.
- Ihre Fußsohlen stehen auf dem Boden (Schuhe mit höheren Absätzen wenn möglich ausziehen).
- Spüren Sie den Punkten nach, an denen Ihre Fußsohle den Boden berührt.
- Nehmen Sie mit Ihrer Fußsohle nun bewusst Kontakt mit dem Boden auf.
- Stellen Sie sich vor, Sie atmen durch Ihre Fußsohlen ein und aus.
- Gehen Sie jetzt mit Ihrer Aufmerksamkeit zu Ihrem Bauch, versuchen Sie dabei den Kontakt zu den Fußsohlen zu halten.
- Atmen Sie tief in den Bauch und wieder aus. Verweilen Sie beim Bauch, bis Sie ihn gut spüren.

- Gehen Sie jetzt mit Ihrer Aufmerksamkeit zu Ihrer Brust. Wem es gelingt, der kann dabei den Kontakt zu Fußsohlen und Bauch halten – das braucht etwas Übung.

- Atmen Sie in Ihre Brust und wieder aus. Verweilen Sie bei Ihrer Brust, bis Sie sie gut spüren.

- Versuchen Sie jetzt, parallel Fußsohlen, Bauch und Ihren Brustraum zu spüren. Ihre Atmung ist dabei ruhig und entspannt. Bleiben Sie in dieser Aufmerksamkeit zwei bis drei Minuten.

Öffnen Sie wieder die Augen.

Sie können diese Übung ebenso mit offenen Augen durchführen, bspw. in öffentlichen Verkehrsmitteln (NICHT während der Autofahrt!) oder in Sitzungen.

In schwierigen Gesprächen ist es besonders hilfreich, in diesem körperlichen Kontakt mit sich zu sein.

Literaturverzeichnis

Alan, Yilmaz (2002): KOWIEN-Projektbericht 2/2002, Methoden zur Akquisition von Wissen über Kompetenzen, Uni Essen, Fachbereich 5, Abruf am 23.02.2004, www.pim.uni-essen. de/publikationen/Alan/Wissensakquisition.pdf

Angermaier, Georg (o. J.): Glossar: Fehler, Abruf am 10.11.2010, http://www.projektmagazin. de/glossarterm/fehler

Argyris, Chris; Schön, Donald A. (1978): Organizational Learning: A Theory of Action Perspective, Addison-Wesley

Arnold, Rolf (2000): Personalentwicklung – Grundlagen und Einführung, Studienbrief PE0110, Fernstudium Personalentwicklung im lernenden Unternehmen, Universität Kaiserslautern

Bateson, Gregory (1983): Ökologie des Geistes, Suhrkamp Verlag

Belbin, R. Meredith (1996): Managementteams, Erfolg und Misserfolg, Bergander Verlag

Blech, Jörg et al. (2009): Wow, was für ein Gefühl, Spiegel online 44/2009, Abruf am 26.10.2009, http://www.spiegel.de/spiegel/print/d-67510034.html

BMW Group PressClub Deutschland (2009): Joy is BMW, Pressemeldung von 18.06.2009, Abruf am 16.7.2010, https://www.press.bmwgroup.com/pressclub/p/de/pressDetail.html?out putChannelId=7&id=T0022953DE&left_menu_item=node__2205

Bucksteeg, Mathias; Hattendorf, Kai (2010): Führungskräftebefragung, Initiative Werte Bewusste Führung e. V., Abruf am 14.12.2010, http://www.wertekommission.de/presse/

Bungart, Jörg (2007): Psychische Erkrankungen am Arbeitsplatz und die Möglichkeit von Unterstützungselementen zur Sicherung der Teilhabe am Arbeitsplatz, Bundesarbeitsgemeinschaft für Unterstützte Beschäftigung – BAG UB, Abruf am 12.12.2010, http:// www.bag-ub.de/publikationen/idx_publikationen.htm

Burnham, David; McClelland, David, (2003): Klassiker 1976: Macht motiviert, in: Harvard Business Manager April 2003, Nachdrucknummer 200304084, Seite 1–12

Carnegie, Dale (2003): Freu dich des Lebens!, Ullstein Verlag

Chott, Peter (o. J.): Fehlerkultur in Schulen, Abruf am 12.10.2010, http://www.schulpaed.de/ de/fehlerkultur.html

Crystal, Gael; Flanagan, Patrick (1995): Laughter – Still the Best Medicine, Abruf am 03.12.2008, http://www.humor.ch/inernsthaft/geloenglink.htm

Dökel, Volker (2010): Die A380 - ein komplexes Projekt einfach gesteuert – PM 10 Minutes, Interview geführt von Andreas Heilwagen, Abruf am 11.5.2011, http://www.pm-10-minutes. de und http://www.youtube.com/watch?v=qB-aoKQ-jxA

Doppler, Klaus; Lauterburg, Christoph (1994): Change Management – den Unternehmenswandel gestalten, Campus Verlag

Eckloff, Tilmann; Quaquebeke, Niels van (2008): Entwicklung und Validierung einer Skala zu respektvoller Führung, Abruf am 12.09.2010, http://www.respectresearchgroup.org/rrg/ files/pdf/Articles/Eckloff%20van%20Quaquebeke%20-%20Entwicklung%20und%20Validierung%20einer%20Skala%20zu%20respektvoller%20F%FChrung.pdf

Eidenschink, Klaus (2004): Gegen Frust in der Chefetage, in: Harvard Businessmanager: Motivation – Was Manager und Mitarbeiter antreibt, Redline Wirtschaft, S. 54–69

Fakih, Konstanze (2003): First Aid – Ein psychologisches Handbuch zum Erkennen und Behandeln psychischer Wunden, Almus Consult

Faulstich, Peter (1998): Strategien der betrieblichen Weiterentwicklung, Vahlen Verlag

Gallup Consulting: Pressemitteilung vom 09.02.2011, http://eu.gallup.com/Berlin/146027/Pressemitteilung-zum-Gallup-EEI-2010.aspx, Abruf am 21.02.2011

Gareis, Roland (1997): Lehrgangsunterlagen Universitätslehrgang Internationales Projektmanagement, Wirtschaftsuniversität Wien

Geertz, Clifford (1973): The Interpretation of Cultures, Basic Books

Geißler, Karlheinz (2010): Die Verknappung der Zeit in der Moderne. Wo und wie wäre „Entschleunigung" individuell und gesellschaftlich möglich und wünschenswert?, Abruf am 28.11.2010, http://www.ptk-bayern.de/ptk/web.nsf/gfx/A9018FC4550D758BC12577AF004A 7C48/$file/Vortrag_Prof_Geissler.pdf

Harris, Thomas A. (1988): Ich bin o. k., Du bist o. k., rororo Sachbuch

Hartmann, Dorothea; Brentel, Helmut; Rohn, Holger (2006): Lern- und Innovationsfähigkeit von Unternehmen und Organisationen, Wuppertal Papers, Abruf am 04.03.2011, http://www.wupperinst.org/uploads/tx_wibeitrag/WP156.pdf

Hedberg, Bo (1981): How Organizations Learn and Unlearn, in: Nystrom, Paul C.; Starbuck, William H. (Hrsg.): Handbook of Organizational Design, Oxford University Press

Heintel, Peter (2004): Das „Klagenfurter Prozessethische Beratungsmodell", Unterlage im Forschungskolloquium in Heiligenblut 13.–15.12.2004

Heintel, Peter; Krainz, Ewald; (2001): Projektmanagement. Eine Antwort auf eine Hierarchiekrise, Gabler Verlag

Heß, Dorit; Riecke, Torsten (2011): Der Siegeszug der asiatischen Werte, Handelsblatt vom 26.01.2011 und Handelsblatt online, Abruf am 26.01.2011, www.handelsblatt.com

Hochschule Fulda (2000): Lust und Leiden an Projekten – Überlegungen zum Arbeitsschutz bei Projektarbeit, Die Fachhochschulzeitung 02/2000, Abruf am 10.11.2009, http://www.fh-fulda.de/index.php?id=3733

House, Robert J. et al. (Hrsg.) (2004): Culture, Leadership and Organizations: The GLOBE Study of 62 Societies, Sage Publications

Irle, Mathias (2010): Ziele werden maßlos überschätzt, brand eins 06/2010, S. 48–51

Jakubeit, Gudrun (1999): Interview zu Fremdheitskompetenz, Blätter der Wohlfahrtspflege, März 1999, Abruf am 10.12.2010, http://www.gudrun-jakubeit.de/interview1.html

Kirchhöfer, Dieter (2004): Lernkultur Kompetenzentwicklung. Begriffliche Grundlagen, Projekt QUEM Berlin, Abruf am 20.10.2004, http://www.abwf.de/main/publik/frame_html

Kittler, Kerstin (2010): Mediation im interkulturellen Kontext, Skript des Lehrgangs: Mediation und konstruktive Konfliktbewältigung, Akademie Perspektivenwechsel

Kluge, Friedrich (1999): Etymologisches Wörterbuch, De Gruyter Verlag

Kötter, Wolfgang; Longmuß, Jörg (2004): Projektmanagement (weiterhin) auf dem Prüfstand (2), Zeitschrift für Unternehmensentwicklung und Change Management 02/2004, S. 44–50

Kruse, Peter (2009): Interview: Wie reagieren Menschen auf wachsende Komplexität, Abruf am 08.07.2010, http://process4quality.wordpress.com/2009/11/21/interview-mit-peter-kruse-wie-reagieren-menschen-auf-wachsende-komplexitat/

Kuhn, Herbert (2009): Interkulturelle Kompetenz entwickeln in gruppendynamischen Trainings, PersonalEntwickeln 128 Erg.-Lfg., März 2009, Abruf am 11.09.2010, http://www.idm-diversity.org/files/infothek_kuhn_gruppendynamik.pdf

Lang, Rainhart (o. J.): Führungstheorie, Kursskript zum Onlinelernkurs, TU Chemnitz, Fakultät für Wirtschaftswissenschaften

Lau, Peter (2008): Gammler 2.0, brand eins 09/2008, Abruf am 22.02.2011, http://www.brandeins.de/archiv/magazin/wieder-was-geschafft/artikel/gammler-20.html

Lautenbach, Ernst (2004): Lexion Goethe Zitate, ludicum Verlag

Lembke, Gerald (2004): Die Lernende Organisation als Konzept einer entwicklungsfähigen Unternehmung, Tectum-Verlag

Mayrshofer, Daniela; Kröger, Hubertus A. (1999): Prozesskompetenz in der Projektarbeit, Windmühle Verlag

Molcho, Samy (1996): Körpersprache, Goldmann Verlag

Mörsdorf, Maximilian (1998): Konzeption und Aufgaben des Projektcontrollings, Gabler Verlag

Müller, Günter, F. (2003): Selbstführung – schnelle Verwirklichung persönlicher Ziele, Pressemitteilung, Informationsdienst Wissenschaft, Referat Öffentlichkeitsarbeit (Sabine Eyert), Universität Koblenz-Landau, Abruf am 26.12.2010, http://idw-online.de/de/news68096

Muschik, Claus (2002): Organisationale Kompetenz. Ein Beitrag zur Strukturierung organisationaler Kompetenz und Kompetenzentwicklung, herausgegeben von Prof. Dr. Staudt, Institut für angewandte Innovationsforschung e. V., Bochum

N. N. (2001): Gabler, Wirtschafts-Lexikon, Gabler Verlag

N. N. (2007): Mangelnde Eigenverantwortung kostet Unternehmen Millionen, Abruf am 12.11.2008, http://www.digital-business-magazin.de/digital_business_presse.html?do=showDetail&presse=3490

N. N. (2009): DIN-Taschenbuch 472: Projektmanagement – Netzplantechnik und Projektmanagementsysteme, Beuth Verlag

N. N. (o. J.): WWZ, Unternehmenskultur, Wirtschaftswissenschaftliche Fakultät der Universität Basel, Abteilung OFP, Abruf am 24.02.2011, http://pages.unibas.ch/wwz/ofp/Archiv/archiv/mat_ss_02/Unterstufe/OFP/Unternehmenskultur_Folien.pdf

Nefiodow, Leo A. (1999): Im Interview mit Volker Lange: Es gibt keinen Stillstand. Der Wissenschaftler Leo A. Nefiodow über die Zukunft der Wirtschaft und die Bedeutung der „soft skills", im Online-Magazin Morgenwelt 06/1999

Nefiodow, Leo A. (2002): Heilsamer Boom, Interview, brand eins 05/2002, S. 62–66

Nefiodow, Leo A. (2006): Der sechste Kondratieff, Rhein-Sieg Verlag

Neubauer, Walter (2003): Organisationskultur, Kohlhammer Verlag

Neuberger, Oswald (2002): Führen und führen lassen, 6. Auflage, Lucius&Lucius, UTB Verlag

Obeng, Eddie (1994): All Change!: The Project Leader's Secret Handbook, Pitman Publishing

Pellert, Ada (Hrsg.) (1990): Vernetzung und Widerspruch. Zur Neuorganisation von Wissenschaft, Profil Verlag

Petersen, Dominik; Witschi, Urs (2002) Komplexes Projektmanagement, in: Projektmanagement aktuell 1/2002, Seite 25–31, Gesellschaft für Projektmanagement Deutschland

Pfeffer, Thomas (2004): Die (Re-)Konstruktion sozialer Phänomene durch „zirkuläres Fragen", in: Moser, Sibylle (Hrsg.) (2004): Konstruktivistisch Forschen – Methodologie, Methoden, Beispiele, VS Verlag für Sozialwissenschaften, S. 67–92

Rau, Johannes (2000): Kultur ist kein Sahnhäubchen, sondern die Hefe im Teig, Grußwort zu „Jugend musiziert" am 15.06.2000 in Berlin, nmz 7/00–49 Jahrgang, Abruf am 15.7.2010, http://www.nmz.de/artikel/kultur-ist-kein-sahnehaeubchen-sondern-die-hefe-im-teigim-teig

Reimann, Ralph; Dörner, Dietrich (2004): Die Auswirkung von selbstadressierten Fragen auf die Entwurfsqualität beim Konstruieren. Eine explorative Studie, Zeitschrift für Psychologie 212, S. 1–9

Rosenstiel, Lutz von (1993): Unternehmenskultur – einige einführende Anmerkungen, in: Dierkes, Meinolf; Rosenstiel, Lutz von; Steger, Ulrich (Hrsg.) (1993): Unternehmenskultur in Theorie und Praxis Konzepte aus Ökonomie, Psychologie und Ethnologie, Campus Verlag, S. 8–22

Scala, Klaus; Grossmann, Ralph (1997): Supervision in Organisationen Veränderungen bewältigen - Qualität sichern - Entwicklung fördern, Juventa Verlag

Schein, Edgar H. (1984): Coming to a new Awareness of Organizational Culture, Sloan Management Review 02/1984, S. 3-16

Schein, Edgar H. (1995): Unternehmenskultur - Handbuch für Führungskräfte, Campus Verlag

Schein, Edgar H. (2007): Erst die Geschäftsidee, dann die Kulturveränderung, Hernsteiner 02/2007, Die Rolle der Führungskräfte bei Kulturveränderungen, S. 10-13, Abruf am 20.01.2011, www.hernstein.at/.../2007-2_Die_Rolle_der_Fuehrungskraefte_bei_Kulturveraenderungen.pdf

Schlieske, Ingrid (2006): Japanisches Heilströmen, rororo Verlag

Schnass, Dieter (2009): Endlich wieder Gras fressen, Wirtschaftswoche Nr. 19, S. 112

Schreckeneder, Berta C. (2005): Projektmanagement als Führungskonzept zur Veränderung von Organisationen. Welche Kompetenzen brauchen Projektführungskräfte für ein „organisationsentwicklerisches" Projektmanagement?, Doktoratsstudium Organisationsentwicklung, IFF Klagenfurt

Schreckeneder, Berta C. (2009a): Projektführung - eine neue Denk- und Handlungsweise, in: Gleich, Ronald; Klein, Andreas (Hrsg.) (2009): Der Controlling-Berater Band 5/2009, Haufe Verlag, S. 169-184

Schreckeneder, Berta C. (2009b): Projektmanagement: Persönliche Führungskompetenz von Projektleitern, in: Gleich, Ronald; Klein, Andreas (Hrsg.) (2009): Der Controlling-Berater Band 5/2009, Haufe Verlag, S. 185-202

Schreckeneder, Berta C. (2009c): Projektmanagement - Studienbrief, Deutsche Universität für Weiterbildung, Berlin

Schreckeneder, Berta C. (2010): Projektcontrolling: Projekte überwachen, steuern und präsentieren, Haufe Verlag

Schultz von Thun, Friedemann; Ruppel, Johannes; Stratmann, Roswitha (2001): Miteinander reden: Kommunikationspsychologie für Führungskräfte, rororo Sachbuch

Schultz von Thun, Friedemann (2009): Das innere Team, Abruf am 06.04.2011, http://www.youtube.com/watch?v=w2JV_jvCSEM,

Schulze, Beate (2010): Energiekrise in der Arbeitswelt? Erschöpfung mentaler Energien und Strategien zu deren Erneuerung, Vortrag am 13.10.2010 in München, Psychische Gesundheit in der Arbeitswelt: Herausforderung für die Zukunft, Abruf am 14.12.2010, http://www.ptk-bayern.de/ptk/web.nsf/gfx/98DAEE816BCF98D7C12577AF004A0A4E/$file/Vortrag_Beate_Schulze.pdf

Schwarz, Friedhelm; Elger, Christian (2009): Neurofinance, Haufe Verlag

Schwarz, Gerhard (2000): Die „heilige Ordnung" der Männer - Patriarchalische Hierarchie und Gruppendynamik, Westdeutscher Verlag

Seliger, Ruth (2002): Professionalität von Führung: Ein Trapezakt, Hernsteiner 03/2002, Abruf am 14.02.2008, www.hernstein.at/.../2002-3_Professionalitaet_in_der_Fuehrung.pdf

Smith, Peter (2009): Gehirndoping wird auch in Deutschland immer beliebter, Ärztezeitung vom 28.12.2009, Abruf am 07.06.2010, http://www.aerztezeitung.de/medizin/fachbereiche/neurologie_psychiatrie/article/577679/gehirndoping-deutschland-immer-beliebter.html

Spitzer, Manfred (2008): Selbstbestimmen - Gehirnforschung und die Frage: Was sollen wir tun?, Spektrum Verlag

Sprenger, Bernd (2009a): Die Illusion der perfekten Kontrolle, Kösel Verlag

Sprenger, Bernd (2009b): Im Kern getroffen, Attacken auf Selbstwertgefühl und wie wir unsere Balance wieder finden, Kösel Verlag

Steeger, Oliver (2004): Manfred Gröger: Projekte – Wertgewinner oder Wertvernichter?, PMaktuell, 04/2004, Abruf am 10.11.2009, http://www.pmaktuell.org/PMAktuell-200404/022-Report-Steeger1-GPM

Stevens, John O. (1996): Die Kunst der Wahrnehmung, 14. Auflage, Chr. Kaiser Gütersloher Verlagshaus

Sutton, Bob (o. J.): Work Matters – The Best Diagnostic Question and Amazon, Abruf am 29.04.2009, http://bobsutton.typepad.com/my_weblog/2006/07/the_best_diagno.html

Teufl, Stefan (2005): Veränderung, Führung und Gefühle – Stellenwert und Bedeutung von Emotionen für Führungskräfte bei organisationalen Veränderungsprozessen. Eine empirische Studie in Banken, Doktoratsstudium Organisationsentwicklung, IFF Klagenfurt

Traufetter, Gerald (2006): Stimme aus dem Nichts, Spiegel online vom 10.05.2006, Abruf am 14.03.2009, http://www.spiegel.de/spiegel/print/d-46581582.html

Trompenaars, Fons (1993): Handbuch globales Managen – Wie man kulturelle Unterschiede im Geschäftsleben versteht, Econ Verlag

Untermarzoner, Dagmar (2007): Veränderungsmanagement und Unternehmenskultur, Hernsteiner 02/2007, S. 4–9, Abruf am 22.01.2011, www.hernstein.at/.../2007-2_Die_Rolle_der_Fuehrungskraefte_bei_Kulturveraenderungen.pdf

Völz, Horst (2002): Gefühle und Emotionen, Abruf am 27.01.2011, http://aes.cs.tu-berlin.de/voelz/PDF/Emotion.pdf

Wagner, Dieter; Surrey, Heike (2003): Lernen und strategisches Management, Studie, Arbeitsgemeinschaft Betriebliche Weiterbildungsforschung e. V.

Watzlawick, Paul (1997): Wahrheit und Wirklichkeit, Interview durchgeführt von Martin Gertler. Abruf am 07.04.2011, http://www.youtube.com/watch?v=3dkrIN3Is1U

Weber, Christian (2010): Das Geschäft mit dem Schlaf: Forscher, Ärzte und Matratzenhersteller reden den Deutschen ein, wie sie ihre Nächte verbringen sollen. Die Nacht ist nicht allein zum Schlafen da, Süddeutsche Zeitung vom 25./26.09.2010

Weibler, Jürgen (2008): Werthaltungen junger Führungskräfte, Hans-Böckler-Stiftung, Abruf: 16.10.2010, http://www.boeckler.de/show_product_hbs.html?productfile=HBS-004110.xml und http://www.boeckler.de/pdf/p_fomo_hbs_04.pdf

Welsch, Wolfgang (2004): Was war die Postmoderne – und was könnte aus ihr werden?, in: Flagge, Ingeborg; Schneider, Romana (2004): Revision der Postmoderne, Junius Verlag, S. 33–39, Abruf am 17.03.2010, http://www2.uni-jena.de/welsch/Postmoderne%20Welsch%205.pdf

Wieland, Josef (2011): China gibt die Vorwürfe zurück, Handelsblatt vom 26.01.2011 und Handelsblatt online, Abruf am 26.01.2011, www.handelsblatt.com

Wildenmann, Bernd (2010): Mit Werten führen, Wirtschaft und Weiterbildung 05/2010, S. 20–27

Wimmer, Rudolf (2000): Wie lernfähig sind Organisationen? Zur Problematik einer vorausschauenden Selbsterneuerung sozialer Systeme, in: Stahl, Heinz K.; Hejl, Peter M. (Hrsg.): Management und Wirklichkeit, Carl-Auer-Systeme Verlag, S. 265–294,

Wimmer, Rudolf (2002): Die Zukunft von Führung. Brauchen wir noch Vorgesetzte im herkömmlichen Sinn?, in: Großmann, Ralf (Hrsg.) (2002): Beiträge zu Organisationsentwicklung und Systemsteuerung Nr. 1, IFF-Print

Wimmer, Rudolf (2004): OE am Scheideweg. Hat die Organisationsentwicklung ihre Zukunft bereits hinter sich?, Zeitschrift für Unternehmensentwicklung und Change Management 01/2004, S. 26–39

Zepke, Georg (2003): Organisationskultur, unveröffentlichtes Seminarmanuskript

Zepke, Georg (2005): Reflexionsarchitekturen – Evaluierung als Beitrag zum Organisationslernen, Verlag für Systemische Forschung im Carl-Auer-Systeme Verlag

Zillich, Renate (o. J.): Abgrenzung der Weg zum klaren Nein, unveröffentlichtes Vortragsmanuskript

Zimbardo, Philip (1995): Psychologie, Springer Verlag

Die Autorin

Dr. Berta Coromayh Schreckeneder ist seit 1998 selbständige Beraterin und Coach. Ihre Schwerpunktthemen sind Führung und Projektmanagement. Durch nahezu 30 Jahre in Wirtschaft und Wissenschaft verbindet sie wissenschaftliche Fundierung und praxisorientierte Lösungskompetenz. Sie berät Projekt- und Linienführungskräfte in Unternehmen primär bei Organisationsänderungsprojekten. Das Thema Projektführung und dessen Besonderheiten stehen im Zentrum ihrer Tätigkeit als Coach und Trainerin.
Besonders wertvoll ist der eigene Ansatz im Coaching - VIEWCoaching, der Führungskräften tiefergehende Veränderungen bei sich und im Führungskontext ermöglicht.

Die Arbeit von Frau Schreckeneder zeichnet sich aus durch
- Drei Arbeitsebenen: Parallele Arbeit auf der Arbeits-, Beziehungs- und persönlichen Ebene
- Temposteuerung: Das Tempo in Vorgehen raus zu nehmen, um an Geschwindigkeit zu gewinnen
- Lernkompetenz: Laufende Reflexion des Vorgehens, der Ziele, des Umfeldes, der Inhalte und ihrer Rolle als Beraterin

Kontakt:
Dr. Berta C. Schreckeneder
VIEWCONSULT
www.viewconsult.de
Genovevaweg 20, 80689 München
Tel. 089/58977652
E-Mail: raum@viewconsult.de
SALON MANAGEMENT UND INSPIRATION
www.salonmuenchen.de
E-Mail: raum@salonmuenchen.de

HANSER

»Extrem gutes Buch für die Praxis.«

Bildungsbrief Information für die Personalarbeit

Drees, Lang, Schöps
Praxisleitfaden Projektmanagement
Tipps, Tools und Tricks
aus der Praxis für die Praxis
196 Seiten. Mit CD
ISBN 978-3-446-42183-7

Dieses kompakte Praxisbuch zeigt die wirklich wichtigen Tipps und Kniffe für ein erfolgreiches Projektmanagement – kurz, prägnant und trotzdem anschaulich, fundiert und leicht lesbar!

»Wer mit seinen Projekten keine Abenteuer mehr erleben möchte, liest dieses Buch. Hier steht, wie Sie Fehler vermeiden und Ihr Projekt zum Erfolg führen.« *Jochen Schweizer, Unternehmer und Active Chairman*

»Ein sehr kompakter, gut strukturierter Leitfaden für das Projektmanagement. Ideal für Projekte mittlerer Komplexität. Sehr schnell zu lesen, mit vielen Checklisten und Vorlagen.«
Dr. Michael Förster, MAN Diesel & Turbo, VP Engineering Power Plants

Auf CD: Praktische Toolbox

Mehr Informationen zu diesem Buch und zu unserem
Programm unter **www.hanser-literaturverlage.de**

HANSER

»Umfassend und praxisbezogen.«

t&m technologie und management

Hans-D. Litke
Projektmanagement
Methoden, Techniken, Verhaltensweisen
Evolutionäres Projektmanagement
398 Seiten
ISBN 978-3-446-40997-2

Komplexe, interdisziplinäre Probleme lassen sich nicht intuitiv lösen. Nur mit systematischem Projektmanagement können konkrete, klar definierte Aufgabenstellungen realisiert, Fehlentscheidungen vermieden werden.

Umfassend und praxisbezogen werden in diesem Buch die Voraussetzungen, Methoden und Techniken eines wirkungsvollen Projektmanagements dargestellt.

Die Bedeutung des Sarbanes-Oxley Acts für das Projektmanagement hat in den letzten Jahren stetig zugenommen und sich als Standard etabliert. Ein eigenes Kapitel trägt dieser Entwicklung Rechnung.

Mehr Informationen zu diesem Buch und zu unserem Programm unter **www.hanser-literaturverlage.de**